幸運を探すフィリピンの移民たち

冒険・犠牲・祝福の民族誌

Searching for 'Luck':
An Ethnography of Filipino Migrants
and their Affective Ties

細田尚美
Naomi Hosoda

明石書店

目　次

《凡例》

- 村名ならびに一部の人の名は仮名とした。
- 二〇一八年一〇月現在、フィリピン・ペソの円交換レートは一ペソ＝約二・一円である。
- アルファベット表記は、カタカナのすぐ後にある場合はカッコなし、それ以外の場合はカッコに入れて示した〔例：タンバラン *tambalan*、恥（*awod*）〕。また、ワライ語表現は斜体で記した（詳しくは三二ページ）。
- 表1・1〜表1・4にある地方名の略式表記は以下のとおり。CAR＝Cordillera Administrative Region、ARMM＝Autonomous Region in Muslim Mindanao。
- 本書の写真はすべて筆者が撮影、地図は筆者が作成した。

序章　冒険とつながりの民族誌に向けて

一　サパラランとの出会い

グローバル化が急速に進む現在、人の移動に関する関心は多くの国で高まりをみせている。国連の統計によれば、二〇一五年現在、二・四億人の人びとが、生まれた国以外の国で暮らしているという。これは世界の人口の三・五％に相当する［United Nations 2016］。移動形態もより多様化している。通常想定される出身国から他国に移住する移動や出身国と別の国との間を往復する循環型に加え、複数の国を渡り歩いたり、日常的に越境して通勤したりしている形態も珍しくない。

フィリピンは、グローバルな人の動きに関する分野で注目を集める国である。国民の一割が国外で働いているとされ、その職種は単純労働分野から高度な専門職まで多岐にわたる。さらに正規の海外就労者（overseas Filipino worker）だけに絞っても、一七〇カ国以上で働いている。国内においても、一九六〇年代以降、農村からマニラなどの大都市に移り住む人の流れはとどまることなく、スラムやスクウォッター（違法占拠者）[1]地区が拡大した。マニラの交通渋滞は深刻化する一方で、それは二〇一六年の大統領選で、問題解決のための実行力が最もありそうにみえたドゥテルテ氏が圧勝した理由の一つに挙げられるほどである。

本書は、そのフィリピンを舞台とし、移民らが語る「幸運探し」という言葉をキーワードに、同国中部のサマール島から外へ旅立った人たちと故地とのつながりをテーマとした民族誌である。フィリピン人移民に関する研究[2]は多いが、「幸運探し」という言葉は一般的に使われていないので、多くの人がとまどうかもしれない。そこでまず、このテーマを研究するに至った経緯から始めたい。

わたしは、日本ではエンターテイナー、そしてカナダでは家事労働者としてといったように、国境を越えて働くフィリピン人女性について関心を持ち、一九九〇年代に日本やカナダでフィリピン人移民の調査をしたことがあった。当時、このテーマについて論じた研究書のほとんどは、フィリピンの経済的貧困ゆえに、この国の人びとは国外で職を求めざるをえないのだという視点で、これらの移民現象を分析し、描いていた。わたしは実際に国外で働くフィリピンの人たちに話を聞き、そのような経済的理由があることを否定することはできなかったが、かれらは単純に貧困にあえぐ人たちとも思えなかった。さらに、そのような見方では、本人たちの思い描く世界と自己の一部しか捉えられないような気がした。そこで、フィリピンの人たちは、別の土地へ移動することをどのように意味づけているのかという基本的な問いから始めたいと思ったのだった。

二〇〇〇年、フィリピン国内で人口流出が最も著しい地域の一つ、サマール島の西岸にある村で住み込み調査を始めた。調査の目的は、世界各地に移民労働者として働きに出ていることで知られるフィリピンの人たちが、移動という行為をどう捉えているのかを知るためだった。

調査開始から間もなく、滞在先の村長の家で、昼食後に家のバルコニーに涼みに行くと、そこには数日前にマニラから戻ったという村長の長男モニが一人座っていた。彼は当時三一歳だったが、マニラで病気をしたとのことで、少しやつれた様子だった。わたしは、タガログ語で彼に「なぜマニラに行っていたのか」と聞いた。心の中では、その質問をした瞬間から、「仕事を探すために」という答えを予想していた。だが、彼の答えは違った――「ここにいても何も起こらない。だからサパラランしたんだ（nakipagsapalaran ako）。自分はここで何もしないで過ごすだけの生活は嫌なんだ」。そして、「マニラに行くこの辺の人たちがみんなすることだよ」と付け加えた。わたしはモニとの会話の前にも、村で「サパラランする」という言葉を耳にしていたが、このとき初めて言葉のイメージがおぼろげながら湧いた。

それから一カ月以上経って、村の歴史について聞き取りを始めたころ、再びこの言葉を聞いた。ローレンという女性が、「自分たちの祖先は、バト村にサパラランしに来た」と語ったときだった。「サパラランした」とはどういう意味かと聞くと、「スウェルテ suwerte」を探しに来たということだと教えてくれた。その時点で、スウェルテの意味は何か見当もつかなかったが、とりあえずその場では、バト村に移住してそのスウェルテは見つかったのかと続けて尋ねた。すると、ローレンは大笑いしてゆっくりと答えた。「見てのとおり、まだ来ていない。だから自分たち（今の世代）もサパラランを続けている」と言った。

数日後、タガログ語・英語辞書を開いて、スウェルテの訳語を探した。すると、英語では「運」（luck）、「幸運」（good luck）だと書いてあった。そうだとすれば、サパラランで求めるものは、仕事や金《カネ》といった目に見えるわかりやすいものとも言いきれないのではないか――。スウェルテという言葉は、わたしがそれまで想定していたサマールの人たちの世界観を変化させるきっかけになるように感じた。

以来、サパラランという言葉に気をつけていると、それは、バト村での会話だけに限らず、フィリピン人移民の移動の動機に関する場面でしばしば登場することを知った。たとえば、フィリピンでフィールドワークをしていたとき、当時現地で人気だったテレビの報道番組が韓国へ働きに行ったフィリピン人の現状を特集として報じた。番組ホスト役のノリ・デ・カストロ（ジャーナリスト、のちに副大統領）は、その特集の冒頭でこう言った。「フィリピン人はサパラランします。その一部は韓国へ行きました。そこ（韓国）では様々なことが待ち受けていました」。そして、韓国在住のフィリピン人の生活を次々と紹介していった[3]。

サパラランの意味をフィリピン人の人類学者や社会学者に尋ねると、決まって手のひらを見せ、そこを指さすジェスチャーをした。そのなかの一人、フィリピン・ビサヤ地域の文化に詳しい人類学者、シンシア・ネリ・ザヤス氏は、手のひらをなぞった後、「多くのフィリピンの人は、自分の運命はここ、パラッド palad（手のひら）に書かれていると信じています。『サパラランする』（makipagsapalaran）は、その書かれた運命に働きかけるということなんです[4]」と語った。説明はそれ以上なかったが、サパラランするとは、自己を取り巻くすべてと自己との間の相互関係を表現しており、特に自己の主体性に重心を置く概念の一つなのではないか、というヒントになった。

サパラランについて知りたければ、調査地の人が自らの運命をいかに捉え、そしてまた、運命に働きかけようとするかについて考えなくてはならない――。わたしには、他者が考える運命を理解する方法も、手がかりも思いつかなかった。しかし、サパラランやスウェルテをキーワードにすることによって、移民のコスモロジーが部分的であれ見えるとすれば、それは魅力的に思え、そのような研究があまりされていないのであれば、フィリピン人移民研究において追究する価値はあると考えた。

本書は、このように、フィリピン人移民本人たちの移動の捉えかたに関心があったわたしが、移民の主要送り出し地域とされる島の人びとと暮らし、そこで見聞きした言葉やふるまいに注目しながら、地域社会の文脈のなかで一般には「労働移動」と括られる行為を捉え直す試みである。人類学では、賃金労働、物の売買、消費行動など一般に経済活動に分類される話題にも疑問を投げかける。そして、特に見落とされがちな日常の些細な事柄にこだわりながら、それらを基準として内側からの新たな規範や理念を見出そうとする。しかし、わたしたち自身、自らの日常を振り返れば感じるように、規範や理念は複数あるし、規範や理念自体も時間とともに変化する。このように複雑に規範や理念が絡み合い、対立や葛藤、妥協や折衷などが起こるプロセスのなかをわたしたちは生きている。そのようなダイナミズムを紐解き、一見わかりやすいとされる経済活動に対して、新たな現実を提示するのが人類学である［川田 2001; 春日 2008; 杉島 2014］。本書でもこの視点から、より良い収入を求めて移動しているといわれる人たちの生きる世界にみられる規範や理念の絡み合いや、新たな展開の様子を描き出してみたいと思う。

二　幸運探しとしての移動

1　人の移動に関するアプローチ

人の移動に関する研究では、「人はなぜ移動するのか」という大きな問いが長い間、このテーマを研究する人びとを悩ませてきた。人類の歴史をたどってみれば、人類が生きるために移動はつきものであることは明らかだが、ここでは近代以降の労働を主目的とした移動に焦点を当てて、代表的なアプローチを大きく三つに分けて紹介する(5)。

一つ目は、ミクロ・アプローチと呼ばれるものである。一九世紀の地理学者ラベンスタインが発表し、その後、新古典派経済学が中心となって展開してきた、いわゆるプッシュ＝プル理論である(6)。この見方によれば、人間は合理的に考え行動するものであるから自分が最大の経済的メリットを得られるところに移動し、その結果、世界の経済的不均衡は長期的には是正される。このアプローチは通常、量的分析を行い、その結果から一般理論を導き出そうとする。また、人びとが移動を決断するのは、圧倒的に経済的要因に基づくと想定する。

フィリピンでは、一九六〇～八〇年代にかけて、国内人口移動の研究が相次いで発表された。当時、マニラ首都圏では都市の近代的商工業が雇用吸収できる以上の人口が地方から流入し、零細規模の雑業的経済活動だけが肥大化するという過剰都市化の問題が深刻化しつつあったことが、その背景にある［中西 1991: 43-49］。それらの研究の多くはプッシュ＝プル理論をもとにしたものだった。内容は、国内各地域の経済指標から人の移動を分析したものから［Cariño 1973; Plameras 1977; Herrin 1985］、学歴や就労経験など個人レベルの指標と人の移動の関係を問うものまで［Mendoza-Pascual 1966; Ulack 1979; Abad and Cariño 1981］、様々ある。さらに、フィリピン人の国際移動の分野においても、それが起こる原因について、国内と国外の賃金格差などの観点から分析した経済学の論文が発表されている［Pernia 1976; Mendoza 1981］。

二つ目のアプローチは、マクロ・アプローチとも呼ばれる、移動現象を世界規模の経済が出現する歴史・構造的文脈のなかで捉えようとするものである。この立場をとる研究は、一見、個人の自由意志によって決定されたようにみえる個々の移動も、実は世界規模へと拡大する政治経済システムのなかで引き起こされているものだとみなす(7)。世界の周辺国の人びとは、拡大する世界資本の動きに伴い、自律的な経済を破壊され、土地を奪われ、安い労働力として資本家によって搾取される存在とされる。さらに、この見方によると、国家も人びととの移動に大きな影響を及ぼす要因である。国家はいくつもの移民政策を打ち立て、自国の利益のために人の移動を管理し続ける存在と位置づけられる［Cohen 1987; Sassen 1988］。

フィリピンでの人の移動研究のなかでも、この見方は大いに影響を及ぼしている。国内移動でいえば、マニラでの過剰都市化や都市インフォーマル部門の肥大は、フィリピン経済が独立後も従属的発展を続けているために、かつての自立的経済基盤を奪われて貧困に苦しむ農村部の人びとがマニラへと押し出されたためと説明されてきた［Castillo 1979; Alegre and Morada 1988］。また国際移動についても、国家と資本家とが結びつき、国民を制度的に世界の労働市場へと途切れなく送り出していると批判的に論じている［Alegado 1992; Rodriguez 2010; Guevarra 2010］。

これら二つのアプローチに共通していえることは、人の移動という現象をできるだけ一般化した形で捉えようとしており、多くの移動現象の理解に役立つ側面がある点だ。反面、批判の声も多く、その代表が移民の主体性や多様性を無視しているというものである。たとえば、アブ＝ルゴドは、一九七三年に開かれた人の移動とエスニシティをテーマとした会議において、移民を「文化的かつ時代的な多様性を剝ぎ取られた原子」のように捉えるべきでないと強調した。アブ＝ルゴドは、当時の人の移動の研究が人類全般に共通する普遍性を求めるあまり、移動現象各々の多様性を軽視している研究の状況を変える必要があると訴えた。さらに、移動する人びとを「人口」あるいは「労働者」、「難民」といった概念で括り、移民自身の視点や主体性を考察の対象にしない点についても批判した［Abu-Lughod 1975: 201］。

こうした流れのなかで、第三のアプローチとして移民システム論や移民ネットワーク論が生まれ、発展した。前者は主に地理学、後者は社会学や人類学の研究者が提唱し始めた。両者はいずれも、マクロ構造と個人（ミクロ）との間、すなわちメゾ・レベルには様々な社会的ネットワークが存在し、それらもマクロ・ミクロ両レベルと同様か、それ以上に、人の移動という行為に大きな影響を及ぼすと考える［Faist 1997］。このような視点でフィリピンの国内移動を分析した試みとして、ルソン島北部の複数の村において比較調査を行い、村の農村開発の進度にかかわらず、農村部の人びとが家計収入を補うために家族の一部を村外に送り出していることを示したフィンドレーの研究［Findley1987］や、同じくルソン島北部において地方都市に出稼ぎする女性たちを調査し、彼女たちは地理的に村の家族と離れていても出身村の家族や親族と密なコミュニケーションを維持し、家族の一員であり続けると指摘したトレーガーの研究［Trager 1988］がある(8)。

一方、国際移動に関して述べるには、現代の移民研究の主流の一つである、トランスナショナリズム論について触れなくてはならない。トランスナショナリズム論は移民ネットワーク論が発展したものとみることができる

［カースルズ＆ミラー 2011: 39］。移民ネットワーク論が受け入れ国と送り出し国を架橋するメゾ構造として、トランスナショナルなコミュニティの存在を際立たせた結果、グローバル化の急速な進展という世界規模の社会関心と相まって、国境をまたぐ「脱領域的」（deterritorialized）な「トランスナショナル・コミュニティ」や「トランスマイグラント」という概念が注目を浴びるようになった［Glick-Schiller et al. 1992; 1995; Basch et al. 1994］。トランスナショナリズム論は、国際移民たちの主体性をわかりやすく示しただけでなく、社会科学全体に対しても、国境に縛られない分析枠組みの必要性を伝える貢献をしている。

フィリピン人国際移民についての研究においても、トランスナショナリズム論の視点を取り入れた民族誌が相次いで刊行された。それらは、フィリピン人移民が国外で居場所をつくると同時に、ときに緊張関係をはらみながらも故地とのつながりを維持している様を詳細に描いている［Okamura 2000; Aguilar et al. 2009; 長坂 2009; 永田 2011; McKay 2012］。

以上、移民研究における代表的な三つのアプローチについて記述しながら、本書が対象とするフィリピンにおける人の移動を扱った先行研究を概観した。全体としては、代表的な人の移動の理論を検証する場としてフィリピンは頻繁に登場し、多くの人の移動の研究結果が発表されてきた。しかし逆にいえば、そのような理論とは直接関係しないフィリピンにおける人の移動の特徴については、あまり関心が向けられてこなかった。

したがって問題はまだ残る。とりわけ本書との関係でいえば、何がかれらを移動へとかりたてるのか、その理由については十分議論されたとは言い難い。別言すれば、移動する人たちが思い描くコスモロジーを知る手がかりになるような視点でのフィリピン人移民の研究はまだ少ない。そのため、フィリピンの人びとが活発に移動しているというイメージは浸透しているが、それはフィリピン人の移動を特徴づけるようなイメージではないのである。

2　地域社会にみられる生きかたの一つとして

最近、フィリピンには、「移動の文化」（culture of migration）があるという記述をしばしば見かけるようになった［Asis 2006a; カースルズ&ミラー 2011: 180; IOM and SMC 2013: 39-41］。しかし、ここでいう「移動の文化」という表現は、国際移民研究で有名なマッセイらのグループが、メキシコから米国へ向かう人びとの流れが恒常化した様を指して、使い始めたものだ。メキシコでは米国への移住が世代を超えて持続した結果、メキシコの多くの地域において、米国へ行くことは若者（特に男子）の間で珍しくない目標になっている、つまりメキシコの「文化」の一部になったと、マッセイらは論じた［Massey et al. 1993: 452-453; 1994: 738; Kandel and Massey 2002］。フィリピンの文脈で「移動の文化」という表現が使われるときは、一九七〇年代以降に多くのフィリピン人が国外で働くようになった結果、今や、海外へ働きに行くことが多くのフィリピン国民男女にとって標準的な人生の目標の一つになっているということを指す。

これは、本書が目指すフィリピンという地域社会に根差した移動の意味づけとは違う。なぜならば、フィリピンを含む東南アジア地域は、一九七〇年代よりもはるか前から、人の移動が活発にみられる地域といわれているからだ。

長い間、人口が疎らな地域だった東南アジアでは、工業化や都市化が進展する前から、人びとの移動が頻繁にみられた［Tsubouchi 1983; Carsten 1997］。そしてこの地域には、人の移動に関係する表現として、物理的な移動を指すだけでなく、外界の知識や富、あるいは地元での名声を求める行為という文化的意味合いを含む言葉がある。フィリピンと同じ、東南アジア島嶼部地域における代表的なものを挙げると、食べ物／威信財／仕事を探す（cari makan/harta/kerja）、幸運あるいは生計手段を探す（cari rezeki）などがある［Carsten 1995: 320; Abe 1997: 624; 田中 1999: 82; Lindquist 2009］。また、ブギス社会におけるマソンペ masompe、ミナンカバウ社会におけるムランタウ merantau、イバン社会におけるブジャライ bejalai、マカッサル社会におけるアシモンバラ asimombala なども、文化的意味を伴う移動を指す言葉である［Kato 1982: 19-22; Kedit 1993: 3-5; 内堀 1996; 田中 1999: 78-80; 祖田 2008: 3; Lindquist 2009: 29-30］。これらの表現は、東南アジア島嶼部の人びとの間では、移動は通常、生きかたの一つ、あるいは男性の生涯の一時期の過ごしかたであることを示している。

　こうしたフィリピンを取り巻く地域の文化的背景を考慮すると、フィリピンの人びとが活発に移動する状態は一九七〇年代から始まったとは考えにくい。地域社会の文脈からすれば、外国にも行く人が近年目立つようになった、ぐらいの話なのかもしれない。「移動の文化」という見方には、対象社会の人びとの暮らしにおいて、移動がそもそも、どのように捉えられているのかという、包括的な視点が抜け落ちている。

　そこで次に、フィリピンの地域社会の文脈と人の移動との関連を探るうえで糸口となる研究を、二つに大別して紹介しよう。

　一つ目は、先の東南アジアの地域社会の研究で強調されてきた移動と威信に関係する著作である［Aguilar 1999; Margold 2002; Fajardo 2011; McKay 2011］。たとえばマーゴールドは、フィリピンのイロコス地方の叙事詩ラムアン Lam-ang のなかに、旅に出た男性が成功して戻ると英雄として迎えられるというエピソードがあり、同地方では旅と男性の威信の関係が今でも強いと指摘する[9]［Margold 2002: 216-218］。

　また、アギラは、威信獲得には「賭け」の文化的要素が大きく影響することを強調する。アギラの論文「通過儀礼と国際労働移動における自己の再構築」は、フィリピン人にとって海外へ行くことは「賭けとしての要素を含む通過儀礼」とみなせると論じた［Aguilar 1999: 99］。海外へ行った結果は人びとの間で「勝ち」あるいは「負け」として表現され、「勝った」移民は家族のなかで自立性を獲得するという。アギラはさらに、こうした人生の「賭け」をするのは、人びとがスウェルテ（幸運）を求めるためとも記している[10]［Aguilar 1999: 109］。この論文のなかで、スウェルテが何であるか、そして移民は「賭け」にどう臨んでいるのかといった部分は文脈に沿って詳しく分析されていない。だが、フィリピンにおいて、人の移動とスウェルテという概念には重要な関係があると指摘した意義は大きい。

二つ目は、信仰実践の観点から移民らによる移動の意味づけに注目した研究である。移民たちが自らの移動という行為をサクリピショ sakripisyo（一般には、「犠牲」と訳される、詳しくは第五章）と呼ぶことに着目したものとして、ルグコサ［Rugkåsa 1997］、ランヴィック［Lamvik 2002］、バウティスタ［Bautista 2015］を挙げることができる。ルグコサ、ランヴィック、バウティスタは、海外就労者たちが海外就労を家族のためのサクリピショと語ることを、フィリピンのカトリック教徒たちの間にみられるキリストの受難に関する信仰実践と結びつけて示した。フィリピンのカトリック教徒の間では、聖週間に、自らの身体を傷つける行為を含め、キリストの受難を追体験しようとする様々な儀礼が行われる。苦行ともいえるこれらの儀礼に参加する人たちの多くは、病気の家族の治癒などを神に願う代わりに、自分がサクリピショをするのだと語るという[11]。

こうした海外就労とフィリピンのカトリック実践との類似性を指摘すると同時に、バウティスタは、カトリック教会の語りも国民の海外就労を助長していると主張する。フィリピンでは、国家が、国民をグローバル市場が求めるスキルを持ち、従順な態度を示す「輸出仕様」（export-oriented）の人材に仕立て上げていると、しばしば批判されている［Rodriguez 2010］。バウティスタは、そのような国家の態度と同様にカトリック教会も、海外就労者たちの自己犠牲をいとわない精神を美徳と称賛することで、モラル面から「輸出仕様」のフィリピン人をつくり出していると指摘する［Bautista 2015］。

のちに示すが、サクリピショという言葉は、幸運探しをする人たちの語りにもしばしば登場する。この言葉を通じて、先行研究においてカトリック教徒の間でみられる実践の一つと海外へ移動することとの関連が示されている点は重要である。ただし、先行研究では、移民たちのローカルな生活世界におけるサクリピショの意味づけは掘り下げられていない。生きかたの一つとされるサパラランを理解するためには、儀礼に注目するだけにとどまらず、サクリピショがどのような関係性を構築するのか、あるいはどのように日々の生業と結びつくのかといった多面的な分析が必要と思われる。

以上のような先行研究の内容を踏まえて、本書では、調査地で収集した語りや日常の行為といった様々なデータを基礎とし、変動する地域社会の文脈に位置づけて移民たちの観点からみた移動を描く。その際、分析の中心に据えるのは、「幸運探し」など、調査地の人たちが語る移動と関連するローカルな概念と実践である。本書はそれらを掘り下げることで、移民を「合理的な経済人」、または世界経済の不均等な構造ゆえに「搾取される人びと」などとだけみなしていると見落としてしまう、移民の生きる世界の様々な側面（理念、情動、他者との関係性、日常のふるまい等）を浮き彫りにする。

これから論じるように、幸運探しとは、人間が一生をかけて行うに値する非常に意味深い行為である。しかし、これまでの描きかたでは、そこに含まれる豊かな事象は十分に描かれず、取り逃がされてしまうことが多かった。文化人類学と移民研究を一体化させて書く本書は、幸運探しをする人の生活、生きかたを多面的に記述し、かれらのコスモロジーのなかに人の移動を位置づける。

三　移民と故地とのつながり再考

「幸運探し」は、第三章で詳述するように、空間的には、幸運を求めて馴染んだ内界から馴染みのないリスクの高い外界へと向かう行為であるため、日本語でいえば「冒険」に近い。

冒険といったとき、どんなイメージが浮かぶだろうか。昔話の「桃太郎」や「シンドバッドの冒険」のような英雄の旅の物語だろうか。それとも、サルトルの小説『嘔吐』に登場する、冒険へのあこがれから中部ヨーロッパ、北アフリカから日本まで旅し、最終的には冒険に絶望する主人公ロカンタンのような、冒険自体を求め続けるタイプの人間の物語だろうか［サルトル 2010］。いずれにしても、冒険は、基本的に一人あるいは少人数のグループによる個人的行為と想定されている。

ところが、本書のなかで明らかにしていくように、「幸運探し」は移民のみの物語ではない。移民を取り巻く多様な存在との関係が重要なのである。特に、人間の運命を決める神や、故地の人びととの関係が肝心である。そこで次に、移民と故地とのつながりについての研究を振り返ってみよう。

移民研究において、移民の故地とのつながりは維持されるのか、それとも切れてしまうのかといった点は、多くの研究者の興味を惹いてきたテーマの一つである［Kearney 1986; Glick-Schiller et al. 1992; 渋谷 2005; Brettell 2008］。第六章や第七章で詳述するように、「幸運探し」の場合にも、移動先で何らかの富を得た場合、それを故地の家族・親族との関係においてどのように扱うかが「幸運」という概念にかかわる重要な部分となっている。そこで以下では、フィリピンにおける移民のつながりについての議論を整理し、本書の狙いを示す。

1　故地との強固な親族ネットワークへの疑問

近年出版されたフィリピン人移民の民族誌のなかでは、移民は故地に残る家族や親族と強固につながっているという見方が主流である。

フィリピンにおける移動の先行研究をみてみると、一九六〇～七〇年代には、移民はいったん新たな土地に住み始めたら、あとはその土地の自然的・社会的環境に適応して順調に社会経済的に向上するか、または適応できずに別の土地へ移るか、そのまま残って最底辺の住人となるかのいずれかと考えられていた［Laquian 1969; Hollnsteiner 1974-75］。

このような見方に対し、移民は故地の人びとと密接につながっていると主張したのが、ルソン島北部の地方都市に在住する移民の生活と人的ネットワークを調査したトレーガーの著書『シティ・コネクション』だ。トレーガーは、「フィリピン人移民はどこにいようと、故地の人びととのつながりを維持」し、かれらは「土地に対してというよりも、人——特に家族——に対してのつながりのほうを重視する」と結論づけた［Trager 1988: 182］。トレーガーの主張によれば、フィリピンの向都移民は、都市移住後も帰省や送金などを通して故地とのつながりを維持し続ける。それは、移動が個人レベルというよりも家族全体の経済的向上を求める動きだからである。トレーガーが描き出したのは、メキシコから米国への移民の研究で知られるカーニーが「節合移民ネットワーク」(articulatory migrant network) と呼んだ概念と類似した、移動先の都市と故地の農村部を一つの社会空間と考える見方だった［Kearney 1986: 354; Trager 1988: vii, 185］。

先に紹介した、トランスナショナリズム論の視点を取り入れたフィリピンからの移民たちの民族誌研究も、ときに軋轢や葛藤が起きることは述べながらも、基本的にトレーガーの主張に似た故地と移住先を密に結ぶ移民たちのネットワークと社会空間について詳細に描いている。しかし、トランスナショナリズム論は、移民の国境を越えた活動に注目するあまり、移住先での適応や同化が無視されがちと指摘されている。これらの民族誌の多くが、一時的労働者や非正規労働者として国外に滞在する移民を主な対象としていることも、故地と緊密につながっている側面が強調される一因になっているだろう。一時的に国外に滞在している移民は、別の国の永住権を取得し定住した移民とは異なり、最終的にはフィリピンに帰国することになる。したがって、国外に滞在している間も故地の人びととのつながりは維持しておかなくてはならないという、避けられない事情がある［関 2009］。また、国内の別の地域へ移動した場合は、国外への移動と異なり、滞在資格の問題がないことに加え、移動先で容易に適応できるので、故地とのつながりが切れる、あるいは希薄になるとみられている［Aguilar et al. 2009: 365, 376］。

第六章で詳しく述べるが、わたしが調査した村では、フィエスタ（カトリック守護聖人の祭り）に帰省して村に寄進する移民のプレゼンスが高い一方で、移動後に村の家族へ定期的に送金する人は、夫婦のうちの片方が移動しているケースを除いて、少数派だった。定期的な送金を行わないだけではなく、故地との連絡さえ途絶えてしまうこともある。この村ではマニラへ移動した村人のうち五人に一人はマニラへ移動後に音沙汰がなくなっていた。

消える村人という現象は、どのように説明したらよいだろうか。先の移民の故地との断絶、そしてトレーガーの著作や、トランスナショナリズム論の視点で書かれた研究書が示した故地との強い結びつきの二つの見方は、双方とも移民と故地との関係の一面を強調してきた感がある。現実は、両者の主張が混じり合っていると捉えたほうがよいだろう。その場合、何をもって「つながり」とみなすのかというところから、議論を始めることになる。

2　幸運という視点からみた「つながり」

人類学の親族理論において、フィリピン社会の親族制度の特徴はかつて、双方的（bilateral）という一言で片づけられてきた。双方親族社会とは、出自集団を形成する父系制や母系制と違い、確固とした組織原理を持たない親族制度の社会、もっと端的にいえば、父方、母方のいずれでも血縁関係がたどれれば親族に入る可能性がある社会を指す。この親族研究の古典的分類法は、双方的社会について父系でも母系でもないこと以外何も説明していないと、のちに批判された［キージング 1982: 166-72］。

親族研究では、このような血縁関係に基づく諸制度を分類するのではなく、それぞれの地域文化に根差した「家族」や「親族」の捉えかたや、その変容のほうに関心を移してきた。東南アジアの民族の多くを含むオーストロネシア諸族(12)の親族研究では、一九九〇年代以降、特にカーステンがこの分野の研究を深めた。カーステンは血縁のイメージが強い「親族」（kinship）という言葉よりも、「つながり」（relatedness）という言葉を使うことを提案している［Carsten 2000; 2004］。なぜならば、オーストロネシア諸族の人びとの間では、家族や親族といった非常に近しい人びとの関係が、血のつながりに代表される、系譜関係に依拠する生得的なメンバーシップだけでは決まらないからである。血がつながっていない人たちとも、食や居を共有することによって家族や親族になっていくという特徴を強調したカーステンは、家族・親族関係を考える際には、出生時に決められた「○○（たとえば、「父」や「子」）である」（being）という固定的な見方だけで決めつけずに、出生後の人生の如何によって変わることもある、すなわち「○○になる」（becoming）という側面にも配慮することの重要性を指摘した［Carsten 1997］。この「○○になる」という可変的なプロセスを重視する見方は、近年のフィリピン低地キリスト教社会の民族誌においても、しばしば強調される点である［Cannell 1999; 川田 2003; 関 2007; Aguilar et al. 2009］。

本書も基本的にこの立場をとり、調査対象地域における「つながりかた」、つまり移民と故地の人びととを結びつけるのは何かというほうに注目する。

その際には、カーステンらがオーストロネシア諸族の特徴として既に強調している食の共有等のみに最初から注目するのではなく［cf. Schrauwers 1999; Janowski 2007］、調査地の人びとの実際の語りやふるまいのなかで、人と人とを結びつけること、あるいは遠ざける様々なコミュニケーションを考慮する。よくみられる移民から家族や親族への送金や、大量に持ち帰られるパサルボン *pasalubong*（帰省時などに渡す贈り物）とは何なのか。帰省者はしばしば故地で神に感謝し祝宴をあげるが、それにはどのような意味があるのか。また、帰省した移民と故地の人びととの間ではどのようなまなざしや会話が交わされるのか。こうした一見、当たり前と思われている相互行為を地域社会の文脈から分析する。

本書とカーステンら「〇〇になる」を強調したつながりの論者たちとのもう一つの大きな違いは、村人が自分たちに大きな影響を及ぼすと信じる神などの信仰上の存在も、本書は分析の視野に入れている点である。フィリピンにおける人の移動について論じた研究はこれまで、親族関係、宗教実践のいずれかに注目し、双方を視野に入れて分析することはあまりされてこなかった。だが、わたしが調査地で出会った人たちは、神や精霊・祖霊などの信仰上の存在（第五章）と、身内の人間の双方とうまくやることに努め、良いことがあると、両方と喜び合っていた。言い換えれば、両者とともに生きていた。

本書は、一つの試みとして、移民と故地の人びとをつなげるものとして、「血」でもなく「食」でもなく、神からの祝福とされる幸運という概念を中心に据える。幸運に焦点を当てることによって、移民と両方の存在との関係を視野に収めて、移民のつながりについて考察することが可能となる。ただし、幸運は移民と故地の人びとをつなげるだけではない点にも留意する必要がある。本書は、幸運を得たとされる人が幸運の一部を身内の人間に分け与えない場合、つながりが弱まる可能性が高い様子も描く。このように、幸運を中心に人びとの関係を紐解いていくと、より包括的で柔軟な移民を取り巻く社会関係が浮き彫りになる。

幸運（あるいは祝福）という概念を中心に据えて、フィリピン低地キリスト教社会における人びとのつながりを論じる研究はこれまでなかった。したがって本書は、この地域における従来のつながりに対する見方とは違う、新しい「つながり」論を試みる研究でもある。

以下、本書の構成と内容を簡単に説明する。本書は、この序章のほか、本論四部八章、終章からなる。第一部では、本書の舞台となるフィリピン中部のサマール島で、少なくとも数世紀前から人びとが活発に移動していた様子を描く。第一章では、サマール島に関する地方史、統計資料、口述資料をもとに、同島を取り巻く政治経済状況の変遷との関連で同島の人びとの移動の特徴について分析する。続く第二章において、サマール島西岸の調査村で行った村人の移動の史的展開に関する調査結果から、村では農業、漁業、賃金労働といった様々な分野で、移動を組み込んだ生業が営まれてきたことを述べる。

第二部は、本書が注目するサパラランという概念について詳述する。第三章は、カトリック教徒が九割を占める調査村の人びとの生活世界のなかから「サパララン」とはどのような考えかたなのかについて考察する。村人の行為や語りからすると、それは、①人間の運命は人それぞれ定まっているが、自己と神との関係に働きかけることで変えることもできるという主体的な意味合いを持つコスモロジーと、②富は世界に偏在しており、危険を覚悟のうえで行動するならば、一部の人はそれを得られるという空間と自己に関する観念に基づいていることがわかる。第四章では、村からの移民のライフヒストリーをもとに、幸運探しのプロセスを描き出す。プロセスのなかで重要なのは、幸運を得るためには「犠牲」（リスクを負い、苦難に耐え、様々な努力をする等）が必要であり、犠牲をいとわない姿が神に認められたならば、神から祝福が与えられるかもしれないという考えかたである。

第三部は、幸運を軸としてみた場合の、移民と神と周囲の人びととという三つの存在の関係性について考察する。第五章では、祝福は犠牲との単純な「交換」ではなく、神が好感を持つ人に与えるものであるため、人間は、神のような慈悲の心に基づいた分け与えをするモラルに準じた人（ブオタン）であり続けなくてはならないことを示す。つまり、幸運探しとは、神との間の絶え間ない相互行為と自己変容なのである。そして第六章で、この考えかたにより、移動後に富を得た移民が、ブオタンな行いをする人か否かという評判によって、幸運者か、富を得ただけの単なる金持ちかに分けられ、前者は故地においてつながりを持つ人びとが増え、後者は反対に孤立していく様を述べる。

第四部は、幸運を通じてつながる「村」から離れる移民に注目する。第七章では、調査村の人びとの考えかたや行いは一枚岩ではなく、都市に移住した移民の間では富の分配をめぐり、複数の理念が絡み合い、対立やすれ違いが日常的に起きている様子を述べる。つづいて第八章において、移民と故地の人びととのつながりが弱まり、移住先の人びととのつながりが新たに構築されるケースを取り上げる。ただし、故地とのつながりが弱まったような状態であっても、必要と思う契機があればそれは再活性化する。このようにつながりは、選択的に強まったり弱まったり、消えたり同じ原理のものが新たに出現したりして、サパランという営みを支えていることを示す。

終章では、移民たちの出身地域における移動の意味とかれらの実践を理解する重要性を述べる。そして、これまで強調されることはなかったものの、「幸運探し」に類似した概念は世界の他の地域、時代、階層でも存在することから、幸運探しと人の移動の研究の深化は本書の事例の範疇を超えて求められうることを述べ、本書を括る。

四　調査方法と用語について

本書は、サマール州カルバヨグ市にあるバト村（仮名）と、その村の出身者の移住先という複数の地点で、二〇〇〇年から二〇一七年までの間に行ったフィールドワークで得たデータに基づく。

先にも述べたが、移民研究では、移民の送り出し地域と受け入れ地域という二地点を一つの連続した社会空間とみなすことが一般的になっているため、両方の地点で調査を行う研究が目立つようになった。たとえば、世界的に広がるペルー人のディアスポラ・コミュニティの様子を調査したパエルガードは、移民について研究する人は、移民が「ネットワークを形成し、場所の概念を広げていく」ように、調査者も調査をするフィールドを延長していくのが自然と述べ、そのような民族誌を「延長されたエスノグラフィー」(extended ethnography) と称している [Paerregaard 2008: 22]。

本書も、延長されたエスノグラフィーのアプローチ方法で書かれている。具体的には、バト村のほかに、村人がマニラで集住する地点(本書ではこれらを「分村」または「集住地」と呼ぶ)で、一七年間にわたり、断続的に調査を行ってきた。さらに、マニラにおいて分村や集住地以外の地点で暮らす村人や、カルバヨグ市の中心地で暮らす村人、数は少ないが台湾やアラブ首長国連邦といった国外で暮らす村人の様子も調査した。このように本書で「村人」と書くとき、それはバト村に居住している人のみを指すのではなく、バト村出身で村以外に居住する人なども含む。

つづいて、本書に最もよく登場する三地点――バト村と、マニラの二カ所――で行った調査について説明しよう。まず、わたしがバト村を初めて訪れたのは二〇〇〇年三月であった。大学院生だった二〇〇〇年代前半には、のべ二年間半(二〇〇〇年三月と六~八月、ならびに二〇〇一年一〇月~二〇〇三年一二月)にわたり、村で住み込み調査を行った。フィールドワークの主な内容は、参与観察、聞き取り、質問票調査である。

バト村で住み込み調査を行っていたときには、当時の村長(エダイ、第五章)の家をはじめとする数軒に滞在した。この間、聞き取りや質問票調査を実施したほかは、参与観察の結果を日々記録していった。本書で紹介する日常生活の行為や語りの多くは、こうした毎日の生活のなかで見聞きした事柄である。移民をテーマとする研究のため、フィールドワークの場は村内に限らず、村人が別の場所へ出向いた際には同行させてもらったり、カルバヨグ市内にある三〇の他の村でも村長などに簡単な聞き取りを行ったりした。

一方、マニラ側では、バト村のように長期の住み込み調査はせずに、近くの大学の寮から通って、のべ半年間の調査を行った。マニラにいる間は、いつも決まった二、三軒の家を基点とさせてもらい、そこで食事をとったり、ときに宿泊させてもらったりした。詳しい調査を行ったマニラの地点は二カ所ある。マニラ市トンド地区のP通りと、ケソン市ロヨラ・ハイツにあるDT通りである。P通りには約二〇〇人、DT通りには約三〇人の村人とその子孫が暮らしている。

これら調査地において、わたしが最も親しくしていたのは滞在中に世話になった家族の人たちである。バト村やマニラの分村・集住地では、いったん家族が受け入れた客に対しては、常に家族のだれかが行動をともにすることが望ましいとされる。したがって、本書で取り上げる見聞の多くは、滞在先の家族とその家族が親しくしている人たちから得たものだ。調査地で、女性であるわたしが調査上、男性と会話することに対するタブーのようなものはなかった。だが、常に付き添ってくれていた村人のほぼすべては女性だったため、本書内の村人の日常会話や実践に関する記述では、女性による語りが多くなっている。

日常の会話とは別に、いくつかのテーマに関しては、わたしが個別に聞き取り調査を行った。その中心は、マニラとバト村の両方で行った、移動経験に重点を置くライフヒストリーの聞き取りである。女性一六人、男性一三人の計二九人に、できるだけ自由な形で移動経験やそれに付随する事柄、ときには移動に関係のないような事柄についても語ってもらった。対象者を選ぶ際には性別や年齢層が偏らないように考慮した。マニラへの移動経験のある人（二四人、移動経験の一部がマニラという人も含む）が中心だが、マニラへは行かずに、その他の場所へ行った人（国外二人、国内の別の地方二人）、まったく移動経験のない人一人も含まれる。聞き取りの時間は、一人につき一〜七時間（平均二・五時間）である。時間の長い人の場合は数回に分けて聞き取っている。使用言語は、バト村で使用されている言語であるワライWaray語（後述）と、マニラで一般に使われるタガログ語の二つである。ライフヒストリーの聞き取り以外に、P通りのコミュニティ形成の歴史やサマール島の歴史、村の代表的な生業についても、テーマごとに適当な人にインタビューしている。[13]

フィールドワーク期間には、いくつかの質問票調査も実施している。本書に関係する主なものは次のとおりである。

①バト村における移動歴調査（二〇〇〇年七〜八月、結果の一部は図2・1、表2・2、表2・3にまとめた）
②バト村のサンプル二〇世帯調査（二〇〇〇年七月）
③バト村全世帯調査（二〇〇二年二月、結果の一部は表2・1にまとめた）
④バト村におけるフィエスタ時の帰省者ならびにパサルボンに関する調査（二〇〇二年五月）
⑤マニラ市トンド地区バランガイ・P（P通りが含まれるバランガイ）における全世帯調査（二〇〇三年三月）
⑥バト村における村人の系譜調査（二〇〇三年八〜九月）
⑦バト村全世帯調査の更新（二〇一二年八〜九月）
⑧バト村からの国際移民についての調査（二〇一六年九月ならびに二〇一七年五月）

これらの調査にはいずれもわたしのほか、一〜二人のアシスタントが加わった。使用言語はワライ語またはタガログ語である。

つづいて、本書で用いる用語について言及しておきたい。第一に、本書のテーマである「移動」に関連する用語について整理する。まず、「人の移動」は人が空間的に動くことを指す非常に広い意味を持つ言葉である。日本語では、人の移動の種類をさらに具体的に示す表現として、生活の拠点を半永久的に移す「移住」と、生活の拠点はもともといたところに置きながら仕事のために一時的に居住地を変える「出稼ぎ」の二つがある。ところが、サマールの人びとの移動歴を聞くと、両者を区別することの難しさに気づく。そこで本書では、両者を含む意味では「移動」という語を用い、「移住」と「出稼ぎ」であることがはっきりしている場合や、「移動」よりも「移住」や「出稼ぎ」のほうが日本語として適当と思われる場合に限り、「移住」と「出稼ぎ」という表現を用いる。

人の移動を論じる場合には、その距離や期間が問題とされることが少なくない。特に数量的データを収集する場合には、この点が重要とされるが、本書は主として質的データを用いているため、厳格な距離や期間の違いを移動の定義には用いていない。ただし、基本的には居住地を移すことと想定し、短期の訪問、買い物、通勤・通学などは特に言及しない限り除いている。また、本書では「移動する人」の意味で「移民」という語句を用いる。関連して、「帰省」と「帰村」の違いについても述べておく。調査地ではこの二つの語の間に区別はなく、ともにバリック *barik* と表現される。しかし、本書では便宜的に「帰省」は一時的にバト村へ帰ること、「帰村」は移動先から村に引き揚げることを指すものとして使用する。

第二に、地名に関し二点述べる。まず、フィリピンの行政上の区分である。二〇一七年現在、全国はマニラ首都圏（Metro Manila、あるいはNational Capital Regionとも称される）を含む一八の地方（region）に区分される。地方の下には州（province/probinsya）、州の下には市（city/ciudad）と町（municipality/munisipyo）、市と町の下にはバランガイbarangayという階層構造をなしている。[14] 一方、マニラ首都圏の下は市と町、その下はバランガイとなっている。本書は、バランガイが農村部にあるときは、「バト村」のように「村」という日本語をバランガイの訳に充てている。バランガイが都市部にあるときには、単にバランガイと表記した。

次に、村からの移動先として頻繁に登場する「マニラ」の使いかたである。行政区分で考えた場合、マニラ首都圏が設立された一九七六年以降、「マニラ」が指すものには、「マニラ市」と、同市のほかに一七の市と町を含む「マニラ首都圏」の二つがある。本書の記述では、この二つの意味を区別する際にはそれぞれ、「マニラ市」と「マニラ首都圏」(あるいは単に「首都圏」)とする。しかし、村人が移動先として「マニラ」と言うときには、このような行政区分とは別にマニラ首都圏とその周辺(通常タガログ語が話されているルソン島の中部)を指す場合が多く、そのような場合にも単に「マニラ」と記している。同様に、「セブ」という地名も、行政区分としてのセブ市や、メトロ・セブ(セブ市を含む七市六町からなる大都市圏)を指す場合を除き、村人が考えるセブ市とその周辺を意味している。

第三に、言語についていくつか述べる。調査地域のサマール島の主要言語は、セブアノ語やヒリガイノン語などと並ぶビサヤ諸語の一つであるワライ語(サマール＝レイテ語、レイテ＝サマール語、ワライワライ語なども称される)である。ワライ語はフィリピンの八大言語の一つに数えられる。二〇一〇年のセンサスによると、自分の民族をワライと答えた人は三六六万人で、フィリピン全人口の三・七%を占めた。ワライの人びとが多いのは、サマール島全域とレイテ島の東部である。

ワライ語のなかには地域によっていくつかの方言があるが、本書で用いられるのはカルバヨグ方言である。本文中のワライ語の表現(固有名詞は除く)は斜体にしてある。ただし実際上、ワライ語の語彙には、タガログ語などフィリピンの他の言語と共通のものが多く、区別するのは難しい。本書では、ワライ語での会話で用いられる語彙は基本的にワライ語とみなしている。さらに、バト村出身者でも、長年マニラで暮らしている人は、マニラで会話するとき、自然にワライ語ではなくタガログ語で話をする(第八章)。本書で引用する語りは、同一人物であっても、ときにワライ語で、また別の場面ではタガログ語で書かれているが、それは、このような事情によるものである。

第一部

サマール島における人の移動

ヤシ酒用の樹液を採りにココヤシの木に登るバト村の男性。ココヤシはそのすべてが利用できる、生活に不可欠な木（2000年7月）

現代日本に生きる私たちは、遊牧民や狩猟採集民などの移動を組み込んだ生業を営み暮らす人びとを除いて、定住する生きかたを当たり前と考えている。定住が意味するのは、多くの場合、物理的に一つの場所で生きることだけではない。国家の国民一人ひとりを管理する制度と相まって、自分の住む場所（現住所）や所属する場所（本籍地）が生年月日などとともに、個人の基本的なアイデンティティと考えがちだ。それと同時に、一カ所に定住しない人を特別視する傾向もみられる。非定住者に対して、ときには自由人に対する憧れのような感情を持ちながらも、「浮浪者」「逃亡者」といった言葉が含むネガティヴなニュアンスが示すように、「人の道」から外れているというまなざしを向けてしまうこともある。

フィリピンにおける移動と定住の前提も、基本的には似ている。フィリピンにおいて、定住せずに移動する人といえば、南部のスールー海の島沿岸を中心とした地域に暮らす「海サマ」（他者からは「漂海民」「バジャウ」と呼ばれる）の人びとが筆頭に挙げられる。近年まで舟上生活も営んできたかれらは、国境にとらわれず自由に動き回るというイメージで、日本でも表象されてきた［長津 2001］。

対して、土地との関係が密接と考えられる農民の場合は、自らの耕作地から遠くへは動かないと仮定されてきた。そして、農民が別の土地へ移動するとなったら、それは農民が否応なく土地から引き離された結果とみられてきた。たとえば、マニラの政治社会史を書いたカオイリは二〇世紀後半、地方の土地を持たない農民や大農園で働く農業労働者たちがマニラ首都圏へ流入し、マニラ首都圏の人口を押し上げたと述べる［Caoili 1999: 64-74］。土地なし農民や農業労働者が地方の人口のなかでも特に貧しい状態に置かれていることは想像できるが、土地を持つ農民たちなら基本的に移動しないのかという疑問が残る。

農民は通常、移動しないという見方に疑問を呈する声もある。たとえば、フィリピンの歴史研究者たちによる論文集『人口と歴史』は、スペイン統治期には生まれた土地から動かなかったというこれまでの見方を各所で批判している。執筆者たちは、一九世紀のフィリピンにおいて人びとは農村部・都市部の両方で活発に別の土地へと移動していたことを示した［Doeppers 1998; Doeppers and Xenos 1998; Owen 1998］。

本書も、動かない農民像を疑う。なぜなら、サマール島の過去の移動パターンをみても、人びとのライフヒストリーを聞いても、別の土地へと移動することは、かれらの生活の一部であるように思えるからだ。そこで第一部では、サマール島の人びとにとっての移動について多面的に考察する。第一章では、マクロ的視点から歴史書や人口統計、あるいは手記や口述資料をもとに、サマール島の地理的・歴史的状況のなかに人びとの移動を位置づける。つづいて第二章で、同島西岸にある一農漁村のバト村で行った質問票調査や聞き取り調査の結果を用い、村人の移住史や暮らしのなかで移動がどのように行われているのかを明らかにする。

第一章　サパラランの歴史・地理的背景

サマール島はフィリピン第三位の面積を持つ島だが、その特徴は、フィリピン国内でもほとんど知られていないといってよい。

フィリピン滞在中、島出身者以外の様々な人に、「サマール島」について知っていることを尋ねてみたところ、ほとんどは「サマール」という名前は聞いたことがあるが、島がフィリピンのどこにあるか、どのような産業があるのか、何という町があるのかなど詳細は知らないと答えた。ただ漠然と、「台風が多い」「アスワン（妖術者、第六章）が多い（つまり、妖術者に襲われそうで怖い）」等の、ネガティヴなイメージを持っているようだった。訪れたことがあるという人も、自分の親族にサマール出身者がいる人や、仕事上の出張で行ったことがあるという人を除けば、皆無に近かった。

サマール島について書かれた本も、フィリピンの他の地域に比べて少ない(1)。例外的にサマールという地名が頻繁に登場するのは、マニラの都市貧困層に関する書物である。一例を挙げると、サント・トマス大学の社会研究センターが発行した『都市の貧困』のなかで最も詳しく描かれている移民女性は、サマール島の出身者であることが強調されている。しかし、そのサマール島については、「僻地」「停滞」「新人民軍（フィリピン共産党の軍事部門）の兵士があふれている」「貧しい」と形容されているだけで、それ以上の具体的記述はない［UST Social Research Center 1992: 112］。

しかし歴史書や人口統計などを細かくみていくと、人口の流出で知られるこの島は、約半世紀前まで島外の多くの人たちを惹きつけた場であったことがわかる。さらにこの島は、フィリピン全体の人口移動パターンの変遷、すなわち、開拓移民が中心を占めていた時代から、向都移動（特にマニラへの移動）が主流になる時代を経て、国外で移動することが人びとの憧れとなる時代までを映し出す、典型的な地域ともいえる。

幸運を探す、という考えかたを理解するためには、その舞台となっている地域の地理的特徴や歴史的経験を無視することはできない。そこで以下では、サマール島の地理・歴史と、同島における人口移動の動向とを関連づけながら記述し、島民の移住史を概観する。

一　「数多くの島からなる島」の人びと

サマール島は、約七〇〇〇のフィリピン群島の中部に広がるビサヤ諸島の東端（北緯一二度、東経一二五度付近）に位置する。島の面積一万三〇〇〇平方キロメートルは、ルソン、ミンダナオの両島に次ぐ国内第三位の広さであり、ビサヤ諸島のなかでは最大である。東西を太平洋とサマール海に挟まれ、北はサン・ベルナルディノ海峡を隔ててルソン島の最南端と対峙し、南西部はサン・ファニコ海峡を隔ててレイテ島と向かい合う（地図1・1）。行政区分上、サマール島は、隣接するレイテ島ならびにビリラン島とともに東ビサヤ地方（Eastern Visayas Region）を構成する。

島はサマール、北サマール、東サマールの三州からなり、二〇一五年現在、各州の人口はサマール州七八万人、北サマール州六三万人、東サマール州四七万人である。サマール島全体の人口一八八万人の約九割はワライ語を母語としている。同島はレイテ島の東部とともに、ワライ語を話す人びとのホームランドである。

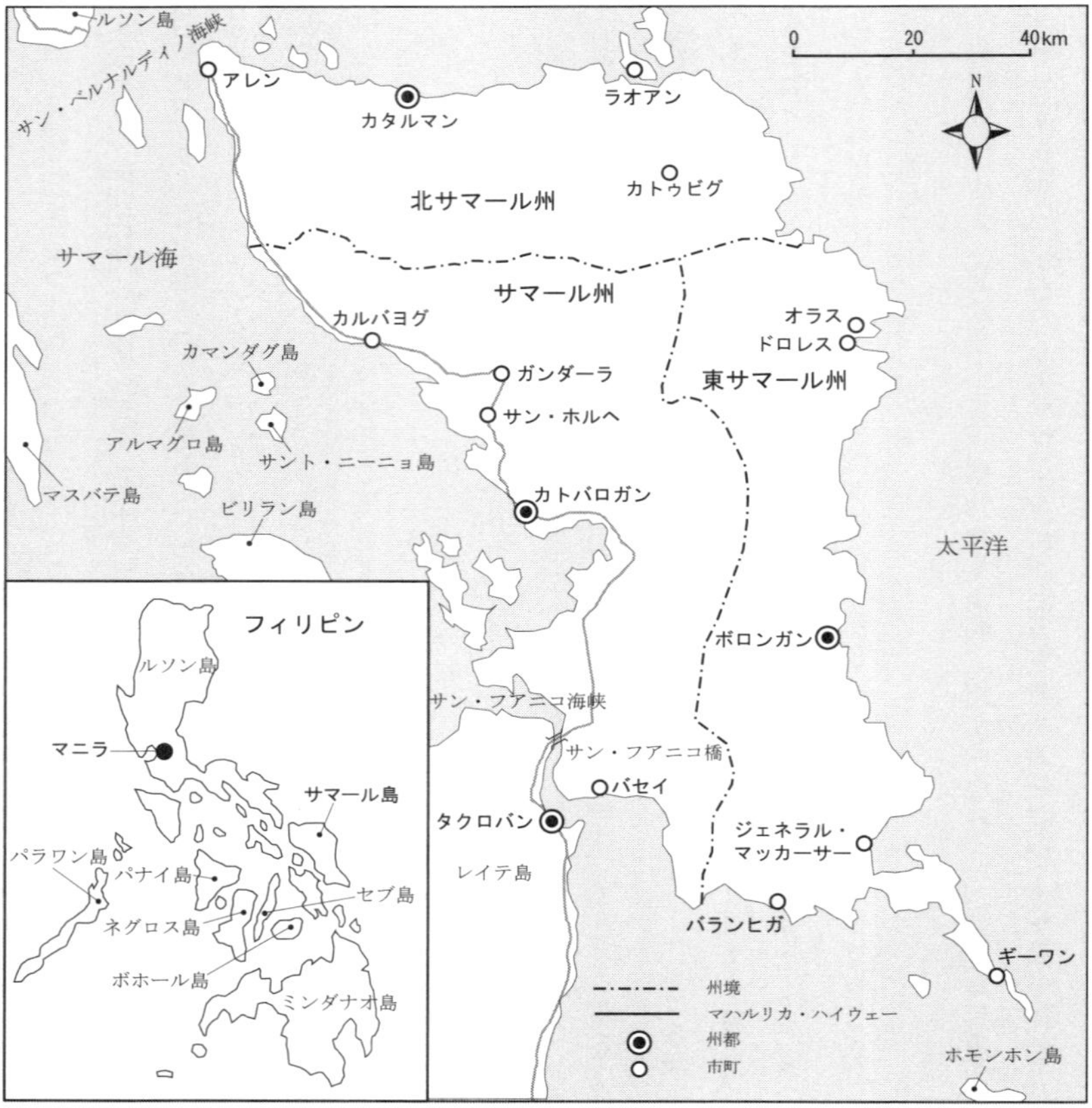

地図1・1　サマール島

アバカの繊維を運ぶ父子。アバカは今でも島の代表的産品の一つ（2000年3月、カルバヨグ市オキンド地区）

サマール島とレイテ島を結ぶサン・フアニコ橋。東ビサヤ地方の名所の一つとなっている（2001年2月）

サマール島西岸沿いを走るマハルリカ・ハイウェー（2002年3月、カルバヨグ市ティナンバカン地区）

島の多くの場所でみられるココヤシ園。島はフィリピン有数のココナツの産地（2017年9月、サマール州と北サマール州の境の丘陵地）

1　山がちな地形と低い人口密度

サマール島の特徴の一つは、人口密度の低さである。ビサヤ諸島は一般に、国内で人口密度の高い地域とみなされるが、サマール島は例外だ。表1・1にあるように、サマール島の人口密度は、二〇世紀初頭から現在に至るまで全国平均を大きく下回る状態が続いてきた。二〇一五年には一平方キロメートル当たり一四〇人（サマール州同一四〇人、北サマール州同一八一人、東サマール州同一〇八人）と全国平均の三三七人の半分以下である。この数値は、フィリピン国内の「フロンティア」と呼ばれるルソン島北部のカガヤン・バレー地方やミンダナオ島の値とほぼ同じである。

人口密度の低さをもたらしている原因の一つは、山がちな地形だ。山がちといっても、目立つ高い山や山脈があるわけではない。高さ九〇〇メートル以下の山々が島のほぼ全体を覆っているのである。そうした山の間からは海岸に向けて多数の川が流れ出している［Wernstedt and Spencer 1967: 457］。傾斜度が一〇度未満の平野部は島全体のわずか九％にすぎない(2)［Cramer and Hauff-Cramer 1991: 11］。

このような地形ゆえに、島内での水稲耕作は、沿岸部のごく一部の地域に限られており、それ以外の傾斜のある地域では近年まで焼畑陸稲栽培が主流だった。そのため、島民の主食は長い間、米（陸稲）、イモ類、バナナだった。一方、次節で述べるように、フィリピンの主要換金作物のココナツやアバカ（マニラ麻、フィリピン原産のバショウ科の多年草）は傾斜のある土地でも育つため、それらの需要が極めて高かった時代、人びとは競って栽培地を拡大した。

これまでのフィリピンの人口移動研究では、高い人口圧が外部への人の移動を促した主因の一つとされてきた［e.g., Concepcion and Smith 1977: 41-42; Doeppers and Xenos 1998: 4-6］。実際、植民地期からの移民の送り出し地域として知られるルソン島北部のイロコス地方、そしてビサヤ諸島のセブ、ボホール、パナイの各島では人口圧が移動

表 1・1　地方別人口密度（1903-2015 年）

（単位：人／km²）

年	1903	1918	1939	1948	1960	1970	1975	1980	1990	1995	2000	2010	2015
全国	25.5	34.4	53.3	64.1	90.3	122.3	140.2	160.3	202.3	228.7	255.0	307.8	336.6
マニラ首都圏	517.2	654.3	1,562.7	2,467.2	3,871.8	6,236.9	7,814.5	9,317.4	12,497.5	14,864.8	15,617.2	18,641.5	20,247.3
CAR	7.9	14.6	18.3	19.9	30.1	40.0	44.3	50.0	62.7	68.6	74.6	88.4	94.1
イロコス	75.5	94.3	113.7	131.3	159.1	193.8	212.3	227.6	276.5	296.2	327.1	369.8	391.4
カガヤン	11.0	13.0	25.3	24.9	38.6	54.5	62.0	71.5	87.2	94.5	104.8	120.3	128.6
中部ルソン	44.7	57.0	86.0	100.8	138.5	198.3	230.9	263.4	340.0	380.3	440.5	556.1	615.3
南タガログ	19.7	26.2	38.6	44.4	65.7	95.0	111.1	130.4	176.1	211.9	251.3	327.2	370.3
ビコール	36.5	47.6	76.4	94.5	134.0	168.3	181.1	197.2	221.7	245.3	265.1	307.4	328.8
西ビサヤ	53.6	66.6	107.5	125.1	152.2	178.9	205.0	223.8	266.7	285.7	307.0	351.2	221.4
中部ビサヤ	75.2	99.4	130.7	141.8	168.7	202.8	226.6	253.3	307.3	335.4	381.3	454.8	404.1
東ビサヤ	30.6	45.6	68.2	82.3	95.2	111.1	121.3	130.6	142.5	157.1	168.5	191.4	206.0
西ミンダナオ	6.1	9.2	22.3	32.6	64.0	90.2	104.0	123.4	153.8	174.7	193.2	213.0	226.9
北ミンダナオ	11.0	17.6	32.2	45.7	59.2	89.9	107.1	125.8	156.6	177.0	195.8	306.2	334.2
南ミンダナオ	3.5	5.6	12.9	17.2	43.8	71.6	88.9	109.4	147.6	169.6	191.2	164.6	180.3
中部ミンダナオ	0.9	5.7	14.6	16.0	45.0	72.4	78.3	95.3	145.8	169.2	186.3	294.7	325.9
ARMM	16.2	26.1	43.9	58.0	89.9	112.8	113.1	124.4	152.6	167.9	200.4	270.6	314.2
カラガ	6.1	8.9	17.2	20.8	33.5	50.4	59.1	72.8	93.6	103.1	111.2	128.9	137.8
レイテ島	48.6	74.7	114.4	125.8	146.6	170.2	184.9	199.8	225.9	245.0	261.5	293.6	319.9
サマール島	19.8	28.3	40.7	56.4	64.6	75.9	83.4	89.4	92.8	104.7	113.0	130.4	140.0
レイテ州	55.4	83.3	130.1	143.4	168.6	194.4	210.6	228.0	239.4	264.5	278.7	313.2	344.3
南レイテ州	41.7	70.3	99.5	108.1	120.8	144.9	159.3	170.8	185.6	183.1	207.6	230.1	243.1
ビリラン州	—	—	—	—	—	—	—	—	—	238.0	252.5	291.2	308.9
東サマール州	18.4	27.0	35.6	45.6	54.8	62.4	66.2	73.9	75.9	83.5	86.6	98.8	107.7
北サマール州	19.3	26.7	44.3	65.2	74.7	87.5	101.4	108.2	109.7	129.8	143.1	168.4	180.8
サマール州	21.3	30.2	42.4	59.3	66.0	79.1	85.6	89.7	95.5	105.4	114.7	131.2	139.6

注 1：フィリピンでは地方（region）の境界や名称がたびたび変更されている。本書では、時間軸に沿った各地方の変化に注目するため、2000 年時点の地方区分や名称を用いて計算している。

注 2：ビリラン州は 1992 年に独立した州になった。それまではレイテ州の一部だった。

出所：NSO [2000; 2010]；PSA [2015a]

の強力な誘因だったと考えられる。だが、サマール島の例は、それが単純に当てはまらないことを示している。

2　水上交通の発達とネットワーク

山がちな地形は、陸上交通網の発展にも影響を与えた。「サマール島は数多くの島からなる島」と呼ばれることがあるが、それは島内を結ぶ陸路が長い間発達せず、交通は水上交通が中心だったことの比喩である［McIntyre 1951: 35; 国際協力事業団 1990: 7; 野沢 1992: 26］。島の陸上交通は米国統治期以降、徐々に整備されている。一九七〇年代には、サマール島をルソン島やレイテ島・ミンダナオ島とつなぐマハルリカ・ハイウェー Maharlika Highway（次節で詳述）が開通した。さらに、二〇〇五年までに北サマール州と東サマール州との州境にあたる部分を除き、島を一周する環状線も完備された。それでも、マハルリカ・ハイウェーを除いた道路では、雨期には土砂崩れで通行不可能になる箇所が多々ある。

その分、サマール島の暮らしでは水上交通が大きな役目を果たす。島の内陸で生産された物品は川筋にある集落に集められた後に、舟で河口のポブラション poblasyon（市町の中心地）まで運ばれ、そこから島の外へ向けて出荷される(3)。島の市町をつなぐ道路が開通するまでは、市町の間も水上交通で結ばれていた［Wernstedt 1957; Cruikshank 1985］。

サマール島には、島全体の中核都市が存在しない。ビサヤ諸島の他の主要な島々は、それぞれの中核都市を持つ。パナイ島のイロイロ市、ネグロ

大雨の後の土砂崩れで遮断された道路（2000 年 3 月、カルバヨグ市オキンド地区）

ス島のバコロド市、セブ島のメトロ・セブ、レイテ島のタクロバン市などである。これらに対して、サマール島の場合は、中心が各州の州都（サマール州のカトバロガン市、北サマール州のカタルマン町、東サマール州のボロンガン市）とサマール州のカルバヨグ市の計四つに分散されている。

3「台風の通り道」

先に述べたように、サマール島は台風による被害が多い地域、「台風の通り道」（typhoon belt）として、フィリピン国内で知られている。実際、台風は通常、北緯二〇度以南では西または西北西に進むため、サマール島を含むフィリピン諸島の中部や北部は世界中でも台風の襲来を最も多く受ける地域になっている。フィリピン気象庁の記録によると、一九四八〜九三年の間にフィリピンに上陸した台風のうち、サマール島に上陸したものは全体の二二%だった［PAGASA Catbalogan, cited in Samar Provincial Historical Committee 1997: 73］。雑誌記事などからは、特に一九五〇年代と一九八〇年代に大型台風が島を直撃し、多くの被災者を出し、農作物にも大きな被害を与えた様子がうかがえる。本章の後半で述べるが、こうした自然災害が続くとき、島の人たちが「サパラランする」と言う一つの契機となる。

日本でも大きく報道された近年の例としては、二〇一三年一一月にサマール・レイテ両島などを直撃した台風三〇号（国際名「ハイエン」、フィリピン名「ヨランダ」）がある。最大瞬間風速が九〇メートルに及んだこの巨大台風によって、フィリピン全土で七三五四人の死者・行方不明者、一六〇五万人の被災者が出た。フィリピン方面を襲う台風が最初に直撃する確率が高いサマール島に生きる人たちは、常時強い台風の襲来の危機に面しているといっても過言ではない。

台風を除けば、サマール島は、フィリピン諸島の太平洋岸地域によくみられるように、年間を通じて温暖湿潤な気候である。サマール州のカルバヨグ市の例（二〇〇二年）からいうと、月平均気温が最も高いのは七月で二九・一度、最も低いのは一月で二五・八度となっている。また、月平均湿度は年間を通して八〇〜九〇％前後と、一年を通じて湿度が高い［City Mayor's Office, Calbayog City 2003: 5］。

４　小規模自作農中心の社会

サマール島を含む東ビサヤ地方の農村部人口比率は、二〇一〇年時点で九一％に上り、全国一の高さだった。同年の全国平均は五五％であることを考えると、この数字は極めて高く、サマール島は農村部中心の社会といえる。

では、どのような人が農村部に暮らしているのかというと、一ヘクタールほどの農地を持つ自作の零細農家である。二〇一二年現在の東ビサヤ地方の一戸当たりの平均農地面積は、全国平均を若干下回る一・一〇ヘクタールだった(4)。

一方、サマール島内で二五ヘクタールを超える農地を所有している農家は稀である。同期間、灌漑設備のある農地は全体のわずか八％程度にとどまっている(5)［NSCB 1998: 5.19-5.21; PSA 2016: 5-12］。また、古いデータだが、一九九一年の農業センサスによると、サマール島における農地の所有形態は、約半数が自作であり、一部自作が四割、小作は一割にとどまった［BAS 1994: xxxiii-xLiii］。

これらのデータから総合して考えると、サマール島の農村は零細化が進んで小規模となった自作農中心といえる。このことは、第一部の冒頭でも述べたように、従来のフィリピン研究のなかで強調されてきた、スペイン統治時代から続く大規模な農園開発などによって生じた多くの土地なし農民がマニラなどの都市へと押し出されたというイメージとは異なるものだ。もちろん、小作や農業労働者が移動しないというわけではないが、自作の農民も活発に動くと想定するほうがおそらく妥当であろう[(6)]。

ところで、一戸当たりの農地面積が狭いために、サマール島の農村部の人びとは外へと移動せざるをえないという見方には、注意しなくてはならない。同島からの人の流出が著しかったとされる一九八〇年代、一戸当たりの農地面積は三・三一ヘクタールと、現在の三倍だった［PSA 2013］。移動現象は地域社会の動態と関連づけて紐解く必要がある。そこで次節から、サマール島の歴史と人びとの移動との関連をみていく。

二　島の歴史と人の移動（1）――開拓移民の受け入れ

1　交易の時代と「冒険者」たち

フィリピンの歴史に関する一般的書物のなかで、サマールの地名が最初に出てくるのは、一五二一年三月に太平洋を横断したマゼラン艦隊がフィリピン諸島のなかで最初に上陸した地点（正確にはサマール島南東部の沖合にある小島、ホモンホンに上陸）としてだ。一六世紀末以降、サマール島に上陸したスペイン人たちは島の統治や島民のカトリック改宗に乗り出した[(7)]［Chirino 1969: 322-323, 406-410; Robredillo 1985: 109-111］。

スペイン統治下で、サマール島は、はじめレイテ州の一部、のちに独立した一州とされ、島西岸のカトバロガンが州都に定められた[(8)]。そして州の下に町（当時の名称はプエブロ pueblo）、その下にバリオ barrio（現バランガイに相当）が設置された。州知事など地方行政の高位の職にはスペイン人が就いたが、人口が疎らであったサマール島に対するスペイン人統治者の関心はあまり高くなかったようである。一八世紀後半から一九世紀にかけての期間、島に駐在したスペイン人官史の数は常時四人以下であり、かれらはすべて州都で暮らしていた。布教活動を行ったスペイン人司祭の数にしても、同期間、多くても一五人程度だったとされる［Cruikshank 1985: 32, 41-42］。

当時のサマール島からは、蜜蠟、ココナツ油、木材、薬草、ラード、蜂蜜、ナマコ、真珠といった品々がマニラやセブ、近くの島々へと運ばれていった。交易を行っていたのは、フィリピンの港を回り各地でとれた産品を中国の品々などと交換した中国人や、ダトゥ datu と呼ばれた島の地元有力者が中心だったが、スペイン人官史や司祭も加わっていた(9) [Mallat 1983: 185-188; Nabong-Cabardo 1997: 48, 52]。

スペイン人の記録によれば、当時の島民は、ダトゥとそれ以外の人びとに分かれていた。ダトゥのもとにはおよそ四〇～五〇家族がおり、多くの場合、ダトゥはスペイン統治下でスペイン人と一般住民との間の橋渡し役となっていた。一部の特に力を持ったダトゥは町の長老（スペイン人によってプリンシパレス principales と呼ばれた）となり、町の中心地に大きな家を構えるようになっていったという [Robredillo 1985: 107-110; Barandino and Santos 2008: 4-5]。

ダトゥ以外の人びとは、焼畑でかれらの主食となる陸稲、イモ類、バナナを栽培したほか、交易品の蜜蠟等の採取が活発に行われていたと記されている。住居に関しては、基本的に家族ごとに一軒の家屋に住んでいた。家屋は木、竹、ヤシの葉などを材料にした高床式で、家具はほとんど使われていなかった。家畜としてはニワトリやブタを飼うことが一般的だった。地元産のアバカを素材とした衣類が一般的だったが、ダトゥのなかには綿織物の服を着用し、さらに金の装飾品を着ける人もいた [Kobak and Gutierrez 2002: 115-125, 181-193]。

島に駐在していたスペイン人官史は、当時の島民の非常に高い移動性に悩まされていたと記録に残している。スペインが植民地統治の柱として集住化政策（reducción）を推し進めようとしたことは周知のとおりだが、サマール島での同政策は特に難航したという。植民地官史や司祭が綴った文章のなかには、スペイン人と時折接触はしてもポブラションに住みたがらないレモンタドス remontados（「山に上がった人びと」の意、ワライ語ではイラヤノン *irayanon*）などと称される人びとの多さや、以前は存在していた集落が突然、跡形もなくなるという集落全体の移動性の高さが記されている［Chirino 1969: 369; Robredillo 1985: 133; Barandino and Santos 2008: 6］。

このような移動をした理由としては、貢税や労役などを課すスペイン支配に対する抵抗、集落内での派閥の分裂などが考えられる。だが、頻繁な集落レベルでの移動が可能だった背景として、当時、一平方キロメートル当たり三人（一八〇〇年）から一九人（一八九六年）と人口密度が極めて低かったことや、かれらの生業活動の基本が焼畑農耕と漁撈であった点を忘れてはならない［Cruikshank 1985: 128, Graph 3］。東南アジアの焼畑農耕民の住む地域の土地生産力と人口支持力を定量比較した研究よると、東南アジアの焼畑の人口支持力は一平方キロメートル当たりおよそ二五～三〇人が上限と推定される［佐々木 1970: 121］。この数値と比べても、当時のサマール島は、焼畑農耕民を支えることのできる土地がまだ多く残っていた。

たとえば、当時の人びとの移動パターンについて、一八三二年のサマール州知事の報告書には、「サマールでは、簡単な小屋を建てて住み始める冒険者たちによって集落が始まる」と書かれている［Cruikshank 1985: 135］。かれらは、焼畑に適した新たな土地、新しい漁場、蜜蠟などの交易品を求めて周辺地域に一時的に滞在し、土地が気に入ったとなれば親族や仲間を呼び寄せた。そして長期間住めそうならば、周辺を開墾し、一部の人は開墾後に、その土地を管轄している行政官に村としての認知を申し出ていた［Cruikshank 1985: 133-135］。

このように、スペイン統治期のサマール島は、人口が少なく、生産性も低い土地とみなされ、長い間、フィリピン諸島の周縁地域として位置づけられていた。ところが一九世紀後半になると、島の経済活動は世界市場と連結し始めた。

2　換金作物の時代とビサヤ移民の到来

一九世紀半ばに差しかかったころから、スペイン統治下のフィリピンの様子が様変わりした。スペインは、英国を先頭とする先進資本主義諸国の外圧を受けて、一八三四年からはマニラなど主要な港を国際貿易に向けて順次開港した。英国や米国などの列強の商人たちは次々に商会を設立し、積極的に貿易を展開した。その結果、フィリピンでは綿製品などの工業製品の輸入が急増し、逆にフィリピンからはアバカ、砂糖、タバコといった第一次産品が広く海外市場に向けて輸出されるようになった。これら輸出三品目のうち、アバカの主産地は、ルソン島南部のビコール地方のほか、レイテ、サマールの各島だった［池端 1999: 195-196］。アバカは、クリミア戦争（一八五三〜五六年）後に品薄となったロシア麻に代わり、以後長期にわたってロープなどに用いる硬質繊維市場を独占した商品作物である。

アバカ・ブームの到来は、サマール島への移民の流入を促した。アバカ栽培に適するのは、前節で述べたように年中湿潤多雨の気候に加え、肥沃で水はけの良い土地に恵まれている地域だが、ビコール地方と同様、サマール島（特にカルバヨグからオラス以北にかけての北部丘陵地帯）はこの条件に適合する。ただ、水稲耕作を基盤とし人口密度も高かったビコール地方と違い、サマール島では生産の拡大に必要な安定した労働力が容易に手に入りにくかった［Owen 1982: 192］。しかし、それだけでは終わらなかったことを移民のデータが示している。それまで小さな町の一つでしかなかったカルバヨグ町（現カルバヨグ市カルバヨグ地区）は、その周辺一帯がアバカ生産の適地として注目されてから、人口が急増した。カルバヨグ町の人口は一八八四〜九六年の間に、サマール島全体の増加率（二・〇％）の三倍にあたる年平均六・二％の割合で増加した［Cruikshank 1985: 139; Barandino and Santos 2008: 9］。

この急増を引き起こしたのは、周辺のビサヤ諸島からの移民だった。一八九六年にカルバヨグ町において結婚した夫婦の両親の出身地に関する教会資料によると、両親がサマール島以外出身の割合は四〇％に上り、カルバヨグ町出身者の三三％や、カルバヨグ町を除いたサマール島の出身者の二七％を上回った。サマール島以外の出身地の細目をみると、レイテ、ボホール、セブの三島で全体の八六％を占めた。また、当時の開拓移民の中心が男性だったことを示唆している点を念頭に置いて、当時の人口の男女比をみると、一八九八年の時点で、サマール島全体では女性一〇〇人に対して男性は一〇七人だったのに比べ、カルバヨグでは男性の割合が一四四人にまで達した。サマール島では、ルソン島中部などで行われた大規模農園の開発の形跡はみられず、移民たちは各々自分たちの知り合いを頼って島に入り、アバカ栽培を始めた［Cruikshank 1985: 118, 285-288］。

当時のビサヤ移民の移住過程について、ボホール島から来たという移民の子孫で構成される、カルバヨグ市内のＫ村の例から紹介しよう。Ｋ村はココナツ栽培と水稲栽培が盛んな人口三六二人の村で、現在でもボホラノ語が村人の間で通じる。

ボホール島からＫ村に来た移民の一家。今でもＫ村ではボホラノ語が通じる（2017 年 5 月）

八〇〜九〇歳代の村人たちが祖父母から聞いた話によると、スペイン統治時代から、ボホール島では農民の息子が行商に出たり、ボホラノ語でブキッド・スロイスロイ bukid suroy-suroy という、行商と農村の季節労働を組み合わせて遠隔地へ行く慣行があり、男性が周辺の島々へ移動することは珍しくなかった。ブキッド・スロイスロイとは、ボホール島で作られたザルや麦わら帽子などの手工芸品を持ってボホール島以外の島の村々を回り、商品を渡した後、半年間、自分自身も村で働き、帰村する前に商品の代金を払ってもらうという制度だ。行商やブキッド・スロイスロイをしながら、結婚相手を見つけて別の土地に移住する男性も多かったという。

Ｋ村に最初に移住したボホール島出身者は、一九世紀の終盤、ブキッド・スロイスロイでサマール島に行ったことがある人から口伝てに、同島には所有者のいない土地がたくさんあり、当時高値で取引されていたアバカの栽培に適した土地も多いと聞いた一団だった。一団は、小型の帆船（*layag*）に乗って、一カ月かけてボホール島西岸からカルバヨグ町までたどり着いた。カルバヨグ町のボホール島出身者の友人からの情報を頼りに、町内各地を歩き回った結果、現在K村がある場所にはまだ所有者がいないと知り、そこを開墾して暮らすことにした。ボホール島の出身村は岩だらけで農地が狭く耕すのにも苦労したのに比べ、K村では豊かな土地に恵まれ、たくさんのアバカを収穫できた。そのことを知ったボホール島の親族や知人が、次々とK村を訪れるようになったという。

このように、少なくとも一九世紀から、ビサヤ諸島の農民たちは地理的に離れた場所の情報を得る手段を持ち、より豊かな土地があると聞けば、それが見知らぬ場所で遠距離であっても移動していた。

3　比米戦争と外来エリート層の形成

一九世紀末から二〇世紀初めにかけて、フィリピンは動乱の時期を経験した。まず、一八九六年にフィリピン革命が勃発した。そして三年後、フィリピン革命軍は共和国政府樹立を宣言した。同時期、太平洋の反対側ではスペインと米国が争い、敗れたスペインはフィリピン諸島の領有権を米国に譲渡した。そのため、一八九九年からフィリピン革命軍は米軍と戦うことになった。最新装備を誇る米軍は破竹の勢いで革命軍を破り、一九〇一年三月、共和国の初代大統領も捕らえられた。しかし、米軍は一九一〇年代までフィリピン各地に広がった革命軍によるゲリラ戦に苦しめられた。

サマール島は比米戦争中の最激戦地の一つだった。一九〇一年九月、島南部の町バランヒガでは地元の武装集団が同町にいた米軍に対して奇襲をしかけ、一度に四四人を殺害した。米軍はこれを「フィリピンで最大の敗北」だとして、すぐさま大軍を送り込み、バランヒガなど島南部の町々にいた「一〇歳以上の住民を皆殺し」にした。ボリナガ［Borrinaga 2003: 12］によると、このときの大虐殺の犠牲者は一万五〇〇〇人に上ったという。当時サマール島には四〇の町があったが、そのうちの二三の町が焼失か焼失に近い状態だったとする当時の記録もある(10)［Nabong-Cabardo 2008: 28-29］。

米国植民地政府は、治安を回復し反米感情を抑えるため、フィリピンに対して大幅な自治権を認め、また、地元のエリート層がフィリピン議会や行政機関の役員となれる政策を打ち出した。サマール島においては、比米戦争中に大きな被害を受けたエリート層の人びとが少なからずおり、戦後にエリート層に変化が起きた町がいくつもある(11)。

カルバヨグ町は、比米戦争の直接的被害が比較的少なかった町の一つだった。それでも、比米戦争後に、町のエリート層は多様化した。スペイン統治時代は、地元のダトゥ一族やスペイン人男性と地元の女性との間に生まれた子どもなどが地元エリート層を形成していた。ところが、米国統治期になると、それに国内の他地域から来た移民や中国からの移民が加わった。国内移民の出身地としては、特にマニラとその周辺（ブラカン州、カビテ州など）のタガログ地域出身者が多い。

現在カルバヨグ市に住むタガログ移民の子孫たちにルーツを尋ねると、かれらの祖先は、比米戦争中に革命軍側の一部として戦っていたという語りをしばしば聞いた。革命軍が負けた後、男性たちは新天地を探し、サマール島に来たのだという。そして地元の女性と結婚し、カルバヨグ町に暮らし始めた。かれらはカトリック教会の要職に就いたり、政治家や公務員となったりするケースが多かった。同時に、自らやその家族が公共事業を請け負う事業者となったり、土地を集積するなどして、経済力もつけていった。

一方、中国からの移民は、流通業か小売業に従事していた。サマール島で生産されたアバカを外部へ輸出していたのは、華人系とスペイン人系の水運業者たちだった。さらに、カルバヨグ町でアバカの買い付けをしていのはほとんどが福建省出身の中国人だったという。中国人男性もまた、地元の女性と結婚し、事業を拡張し、地元のエリート層の一部となっていくことが多かった。カルバヨグ町で最初にパン屋や洋風の食堂を開いたのも中国人だった［Fulgencio 2014: 14-18］。

新たな移民を加えて育った地元エリート層は、米国統治時代、こうして蓄積した富を自分の子どもたちの教育へと投資した。エリート層の子どもたちの一部は、マニラの有名大学で学び、教員、弁護士、医者、行政官といった専門職となった。なかには、マニラへ出た後、ペンシオナド pensionado と呼ばれた公費留学制度で選ばれて、米国へ留学した人もいる。一九一八年、マニラには既に州都カトバロガン町からの出身者がまとまった数いたとみえ、最初のカトバロガン町の守護聖人を祀るフィエスタがマニラ市内で開催された。さらにその七年後には、マニラのカトバロガン同郷会が結成されている［Almario 1998: 54］。地元エリート層の子どもたちの一部は、マニラの大学を卒業後、出身の町に戻り、親の事業を継いだり、専門職を含むホワイトカラー職員となることが多かった。

サマール島からマニラの学校へ、そしてマニラから米国へと移動しながら、学歴とキャリアを積んで豊かで安定した暮らしを手に入れるという、教育のための移動パターンはこの米国統治期に地元エリート層の間で始まった。後で述べるように、このパターンはその後、農村部の人びとも含めサマール島民全体の憧れとなっていく。

4　公有地法とココナツ・ブーム

一方、米国統治期には、開拓した土地は自分の所有物になるという公有地法が制定され、これもまた人の流動性を加速させた。米国植民地政府は、フィリピン革命の原因の一つは土地を持たない小作人らの不満や窮乏だと考え、領有直後から自作農育成政策を打ち立てた。その根幹はホームステッド入植制やフリーパテント制の導入を定めた一九〇三年の公有地法である。ホームステッド入植制は、本国で実施されていた制度をフィリピンに持ち込んだもので、自ら耕作するという条件のもと、二一歳以上もしくは世帯主であるフィリピン人と米国人に対して、一六ヘクタール（一九一九年からは二四ヘクタール）までの公有地を無償で譲渡するとした。一方のフリーパテント制は、農民が慣行的に占有している公有地の所有権を無償で譲渡するもので、所有面積の上限はホームステッド法と同様だった。

このような自作農育成政策を実施するためには、申請してくる農民が何人であっても、それに応じられるだけの十分な農業用公有地を政府が予め保有していなければならない。しかし、土地問題が顕在化し始めているような地域では通常そのような公有地は不足していたため、植民地政府はミンダナオ島など米国が軍事力をもって新たに制圧した地域を「約束の地」（Promised Land）と称して、政府が入植者への資金援助やインフラ整備などで後押しをする集団入植事業を展開し、人びとの移住を促した［梅原 1992: 96-112］。

サマール島では、このような政府主導の農業入植地が設置された形跡はなく、口伝てに情報を得た人びとが自発的に島外から移住してきたようだ。表1・2が示すように、米国統治期におけるサマールの人口増加率はセンサス年によってばらつきはあるが、全体としては全国平均を上回る高い値を示している。

多くの移民を受け入れたこの時代、地元民と移民との関係がいかなる状態だったかは興味深い点だが、サマール島での聞き取りや二次文献をみても、全般的に大きな対立はみられなかったようである。次章のバト村の移住史のなかに描かれているように、当時、島にはまだ多くの未開拓地があり、両者は最初、言葉も違い、交流することがあまりなかったとしても、次第に通婚などを通して同一意識を持つようになったと思われる。

ところで二〇世紀前半には、近代的アバカ・プランテーションの開発がミンダナオ島のダバオを中心に進み、近代化に乗り遅れていたサマール島産のアバカの人気は落ちていった。アバカに代わり、この時代からサマール島の主要産品となったのがコプラだ。コプラとはココナツの胚乳部分を乾燥させたもので、搾油後のココナツ油は石鹸やマーガリンなどの原料として使われた。フィリピン産コプラは一九世紀後半から主としてヨーロッパ向けに輸出されていたが、それがフィリピンからの主要輸出品目に加わったのは、一九〇九年のペイン＝オルドリッチ関税法により始まった米国との自由貿易協定下で、米国市場に向けて大量の輸出が始まったときからである［森澤 1993: 108］。フィリピンにおけるコプラの最大の産地はルソン島のケソン州とその周辺だったが、サマール島もその主要産地の一つに数えられた(12)。ただ、ルソン島にみられたような近代的な搾油工場はサマール島内に建設されず、コプラのままマニラやセブに向けて（多くはそのまま国外まで）出荷されていた［McIntyre 1951: 334-338］。ココヤシ園は島の海岸部を中心に広がり、コプラ生産の大部分は小規模自作農によって行われていた［McIntyre 1951: 272-273］。実際、サマール島の農民に聞いても、多くはこの時代に、生産の中心をアバカからコプラに切り替えたと話していた。

三　島の歴史と人の移動（2）——都市での機会を求めて

ここまで、一九世紀後半から約一世紀間、サマール島がグローバル市場で需要の高かった商品作物を生産する場を求める人びとを大量に受け入れてきた様子を描いた。だが、二〇世紀後半になると、一転して島は、人の送り出し地域となる。

その点を人口統計で確認しよう。表1・2に示した人口増加率に着目すると、東ビサヤ地方は一九四八～二〇〇〇年の間の人口増加率（年平均人口増加率）が全国一低い。細かくみると、同地方の人口増加率は、一九四八～

表1・2　地方別年人口増加率（1903-2015年）

（単位：%）

年	1918	1939	1948	1960	1970	1975	1980	1990	1995	2000	2010	2015	1903-48	1948-2000
全国	2.03	2.11	2.07	2.89	3.08	2.78	2.71	2.35	2.48	2.20	1.90	1.81	2.07	2.69
マニラ首都圏	1.58	4.23	5.20	3.83	4.88	4.61	3.58	2.98	3.53	0.99	1.79	1.67	3.53	3.61
CAR	4.15	1.08	0.96	3.50	2.87	2.10	2.43	2.28	1.83	1.70	1.71	1.27	2.07	2.57
イロコス	1.50	0.89	1.61	1.62	1.99	1.84	1.40	1.97	1.39	2.00	1.23	1.14	1.24	1.77
カガヤン	1.11	3.24	−0.18	3.71	3.51	2.63	2.88	2.01	1.62	2.10	1.39	1.34	1.83	2.80
中部ルソン	1.63	1.98	1.78	2.69	3.65	3.09	2.67	2.58	2.26	2.99	2.36	2.05	1.82	2.88
南タガログ	1.93	1.86	1.56	3.31	3.76	3.19	3.25	3.05	3.77	3.47	2.67	2.51	1.82	3.39
ビコール	1.79	2.27	2.40	2.95	2.30	1.48	1.71	1.18	2.04	1.57	1.49	1.35	2.14	2.00
西ビサヤ	1.46	2.30	1.70	1.65	1.63	2.76	1.77	1.77	1.38	1.45	1.35	−8.82	1.90	1.74
中部ビサヤ	1.88	1.31	0.91	1.46	1.86	2.24	2.26	1.95	1.77	2.60	1.78	−2.34	1.42	1.92
東ビサヤ	2.70	1.94	2.11	1.22	1.55	1.77	1.49	0.88	1.97	1.41	1.28	1.48	2.23	1.39
西ミンダナオ	2.75	4.29	4.34	5.78	3.49	2.89	3.46	2.23	2.59	2.04	0.98	1.27	3.78	3.48
北ミンダナオ	3.22	2.90	3.97	2.19	4.26	3.57	3.26	2.22	2.47	2.04	4.57	1.76	3.22	2.84
南ミンダナオ	3.05	4.10	3.25	8.08	5.04	4.43	4.24	3.04	2.82	2.42	−1.48	1.83	3.58	4.74
中部ミンダナオ	13.28	4.57	1.06	8.98	4.86	1.59	4.01	4.34	3.03	1.94	4.69	2.04	6.67	4.83
ARMM	3.21	2.51	3.15	3.72	2.29	0.06	1.91	2.07	1.93	3.60	3.05	3.04	2.87	2.41
カラガ	2.51	3.22	2.09	4.06	4.18	3.24	4.24	2.55	1.95	1.52	1.49	1.34	2.76	3.28
レイテ島	2.91	2.05	1.06	1.28	1.51	1.67	1.56	1.24	1.64	1.31	1.17	1.73	2.14	1.42
サマール島	2.39	1.75	3.69	1.14	1.62	1.90	1.40	0.38	2. 43	1.54	1.44	1.43	2.35	1.35
レイテ州	2.76	2.14	1.09	1.36	1.43	1.61	1.60	0.49	2.01	1.05	1.17	1.91	2.14	1.29
南レイテ州	3.54	1.67	0.93	0.93	1.84	1.91	1.40	0.83	−0.27	2.55	1.03	1.11	2.14	1.26
ビリラン州	—	—	—	—	—	—	—	—	2.30	1.19	1.44	1.19	—	—
東サマール州	2.62	1.31	2.79	1.55	1.32	1.16	2.23	0.27	1.93	0.73	1.33	1.72	2.04	1.24
北サマール州	2.18	2.43	4.38	1.15	1.59	2.99	1.31	0.13	3.43	1.97	1.64	1.43	2.74	1.52
サマール州	2.36	1.63	3.80	0.89	1.83	1.58	0.95	0.63	2.00	1.70	1.35	1.25	2.30	1.28

注1：フィリピンでは地方（region）の境界や名称がたびたび変更されている。本書では、時間軸に沿った各地方の変化に注目するため、2000年時点の地方区分や名称を用いて計算している。

注2：ビリラン州は1992年に独立した州になった。それまではレイテ州の一部だった。

出所：NSO［2000; 2010］；PSA［2015a］

六〇年、一九六〇～七〇年、一九八〇～九〇年の三期間において全国で最低を記録し、残りの期間でも下位だった。人口増加率の低さは、人口密度にも影響を与えている。表1・1にある東ビサヤ地方の人口密度は一九六〇年までは全国平均を上回っていたが、一九七〇年からは反対に平均を下回るようになり、その差は年々開いている。さらにサマール、レイテの両島を比べると、レイテの人口密度はサマールのそれよりおよそ二倍高く、サマール島の人口密度の低さは際立っている。

二〇世紀後半に、サマール島では何が起こっていたのだろうか。

1　外部資本による天然資源の略奪

太平洋戦争中のサマール島の状況は、最激戦地の一つとなった南隣のレイテ島のように大きく取り上げられない。しかし、いくつかの文献によると、サマール島においても、米軍のレイテ上陸後の一九四四年一一月ごろから島の西岸を中心に戦闘が繰り広げられ、地元民を含む被害者が多数出たほか、地元経済も大きな打撃を受けた［Chaput 1979; 北上田 1999: 70-71］。だが、一九四五年の戦争終結、翌年のフィリピン独立から数年すると、コプラを中心とした経済活動が復活したことが確認されている［McIntyre 1951: 334-338, 376-377; Rama 1953］。

この時期に新たな動きとして目立ち始めたのは、外部資本による鉱山資源の採掘および森林の伐採だった。そのためにサマール島に来たのは農民ではなく、大資本家たちだった。米国からの独立後のフィリピンでは、ココナツ油や砂糖などの輸出によって外貨を獲得するという一次産品輸出依存型の経済構造が続いていた。だが、その品目は多様化し始めた。なかでも伸びが顕著だったのは、銅などの鉱物資源と木材である。一九五〇年代には輸出主要二品目の砂糖とコプラなどココナツ関連製品のシェアが総輸出額の六割を占めていた。しかし、その後、鉱物資源と木材のシェアが拡大し、一九六九年には両者の立場が逆転するに至った［NEDA 1974: 298-300］。

サマール島における天然資源とその開発に関する資料は乏しいが、最初の大規模鉱山開発として記録されているものは、一九三七～五七年の二〇年間にエリザルデ財閥系のサマール・マイニング社が行った鉄鉱石の採掘（現東サマール州のジェネラル・マッカーサー町付近）である［Philippine Mining Journal 1960: 12-14; Chaput 1981］。また、島中部から太平洋に流れ込むタフト川周辺（銅、マンガン、硫黄、鉄）と東南部（クロム、ニッケル、鉄）の二カ所でも採掘が行われてきた［Planning and Statistics Research Office 1967; フィリピン日本人商工会議所 1996: 212-237］。

森林の伐採もほぼ同時期に進められた。ある報告書によると、一九五二年に島の八六％を覆っていた森林は一九七八年に四六％に、一九八七年には三三％にまで減った。この三三％という数字には、かなり劣化の進んだ二次林や疎林も含まれており、国際市場で商業価値のあるフタバガキ科樹木の残る森林に限ってみるとわずか一〇％にすぎない［Cramer and Hauff-Cramer 1991: 14-19］。原因としては、焼畑農耕と企業による伐採の二つが考えられるが、後者によるところが大きいというのが一般的な見方だ。サマール島では九～一二の木材会社が操業し、日本などの外国へ木材を輸出していたことも確認できた［Petilla 1989b; Vitug 1993: 241］。

鉱物、森林のいずれにしても採掘権や伐採権はフィリピン国内の大手企業あるいは外資系企業に属していたため、島の住民にとっては、一部の人が一時的に労働者として雇われることがあった程度で、新たな生計手段とはならなかった。それだけでなく、後述するように、これらの経済活動は島の一部地域の生態系を破壊して人びとの生活基盤を奪ったうえ、後年には洪水などの大災害を引き起こす原因となったといわれる。

2　マニラへ向かう人たち

このような大規模な資本家による資源略奪が行われていた一方で、サマール島の農村部の人びとは戦前と同じく、ココナツなどの換金作物の栽培と自給農漁業を基本とした生活を送っていた。そのような時代、かれらのなかから、マニラへと出ていく人が現れた。サマール島の著名人や風土についての随筆集のなかで、著者のアルマリオ（カトバロガン市出身）は、一九五〇年代の特徴の一つを次のように書いている。「サマール島からは、都市、特にマニラに向かって旅立つ人が続いた。かれらは仕事や冒険を求めたのだが、ほとんどはお手伝い(13)や、スラムの住人にしかなれなかった(14)」[Almario 1998: 28]。

サマール島と隣のレイテ島からマニラへと人びとが冒険することは、当時の社会現象の一つだったと考えられる。それを象徴するのが、一九五四年、当時の人気女優ニダ・ブランカが主役を務めて大ヒットした映画「ワライワライ」（LVN社制作）、とその主題歌「ワライワライ」（ワライの人）だ。「ワライワライ」という歌(15)は、その当時にマニラで流行っていたフォークソングで、その歌をもとに映画が作られた。映画のストーリーは、ブランカが演じる主人公の少女が、レイテ島のタクロバン港からこっそりとマニラ行きの船に乗り込むところから始まる。船のなかでお手伝いの斡旋業者と出会って、マニラで住み込みのお手伝いの仕事を紹介してもらう。ワライ語しかわからないうえに、都市生活にも馴染みのない彼女は、タガログ語を話す中間層の雇用主の家や、雇用主の行く先々で騒動を巻き起こす。気が強く、機転の利く彼女は、そのような騒動をものともせず、最後には、雇用主が経営する会社の男性職員に見初められるというラブ・コメディである。

この映画のストーリーには、一九五〇年代のサマール、レイテ両島からの向都移民の特徴が含まれている。それは、女性が多く、彼女たちはマニラに着いてからお手伝い（*kabulig*、助ける人の意）として働いたということである。ではなぜこの時期にマニラへ行くワライの人びと、それも特に女性が多かったのだろうか。

時代的背景を考えてみると、サマール島側では太平洋戦争によって打撃を受けた地方経済、村での学校教育の開始に代表されるフィリピン独立後の新しい時代の息吹の伝達があるだろう。他方、マニラ側では、終戦後のマニラの復興やその後のフィリピン経済の好況に伴って労働需要が急速に伸びたということもある。マニラ側では、一九五〇年代からマニラ市周辺の市町（ケソン、マカティ、マンダルヨンなど）で中・高所得者向けの住宅地が次々と建設された［Connell 1999］。これら住宅地には既に住宅が密集していたマニラ市やフィリピンの地方からマニラへ出てきた中間層やエリート層の家族が住み始めた。さらに、こうした住宅地に住む人びとの増加に伴い、お手伝い、運転手、ガードマンなど、かれらの暮らしを支えるサービス提供者として、地方の低所得者層もマニラに移住してきた［Caoili 1999: 68-69; Connell 1999］。マニラ首都圏の人口増加率をみると、二〇世紀でその値が最も高いのは戦前の一九一八〜三九年の間と、終戦後の一九四八〜七五年の間である。

こうした送り出し地域ならびに受け入れ地域の双方に起きた社会経済状況の変化は重要だが、それだけで人の移動現象の始まりを説明するのは不十分だろう。人が移動を始めるには、人を大量に動かすことのできるネットワークが必要だからだ［Massey et al. 1987: 3-6］。当時を知る人びとからの聞き取りで浮かび上がった、サマール島からマニラへの人の移動の急増をもたらしたきっかけは、マニラとサマール島の主要港を結ぶ航路で使われていた貨客船の大型化という交通インフラの変化と、新たな人的ネットワークを開拓した「アヘンテ *ahente*」と呼ばれる斡旋業者の登場だった。アヘンテは、英語のエージェント（行為者、代理人、仲介人等）に相当するスペイン語の agente のワライ語表記である。

フィリピン港湾庁カルバヨグ事務所に残る記録やカルバヨグ市在住の高齢者の話などによると、戦前、サマール島からマニラへ向かう船は小型の蒸気船で、不定期な貨物船だった。船内には乗客用のスペースも若干あり、空席があれば乗れるというシステムだった。マニラまで数カ所の港を経由していたため、片道七日はかかったという。太平洋戦争中、これら戦前の蒸気船は破壊されたため、戦後は米軍がフィリピンで売却していった軍用船を改造した貨客船がマニラまでを結ぶようになった［McIntyre 1951: 343］。一九五〇年代には、船はさらに大型化し、一九六〇年代になるとフェリーがサマール島とマニラの間を週一便で結ぶようになり、移動日数も二〜三日に減った。一九七〇年代には運航会社が二社となり、競争も始まった。

こうした海上交通手段の進化は、マニラとサマール島の間を行き来するアヘンテの拡大、そしてアヘンテに連れられてマニラへ向かうサマール島民の増加につながった。当時アヘンテだった人たちに話を聞くと、貨客船運航会社が、アヘンテに対して競って割引制度を始めたことにより、かれらはより積極的に地元の若者にマニラでの仕事の斡旋をし始めたという。つまり、運航会社は乗客を増やすために、多くの乗客を連れてくるアヘンテをスキ *suki*（馴染みの客）と呼び、往復するアヘンテの運賃を無料としただけでなく、かれらには三人分の運賃で四人まで乗せられるといった割引を適用した。アヘンテは、お手伝いを雇いたい人からは連れていく人と自分の運賃を正規の価格で受け取っているので、斡旋料だけでなく、運賃からも儲けを得ることができた。このようにして自分が働かなくても、斡旋するだけで、自分や家族が生活するための収入を得るアヘンテが増えていった。

フィリピンでは、親族・知人などの個人ベースの知り合いに職を斡旋するのが、かつてから一般的である［Simkins and Wernstedts 1971; Eder and Fernandez 1990］。それは、サマール島の人びとの場合も同じだ。だが、地元出身のアヘンテという業者が出現したことにより、マニラに個人的な伝手や、移動するための船賃がない人が多かった時代にも、サマール島の人たちはマニラに行けるようになったのである［Hosoda 2007］。

3　マルコス政権の農村部開発の限界

戦後のサマール島農村部の状況に戻ろう。フィリピン独立後、農村部が経済的に停滞していたのはサマール島に限ったことではなかった。独立直後の一九五〇年代のフィリピンは順調に工業化の道を進んでいるかのようにみえた。だが、一九六〇年代に入るとその速度は急速に鈍化した。特に、多くの人口を抱えていた農村部の経済の停滞は深刻だった。農村部での貧困は都市スラムの拡大などの社会問題にもつながっているとみなされた［浅野 1992: 32-37]。このような時代背景のもと、一九六五年から始まったマルコス政権は、それまでないがしろにされてきた農村部の開発を主眼とした政策を打ち出した。それは「米と道路」計画と称されるように、「緑の革命」と呼ばれるイネの高収量品種導入と、高速道路建設などの大規模なインフラ整備を柱としていた。

平地が少なくわずかな水稲耕作しか行われていないサマール島では、イネの高収量品種導入の直接的影響は他の地域と比べて少なかった(16)。しかし、道路建設に関しては、マルコス政権期の最大の道路建設事業であるマハルリカ・ハイウェーの建設対象地域となった。この高速道路建設は、一九六九年に調印された日比友好道路借款（初の対比円借款）によるものだ。高速道路は、ルソン島北端からマニラを経て同島南端へ至り、サマール、レイテ両島を通過した後、ミンダナオ島までを結ぶというフィリピン史上初の国土縦断道路となった。ルソン島とサマール島の間、ならびに、レイテ島とミンダナオ島の間はフェリーが運航する。一方、サマール島とレイテ島との間は、全長二・二キロメートルのサン・ファニコ橋（一九七二年完成）が結ぶ。高速道路の開通によって、サマール島はルソン島からレイテ島を経由してミンダナオ島まで車両で移動可能となり、人びとの移動手段も船からバスへと次第に変化し、マニラへの移動はさらに容易になった。

マニラと東ビサヤ地方をつなぐ長距離バス。マニラ・カルバヨグ間は 15 時間程度（2000 年 8 月、北サマール州アレン町）

一九六〇年代は、漁業の商業化が加速した時代でもあった。一九七七年以前の国内地方別のデータは入手できなかったため、フィリピン全体としてみると、営利的漁業（commercial fishing、三・一トン以上の漁船による漁業）および生業的漁業（municipal fishing、三トン以下の漁船による漁業）における漁獲量はともに一九六五年ごろから躍進している。一九六五〜八五年の二〇年間の漁獲量は、生業的漁業の場合三〇万トンから一〇〇万トンと三・三倍に、営利的漁業の場合は三〇万トンから五一万トンと一・七倍に増えた［田和 1997; NSO 2003: 388］。一九六五年の全国の漁獲高の統計によると、サマール海は同年、全国の漁業領域のなかで第六位だった［Planning and Statistics Research Office 1967］。カルバヨグ市の漁業関係者や環境保護団体からの聞き取りでは、およそこの時期からサマール海で営利漁船の操業が活発化し、また、ダイナマイト漁も急速に拡大し始めた。

サマール島の基幹産業であるココナツ産業の最大の問題は、国際市場における価格の不安定さである。当時のマルコス政権は、一九七三年から高額の賦課金「ココナツ消費者安定基金」（Coconut Consumer Stabilization Fund）制度を導入するなどして、産業保護・育成を図った。だが、基金導入後も価格の不安定さが改善されることはなかった。それどころか、この政策によって、ココナツ生産者は基金への拠出金を強いられることになり、負担が増大したといわれている［森澤 1993: 123-127, 133-139; Asprer-Grafilo 1995: 33-37, 42-45］。

マルコス政権期に、サマール島では高速道路の開通など初めて大型事業が実施され、時代の変化を感じたという声が一部の人の間で聞かれる。他方、マルコス政権期に同島の農村部の人びとの生活の底上げがみられたかという点に関しては、一部の人が利益を上げただけで全般的には変化がなかったという見方が強い。

４「何も起こらない島」からのサパララン

続く一九八〇年代は、フィリピンの「失われた一〇年」と揶揄されるほど、フィリピン政治経済が混迷した「戦後最大の経済危機」だった［森澤 1993: 153; 野沢 1995: 64］。マルコス大統領は追放され、コラソン・アキノ氏が大統領の座に就いたものの、クーデター未遂事件が続くという政情不安が消えなかった。また、この時期、経済成長もマイナスに転じた。このころのサマール島も、経済の低迷や治安の悪化に加え、自然災害も重なり、人口の流出が急増した。

まず、それまで好調のようにみえた漁業の分野で、陰りがみえ始めた。東ビサヤ地方における漁獲量の推移をみると、生業的漁業における漁獲量は一九七九年を境に、それまでの年間七~八万トン前後から四万トン前後へと落ち込み、以降二〇〇〇年まで三~四万トンと横ばいだった。漁業資源枯渇の原因として、営利的漁業の拡大が指摘されている。営利的漁業の漁獲量は一九八〇年代後半から上昇し、九〇年代になると生業的漁業を上回るようになった(17)［NSCB 1995: 5.27-5.28; 1998: 5.27-5.28; Peñaranda 1996: 150-151; BFAR 2000: 7; 2001: 7］。

また、サマール島において新人民軍（フィリピン共産党の軍事部門）と政府軍の間の衝突が激化した。サマール島で新人民軍が結成されたのは、ルソン島中部で新人民軍が発足した三年後の一九七二年である。以降、山間部を中心に島内諸所で新人民軍と政府軍との武力衝突が繰り返され、地域住民も巻き込まれたほか、住民に対する虐殺、放火、強奪なども続発した［本多 1987; Mondez 1988］。直接被害に遭わなくとも、こうした暴力行為を恐れて村を離れる避難民も増加し、その数は一九八七~九一年の五年間だけで三万人を超えたという［Center for the Relief and Rehabilitation of Samar 1993: 33-39］。

くわえて、一九八〇年代後半には自然災害が相次いだ。一九八七~八八年には大型台風が続けてサマール島を直撃し、数百人の犠牲者が出たほか、農作物や住宅も大きな被害をこうむった。さらに一九八九年二月には、島の北部と東部を中心とした地域で集中豪雨による大洪水と土砂崩れが起こり、再び死傷者や農作物被害が発生した。同時に、島の一部では飢饉が起こり、餓死していく子どもたちの姿がメディアで全国に報じられた(18)［Perilla 1989a; Center for the Relief and Rehabilitation of Samar 1993: 27-28］。

こうした一連の悲劇をきっかけに、関心を払われず開発から取り残されてきたサマール島の状況に外部の人びとの視線が向けられるようになった。なかでも注目を浴びた報道は、全国紙に掲載されたペティリャの「苦悩の島サマール」という連載である。ペティリャは、サマールで近年起こった災害や餓死は、長年の森林乱伐や鉱山からの有害物質の垂れ流しなどの環境破壊、そして中央および地方政府の怠慢や失政の結果だとする非難の声を拾い上げ、島以外に暮らす人びとにその窮状を訴えた［Petilla 1989b; Petilla 1989c］。

相次ぐ苦難に直面した島民の一部は、島を離れるという方法で対処した。当時発行されていたフィリピンのニュース雑誌『ミッドウィーク』は、別の場所に移動する島民が増えたと報じている。その雑誌には、北サマール州のある農村で「私はこれから都市にサパラランする」（makikipagsapalaran ako sa siyudad）と語る、四人の子を持つ女性に関する記事が載っている。サマール島では農業を営んでいたが、生活を向上させるために様々な工夫を試したにもかかわらず、村では「何も良いことが起こらず、常に借金」に悩まされていた。マニラから来た知人がマニラに行けば何かしらの仕事があると言ったのを聞いて、一家で「冒険」（adventure）することを決めたのだと、雑誌の記者に語っている［Gallos 1991: 22］。

実際、人口統計でみても島を離れた人が多いことがわかる。しかし、それは一九八〇年代後半に限ったことではなく、それ以前から顕著だった。一九六〇～九〇年の間には、センサスのなかに、地方間の人口移動のデータ（表1・3）が存在する。それをみると、一九六〇～九〇年の間に東ビサヤ地方は、一九七〇～七五年の一期間を除いて、首都圏を含めた一四の地方のなかで流出人口率が常に上から一～三位と、人口流出の最も著しい地域の一つとなった。さらに、流出者数から流入者数を引いた純流出者の比率でも、同じく一九七〇～七五年の一期間を除いた三期間で、上から一～三位に位置しており、人の移動によって減少する人口の比率が高かった。純流出者数で全国一を記録した一九七五～八〇年の間には、人口一〇〇〇人中三六人が地方外へ出ていき、逆に一〇人しか入ってこなかった計算になる。

表 1・3　地方別流出人口率（人口 1,000 人当たりの流出者数）

（単位：人）

	1960-70				1970-75			
	総数		マニラ首都圏へ		総数		マニラ首都圏へ	
	流出者	純流出者	流出者	純流出者	流出者	純流出者	流出者	純流出者
全国平均	81.0	N／A	8.0	-0.7	26.7	N／A	7.9	3.9
マニラ首都圏	399.3	192.4	N／A	N／A	34.9	-34.7	N／A	N／A
CAR	*	*	*	*	*	*	*	*
イロコス	92.9	-57.1	13.8	3.9	29.7	18.3	15.8	12.1
カガヤン	43.7	-16.8	6.8	0.2	19.9	3.4	10.1	8.8
中部ルソン	67.5	20.0	12.6	-2.9	20.7	-0.3	8.4	2.0
南タガログ	32.7	-119.8	11.0	-37.7	26.0	-0.3	9.8	-1.3
ビコール	70.9	34.1	9.7	-4.2	26.7	13.5	14.6	11.1
西ビサヤ	86.1	64.2	7.1	0.4	18.0	2.0	8.4	3.9
中部ビサヤ	135.8	97.4	5.1	0.1	34.5	15.5	8.2	6.1
東ビサヤ	112.9	84.5	15.7	5.4	26.4	5.0	13.5	6.2
西ミンダナオ	28.6	-20.1	0.7	-0.8	26.0	14.4	3.0	2.5
北ミンダナオ	79.5	-92.3	1.8	-5.1	25.1	-19.2	2.3	0.7
南ミンダナオ	38.8	-107.7	1.6	-3.7	26.0	-12.4	2.4	0.7
中部ミンダナオ	*	*	*	*	31.3	13.1	4.0	3.4

	1975-80				1985-90			
	総数		マニラ首都圏へ		総数		マニラ首都圏へ	
	流出者	純流出者	流出者	純流出者	流出者	純流出者	流出者	純流出者
全国平均	25.5	N／A	8.4	3.9	26.3	N／A	8.1	2.2
マニラ首都圏	37.6	-32.0	N／A	N／A	45.2	-17.2	N／A	N／A
CAR	*	*	*	*	25.3	1.8	5.5	1.8
イロコス	25.7	15.3	12.5	8.9	22.6	7.7	10.6	6.0
カガヤン	17.5	1.4	7.7	5.4	22.6	8.4	9.6	6.8
中部ルソン	20.5	2.1	11.4	1.7	14.0	-13.2	7.1	-2.6
南タガログ	20.2	-12.1	13.3	-2.7	27.6	-11.3	16.9	-5.7
ビコール	29.8	18.7	15.5	10.7	35.6	24.2	16.5	11.8
西ビサヤ	24.3	16.6	10.2	7.6	21.7	11.7	10.2	6.5
中部ビサヤ	32.1	17.6	6.4	4.7	25.9	9.5	7.0	4.3
東ビサヤ	36.5	26.3	18.2	14.6	32.2	18.8	15.9	10.6
西ミンダナオ	16.3	4.0	2.2	1.6	15.4	4.7	2.0	1.4
北ミンダナオ	22.3	-14.1	2.7	1.2	24.8	-5.2	3.5	1.8
南ミンダナオ	20.4	-8.9	2.8	1.4	18.1	-3.8	2.2	1.1
中部ミンダナオ	17.8	-8.2	2.5	1.6	22.2	4.7	2.4	1.8

注 1：純流出者とは、流出者数から流入者数を引いた人数。
注 2：流出人口率は、流出人口÷総人口×1,000 で算出した。総人口はそれぞれの期間の平均値で計算した。
注 3：1960-70 年のマニラ首都圏の値はマニラ市のみの値である（1960-70 年の間におけるマニラ市以外の現首都圏内地域の値は南タガログ地方に含まれている）。
注 4：中部ミンダナオ地方は 1970 年代前半に西ミンダナオ地方から分離する形で、CAR は 1980 年代後半にイロコス、カガヤン・バレーの両地方の一部を接合する形で、それぞれ設立された。設立以前の数値は、当時属していた地方に入れられている。* 印は、該当する地方がまだ設立されていないことを示す。
出所：1960-70：Flieger, et al. [1976]；1970-75：Nguiagain [1986]；1975-80：NSO [1989]；1985-95：NSO [1997b]

表１・４　東ビサヤ地方の人口流出先

	人数				%			
	1960-70	1970-75	1975-80	1985-90	1960-70	1970-75	1975-80	1985-90
マニラ首都圏	34,746	33,717	48,999	47,379	13.9	51.4	49.8	49.2
CAR	*	*	*	260	*	*	*	0.3
イロコス	1,123	583	936	774	0.4	0.9	1.0	0.8
カガヤン	835	192	673	438	0.3	0.3	0.7	0.5
中部ルソン	18,932	3,869	8,162	8,314	7.6	5.9	8.3	8.6
南タガログ	89,160	3,644	10,790	12,589	35.7	5.6	11.0	13.1
ビコール	5,953	1,165	1,846	1,736	2.4	1.8	1.9	1.8
西ビサヤ	1,671	652	857	1,313	0.7	1.0	0.9	1.4
中部ビサヤ	15,445	5,801	7,215	9,851	6.2	8.8	7.3	10.2
西ミンダナオ	7,735	1,182	869	783	3.1	1.8	0.9	0.8
北ミンダナオ	33,229	7,773	8,439	6,034	13.3	11.8	8.6	6.3
南ミンダナオ	40,837	6,441	8,565	6,035	16.4	9.8	8.7	6.3
中部ミンダナオ	*	624	1,138	771	*	1.0	1.2	0.8
合計	249,666	65,643	98,489	96,277	100.0	100.0	100.0	100.0

注１：1960-70年のマニラ首都圏の値はマニラ市のみの値である（1960-70年の間におけるマニラ市以外の現首都圏内地域の値は南タガログ地方に含まれている）。

注２：中部ミンダナオ地方は1970年代前半に西ミンダナオ地方から分離する形で、CARは1980年代後半にイロコス、カガヤンの両地方の一部を接合する形で、それぞれ設立された。設立以前の数値は、当時属していた地方に入れられている。*印は、該当する地方がまだ設立されていないことを示す。

出所：1960-70：Flieger et. al.［1976］；1970-75：Nguiagain［1986］；1975-80：NSO［1989］；1985-95：NSO［1997b］

島民の最大の移動先は、少なくとも統計資料がある一九六〇年以降、マニラだった。表1・4に示した東ビサヤ地方からの流出人口の移動先をみてみると、上記の四期間のうち一九六〇〜七〇年の間を除いたすべての期間においてマニラ首都圏が最大の移動先であり、その割合は常に五〇％前後に達している。一九六〇〜七〇年の間においても、現首都圏域のほとんどが含まれるリサール州の所属する南タガログ地方とマニラ市の合計をこの間の「マニラ首都圏」と仮定した場合には、一九七〇年以降と同様、移動者の半数が「マニラ首都圏」へ向かったことになる。

四　島の歴史と人の移動（3）——国際移民の増加

1　インフラ整備と変化の兆し

サマール島で起きた悲劇が全国的に知られるようになった結果、一九八九年、コラソン・アキノ大統領は、同島全土に対して森林伐採禁止令（log ban）を発し、さらに翌一九九〇年には、サマール島開発プログラム局（Samar Island Development Program Office）を大統領府内に設置し、日本をはじめとする外国政府からの援助のもと、農村の経済振興を重視した総合的開発事業に乗り出した[19]。一九九二年に、サマール島を訪れた日本人研究者の野沢（当時アジア経済研究所勤務）は当時の島の様子を次のように記述している。「〈レイテ島の〉タクロバン市からマハルリカ・ハイウェーを北上し、サン・フアニコ橋（旧マルコス橋）を渡るとサマール島に入る。〔中略〕急に道路陥没が目立ち、北上するにつれて島全体を覆う貧しさが次第に色濃くなる。道両端にはバハイクボ（ニッパ椰子葺き家屋）が並び、栄養失調で髪の毛が脱色した子供が道端で遊んでいる」［野沢 1992: 27］。

わたしがサマール島を初めて訪れたのは、その七年後の一九九九年だが、当時もマハルリカ・ハイウェーはあ

2015年、北サマール州のカタルマン町にオープンしたショッピングモール（2016年8月）

ちこち陥没し、車両は片側車線しか走れず、道路沿いにある家々はバハイ・クボ bahay kubo が中心だった。だが、そのころ、わたしが訪れた島の農村部では、インフラ整備が進むなどして、それまで経済発展から置き去りにされてきたと感じていた人たちが、今は少しずつ変化を感じると口にするのをしばしば聞いた。そして、二〇〇〇年代半ばには、マハルリカ・ハイウェーの修繕が行われ、陥没箇所は皆無に近い状態となり、バハイ・クボだけでなく、コンクリート・ブロック製の家々が増え、開発の波が若干だが届き始めた感がある。

実際、一九九〇～二〇〇〇年代にかけて、サマール島では先に述べた初の島内一周道路の開通、電化率の躍進、電話網の拡充などインフラ整備が次々と進んだ［NEDA 2011］。また二〇〇〇年代半ば以降、カルバヨグ市など島内の中心地には、全国にチェーン展開するファストフード系飲食店や、ショッピングモール、スーパーマーケットなどが徐々に進出し始め、フィリピンによくある地方都市の様相がみられるようになった。これらのチェーン店は、かつては最も近いところで、サン・ファニコ橋を渡ってレイテ島のタクロバン市まで行かなくてはなかったが、島内に登場したことで、町やその近辺に住む人びとが憧れて訪れる人気の場所になっている。

こうした景観の変化は、一九九〇年代からフィリピンで始まった地方分権化の動きによるところが大きい。コラソン・アキノ政権下の一九九一年、地方政府法が制定され、地方政府の財源が拡大されると同時に、農業や保健などの行政サービスの担い手が地方政府に移譲された。その結果、以前は行政サービス等をほとんど受けることのなかった多くの農村部の村々にも行政との接点ができ、行政府が以前よりも目に見える存在となった。地方政府の実情は市町によって様々だが、カルバヨグ市の例では、市の社会福祉開発局の職員は村々を回り、健康や生活向上につながるプログラムを紹介している。

2　離農現象と依然として多い貧困層

他方、人びとの暮らしぶりはどのように変化したのだろうか。いくつかの特徴をまとめよう。

まず、東ビサヤ地方の就業構造の変化からみると、人びとの農漁業離れが進んだ。一九九二年の職種別労働人口統計をみると、同地方の労働人口全体の六一・〇%が農漁業従事者だったが、二〇年経った二〇一二年の統計では、農漁業従事者の割合は二〇・〇%へと急減した。反対に、この期間に割合が増加した職種は、単純労働者（四一・一%）と、政府機関やNGO等の職員（二〇一二年現在、一三・九%）である［NSO 1995a; PSA 2015b］。この二つの職種で、二〇年間に減少した農漁業人口分をほぼ吸収したと考えられる。第二章のバト村の事例にもあるように、かつてはほとんどが農漁業で生活していた村でも近年、農漁業からの収入では生きていくためには不十分と、農漁業ではなく日雇いの単純労働者として働く人が多くなっている。

後者の政府機関やNGOの関係者の増加は、地方分権化以降に地方政府に雇われる人が増えたことが大きく影響している。地方分権後のフィリピンでは、地方政府が多くの職員を抱えることになった。なかでも目立つのは、首長の意向で雇用されるノンキャリアの臨時職員（任期一年以内）の増加だ。地方政府の臨時職員の大多数は清掃や植樹などの特別の技術を必要としない職務に従事している。フィリピンの地方政治では従来から、人事権は首長や他の政治家が、被選挙民である市民から政治的支持を取り付ける重要な部分である。増加した臨時職員は、首長ら地方政治家への選挙協力の見返りや、ときに災害被災者への一時的救済として、地方政府に雇用されていることが多い［西村 2009; 佐久間 2011］。したがって、臨時職員たちは表向き政府職員であっても、実際はそのかなりの部分が単純労働者と同じように不安定な就業を続けていると考えてよいだろう。

就業構造の変化は、必ずしも東ビサヤ地方の人びとの経済レベルの底上げには結びついておらず、依然として貧しい人がかなりの割合を占めている。二〇一二年の東ビサヤ地方の貧困発生率は三七・四％で、ムスリム・ミンダナオ自治区（ARMM）に次いで発生率が高い地方となっている。くわえて、この数字は一九九〇年代から二〇〇〇年代前半は下がりつつあったが、二〇〇〇年代半ばからは再び上昇に転じた。同地方のなかでも特に貧困発生率が高いのは東サマール州で、全八一州のうち二番目に高い五五・四％を記録した［NSCB 2013: ix-x］。二〇〇〇年代後半からのフィリピン全体の貧困発生率は徐々に減少しているが、東ビサヤ地方では、全国チェーンの店など開発の波の訪れを感じる場所はあるものの、貧困問題が消えていく様相はまだみられない。同地方の大半を占める農村部で起きているのは、おそらく格差の拡大だ。

3　続く働き盛りの流出

そこで次に指摘したいのが、教育機会の増加である。東ビサヤ地方の農村部では、フィリピン独立後も貧困、校舎の不足、交通の便の悪さなどにより、公教育は初等教育までというケースが多かった。だが、一九九〇年代以降に中等教育を受ける、つまりハイスクール[(20)]に通う生徒数が伸びた。東ビサヤ地方における中等教育就学率は、一九九四〜九五年度は四八・二％だったが、二〇年後の二〇一四〜一五年度には六五・二％まで上がった[(21)]［NEDA 2005; PSA 2016］。

さらに、大学進学者の数も着実に増えている。東ビサヤ地方の大学に通う学生数は、一九八八〜八九年度には約三万人だったが、二〇〇九～一〇年度には約七万人と倍以上に増加している［Commission on Higher Education, cited in NEDA 1990; 2010］。東ビサヤ地方の市町では、一九九〇年代以降、国公私立の大学や分校が新たに開校し、専攻できる分野も増えた。ただし、高等教育へと進む学生の一定割合は、専攻できる専門分野の選択肢がより多く、さらに卒業後の就職にも有利という理由から、地方内の大学ではなくマニラやセブの大学へ進学する。

問題は、ハイスクール卒や大卒の若者の受け皿となる就職先が東ビサヤ地方にはあまりないことである。ハイスクール卒以上の学歴の人が就くであろう専門職、事務職、サービス業従事者の東ビサヤ地方の値（二〇一二年現在）は、これらの職種をすべて合わせて二〇・一％で、二〇年前の一九・〇％と比べてあまり変化していない［NSO 1995a; PSA 2015b］。農村部人口が今でも九割を占めるサマール島では特に、これらの仕事は、主要な市町の中心地に若干存在するだけで、通常、伝手がないと就くことは難しい。近年オープンした全国チェーン店の店員になるにも、たいていの場合、政治家や地元の有力者に推薦してもらうことが必要だといわれる。さらに、前述のとおり、地方政府関係の仕事に就くには頼れる政治家がいることがほぼ必須といってよい。

よって、東ビサヤ地方からの人口の流出、特に働き盛りとされる年代の流出は現在に至るまで続いている。表1・2にある東ビサヤ地方の人口増加率は、一九九〇年以降も全国平均を大きく下回る状態が続いている。さらに、図1・1に示した、東ビサヤ地方における年齢層別人口比（二〇一〇年現在）をみると、現在の東ビサヤ地方の年齢層別人口構成は、二〇～五四歳の年齢層の割合が男女ともに低く、この地方は、いわば「出稼ぎ社会」の典型といえる。最も低い部分は二五～二九歳で、男女平均で全国平均の八割近くまで落ち込んでいる。また、興味深いことに、男女を比べると、一五～二九歳という若年層の間で、女性の割合のほうが男性のそれよりも低くなっており、女性のほうが若いときから地方外へ移動する傾向がみられる。この男女のパターンの差の背景につ

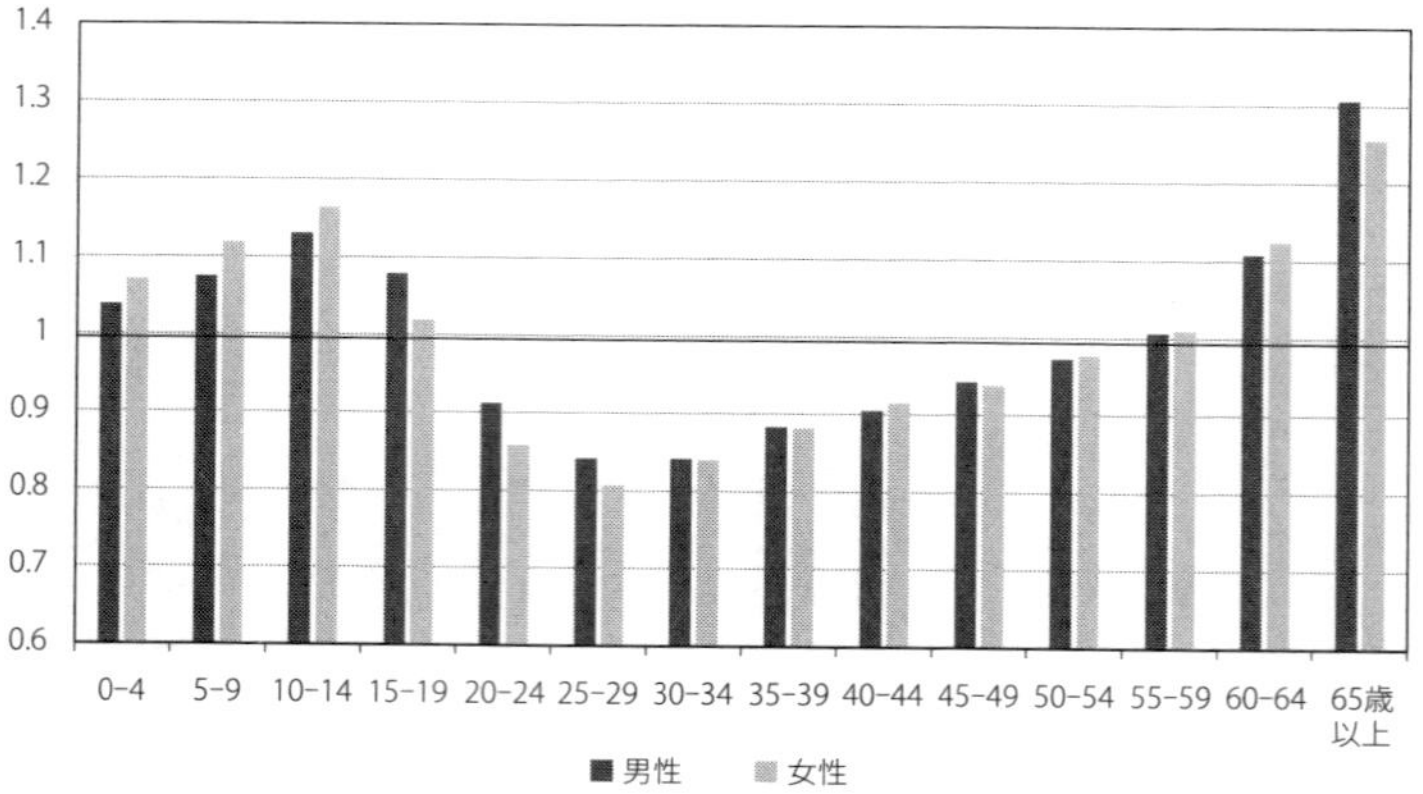

図1・1　東ビサヤ地方における年齢層別人口比
（全国平均を1とした場合の差、2010年）
出所：NSO［2010］

いては、第二章のバト村の事例を紹介するなかで詳しく述べるが、農村部では未婚の女性がまとまった賃金を得られるような職業が皆無に近いことと関係している。(22)

4　より身近になった国外への移動

学歴の向上とそれに対応する就職先のなさにおそらく関係しているのが、東ビサヤ地方から直接、国外へ行く人が目立つようになった点だ。

フィリピン人が海外に出稼ぎに行く現象は、一九七〇年代に、当時のマルコス大統領がオイル・ブームで建設ラッシュが起きていた中東の産油国へまとまった人数のフィリピン人を送り出したときから始まった。当初、海外出稼ぎ推進策はフィリピン国内の失業者対策や経済の立て直しのための一時的な政策のはずだった。だがその後も、フィリピン経済や世界経済の動向にかかわらず、国外で仕事を求める人の流れは止まらなかった。その結果、図1・2に示したとおり、フィリピン人の海外就労件数は、年によって多少の増減はあるものの全体としては増加し続け、本書の冒頭でも述べたように、フィリピンは世界でも有名な海外出稼ぎ者の送り出し国

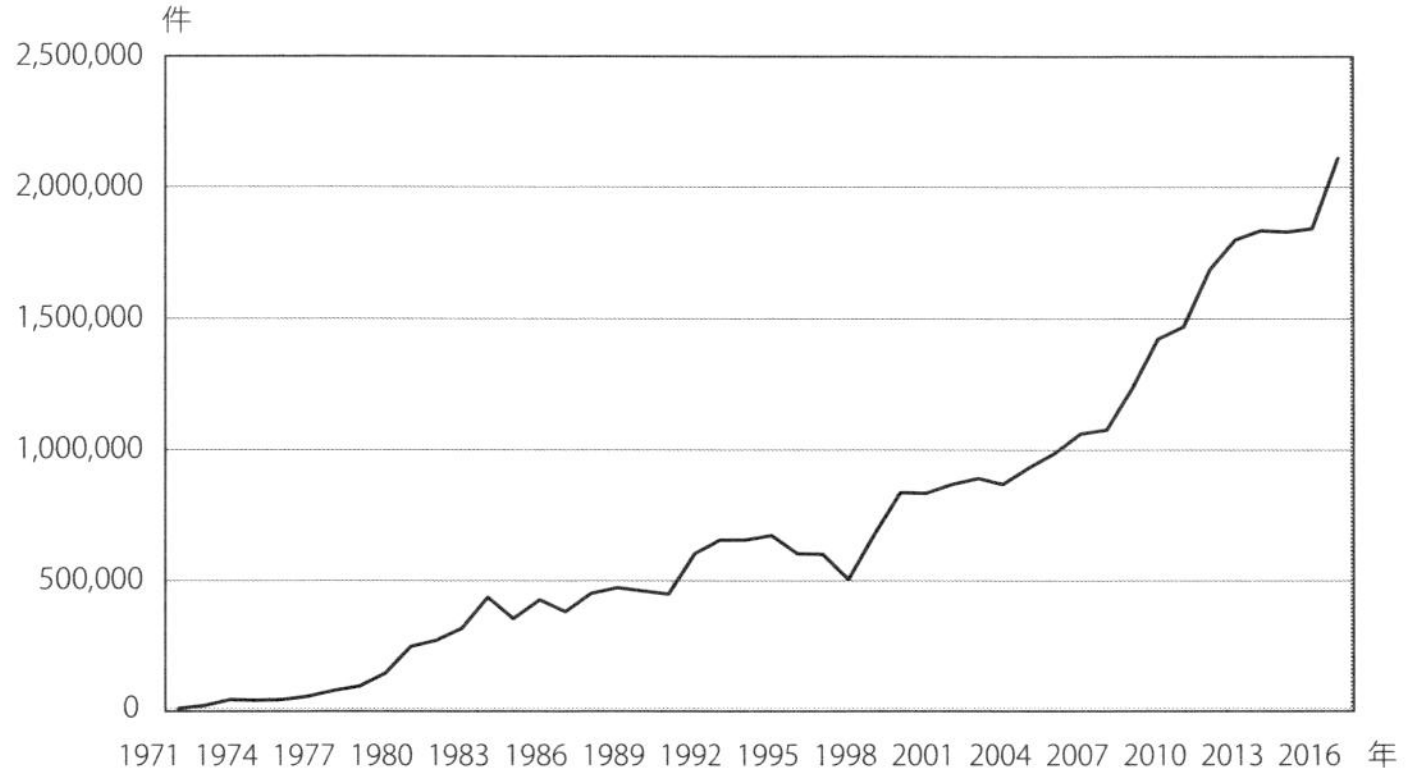

図1・2　フィリピン人の海外雇用件数（1971-2016）
注：海外雇用庁で登録された就労件数。未登録就労の件数は含まれない。
出所：POEA［2018］; 佐藤［2006：277］; Tigno and Economic Research Center/UST［1988：37］

となった[23]。家族や親族のなかに外国で働いている人がいるというフィリピン人は珍しくなく、今や海外出稼ぎはフィリピン人の日常生活の一部といえる。

　海外就労者の送出地域も次第に拡大した。かつて、国外へ移動する人の送出地域といえば、ルソン島北部と、マニラ首都圏を含むルソン島中部がよく知られていた。だが、時が経つにつれ、送出地域は全国へと広がっていった［Gonzalez 1998: 44］。そのことを示す指標の一つとして、表1・5に、フィリピンを、従来からの主要国外移民送出地域（ルソン島北部ならびに中部）と、それ以外の地域（ルソン島南部、ビサヤ諸島、ミンダナオ島）の二つの地域に分けて、人口一〇〇〇人当たりの海外就労者の割合を比較した結果をまとめた。一九九五年時点における海外就労者の割合は、前者一・六四%、後者〇・七一%と、前者のほうが二倍以上高かった。二〇年後の二〇一五年の同じデータをみてみると、前者が三・〇一%、後者は一・九九%と、両者の間には依然として開きがあるものの、二〇年間の増加率をみてみると、前者が一・八倍なのに対し、後者は二・八倍と後者のほうがより高い率で増加している。

表1・5　地域別海外就労者率（人口1,000人当たりの数）

（単位：人）

	1995	2015
全国平均	11.6	24.2
ルソン島北部・中部	16.4	30.1
ルソン島南部・ビサヤ諸島・ミンダナオ島	7.1	19.9

注：海外就労者率は、海外就労者人口÷総人口×1000で算出した。
出所：NSO［1995b］；PSA［2015c］

東ビサヤ地方は後者に含まれ、主要な海外就労者の送出地域とはみなされない。サマール島の人たちに聞いてみても、二〇〇〇年ごろまでは、海外就労者となる人は、島の市街地に住む中間層か、農村部からマニラなどの大都市へ行った後に、しばらくしてから国外へ移動するといわれていた。

だが現在は、そのようなパターンだけではなくなった。二〇〇〇年代から、時折、海外就労斡旋業者が数社集まって海外での就職を斡旋する説明会を開く光景がみられる。また、市街地だけでなく、村レベルにおいても、国名、職種、月給が書いてある、斡旋業者の広告ポスターが道端に貼られている。海外での就労に関心があれば、都市に行かなくても、就職のための情報が十分得られる雰囲気が島全体に広がっている。実際、一九九五年の時点で国外に居住していた東ビサヤ地方出身者は一・五万人だったが、二〇一五年時点ではその人数は四倍以上の六・四万人にまで伸びた［NSO 1995b; PSA 2015c］。

新たに国際移動の波に加わったのは、農村部で経済力をつけてきた層の人たちと思われる。一九九〇年代に入って、東ビサヤ地方全体では人びとの経済レベルが向上した。同地方は一九八〇～九〇年代にかけて、一世帯当たりの平均収入額が全国で最も低い地方だったが、二〇〇〇年代からは全国平均を上回る早さで平均収入額が上昇し、二〇一五年時点では全国一七地方のなかで上から一一位と、中位に近づきつつある［NSO 1997a; PSA 2015d］。しかし、この統計上の変化は、地方全体で経済レベルの底上げが起こっているという意味ではないことは先に述べたとおりで、まだ多くの貧困層の人たちがいる。くわえて、都市部の拡大もあまり進んでいない状況を考えると、農村部のなかに学歴を高めて、それまでの主流だった小規模農漁業や単純労働以外の仕事に就けるようになった人たちが増えてきたと推測できる。そのような社会経済的に上昇した農村部の人たちの一部が、より高い収入が望め、なおかつフィリピンでは社会的威信（第二章）の一つとなる海外就労者になっているものとみられる。

以上述べてきたサマール島の歴史をまとめると、同島は元来、フィリピンのなかでも人口の疎らで、大きな都市や大規模農園も存在しなかったという特徴がみられる。スペイン統治期、島民の生業の中心は焼畑農耕や漁撈であり、移動は生活の一部に組み込まれていた。集落間の距離はあったものの、人びとのネットワークも発達していた。人びとは、そうしたネットワークによって情報を得たり、交易を行ったりした。一九世紀後半からはフィリピン全体で商品作物の栽培が盛んになり、サマール島ではアバカ、つづいてコプラの生産が活発化した。これらの商品作物のブームに呼応し、一九世紀末から二〇世紀初頭にかけて島では近隣の地域からの開拓移民が流入した。また、米国統治期には、フィリピンにおいて公有地法が制定され、開墾した土地は所有できるようになったほか、公教育制度が整備され、専門職などのホワイトカラー職員となる道も開かれた。

フィリピン独立後にあたる、二〇世紀半ばからのサマールの社会経済状況をみると、外部の大資本や中央政府によっていくつかの開発事業が進められたが、それらは単なる自然資源の搾取であったり、部分的なインフラ整備にとどまったりしており、多くの人びとにとって新たな生計手段の獲得となるまでには至らなかった。そのような時代に現れたのがマニラへと冒険する人たちだった。マニラへ向かう人は男女ともにいたが、マニラへの移動が始まった当初は女性たちのほうが多かった。彼女たちは、お手伝いの職を斡旋したアヘンテとともに海を渡った。島で農漁業が衰退するにつれ、マニラへ向かう男性も増えた。

一九九〇年代以降は環状道路が開通したり、町の中心地には商業施設や大学が立ち並んだりして、部分的には開発の波が押し寄せているようにみえる。だが、サマール島民の多くは、依然として小規模農漁業やそれに代わって増加している単純労働に従事しており、それらへの依存から抜け出すための、別の活路を見出す必要に迫られている。島民の第一の移動先は一九六〇年代以降マニラとなったが、近年では、ハイスクールや大学を卒業後に国外で就労する人の姿も目立ち始めている。

島の歴史をたどると、サマール島民の間では、移動は近年新しく始まった現象ではなく、より良い生活を求める手段として以前から社会に存在していた生きかたの一形態だったことがわかる。島民の生業に移動が内包されていたことに加え、商品作物の栽培、土地所有の機会の到来、専門職育成制度の開始などで、短期間で豊かになる人が島民の間に現れたことにより、外部世界の動きをいち早く察知し、機会のある場に赴き、それを得ようとするエートスが強化されたとしても不思議ではない。

第二章　バト村の人びとの暮らしと移動

本章ではバト村で行った聞き取りや質問票による調査をもとに、村人の間にみられる移動パターンの数々と、そうした移動を成り立たせている行動原理を描く。以下ではまず、バト村の地理や主な生業など人びとの暮らしぶりを紹介し、つづいて村の始まりから現在に至るまでの歴史を特に生業の変遷に注目してたどる。そして過去約一世紀の間にみられた村人の移動のパターンを分析した後、村人が移動を自分たちの生きかたの一部に取り入れることで、外部世界の状況変化に合わせて、新たな機会をつかもうとする様子を具体例を通して示す。

一　バト村の概況

1　カルバヨグ市

バト村は、サマール島西岸に位置するカルバヨグ市のティナンバカン地区にある。カルバヨグ市はサマール島で最も人口が多い市だが、それはカルバヨグ市が非常に都市化された場所だという意味ではない。そのほとんどは緑豊かな農村部である。

カルバヨグ市は広大だ。同市は一九四八年にカルバヨグ、ティナンバカン、オキンドの三町が合併して市と

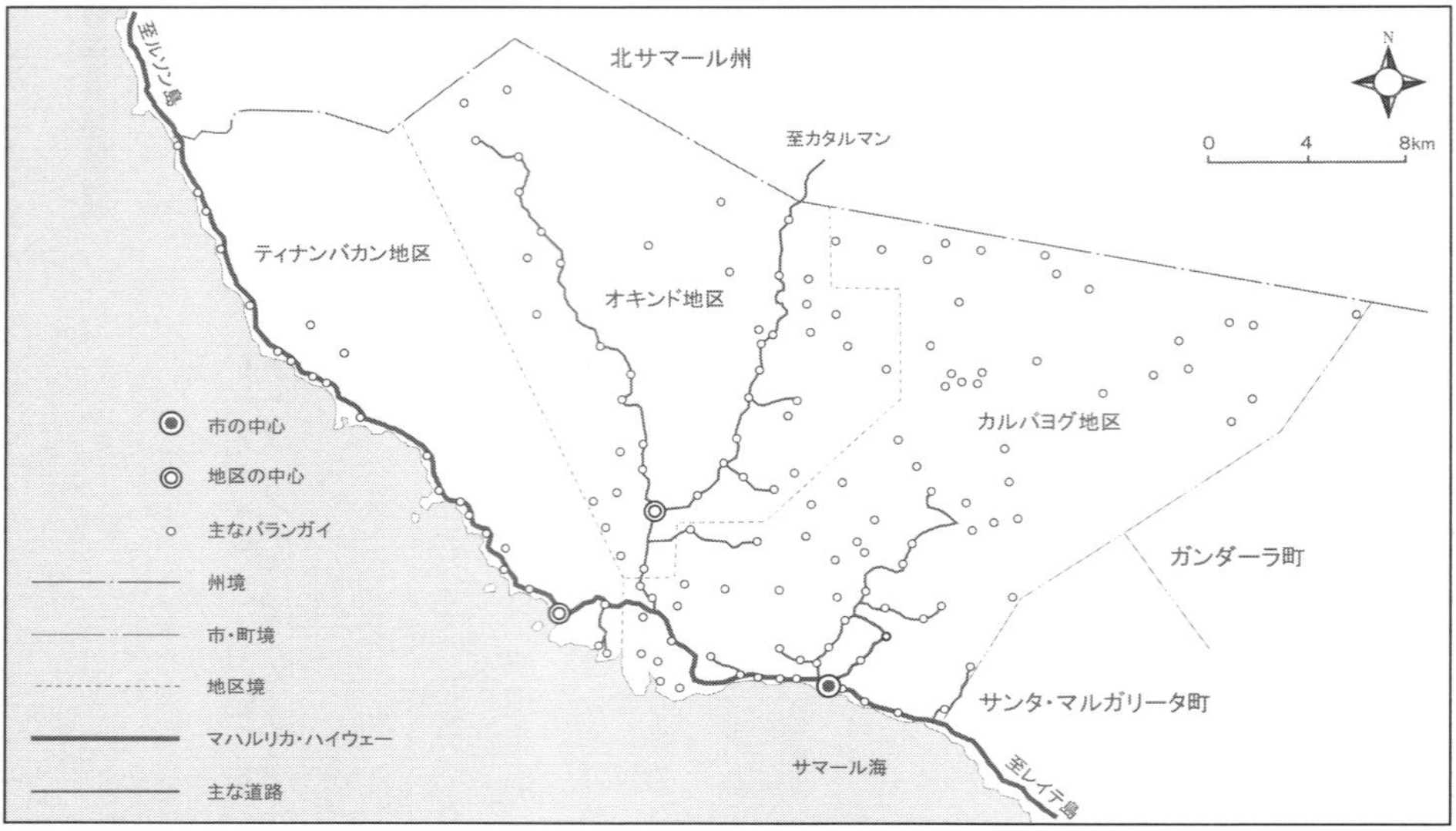

地図 2・1　カルバヨグ市

2016 年、カルバヨグ市中心地にオープンした全国チェーンのスーパーマーケット（2017 年 5 月）

カルバヨグ市の短距離移動では人力車が最も幅を利かせている（2014 年 9 月、同市の中心地にあった市場の前）

カルバヨグ大聖堂（2017年5月）

なった。かつての町は市創設後も市内の地区（district）として残されている（地図２・１）。市の面積は島全体の七％にあたる八八〇平方キロメートルで、フィリピンに一四五ある市のなかでは六番目に広い。二〇一五年現在の人口は一八万七一八七人で、島にある七一の市町のなかでは最大である。

　サマール島が山がちな地形であると前章で書いたが、カルバヨグ市はその典型だ。市のほぼすべては海抜五〇〇メートル以下だが、傾斜度が八度未満の平野とされる土地は全体の一五％しかない。逆に最も多くの面積を占めるのは、傾斜度が三〇度以上の起伏の激しい山地（五二％）である。一八～三〇度の傾斜がある土地も三〇％を占める［City Mayor's Office, Calbayog City 2003: 15-16］。このような地形の影響もあり、カルバヨグ市の多くの村で営まれる第一の産業は、ココナツ関連産業である。実際、市内を巡ると、市の中心地を除くほとんどの地域は、ココヤシか森林で覆われた山が広がっている。

　カルバヨグ市には一五七のバランガイがある。これらのうち、オキンド地区とティナンバカン地区のバランガイのほとんどは、車両を利用して到達でき、電化され、子どもたちが通える範囲に小学校がある。だが、カルバヨグ地区には、車両が通行できる道がなく、小舟や徒歩でしか到達できないバランガイが四七ある。これら奥地のバランガイは電化されておらず、村の子どもたちが六年生まで通える小学校が近くにない。

　カルバヨグ市の中心地はカルバヨグ川の河口にある。河口部分は港となっており、大小様々な漁船、フェリー、貨物船が出入りする。港のすぐそばには町のシンボルのカトリック大聖堂、市役所、ステージのある広場がある。広場のすぐ近くに地元民の小さな店が集まった公営市場があったが、市の再開発計画の一環で、公営市場は郊外に移され、その跡地に二〇一八年、ビサヤ地方で人気のあるショッピングモールのカルバヨグ店がオープンし、市の中心地の景観を大きく変えた。

港から半径約五〇〇メートル内の市の中心地にはほかに、大手金融機関の支店、送金センター、公私立大学、私立学校、映画館、ホテルなどが立ち並び、カルバヨグ市のみならず、周囲の町で暮らす人たちの経済、教育、文化の中心地となっている。中心地には、地元のエリート層が暮らす豪邸もある。

郊外には、中間層から貧困層までの大小様々な市民の住宅地が広がっている。バト村出身で、ホワイトカラーの専門職となり、カルバヨグ市などで働く人も、中心地や郊外に自宅がある。郊外にはさらに、かつては中心地にあった施設が移設されている。一つは周辺の村々で生産されたコプラを買い取る大手の仲買業者の店舗である。店舗の敷地内では日常雑貨の卸売りや小売りも行われており、コプラを売りに来た農民や村の仲買人たちのなかには、コプラの売上で日常雑貨を買って村へ帰る人が多い。

中・近距離の公共交通機関のターミナルも近年、中心地から郊外に移された。バト村など市内各地と中心地を結ぶ中距離の交通にはサイドカー付きのオートバイ（*motor*）や、小型乗合バス（*jeepney, multicab*）が使われる。小型乗合バスは、島内の別の市町に行く場合にも使われる。中心地と近郊の間など短距離の交通手段としては、人力車（*tricycle*）が最も一般的である。

中心地から八キロメートル離れた場所にはカルバヨグ空港があり、二〇一八年現在、マニラ（あるいはパンパンガ州クラーク）行きと、セブ行きの飛行機がそれぞれ週に数便飛んでいる。とはいえ、航空券は高価なため、カルバヨグ市民のほとんどはマニラへ行くときは長距離バス、セブへ行くときはフェリーを利用する。

2　村の地形、人口、暮らし

バト村は、カルバヨグ市の中心地から北西約二〇キロメートルの距離に位置する。一時間に一～二本出ている小型乗合バスを利用すれば、中心地からバト村までは三〇～四〇分で着ける。わたしが住み込み調査をする村としてバト村を選んだきっかけは、村の人たちがわたしの滞在の希望を快諾してくれたこと以外に、バト村は人口、面積、教育レベル、職業構成などの面においてティナンバカン地区の平均的なバランガイと考えられるためだった［CPDO 1994］。また、サマール島の交通に大きな影響を与えたとされる、マハルリカ・ハイウェーの開通に伴う社会的な変化についてもこの村なら詳しく知ることができるとも思った。

高速道路沿いを小型乗合バスに乗ってバト村へ向かうと、バスは高速道路に面した村の中心で停車する。そこは、村の男性が日常的にバスケットボール・コートとして使っているバランガイ広場である。その広場を取り囲むようにして、カトリック礼拝所、バランガイ集会所、屋外ステージが並んでいる。村のフィエスタなど催し物はすべてこの広場で行われる。

村の面積は四三一ヘクタールで、東西に長い長方形に近い形をしている。西側の縁は入り江になっている。入り江から五〇～一〇〇メートル離れたところを、海岸線とほぼ平行に高速道路が走っている。この入り江と高速道路のそばが村の集落部（*barrio*）である。村人の家はすべてこの集落部にある。高速道路の東側は、高さ数十から三〇〇メートル以下の丘が連なる丘陵地（*bukid*）になっており、村人はこの部分を畑（*uma*）として利用している。畑のさらに東側奥は森林地帯になっている。この森林地帯は国有地であり、村人は入ることはできるが、農作業や木を伐採することはできない。

二〇一五年現在のバト村の人口は一三八〇人だった［PSA 2015a］。年齢層別にみると、村の人口の五〇％は被扶養者とみなされる一四歳以下と六五歳以上の人が占めていた。これは全国平均の四二%や東ビサヤ地方の四六%をも上回る高さだ。しかし、それは村人のライフコースと関係している。村人の多くは、結婚前に村から出て働きながら暮らし、しばらく様子をみた後に、一部は村に戻って村周辺の人と結婚、あるいは村外にいたときに出会った人との結婚を機に村に戻り、村で子どもを育てる。親となった後、子どもの養育は親などに任せて、再び村外で働くケースもある。残りの人は、結婚前に村から出た後、そのまま村外で暮らし続ける。

村内には小学校があり、子どもたちはこの学校に通う。続くハイスクールとなると八キロメートル離れたティナンバカン地区の中心地まで小型乗合バスを利用して通学しなくてはならない。ハイスクール生を持つ親の多くは、交通費など教育にかかわる費用を捻出するのに苦労している。大学はカルバヨグ市中心地に二校あり、村出身の大学生は通常、大学近辺で下宿するか知り合いの家に居候している。村長によれば、二〇一七年現在、村の八割の子どもがハイスクールに入学するが、そのうちの三~四割は、経済的理由などで中退してしまう。ハイスクール卒業後、大学へ進学するのは村の子ども全体の二割程度で、ハイスクール生のケースと同様に、卒業するのはそのうちの半分程度にとどまると語った。しかし、現在の村のハイスクール生や大学生の親世代（およそ一九七〇年代生まれ）は、ハイスクールに進学したのは三割、大学へ進学したのは一割にも満たなかった（二〇〇〇年七月サンプル世帯調査結果）ことからすると、バト村の人びとの学歴は着実に上がっている。

村における第一言語はワライ語である。学校教育とテレビ・ラジオの普及やマニラに住んでいた経験がある人が多いなどの理由で、高齢者を除くほとんどの村人がタガログ語も解すバイリンガルだ。ただし、タガログ語を理解はしても、話して間違えると嘲笑されるとして、自分がタガログ語を話すことを嫌がる村人は一部にいる。また、近くにはセブアノ移民が中心の村があることや、バト村にもセブアノ地域からの移民とその子孫がいることから、セブアノ語を理解する村人もいる。しかし、ワライ語やタガログ語よりセブアノ語のほうが流ちょうだとする者は少数である。

村のインフラ設備をみると、電化率は七割を超える。家庭用燃料としては従来の薪炭が全体の八割を占め、飲料水は泉（無料、共同水道の蛇口は村内に約一〇カ所）を利用している。村内に固定電話はなく、かつて村人は遠方に電話をかけるためにカルバヨグ市の中心地まで出向き、電話局から電話をしていた。だが、二〇一〇年代半ばからバト村に弱いながらも携帯電話の電波が届くようになった。そのため、携帯電話を利用してのコミュニケーションが急速に村人の間で広まっている。

村人の間には経済格差もみられる。それは、かれら自身の間で、下から「とても貧しい」（*makuri una-una*）、「貧しい」（*makuri*）あるいは「普通」（*ordinaryo*）、「金持ち」（*mayaman*）の大きく三つに分けられている。この差は、家の造りや家具、所持する耐久消費財に最もよく表れている。(1) バト村の家屋の基本は竹やヤシなどを用いた高床式住居である。村で「とても貧しい」とみなされている家族は、その基本的な造りの家屋に暮らす。家屋の内部は一間だけである。電化されておらず、目立った家財道具もない。「貧しい」あるいは「普通」と呼ばれる家族になると、家屋の一部にコンクリートが使用されている。家具としてはプラスチック製のイス、テーブル、キャビネットなどが置かれている。電化され、電灯や扇風機があるほか、テレビ、ラジオ、カラオケ機器を持つ家もある。携帯電話を所持する家族も多い。対して、「金持ち」と称される人びとが住む家は、屋根、壁、床のすべてがコンクリート・ブロック、床タイルといった建材で造られている。耐久消費財は、先の「貧しい」のグループが持っている家電製品にソファや冷蔵庫、洗濯機が加わる。「金持ち」グループの間では、オートバイや小型トラックの所有もよくみられる。これらは、個人の乗り物として使用されるだけでなく、自営業者が仕事上の資材・物品の運搬に使ったり、知り合いに小型乗合バスとして貸し出したりするなど、事業の一端を支える生産財としても利用される。「金持ち」とされる家族には通常、自営業者（商人）、村ではプロペショナル *propesyonal* と呼ばれるホワイトカラー職員、海外就労者あるいは国際結婚した人のいずれかがいる。

なお、村内における「金持ち」とそれ以外の家族の差は、世代を超えて維持される階層のようなものではない。たとえば、わたしがバト村とかかわり始めた二〇〇〇年以降、それまで村で有数の「金持ち」とされていた二家族が、事故や事業の失敗があった後「金持ち」として名前が挙がらなくなった。反対に、二〇〇〇年には「貧しい」とされていた家族が、その後、事業に成功したり娘が国際結婚したりして、「金持ち」と呼ばれるようになったケースも複数ある。こうした状況を反映してか、村内ではまだ、経済的な差はあるが、「自分たちはみな親族同士」（*mag-urupod kami nga tanan*）という意識が強い。

3　村の生業

バト村の基本的な生業は、農業、漁業、賃金労働の三つである。農業と漁業は従来からの生業で、かなりの割合の村人がその両方に従事するため、農漁業とも称す。賃金労働は村人にとっては比較的新しい生業で、そのほとんどは建築資材（材木、コンクリート・ブロックなど）を生産する作業員である。二〇〇二年に村の全世帯に対して最も重要な収入源を尋ねた際、農漁業と答えた世帯が最も多く、全体の四分の一（二八％）だった。それに続いて建材業作業員が二〇％だった。その下は、パダラ *padara*（第六章）と呼ばれる送金などが一一％、運転手・車掌が九％、大工が七％だった（表2・1）。

村人が生産する農作物は自給用作物と換金作物の二種がある。前者の代表はイモ類と調理用のバナナの総称ドゥマ *duma* [2] である。村人自身がバト村について語るとき、「何かあっても村にはイモとバナナがあるから飢えることはない、金がないだけ」と、しばしば口にする。この語りにあるように、ドゥマは村で何をしなくてもよく育ち、いつでも食べられるものとされている。農家はもちろんのこと、農業以外が収入源の世帯でも、ドゥマ

表 2・1　バト村における世帯の主な収入源
（世帯所得のなかで最大の収入源）

	世帯数	%
農漁業	53	27.8
村内の賃金労働（建材作業員）	39	20.4
送金など（パダラ）	20	10.5
村外の賃金労働（運転手・車掌）	18	9.4
自営業（大工）	14	7.3
その他	47	24.6
合計	191	100.0

出所：2002 年バト村全世帯調査

◀焼畑の様子。火入れをした後の畑。規制が厳しくなり焼畑をする農家は大幅に減少した（2000 年 7 月）

▼かつてあった村の水田（2002 年 12 月）

は栽培しているという例は多い。

他の自給用の作物としては米やトウモロコシもある。米は村人の間の主食だ。だが、バト村で米を生産する農家は減り続けている。村にはかつて水田があった。しかし二〇一〇年に、当時村で唯一、水稲耕作を続けていた農夫（第五章のビルヒン）が自身の高齢と後継者不足を理由に継続を断念し、その水田は宅地に転用された。そのため現在は、数軒の農家が陸稲を少量栽培しているのみである。よって村人は、米は基本的に買って食べている。現金がなくて買えないときには、ドゥマヤト

コプラ作り。ココナツの実の外皮を剝いで半分に割り、写真のように熱を通した後、殻から胚乳部分を取り出し、乾燥させる（2000年7月、バト村）

ウモロコシを主食として食べる。ほかに野菜や果物も、主に自給用や村内での消費用に栽培されている。

村で最大の換金作物はココナツである。台風による被害等がない限り、四カ月に一度収穫できるココナツの栽培は確実な現金収入の手段だ。ココナツを栽培する世帯は、次回の収穫を担保に村内のコプラ仲買人らから借金もできる。ココナツ栽培における自作、小作、自小作の比率は、およそ五・四・一である。地主と小作の間では分益小作制が用いられており、利益配分の比率は地主三に対して小作二、あるいは一対一が最も一般的だ。地主には、①他の職業に就いていたり、あるいは老齢などで耕作できないため小作に管理を任せている在村地主、②村外へ移住したバト村出身の不在地主、③近隣の村に住む比較的裕福な商人の三タイプがある。[3] 村人の間には極めて広い土地を所有する者はいない。自作、小作のいずれであっても、コプラ生産の工程では、村内の男性を臨時に雇うことが多い。この仕事は運搬（*hakot*）やコプラ作り（*nangugopras*）などと呼ばれ、通常出来高制で賃金が支払われるため、村内での現金獲得手段の一つとなっている。

村内のココヤシ園面積はおよそ一九〇ヘクタールで、一世帯当たりの平均所有面積にすると三・一ヘクタールである。この規模のココヤシ園を持つ農家が、コプラ生産だけで生活していくのは難しい。たとえば、ドドン（男性、一九四二年生まれ）が持つココヤシ園は三・四ヘクタールの広さだが、生産したコプラを売って得た金額から諸経費を引いた純収益は、ドドン、妻、同居中の息子二人が次のココナツ収穫期までの三～四カ月間に必要とする食料と日用雑貨品（米、塩、インスタントコーヒー、砂糖、粉ミルク、石鹸、マッチ、灯油など）の購入額とほぼ同じだった。第一章でフィリピン全体の農業の問題として指摘したように、バト村でも世代を経るごとの農地の細分化が深刻である。ドドンには九人の子どもがいる。仮にかれらが均分相続したならば、一人当たりのココヤシ園の面積は〇・四ヘクタール以下となり、これでは農業だけで生活していくのは困難だ。よって、ドドンの子どもたちは村内外で賃金労働など他の生計手段を見つけている。

　漁業も村の生活のなかで重要な位置を占める。それは農業と同じく、自給のためと現金収入のための両方の意味がある。後述するように、漁業は一九七〇年代ごろに一時、村の第一の生業となったが、その後衰退した。しかし、当局が違法漁業の取り締まりを強化し、村人自身も海岸にマングローブを植えたりした結果、二〇一〇年代になると漁獲高が再び増え始めた。現在では村にとって農業と同等、あるいはそれ以上に重要な収入源になっており、漁船の乗組員として雇われる若い男性が増えてきている。

刺網漁は村で最もよくみられる漁法（2002 年 2 月、バト村近海）

　村で一般的な漁船は二～四人乗りの動力船（パンティハン *pantihan* など）で、二〇一八年現在、四一世帯が所有していた。このうち、四世帯は二艘、二世帯は三艘をそれぞれ所有していた[4]。すべて両側に竹製の浮きを装着したダブル・アウトリガー型の木製だった。主に釣りと刺網漁の二種類の漁法が用いられていた。通常、漁は船主のほか、一～三人の乗組員で行う。漁獲はサバ、アジ、イワ

村の小規模雑貨店の前は雑談スペースとなることが多い（2003年９月、バト村）

シ、セイタカヒイラギ、イカなどが中心だ。自家消費用以上に獲れた場合、村内の仲買人を通してカルバヨグ市中心地の市場などで売られる。バト村ではハバガット *habagat* という南西季節風が強い時期には海が時化るために漁に出られなくなる。そのような時期があるため、村の漁師は農業や大工など他の生業にも従事している。

二〇〇〇年代以降のバト村では、建材業作業員としての賃金労働も重要な収入源となった。村には四人の建材業者がおり、それぞれ一〇人前後の作業員を雇っている（人数は景気により左右される）。具体的な職種は、木材運搬人、チェーンソー作業員、コンクリート・ブロック製造作業員などに分かれ、木材運搬人が最も多い。木材運搬人に聞いてみると、かれらの賃金は木材を運んだ回数と距離によって計算されるため一定していないが、およそ一日二〇〇～三〇〇ペソ（二〇一八年現在）だった。木材運搬人は、特に技術がなくとも若い男性ならばすぐに就ける仕事だが、労働環境は過酷であり、ほかに選択肢があるならば避けたい仕事とみなされている。建材業者は、それぞれ一～二人のチェーンソー作業員も雇っているが、チェーンソー作業員の場合、技術を要するため、賃金は木材運搬人より高い[5]。村内にはコンクリート・ブロックの製造工場もあり、工場では一〇人程度が働いている。賃金は木材運搬人とほぼ同じである。

村人の間にみられる他の職としては大工や運転手・車掌もある。大工は、バト村にかつてからある技術職で、農漁業との兼業になっていることが多い。運転手や車掌は比較的最近になって目立ち始めた職業である。運転手は長距離と短距離に大別され、長距離はマニラなどへ行く大型トラックの運転、近距離はカルバヨグ市の中心地から出る小型乗合バスの運転をそれぞれ行う。運転手となる村人が出現し始めたのは、マニラへ行った村の男性の多くがトラック運送業やタクシー運転手として働いていることと関係している。村の若い男性のなかには、運転技術を習得するためにマニラへ行く、と言う人もいるように、マニラは新しい技術の習得の場ともなっている。

以上紹介してきた生業は、主に男性が従事するものだ（農業については夫とともに妻も行うことがある）。村にいる女性は基本的に炊事、洗濯、掃除などの家事や子育てを担当している。副業として、小規模雑貨店（*sari-sari store*）を経営したり、養豚や惣菜・菓子作りなどの小商いをしたりする人もいるが、村内で女性が働ける場は男性に比べると圧倒的に少ない。女性が現金収入を得ようとするならば、村を離れてどこかの町で店員（*tindera*）や住み込みのお手伝いとなるしかない。このことが、村の女性を都市へとかりたてる大きな要因となっている。

二　村の形成とその後の変遷

1　サパラランしてきた祖先

村での伝承によると、村の入り江の北側に集落が形成され始めたのは、スペイン統治期の終盤（一九世紀後半）だった［DILG 1998］。前章で述べたように、現在のカルバヨグ市やその付近では、一九世紀末から二〇世紀前半にかけて新しい土地を見つけようとする人の動きが活発だった。バト村の形成史を振り返っても、当時、村やその周辺は土地を求める人びとのフロンティアだったことが認められる。

祖先の移住経路には主に次の二つがあった。一つは、ティナンバカン地区内の別の村や同地区のポブラション（中心地）から移動してきた場合である。このルートで移住してきた人びとは「地元」（*taga dinhi*）と呼ばれる。

村の形成初期、かれらは入り江のそばに家を建て、その周辺を開墾していった。もう一つは、バト村から一〇〇～二〇〇キロメートル離れたセブ島、あるいはサマール海に浮かぶセブアノ語圏の小島から移動してきた場合である。この長距離海上ルートによる移住のピークは、地元民の移住開始より遅れ、二〇世紀初頭から太平洋戦争前だった。これら「島出身」（*taga puro*）と呼ばれる移住民たちは、入り江ではなく、海岸より一キロメートルほど内陸へ入った、現在は畑として利用されている丘陵地に住み、その周辺を切り開いていった。

地元民、島出身者のいずれにしても、当時の移住単位は男子の単身あるいは家族だった。そして、村人は自分たちの祖先が「幸運を探して」（*mamiling suwerte*）、「より良い生計手段を求めて」（*para maupay-upay nga panginabuhi*）、あるいは「（開拓できる）土地があるから」（*kay may tuna*）バト村にサパランしに来たのだと聞いている。移住してきた人びとは、ホームステッド法により自らが開墾した土地は自分のものとなるとして精力的に丘陵地の森林を切り開き、換金作物のココナツの栽培を開始した。

ただし、開墾した土地は必ずしも自分で耕作するとは限らなかった。当時は開墾した土地を売ったり別のものと交換したりすることも一般的に行われていたという。村の高齢者の一人（男性、一九二七生まれ）は、自分が小さかったころの様子を次のように語った。

（当時の人は）開墾して、開墾が終わったら、「服をくれよ、この開墾した土地をやるから」という具合に、他の人と交換した。「この土地を交換するよ。お前のよく切れる山刀（*bolo*）が欲しいから」というように。ビナルハグ *binalhag* と呼ばれた刀は当時特に人気があった。サムライが使った日本刀に似た刀だよ。祖父の時代に武器として使われていたものだ。〔中略〕私の祖父は賭け事が好きで、摩《す》ってしまったときには金持ちのイトコのところへ行って「俺が開墾したあの一角やるから二〇ペソくれよ」と頼んでいた。〔中略〕

祖父は開墾した土地を（闘鶏用の）軍鶏と交換したこともあった。当時はそんな時代だった。土地は作物を育て現金を獲得する場だけでなく、土地そのものが開拓農民たちによって取引されていた。土地は富そのものであり、簡単に手に入れられた時代だった。

聞き取りによれば、一九三〇年代には集落部に約一〇軒、丘陵部には三〜四軒の家があった。当時の村人はヤシと竹を主な建材にした高床式の家屋に暮らし、畑でココナツ、陸稲、イモ類、トウモロコシ、野菜、果物を栽培したほか、釣り漁も行った。ココナツを除いた作物は主に自給用だった。多くの世帯において米の収量は十分というには程遠く、米が不足したときにはドゥマやトウモロコシを主食とした。

交通手段は徒歩か海路（手漕ぎ舟）に限られていたが、生活が孤立していたわけではなかった。バト村は当時、村から約八キロメートル離れたM村（バリオ・M）のシティオ *citio* の一つだった。シティオとは、バリオに所属する支村、つまり、バリオを構成する集落やバリオの中心から遠距離に位置する集落のことである。M村にはすでに小学校、カトリック礼拝所、小規模雑貨店があり、村人はM村を頻繁に訪れていた。また、M村だけでなく、親族や仲間のいる村々や、ティナンバカン町やカルバヨグ町をたびたび訪れた。

この時代の語りのなかで興味深いのは、男性（特に若い男性）の間でよく行われていたという、行き先も目的もなく、気持ちの赴くままにいろいろな場所に行ってみるという「ぶらぶら歩き」（*libot-libot, sudoy-sudoy, pasyada*）だ。この行動は、軽い冒険といった感覚で行われていたようで、独りで行くこともあれば、数人の男性で連れ立って行くこともあった。ぶらぶら歩きは、前章で紹介したスペイン統治時代にスペイン人が書いた書物にあった移動性の高さにも通じる、本書にとっては重要な慣行である。それは、より良い漁場や土地を探すことが有利に働いたスペイン統治時代の漁業や焼畑農耕と結びついていたと思われる。くわえて、土地を開墾して儲けるという米国統治時代の風潮にも一致する。*libot-libot* や *sudoy-sudoy* という語は、各地を回るという意味だが、文脈によっては行商、つまり商品を持って各地を転々とすることも意味する。第一章ではボホール島からの移民たちがブキッド・スロイスロイという慣行を通じて、サマール島に良さそうな土地があることを聞いて帆船でサマール島に渡ってきたと書いた。同様に、バト村の男性たちも歩き回りながら他の土地の様子を知ったわけである。

後でデータで示すように、この当時の村人の移住歴をみると、村への移民の流入が続く一方で、逆に、村よりもさらに良い漁場や土地があるところへと移る、男子の単身あるいは家族単位による移動が盛んだった。村の高齢者たちによると、ぶらぶら歩きには一〇歳前後から加わることもあった。ある年齢に達した男子に強制するような慣行ではなく、自主的に行きたいと思った男子が出かけるものだった。

一方、女子は「ぶらぶら歩き」をしなかったという。少女や若い女性が他の村を訪れるのは、親に連れられて他の村のフィエスタに参加するときぐらいだった。村の高齢者たちによると、フィエスタは親族同士が会合する場だけでなく、様々な男女の出会いの場でもあったため、娘を連れてフィエスタに行くのを嫌がった親もいたという(6)。

2　村としての出発

太平洋戦争が終結し、フィリピンが独立（一九四六年）した直後、バト村は一つの変革期を迎えた。バト村がバリオとして独立したのである。

まず一九四七年に村で最初の小学校が建てられた。時期的にみると、当時M村に属していた他のシティオと比べても最も早い。それは、この時代にバト村の指導者的存在だった男性（一九〇五年ごろ生まれ、「地元」家族の出身）のイニシアティヴがあったからだという。この男性は戦争直後からしばらくカルバヨグ市の中心地にいたが、バト村に戻ってきて「これからは教育の時代だ」と言い、小学校の設置を嘆願しに町役場へ行った。役場との交渉の結果、校舎を自ら用意するとの条件で教員の派遣が認められた。初級課程教育（小学校一～四年）が開始されると、まだ小学校のなかった近隣の村からも子どもたちがバト村に通い始め、バト村の小学校は連日、子どもたちでごった返していたといわれる。フィリピンでは、一九四〇年に初級課程教育が義務化され、さらに一九五三年になると初等教育全体（同一～六年）が義務化された。独立に伴う過程で、フィリピン全土で公教育の拡充が図られたのだが、バト村とその周辺においても、その時流を察知し、公教育を受けることに対して熱心に動く指導者や人びとがいた様子が、この小学校開設の経緯からうかがえる。

小学校が建設された後、バト村はM村から行政的に独立し、一つのバリオになった。小学校を建てた男性は初代村長となった。村長は一九五三年に、自分たちの守護聖人を決め、フィエスタを実施した。スペイン統治時代から、ある地域の人びとが行政的に独立するときにはカトリック教会に守護聖人を決めて与えてもらう慣わしがある。カトリック教会は、バト村が農民の村であるから豊穣を導くとされる聖イシドロを村の守護聖人とするようにと勧め、村長らはその勧めに従い、聖イシドロを守護聖人とした。

同じころ、丘陵地帯に住んでいた島出身の家族は次第に入り江の集落部に居を移した。地元民と島出身者の通婚が進み、島出身者も入り江近くで暮らすようになった。

その一方で、村の高齢者たちによると、戦後はかれらの人生のなかで最も貧窮していたという。戦争によって様々な経済活動が打撃を受け、物資が欠乏しただけでなく、前章で述べたように一九五〇年代のサマール島では台風被害が相次ぎ、バト村では特にコプラ生産が落ち込んだ。多くの家族では、台風によりココナツの実が落ちてしまうと、約四カ月間現金収入の道が閉ざされてしまうため、厳しい生活を強いられた。

そうしたなか、一部の村人は、村外に活路を求めた。村内の生業の中心は戦前と変わらず小規模農漁業だったが、戦後になると村外で賃金労働に従事する者が出始めた。次章で取り上げるマニラへの移動はその一つである。ほかに、サマール島内の町への移動や、当時、島の随所で行われていた材木伐採現場への移動などもあった。

開墾する土地を求める動きも継続していた。特に一九五〇～六〇年代には、フィリピン最西端に位置し、バト村とは八〇〇キロメートル離れたパラワン島の開拓地への自発的な家族移住が相次いだ。パラワン島は、二〇世紀中に人口が一五倍以上に増加した国内有数のフロンティア地域である。特に、同島で入植プロジェクトが開始された一九四九年以降は、タガログ地方やビサヤ地方からの移民が急増した［Eder and Fernandez 1990: 95; 鳥飼 1993: 264-269; Eder 1999: 23-27］。バト村からの移住者のほとんどは、同島南部のブルックス・ポイント町のL村に集中しており、そこでトウモロコシ、イモ類、ココナツなどを育て始めたという。かれらの大部分は移住後、村との音信が途絶え、現在どうしているのかわからない。しかし、次節で記すアニンのように、たまに村に帰ってくる人はおり、その人を通じてL村の様子を聞くという。

3　「金持ち」の出現

次にバト村が大きく変化したのは、マルコス元大統領の開発政策が始まった一九六〇年代後半からである。村人が語る、この時期に起こった「変化」（*pagbabag-o*）のなかで最も著しいものは、村の景観さえ変えた高速道路の開通である。マハルリカ・ハイウェーの建設は一九七〇年からおよそ一〇年かけて終了し、バト村周辺の交通手段を海上中心から陸上中心へと変えた。また、建設工事は村人に臨時収入をもたらした。聞き取りによれば、村の男性は工事の雑務係として雇われたほか、女性の一部は作業員のための軽食作り等の小規模ビジネスを行った。

同じころ、漁業の商業化も顕著になった。それまでは釣りが中心だったが、このころからダイナマイト漁と刺網漁も行われるようになった。新しい漁法の導入により、大量に獲れるようになった魚類はカルバヨグ市の魚市場などで売られ、漁師たちに現金収入をもたらした。

さらにマルコス政権期には、商品の流通網が農村部にまで拡大した［梅原 1992: 351-352］。バト村でその現象が最も顕著だったのは、米の流通と消費の分野である。平地をほとんど持たないバト村において米は貴重な食料だった。村の男性（一九二五年生まれ）によると、それが高速道路の開通した時期に「ルソンやイロイロ（パナイ島の都市）からの安い米が入ってきて、米を食べることが多くなった」という。フィリピンでは「緑の革命」（第一章）の進展で、一九六〇年代半ばから七〇年代半ばの一〇年間に米の生産（籾米）は五割以上伸びた［梅原 1992: 334］。水田をほとんど持たないバト村では、緑の革命の直接の影響はみられないが、「安価な米が入ってきた」という村人の指摘は、緑の革命による国内の米の増産と無縁ではないだろう。またこの時期から、村人の多くが米を買う、つまり外部からの食料に依存する傾向が強まったことは、貨幣経済の浸透を示す一例として重要である。米が買える時代を迎えて、陸稲栽培を続ける家は次第に減少したという。

漁具やダイナマイトの販売で儲けて、村で初めて「金持ち」（*mayaman*）が出現した。*mayaman* はタガログ語で資源（yaman）を持つ人の意である。*mayaman* は元来タガログ語ではあるが、現在のバト村で経済的に豊かな人をそれ以外の人たちから区別して指すときに最もよく使われる。(7) かれらは村内に在住しながら自ら農漁業には従事せず、漁具の販売、村内生産物の仲買、大きめの小規模雑貨店の経営等によって身を立てるため、「商人」（*negosyante*）と呼ばれる。一九六〇年代以前にも、農漁業に依存せずに裕福となったバト村出身者はいた。たとえば、北サマール州で公務員となった男性や、マニラで華人系商人と結婚した女性（第七章冒頭のポルシン）である。だが、かれらはいずれも村外に居住していた。これに対し、村のなかで「金持ち」と呼ばれた人とその家族は、当時まだ珍しかった一部コンクリート・ブロックを用いた二階建ての家を建て、ジーンズなど「おしゃれ」

な服を着て、村人をお手伝い、子守り、店員などとして雇うなど、他の村人とは異なる生活様式を示した。以前は村人が町や都市で見ていた生活様式が、部分的ながらも村のなかに入り始めたのがこの時期だった。

4　生業の多角化

バト村において一九六〇年代後半から一時的に経済のけん引役となった漁業は次第にふるわなくなった。前章で述べたように、サマール州における生業的漁業は一九八〇年代に入ると漁獲高が伸び悩み始めた。村での聞き取りでも、一九八〇年代以降、水産資源が減少したと言う人は多い。ダイナマイト漁の取り締まり強化などの影響で、ダイナマイトの使用を自粛する漁師たちが増えた。もう一つの主要な収入源であるコプラ生産においても、コプラの価格は、マルコス政権下のココナツ関連産業再編の諸政策にもかかわらず乱高下を続け、コプラは決して安定した収入源ではなかった。

こうした状況下、一九八〇年代半ばから村で新たな生計手段として顕著になってきたのが先述の木材運搬人などの賃金労働である。また、副業として養豚・養鶏や小商い（小規模雑貨店、総菜・甘味屋、ビリヤード場などの経営、訪問販売等）を始める人が増えたのもこのころである。

一九九〇年代の地方分権化以降は、村の役職（村長、村会議員）の経済的重要性が増し、職業の一部として数えられるようになった。これらの役職には給与（謝礼）のほか、社会保障やボーナス、公立学校の授業料免除等の手当もあるため、役職に就くためのバランガイ選挙は二つの政党に分かれて非常に激しい争いが村人の間で毎回繰り広げられる。

村の「金持ち」に含まれる人びとの職種も変化した。商人の間では、漁具の販売をしていた人たちに代わって、村人を作業員として雇う建材業者が中心となった。バト村において、木材の伐採は開拓の時代から行われていた。

村の男性は、村内外の人から注文を受けては、村内あるいは村外で鋸で木材の切り出しを行っていた。しかし、チェーンソーを用いての大量の伐採作業が村に広まったのは、一九八〇年にマスバテ島出身の移民シモ（第三章以降）がバト村の女性ロイダ（第三章以降）との結婚を機に村に移住してからである。シモはもともと北サマール州で木材取引の商売にかかわっており、バト村に婚入した後は北サマール時代からの人脈とバト村の人材を活用して伐採事業を展開し、建材業者となった。

プロペショナルと呼ばれる、政府機関や私企業に勤務するホワイトカラー職員も村の「金持ち」に加わった。プロペショナルの村での定義は、職種や資格ではなく、まとまった額の月給を長期にわたって受け取っていることだ。ホワイトカラー職員は通常大卒でなくてはならず、プロペショナルが増えた背景には、バト村における教育レベルの向上がある。一九九〇年代にティナンバカン地区内に二カ所、ハイスクールが設立されたことや、通学に使われる小型乗合バスの便数の増加といった社会基盤の整備が進んでいることが大いに寄与している。

さらに、村の「金持ち」に海外就労者や国際結婚をした女性も加わった。バト村から海外への出稼ぎの流れを作ったのは、マニラに出た後、一九八三年から香港でお手伝いとして働き始めた一九五六年生まれの女性ネリー（第四章）である。彼女に続いて、彼女の夫、妹（第八章で紹介するニダ）、姪などが香港で数年ずつ働いた。ほかに、台湾、マカオ、サウジアラビア、アラブ首長国連邦などでも働いた村人がいる。出稼ぎではなく、英国、米国、オーストラリアなどの外国人と結婚する女性も増えた（第三章）。彼女たちは夫の国で暮らしているが、村では「外国人の妻」と呼ばれ、別格の女性としてみられ、その家族は「金持ち」とみなされている。

このような新たな活路が見出される一方で、村内ではタンバイ tambay と呼ばれる、学業を終え（あるいは中退し）、仕事をしないでいる若者の姿が増えた。タンバイという呼称は英語のスタンバイ stand by から派生したもので、サマール島のみならずフィリピン各地で使われている［東 2014］。タンバイは女性よりも男性に多く、基本的に実家におり、近所のタンバイたちと特に何もせずに日々を過ごしている。村内外の臨時の仕事などに誘われると、仕事に出る。先に述べた「ぶらぶら歩き」の慣習にあるように、村人の間には以前から、少年期から青年期までの間に自分に合う場所、仕事、仲間を探し、試すという人生の期間があった。だが村人によると、かつての村では、学校へ行くことをやめた若者は、村にいる限り農漁業や家事・育児など家の仕事を手伝っていた。しかし、現在は農業がふるわなくなったこともあり、若者が家で何もしていない時間が増えている。

以上、一九世紀末から各地の開拓民を受け入れてきたバト村は、二〇世紀半ばに一つの村としてまとまる過程を経て、外部世界の変化と連動しながら村人各々が生業を多角化し、その過程で経済格差もみられるようになった様子を描いた。本節では村内での変化に焦点を当てたが、次節では村外の多様な機会をつかもうと移動していく村人の様子を、質問票調査結果と一家族の事例を通して紹介する。

三　村人の移動の多様性

1　様々な移動パターン

バト村で住み込み調査をして驚かされたことの一つに、村人の移動の多さとその方向性の多様さがある。調査を始める前、わたしは村人のほとんどがマニラへ出稼ぎに行っているものだと思っていた。マニラでなくとも、セブやタクロバンなどの都市部に出ているのだと考えていた。ところが、村に住み話を聞いているうちに、村人はわたしの想像よりもずっと多様な場所に行っていることを知った。

永野［2001］が指摘するように、フィリピン国内において都市部への移動や農村部への移動など特定の移動パターンに絞らずに、様々な方向に村人が動いていることを実証的に示した研究はあまりない。そこで村人の移動の傾向を概観するため、二〇〇〇年に村の二〇世帯を対象にした移動歴を質問票を使って調べた。調査では、二〇世帯の世帯主夫婦それぞれに対し三世代分（世帯主夫婦の世代とその上下一世代ずつ）の移動歴を尋ねた。調査対象者は、世帯主夫婦と血縁関係があり、なおかつバト村出身者である一五歳以上の男女である。対象者数は、男性一五二人、女性一三六人の計二八八人である。質問票に記入するためにインタビューしたのは基本的に世帯主夫婦である。よって、対象者には調査時点でバト村に住んでいない人や死亡した人も含まれている。

二八八人の移動経験の有無についてみると、移動経験のある人は一八九人で、全体の約七割だった。男女を比較すると、男性八七人に対して女性一〇二人と、女性のほうが移動経験者の割合が高かった。また、対象者が経験した全移動件数四二七のうち村へ戻る移動件数一一四を除いた三一三件（以下、これを「村から先への移動」と記す）でみても、男性一三一件、女性一八二件と女性の件数のほうが多かった。

村から先への移動を年代別に都市部への移動と農村部への移動とに分類してみると、表2・2のようになる。男性の場合、両者ともに増加傾向にあるが、増加速度は都市部への移動のほうがはるかに速い。後者の急増はカッコ内に示したマニラへの移動の増加によるところが大きい。女性の場合、一九六〇年代以降に都市部への移動が農村部への移動を大きく上回るようになった。それは男性の場合と同様にマニラへの移動が増えたためだった。

調査では、移動時の年齢、学歴、未婚・既婚、移動先での職業、移動に際して頼った人（移動先でのコンタクト・パーソン）などについても尋ねた。その結果と移動の大よその目的を示した表2・3のデータを合わせて、本書では村からの移動を七つの移動パターンに分けた。これら七つのパターンは村人の間で意識的に区別されているものではないし、またそれぞれのパターンが独立して存在しているわけでもない。ここでは、様々な方向へ

表2・2　バト村から移動した年と移動先

男性（単位：件）

	農村部	都市部	国内各地	国外	計
1920年代	1	0	0	0	1
1930年代	3	1（0）	0	0	4
1940年代	3	5（1）	1	0	9
1950年代	5	6（2）	1	0	12
1960年代	6	7（6）	0	0	13
1970年代	2	13（11）	0	0	15
1980年代	9	22（18）	0	1	32
1990年代	16	29（21）	0	0	45
不明	0	0	0	0	0
計	45	83（59）	2	1	131

女性（単位：件）

	農村部	都市部	国内各地	国外	計
1920年代	0	1	0	0	1
1930年代	3	2（1）	0	0	5
1940年代	4	3（1）	0	0	7
1950年代	11	13（11）	0	0	24
1960年代	7	29（25）	0	0	36
1970年代	10	18（15）	0	1	29
1980年代	6	27（25）	0	0	33
1990年代	6	35（19）	0	2	43
不明	4	0	0	0	4
計	51	128（97）	0	3	182

注：（　）は都市部への移動件数のうちマニラ首都圏への移動件数を示す。
出所：バト村における移動歴調査（2000年7～8月）

移動していることや、年代ごとの特徴を示すために便宜的に類型化している。まずは、質問票調査で得られたデータから各パターンの説明をしよう。

①都市部への求職移動

男性五四件、女性七七件で、男女ともに最も多いパターンである。移動先としてはマニラの比重が極めて高く、都市求職移動全体のうち男性の八三％（四五件）、女性も同じく八三％（六四件）に達している。仕事を求めてマニラへ行った男性の職業の六〇％（二七件）が単純労働、女性の場合は七〇％（四五件）が家事労働というように、職業にははっきりとした偏りがみられる。他の職種としては、男性の場合は店員（八件）、女性では店員（五件）や工場労働者（五件）などがある。

表2・3　バト村からの移動先と移動の目的

男性（単位：件）

	農村部	都市部	国内各地	国外	計
求職	16	54（45）	0	1	71
開拓 *	12	0	0	0	12
結婚	6	0	0	0	6
教育	0	13 （6）	0	0	13
引っ越し・赴任	6	11 （5）	0	0	17
家族呼び寄せ	1	1 （1）	0	0	2
その他	3	2 （1）	2	0	7
不明	1	2 （1）	0	0	3
計	45	83（59）	2	1	131

女性（単位：件）

	農村部	都市部	国内各地	国外	計
求職	6	77（64）	0	3	86
開拓	9	0	0	0	9
結婚	27	8 （6）	0	0	35
教育	1	13 （2）	0	0	14
引っ越し・赴任	5	9 （7）	0	0	14
家族呼び寄せ	2	13（13）	0	0	15
その他	0	7 （5）	0	0	7
不明	1	1 （0）	0	0	2
計	51	128（97）	0	3	182

注：* は農地の開拓と漁場の開拓の両方を含む。（　）は都市部への移動件数のうちマニラ首都圏への移動件数を示す。

出所：バト村における移動歴調査（2000 年 7 〜 8 月）

一方、マニラ以外の都市部への求職移動（男性九件、女性一三件）にみられる移動先は、カルバヨグ市の中心地（男性四件、女性六件）、カルバヨグ市を除くサマール島の都市部（男性三件、女性二件）、レイテ島タクロバン市（男性二件、女性一件）、セブ島セブ市（女性四件）の計四カ所に限られる。職種では男女ともに一位が家庭内労働、二位が店員であり、マニラへ働きに出た男性の間に多い単純労働に従事したケースはみられない。

移動時の年齢では、二四歳以下の若年層の割合が男女ともに八割に達している。ただ、両者を比べると女性のほうが一〇代で移動する傾向が強い。婚姻歴については、男性の八割、女性の九割が未婚だった。学歴に関しては、男女ともその大部分は小卒以下である。

しかし、一九八〇年代後半ごろからハイスクール卒以上の割合が増え始めており、ハイスクール卒以上の男女はレストラン等の店員や工場労働者となる傾向がみられる。移動に際して頼った人は、九割以上が移動先に居住する親類か知人だった。

②開拓移動

次に多いのは開拓移動で、一九三〇～六〇年代を中心に、男性が一二件、女性が九件あった。開拓移動のうちで農地の開墾を目的とした移動は男性一〇件、女性八件である。その最大の移動先は、先に紹介したパラワン島南部のブルックス・ポイント町である。ほかにも、サマール島内の別の村とミンダナオ島北部への家族移住の例がある。

漁場の開拓としては男性二件、女性一件があり、移動先はいずれもサマール海に浮かぶ小島である。時期的には一九六〇年代に一件、一九九〇年代に二件で、既婚者が家族とともに移住するか、男子が仲間同士で移住するかのいずれかとなっている。

移動時に未婚だったケースの割合は男女ともに七割、学歴はすべて小卒以下である。移動に際して頼った人は、都市求職移動と同様に先に移住した親類や知人である。

③農村部への求職移動

男性一六件、女性六件で、男性のほうが多い。主な例としては、近隣の漁村での住み込みの漁業手伝い（男性五件）、ルソン島中部のバタンガス州の牧場での作業員（男性三件、女性一件）、同じくルソン島中部のヌエバ・エシハ州の精米工場での作業員（男性二件、女性一件）がある。これらはいずれもマニラに行った後に、新たな情報を得て、国内の他の地方へとさらに移動していくパターンである。移動時の若年層の割合ならびに未婚者の割合は、都市求職移動の場合よりも低めである。

④結婚のための移動

男性六件、女性二七件と、圧倒的に女性の割合が高いのが、この移動パターンの特徴だ。バト村では結婚後の居住地は男女いずれの居住地でもよいとされているが、実際は女性が移動することのほうが一般的のようである。移動先としては農村部、それも近隣の村が大多数を占める。なお、移動先が都市部の場合も八件あるが、この多くはマニラへ働きに出た後にマニラ在住の結婚相手を見つけ、夫の住むマニラ首都圏内の別の市町や近郊へと移動することになったケースである。

⑤教育のための移動

調査結果のなかでは一九三〇年代から現在まで、少数ながら、男女の間でほとんどいつの時代でもみられるパターンである。一九八〇年代前半までは、カルバヨグ市の中心地でハイスクールに通った後、マニラの大学を卒業して教員になるという例がこの移動パターンの中心を占めた。しかし、一九八〇年代後半にはカルバヨグ市の大学に進学する例がこれに加わった。一九八〇年代後半からは、教育学だけでなく、商業や情報通信技術といった分野を専攻する学生が多くなった。

⑥引っ越し・赴任

職業は同じだが、居住地のみが変わる場合をこのカテゴリーに分類した。農村部への場合は、半数が教員としての赴任、残りの半数が家の引っ越しである。都市部への場合は、過半数が引っ越し（仕事場のそばへの引っ越し、郊外の再定住地への移住など）で、少数が転勤である。

⑦家族呼び寄せ

移動後に村の家族を呼び寄せる場合である。このカテゴリーのほとんどは、マニラに生活の基盤ができた後に、村に残っていた子どもや妻（夫のケースはなかった）をマニラへ呼び寄せる例だった。

①〜⑦を合わせて考えると、いくつかの差異が浮かび上がる。まず、都市部は新たな生計手段を見つける場であるだけでなく、別の場所における機会の情報を得る場にもなっている。都市部へ行く前には意識していないこともあるだろうが、様々な機会に関する情報あるいは出会いの多さが都市部への移動の理由となっているのが特徴である。

次に、結婚と移動にかかわるジェンダー差である。ジェンダー差がみられるのは、都市部での職業が男女で明らかに違う点に加え、女性のほうが男性よりも都市部に向かう傾向が強く、年齢的により若い時点（一〇代）で動き始める点と、結婚後に女性が男性の居住地へ移動することがその逆よりも多いという点である。これらの差から推察すると、女性にとって都市部へ移動することは、求職だけでなく結婚相手を探すという意味合いも含まれている可能性が高い。実際、バト村で未婚の男女と話していたとき、村のなかやその近辺の村で暮らす人はほとんどが親族なので、どこか遠くで結婚相手を探さなくてはならないという発言をしばしば聞いた（第六章で述べるように、バト村を含むサマール島では親族同士の結婚は基本的にタブーである）。農村部での経済的機会や都市部でのキャリアアップの機会が男性よりもはるかに限られている女性にとって、大都市など外の空間で良い暮らしにつながる結婚相手と出会うことは、大きな機会と思い描かれていたとしても不思議ではない。

さらに、移動後の職業や生活に注目すると、①〜④と⑤の間には違いがある。①〜④は、大部分の人が移動後も村人の基準でいう「貧しい」生活を続け、「金持ち」となるのはごく限られた一部の村人である。対して、⑤についてはは件数自体が少ないため一般化しづらいが、大学を卒業した後に教員という専門職、つまり「金持ち」となる人がそれなりにいる。また、この調査の対象となったサンプル二〇世帯には含まれていないが、海外就労者となったバト村出身者の多くも、⑤の移動の後、国外へと出ている。そのため、⑤は①〜④とは別格の移動パターンとみなしたほうがよいだろう。

2　ラブロ家三世代の移動歴

①〜⑦で示した移動パターンが実際の生活のなかではどのようにみられるのか、そして相互に関連しているのかを具体的に示すために、一つの家族の例を挙げよう。ラブロ家（仮名）は先ほど移動歴に関する調査で対象とした二〇世帯のうちの一世帯である。

バト村集落部の南端にラモン（一九四六年生まれ）とリタ（一九四八年生まれ）夫婦の家がある。ヤシや竹といった軽質建材でできた家には、六平方メートルほどの寝室二つと小さな居間一つがある。そして家の横には竈《かまど》や木製テーブルとイスが置いてある簡単な台所がある。電灯はなく、夜になると灯油ランプで明かりをともす。

わたしが二〇〇〇年にラブロ家を訪れた際、この家には夫婦のほか、四女のエレナ（一九八二年生まれ）、三男のジェフ（一九八四年生まれ）、五女のラニ（一九八九年生まれ）の計三人の子ども、そしてマニラで死亡した長男レオ（一九六六年生まれ）の子ども二人、マニラでお手伝いとして働く次女ナイダ（一九七七年生まれ）の幼児の計三人の孫、さらには「個人的事情があってマニラから一時的に帰ってきた」というラモンの親類（一九八二年生まれ）と彼女の生まれたばかりの幼児の合計一〇人が住んでいた（図2・1）。当時、家の家事・育児を担当していたエレナは「狭い家にたくさんの人がいるのは賑やかで楽しいけれど、洗濯が大変」と苦笑いしていた。小学校卒業後、学校に行くことをやめたジェフはタンバイだった。彼は、たまに漁に行くほか、近くの共同水道からバケツで水を家まで運ぶなどして、エレナを手伝っていた。

ラモンとリタは日曜日以外ほとんど毎日、村内の二つのココヤシ園で働いていた。ココヤシ園の一つはラモンと彼の弟妹六人が亡くなった母から受け継いだ約一・五ヘクタールの畑だが、七人の間で土地を分割せずに、コ

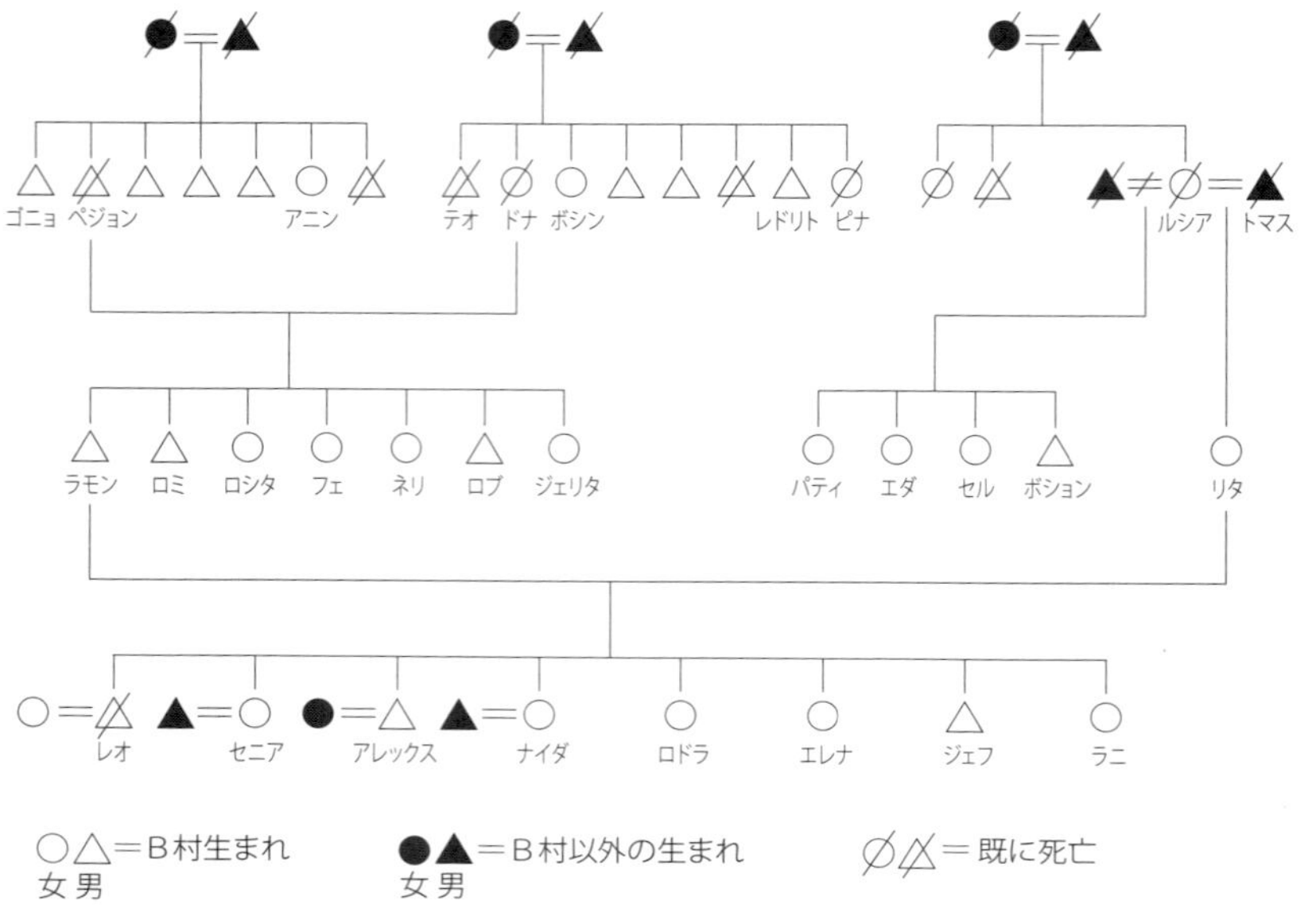

図2・1　ラブロ家3世代の移動歴（2000年現在）
出所：バト村における移動歴調査（2000年7～8月）

コナッツを収穫するたびに七人で経費を差し引いた売上金を分配していた。もう一つは近くの村に住む商人の土地一ヘクタールほどで、こちらは地主と自分との間でコプラの売上を三対二の比率で分けていた。このような利益分配に従っているためコプラからの収入には限界があり、ココヤシから得られるものとしては、むしろ月平均一五〇〇ペソの売上になるヤシ酒（*tuba*）のほうがよい収入源となっていた。また、畑にはドゥマのほか、果樹、野菜などを植えており、主食（米が買えないとき）や副食にするほか、一部は村内の商人に売っていた。

　このようにラブロ家の生業の中心は農業であるが、金額的にみると、家の最大の収入源はマニラでお手伝いとして働く二人の娘からの送金だった。次女のナイダは毎月二〇〇〇ペソ、三女のロドラ（一九七九年生まれ）は四カ月に一度二〇〇〇ペソを送っていた。二人からの送金は、借金の返済に充てられるほか、小学校に通うラニらの教育費や家族の雑費の一部に使われていた。

ラモンとリタはともにバト村で生まれているが、その祖先はそれぞれ別の島から来た。ラモンの両親は村出身だが、祖父母はすべてバト村への移民である。ラモンの父方の祖父はミンダナオ島出身者で、二〇世紀初頭に家族に連れられてサマール島へ入り、バト村近くのH村経由でバト村へ移った。祖父はH村に滞在していたときに知り合った女性と結婚し、二人の間には七人の子どもが生まれた。その次男がラモンの父ペジョン（一九二三年生まれ）である。ラモンの母方の祖父はセブ島の生まれで、結婚後にバト村に来たという。彼は妻とともに村で農漁業を始めた。二人には八人の子どもが生まれたが、その長女がラモンの母ドナ（一九二五年生まれ）である。

次にリタの両親についてだが、父トマス（生年不明）はレイテ島、母ルシア（一九一八年生まれ）はバト村の出身である。小さいころに父を失ったリタは、父のことをほとんど覚えていない。母の話として、父がレイテ島出身で、小さいころに家族とともにサマール島に移住してきたと記憶しているだけである。母方の祖父はサマール海に浮かぶサント・ニーニョ島で生まれ、バト村近くの村出身の女性と結婚した後、バト村へ移り、畑を開墾し始めたという。

このようにフィリピン各地にルーツを持つラモン・リタ夫妻だが、バト村に移住した後も同家の人の動きは続いた。最も大きな移住は、一九五〇年代前半のパラワン島への開拓移動だった。一九五二年ごろ、ラモンの祖父母は先にパラワン島へ移住した親類や知人らから「パラワンに行けば自分の土地が手に入る」と聞いて、パラワン島へ行くことを決めた。ペジョンのキョウダイもペジョン以外の全員が家族で移住した。ペジョンが村に残ったのは妻が見知らぬ土地へ行くのを怖がり、強く拒んだためだった。この移住組にはラブロ家を含むバト村の数家族のほか、カルバヨグ市内の他の村の家族も含まれており、かれらはみなブルックス・ポイント町のL村に入植し、そこで主食のトウモロコシなどを植える土地を開墾したという。祖父母は間もなく亡くなったが、かれらの七人の子どもたちのうち、妻が「マラリアが怖い」と言って三年で戻ってきたゴニョ（一九二二年生まれ）を除く六人はパラワン島で新しい生活を切り開いていった。

パラワン島移住組と村の家族とのコミュニケーションは、移住組六人のなかで最も豊かになったとされるラモンのオバのアニン（一九三七年生まれ）を除いて、なくなっている。一九七〇年代と一九八〇年代にそれぞれ一度ずつ帰省したときのアニンの話によると、彼女以外の四人は自作農で、パラワン島で知り合った人と結婚してそれぞれ家庭を持っているという。アニン自身は、彼女とほぼ同時期にバト村の隣村から移住してきた男性とパラワン島で結婚した。二人は最初、農業に従事していたが、途中からコプラやスイカなどの農産物の仲買人となって、そこで儲けた金を元手に広い土地を買い、牛の牧畜にも乗り出すなど多角経営を始めた。アニンは帰省するたびに、パラワン島に行きたいという親類を一、二人ずつ連れて行っており、ラブロ家におけるパラワン島行きの流れは細々ながらも続いている。

リタの異父姉エダ（一九三七年生まれ）も開拓地へ行った。エダは結婚後、バト村近くの夫の出身村で暮らしていたが、一九五〇年代半ばに民間信仰をもとにした宗教団体のグループとともにミンダナオ島北部ブトゥアン市近くの山間部に行き、そこで開墾を始めた。以降、村の人たちとのコミュニケーションは途絶えていたが、一九七二年に突然家族と一緒に村に姿を見せた。そのときエダは「ブトゥアンでは良い暮らしが待っていると言われて行ってみたけれど、土地は乾いていてここ（バト村周辺）より作物が育ちにくく、食う物にさえ苦労した」と、ブトゥアン行きは失敗だったと親族に語っていたという。

より良い漁場を求めた移動としては、次の二つの例がある。一つはリタの異父兄にあたるボション（一九四二年生まれ）のケースで、彼はカルバヨグ市の中心地に近い漁村で漁師の手伝いとなった後の一九六一年、そこで知り合った仲間とともにサマール海の小島アルマグロ近辺のほうが良い漁場だとして同島をベースに漁を始めた。

アルマグロ島の女性と結婚した後も同島で暮らしていたが、一九九一年、バト村にココヤシ園を持つ一家の小作となったことをきっかけに、妻や未婚の子どもたちとともに村へ戻ってきた。もう一つはラモンのオバのピナ（一九三九年生まれ）のケースである。ピナは、村内結婚をした後、長い間、村で暮らしていたが、一九九一年にアルマグロ島の隣のカマンダグ島へ一家で移住した。「カマンダグ島周辺のほうが魚がよく獲れる」ためで、バト村内外の数家族も同時に移住したという。

サマール島内の別の地域へ行った例としては、ラモンのオジであるレドリト（一九三七生まれ）と弟ロミ（一九四六年生まれ）が北サマール州東部のカトゥビグ町で大手材木会社の木材伐採作業員として働いたケースがある。働き口があると噂で聞いた二人は一緒に一九六六年から同町へ出向き、レドリトは二年間働いただけで帰村したが、ロミは同町の女性と結婚し長期滞在していた。しかし、一九七〇年代後半に同町で新人民軍と国軍との武力衝突に住民も巻き込まれる危険性が高まったため、家族を連れてバト村へ戻り、それ以降は村で農漁業に従事している。

一方、都市部へ向かった例としては、リタの異父姉セル（一九三八年生まれ）のケースが最も古い。セルは、まだ一四歳だった一九五二年にマニラへ渡り、マニラに近いカビテ州の町にある家で住み込みのお手伝いとなった。彼女はアヘンテ（第一章）に頼みマニラへ行ったが、間もなく家族との連絡が途絶えた。しかし、六〇歳となった一九九八年、突然村に戻り、しばらくして近くの村に住む姉のパティ（一九三六年生まれ）のところに身を寄せた。マニラから戻ったときの話によると、セルはマニラ出身の男性と結婚したが、夫は死亡し、子どもたちも自分たちの生活で忙しいため、ついにカビテ州での仕事がなくなったとき、村へ戻ることにしたのだという。次にマニラ行きを経験しているのはリタである。彼女は一二歳となった一九六〇年にマニラへ行き、マニラに住むバト村出身者の一家の子守りとなった。五年後、この家族は村に戻ることになったためリタも帰り、その後、ラモンと結婚した。

一九六〇年代後半には二人の女性がカルバヨグ市の中心地へ働きに行った。ラモンの妹のフェ（一九五三年生まれ）とネリ（一九五四年生まれ）は、半年から一年間、同市の市場で食堂を経営する一家のお手伝い兼食堂の店員として働いた。その後は二人とも近くの村出身の男性と結婚し、結婚後は夫の村で暮らしている。

一九八五年からはラモンとリタの子どもたちが次々にマニラへ行った。そして男子は建設労働者、女子は住み込みのお手伝いとして働いている。長男レオは村で漁師をしていたが、一九九〇年、新婚の妻とともにマニラ在住のバト村出身者の女性バシラ（第三章）を頼ってマニラ首都圏タギッグ町（現在は市）ビクタン地区へ行き、建設現場で働き始めた。ところが、一九九七年に仕事中に転落死した。夫を亡くした妻は、生活費を稼ぐため五人の子どものうち上の子ども二人をラモンとリタの家に預けてタギッグ町の近くで住み込みのお手伝いとして働き始めた。レオが死亡した翌年には、次男アレックス（一九七三年生まれ）が妻と子どもを村に残して同じ建設現場で働いた。しかし、彼はマニラの生活に馴染むことができず、二カ月で村に戻った。村で結婚し、建材業作業員として生計を立てている。

長女セニア（一九六七年生まれ）は一九八五年、イトコの紹介でマニラ首都圏のケソン市で住み込みのお手伝いとなった。彼女は二カ月に一回六〇〇ペソをマニラから送金し、家の借金返済を助けていたという。三年間働いた後に一年間の暇を言い渡され、その間には別のイトコが働くレイテ島タクロバン市郊外で住み込みのお手伝いとして働いた。一年後に約束どおりケソン市の元雇用主のところへ戻ったが、二カ月で帰ってきてしまい、その直後に北サマール州出身の男性と結婚した。それ以降は木材伐採作業員の夫とバト村で生活している。

次にマニラへ行ったのは次女ナイダで、彼女は一七歳になった一九九四年、マニラで働く村出身の女性が帰省した際に「サマール島出身のお手伝いを探している家がある」と聞き、「サパラランする」と決めた。紹介してもらった家で数年働いたものの、ケソン市で出会ったサマール島出身のお手伝い仲間からの情報で、さらに条件の良い働き口があると知ると、そちらへ移るということを二度繰り返した。その間に料理の腕を上げて、一九九七年からはマニラ首都圏モンテンルパ市の高級住宅地で月三〇〇〇ペソという、当時、住み込みのお手伝いとしては破格の賃金で働いており、月給のうち二〇〇〇ペソを毎月村の両親に仕送りした。三女ロドラも一七歳になったときにマニラで働き始めた。ナイダと同様、ロドラも雇用先を数回変え、一九九九年からはナイダと同じ高級住宅地で働いている。料理がそれほどできないロドラの賃金は月一五〇〇ペソで、彼女はそのうち五〇〇ペソを村の家族に仕送りした。

ラブロ家の事例で件数が多い移動パターンとしては、結婚のための移動もある。いずれも女性が移動したもので、移住先は近隣の村だった。これは、ラブロ家に限った傾向ではなく、村全体でもみられる。それは先に述べたように、農村部での主な稼ぎ手が男性であることと関係している。

以上は二〇〇〇年にラブロ家の人たちから聞いた内容だが、二〇一二年にラブロ家を再訪すると、世帯の構成員は入れ替わり、一家の稼ぎ手もマニラ生まれの男性に代わっていた。ラモンは亡くなり、リタも高齢で体を動かすことがつらくなってきたため、あまり農作業はしていなかった。リタ以外にこの家で暮らしていたのは、五女のラニとその夫と一歳になる子だった。ラニはハイスクール卒業後にマニラのP通りに行き仕事を探していた際に、夫と出会い、二人は結婚した。子どもが生まれることになり、二人は生活費が安いバト村に移ることにした。夫はマニラでは行商をしていたが、バト村に来てからは米の販売の仕事を始め、一家の生活費を稼いでいた。

以前、仕送りで一家を支えていた二人の娘は、両人とも結婚し家事・育児に専念していた。ナイダは、高級住宅地の雇用主が引っ越したために仕事を失い、次の雇用主も見つからなかったため、バト村に戻った。同じくマニラで働いていたロドラはマニラで知り合ったルソン島北部出身の男性と結婚し、仕事を辞めてマニラの近郊に引っ越した。夫は企業の専属運転手で月給八〇〇〇ペソを得ていた。ロドラは母リタの生活費として年に数回一〇〇〇ペソ程度送っているという。かつてラブロ家で家事・育児を担当していたエレナとジェフはマニラへ行った。エレナはマニラでお手伝いとして働いていたが、ルソン島南部出身の男性と結婚することになり、夫の出身の村に移り住み、そこで伝統工芸のゴザ編みをしているとのことだった。ジェフはマニラ首都圏モンテンルパ市で建設作業員の仕事を見つけ、マニラで出会った女性と結婚し子ども一人とともに同市で暮らしていた。

ラブロ家三世代の間にみられた移動の数々をみてきたが、男性の場合は、農業、漁業、木材伐採作業員、建設作業員など様々な賃金労働に、女性の場合も都市部の多様な家でのお手伝いとしての賃金労働、ゴザ編みなどの手工業にかかわり、生活を維持してきた。ラブロ家の二〇〇〇年の様子と二〇一二年の様子を比べると、家族の構成員が村とマニラの両方を拠点としながら、しかし両地点に限定されずに、著しく入れ替わっていることがわかる。本書ではラブロ家の例を用いたが、ラブロ家の移動歴は特殊ではなく、村の他の「貧しい」家の人びとも頻繁に移動し、様々な場所や生業を試している。

四　生きかたの一部としての移動

序章で述べたように、サマール島に限らず東南アジアは、従来から移動性が高いと指摘されている。その一つとして、東南アジアにおける人の移動を総合的に捉えようとした試みに、京都大学東南アジア地域研究研究所を中心にした、東南アジア・フロンティア論がある。これは、この地域の人びとの高い流動性や可動性に注目して東南アジア社会の特徴を分析したもので、とりわけ、生態系との関連、エコトーンの視点を重視し、フロンティア気質や実践がこの地域で続く様子を描いた。

東南アジア・フロンティア論のなかで描かれる東南アジア島嶼部は、海に囲まれた森林の世界であり、従来から海洋交易が盛んだった［坪内 1998: 81-82］。前植民地時代から各種の香料、樹脂、香木、ツバメの巣など当時の主要交易品が採取され、植民地時代にはコーヒー、茶、ゴム、タバコ、サトウキビ、コプラなど欧米市場向け商品作物が生産され、生産現場で労働力が足りない場合には外から労働者が集められた。サパラランをはじめとする、この地域の移動の動機づけとなる文化的概念は、こうした外部世界の変化に対して主体的にかかわることを表す言葉といえよう(8)。

たとえば田中は、東南アジアが外部世界からのインパクトによって社会変動が起こってきたという地域的特徴を挙げ、そのため、この地域の人びとは「生存のためのミニマムな要求を満たすためというよりも、よりよい生活、より大きな儲けを求めるような移動・移住」を繰り返すのではないかと述べている［田中 1999: 93］。

また、坪内は、東南アジアがかなり近い過去まで、その豊かな自然に対して人間の数が少なく、移動して新たな生活が営める潜在的な土地が多かった地域であったという地理的な特徴――坪内はこれを「小人口世界(9)」と呼ぶ――を強調する。そして、その特徴が、人びとの移動性の高さや、土地よりも人間（働く人）に対して強く働く所属意識、集団のメンバーシップの境界のあいまいさ（言い換えれば、新しいメンバーを取り込みやすい家族やコミュニティの構造）といった社会的な特徴を生み出してきたと述べる。さらに、東南アジアは一九～二〇世紀以降、人口過密社会へと移行するが、この小人口世界の社会的特徴は、向都移動など、より現在的な移動現象にもみられるという［Tsubouchi 1983; 坪内 1998: 57-58］。

フィリピン諸島の周縁に位置し、極めて人口密度が低く、焼畑農耕や漁業など移動を内包する生業を営み、そのうえ豊かな土地を求めて到来した移民の子孫が多く暮らすサマール島の人びとは、この東南アジア的フロンティアの特徴を色濃く持ち続ける一集団とみなすことができると思う。

本章では、バト村の概況や、生業の変遷に注目してたどった村の歴史を記した後、過去約一世紀に村人の間でみられた移動の数々を紹介した。村では農業、漁業、あるいは賃金労働といった様々な分野で、新たな機会がありそうなら、まずは試すという姿勢が強調されていた。その試すという行為の一部が、もっと豊かになる機会がありそうな別の場所に移動することである。

バト村の人たちの移動の特徴をまとめる。まず、移動の契機となるのは、ほとんどの場合、移住先となる土地にいる親族または知り合いからの具体的な呼びかけである。それに呼応すると決め、当座の交通費さえ確保できるなら、行き先までの距離はあまり大きな問題でない。この呼応するという点に関し、男女の間で大きな違いはみられない。違いがあるとすれば、男性のほうが農業、漁業、賃金労働などとより多くの職業の選択肢があるという点である。女性の場合は、通常お手伝いとして都市部へ行くか、結婚して夫の出身地へ行くかという選択肢に限られる。

次に、村人の移動の方向は多種多様であり、規則性を見出すことが難しい。前節の移動歴の質問票調査の結果を示した際には便宜的に七つの移動パターンに分けて説明したが、七つの移動パターンが独立して存在しているわけではない。ラブロ家の例にあるように、一人ひとりの村人の移動歴をみると複数の移動パターンが重なっており、行き先もまた多様だ。村に戻って間もなく別の場所に行くケースもある。序章で書いたように、人の移動は経済的に説明できるとされるが、村人の動きを細かくみると、だれかから呼びかけがあった際に、とりあえず「行ってみる」「試す」という姿勢で対処しており、移民研究の一部でよくいわれるフィリピン人は強固な親族ネットワークのなかで世帯収入を増やすために移動するという固定的な見方だけでは説明できない。

さらに、移動後の村とのコミュニケーションについては、移動先で豊かになったかどうかが鍵になっている。移動後、貧しいままの村人も豊かになった村人も村に帰省するのはたいてい、村のフィエスタのときである。貧しいままの村人は基本的に、フィエスタに戻ってくるだけでよいとされる。移動先からそれほど送金をすることもない。送金をするのは、一九九〇年後半から二〇〇〇年代前半にかけてマニラの高級住宅地で働いていたナイダのように、村人の基準からみて成功した、すなわち、より豊かになったと思われる場合である。月給取りと結婚したロドラもまた、母に若干、送金をしている。パラワン島で商売を始めて豊かになったアニンの場合は、村の親族へ送金はしなかったが、たびたび帰省し、そのたびに希望する親族をパラワン島へ連れていくという貢献をしている。生存レベルを超えて少しでも余裕のある村人は、村の家族らに何らかの貢献をしてコミュニケーションを維持し、そうでない人は自分たちのできる範囲で維持すれば十分となっている。

単純に図式化していえば、バト村は、より豊かになること、つまり階層移動のような垂直移動を求めて、それが別の土地で可能となりそうならば移動することをいとわない、つまり空間の水平移動を繰り返す人が多い場所ということになる。もちろん、村を離れない人もいる。ラブロ家の例では、ラモンとリタ夫婦の親の世代では四割が、夫婦の世代では二割が、短期の移動を除いて村を離れたことがない。理由は、パラワン島行きを断ったラモンの父のように、移動することは良いが行き先のリスクが高いので嫌だったという個別の決断もあれば、生涯バト村から離れなかったラモンのように、村で農業をずっとやりたいという別の生きかたを選び続けた結果ということもある。そのラモンは生前、別の場所で試すことを好む人たちについて、それはその人たちの生きかた、と語っていた。次章から詳しく述べるサパランは、このように、村内でみられるいくつもの生きかたの一つと、捉えられているようである。

第二部　運命とサパララン

バト村でマニラの分村と呼ばれるＰ通り。ここで育つ子はトラックに囲まれて成長する（2017 年 5 月）

第一部では、これまでの移民研究で仮定されてきた、フィリピンの農民は元来生まれ育った農村にとどまるのであり、移動するのは貧困でやむをえず土地を離れているという静的な農民像に疑問を投げかけた。まず、本書の舞台となるサマール島の文献資料をもとにした地域史の視点からこのイメージを批判し、つづいてバト村で行った調査の結果から、村人の間では豊かになることを求めての、生業も行き先も多様な移動が村の創成期から現在に至るまで活発に行われていることを示し、移動はかれらの生きかたの一つと述べた。

第二部では、村人の考える、自分の運命を変える方法としてのサパラランという側面をみていく。サパラランはサマール島のワライ語話者の間だけではなく、フィリピンの他の地域で暮らす人びとの間でも用いられている。序章で述べたように、サパラランそのものを対象とした研究はこれまでのところ皆無に等しいが、移民のライフヒストリーを考察した民族誌を注意深く読むと、そのなかにはサパラランや、サパラランの英語訳と思われる表現が記されている。

人類学者のイリョとポロは、一九八〇年代後半にルソン島中部ケソン州の漁村で一〇人の女性から彼女たち自身とその家族の生活の詳細を聞き取った。移動は、漁村の生活を構成する一側面として取り上げられており、その例として登場するある漁師とその妻は、「もっと稼ぎたい、この漁村に暮らす限りは借金を返済できる見込みは薄い」との思いから、ケソン州の別の町へ「運を試しに」(try their luck) 行くことを決めたという。その町には良い漁場があると聞いており、妻の妹とその家族もいたためである [Illo and Polo 1990: 64]。

また、社会学者のカリニョとカリニョは、一九七〇年代前半にルソン島南部ビコール地方の都市部と農村部において移動経験のある男女一九人の移民のライフヒストリーを収集し、それを五巻の報告書にまとめた。そのなかの一人、メノイ〔男性〕は一九五四年に同地方のイリガ市を離れた理由について、タガログ語で次のように語っている。「なんでマニラへ行ったかっていうと、マニラ帰りの姿を見たからだ。かれらはいろんな物をたくさん持ち帰ってきた。〔中略〕自分も二年間マニラで幸運を探した（pakikipagsapalaran）」。メノイはマニラで食堂の皿洗いや人夫など様々な仕事を試したと記されている［Cariño and Cariño 1976: Vol. 2, p. 2］。カリニョとカリニョは、実際に「サパララン」の語りを原文のまま引用しているが、単に引用しただけで解説や分析を加えることはしなかった。

ほかに、フィリピンからの国際移民を取り上げた民族誌のなかでもしばしば「運試し」や「運次第」という表現が登場することから判断して［Lamvik 2002: 171-172; Lumayag 2006: 155; 上野 2011: 59］、この語は移動するフィリピン人にとって、かなり馴染みのある感覚を言い表しているのではないかと思う。そこで第二部では、サパラランとは何かについて、村やマニラでの参与観察や生活全般についての聞き取り、村人のライフヒストリーのなかの語りなどをもとにして探る。

第三章　移動・豊かさ・リスク

「ここにいても何も起こらない。だからサパラランした」（モニ、序章で紹介）

「私たちはみんなマニラにサパラランしに来ている。サマールにはココナツしか頼れるものがないから」（ロセラ、マニラのP通り在住、女性、一九四四年生まれ）

「祖先はバト村にサパラランしに来た。〔中略〕自分たち（今の世代）もサパラランを続けている」（ローレン、バト村在住、女性、一九五二年生まれ）

これらは、バト村出身の移民の語りのなかでサパラランという言葉が使われている例だ。サパラランは物理的な移動という行為ではなく、移動の目的のほうに重点を置く。人の移動に関する研究において、移民が何を目的に移動しているかというテーマは主要な研究対象の一つである。しかし、従来の研究では「移動の目的」といえば、仕事、教育、結婚といった移動に直接的に結びつく事柄が挙げられるにすぎなかった。サパラランが意味することは、こうした直接的な移動の目的ではない。よって、「なぜ○○に行ったのか」という質問に対しての回答ではなく、自分の人生についての思いが込められた語りのなかで聞かれるものである。

本章は、これまでのフィリピン人移民研究で着目されてこなかった、この「サパララン」という概念を様々な角度から考察する。まず、バト村の人たちの間でみられる運や幸運についての考えかたを紹介し、つづいて幸運と空間認識との関係を概説した後に、主にマニラを例として村人にとっての「サパララン前線」の変容について論じる。

一　サパラランとは

1　運命・幸運・豊かさ

サパラランという言葉は、ワライ語のほか、タガログ語でも使われる。そこでイングリッシュ編纂の『タガログ語・英語辞典』でサパラランの英訳を探すと、taking a chance or risk, venturing となっている［English 1986: 971］。日本語ならば「冒険」という語が感覚的に最も近いと思われる。さらに、同義語にパキキパグサパラランpakikipagsapalaran というものがある。この語は、pakikipag-（「一緒に〇〇する」を意味する makipag- の名詞形）、sa（〇〇に対して）、palad（運命・幸運）という三つの部分から成り立つ［大上 1994: 122］。ここから、サパラランは運命に対する考えかたと密接に関係していることがわかる。サパラランは、自らの運命が変わるのを受動的に待つのではなく、能動的に働きかける行為なのだ。

また、一部のワライ語話者は、「サパラランする」のワライ語表現を、スペイン語の arriesgar を語源とする、アリスガール *arisgar* だとする。聞き取りによれば、アリスガールという表現はワライ語だけでなく、他のビサヤ諸語でも使われる。その意味は、リスクを恐れずに、冒険する、あるいは事業を起こすといった行為を指す。また、アリスガールをする人たちはアリスガド *arisgado* と呼ばれる。アリスガドたちのイメージは、勇敢、野心的、手っ取り早い方法を選ぶ、といったものである。日常の使われかたの例を挙げるならば、事業、それも成功が確実でない新しいタイプの事業を率先して立ち上げる人はアリスガドである。また、ある職業資格が欲しいと思った学生が試験勉強もせずに、その資格試験を受け、その結果、不合格になっても何も気にせずに、また気が向いたときに試験を受けたり、あるいは資格がなくてもあるようなふりをして仕事を始めてしまったりするとき、その学生はアリスガドと呼ばれる。日常会話でのサパラランとアリスガールの使われかたを比べると、前者は特に遠方に行く際に使われるのに対し、後者は移動する際に限らず、より広い文脈のなかで使われているようである。

つづいて、ワライ語話者にサパラランを別のワライ語に言い換えてもらうと、かれらの多くが口にしたのは、*mamiling nga maupay nga kapalaran/suwerte/kinabuhi* だった。*mamiling* は「探す」、*maupay* は「良い」、*kapalaran/suwerte/kinabuhi* はそれぞれ「運命（*palad* と同様）／幸運／人生」であるから、全体としては「良い運命／幸運／人生を探す」となる。ほかに、*makipagsuwertehan/makipagsuwertehay san kinabuhi*（人生を幸運にさせる、あるいは、良い人生にする）と言い換えた人もいた。これらの表現から、サパラランの持つ能動的なニュアンスがより具体的にイメージできる。すなわち、サパラランの「働きかける」行為は具体的に「探す」行為とイメージされること、そして「探す」対象は良い運命／幸運／人生といったものを指している。よって本書では、サパラランを「幸運探し」と言い換えている。

次に、サパラランをする人たちが探すとされる三つの対象を詳しくみてみよう。ワライ語・タガログ語・英語辞書によると、パラッド *palad* には、既に記したように運や宿命（fate, destiny）という意味のほかに、手のひら（palm）という意味もある［Abuyen 2000: 264］。タガログ語でも同様である［English 1986: 969］。フィリピン社会におけるコスモロジーの研究に取り組んだメルカドらの研究によれば、フィリピンでは、手のひらに各自の運命が書かれており、呪術師らはその運命が読めると信じられている［Mercado 2000: 68］。運命は、元来、本人の意志とは無関係に生まれたときに決まっているが、第四章のリンダの例のなかで紹介する「運命の回転」という考えかたに表れているように、その後の行動如何で変わることもありうるという［Aguilar 1998: 72-73; Mercado 2000: 68］。

バト村やその周辺の人びとの間でよく聞いた運命を変えるための方法は、名前を変えることだ。名前といっても、公文書に書かれた名前でなく、呼称のほうである。二〇〇一年、わたしがバト村に滞在中に生まれた男児は、生まれたころは「ジェーピー」と呼ばれていたが、一年ぐらい経ったころ「ミコ」という呼び名に変わっていた。その母親はわたしに「この子は病気がちだったから、（近くの）村の元気のいい子の名前に変えた。ミコになってからは元気、病気にかからなくなった」と話した。同様に、P通りに住む本名テレシタ（一九四九年生まれ）は、バト村に住んでいた幼いころ病気がちだったため、親が村一番に元気そうな女性ファニータにあやかりたいと、彼女の呼び名をファニンとしたため、それ以降、テレシタはファニンと村人の間で呼ばれている。このエピソードを聞いていた、当時の調査アシスタントのマリベル（カルバヨグ市の中心地出身の女性）は「私は名前を買われたわ」とファニンに言った。マリベルは、病気がちな人が名前を変えることはフィリピンではよくある話だと言い、彼女自身は、あまりよく知らない近所の女性から、「あなたは元気そうだから、あなたの名前をうちの子につけた」と、突然、二〇米ドル札を渡された経験を話した。二〇米ドル札をくれた理由をその女性に尋ねると、「あなたの名前を買うから」だと言われたという。

場所にも、人それぞれに合う、合わないという相性があると考えられている。たとえば、村で小規模雑貨店を営む女性は、息子二人を一九九〇年代半ばにマニラの親類のところへ行かせたが、そのときの様子を次のように語った。

長男（当時二四歳）は夫と一緒に漁をしていたけれど、漁はいつもできるわけじゃないし、そんなに人手は要らないから、マニラへ行ってみたらって言ったのよ。ちょうどマニラから帰省した私のオバがいたから、彼女に頼んで連れていってもらった。マニラに着いてからケソン市のオジのところへ移って、オジの息子が働いている建設現場に入れてもらった。でも、合わなかったみたいで、他の仕事も試したけど、結局体の調子が悪くなって一年で帰ってきた。向こうで自分の運（*suwerte*）を試したけれど、だめだったってわけ。〔中略〕次に次男（当時二一歳）をケソン市のオジのところへ行かせたわ。こっちはマニラが良かったみたいで、もう三年向こうに行ったきり。（フリエタ、一九五四年生まれ）

このように別の土地（それほど珍しくない土地）で自分の運を試したが、合わずに村に戻る若者に対しては、その人の能力を否定的にみる様子はないようだった。うまくいかないのは、場所との相性の問題なのかもしれないと解釈される傾向があった。

次のスウェルテ *suwerte* はスペイン語の suerte（luck, fate, fortune）からきている。スウェルテには、パラッドと同様の長期的な運命という意味と、運勢の良さ、すなわち幸運という意味の両方がある［English 1986: 1296; Abuyen 2000: 357］。幸運を意味するスウェルテの反対、不運を意味するワライ語は、同じくスペイン語原のデマラス *demalas* である。また、幸運を意味するときにスウェルテと同じように使われる言葉として、チャンバ *tsamba* という、より口語的な表現もある。両者の違いは、チャンバが「今日はついていた」という一時的なタイミングの良さ、「ツキ」を指すのに対して、スウェルテには目に見えない力の働きがかかわっているというニュアンスが含まれる点だ。

幸運という概念は不確実性と結びついている。幸運と呼ばれる現象の例は、想像を超えた大きな富の獲得、普通には起こりえない出会いなど、人間の努力や計画だけでは達成できそうにないこと、全員ではなく少数の人だけに起こることだ。サパラランという考えかたについてカルバヨグ市の市役所職員に尋ねたとき、ある男性職員は、自分の人生について「スウェルテがなかったら、人生は上向かない」（*Diri maasenso an kinabuhi kun waray suwerte*）と言った後、「神に感謝した」（*nagpasalamat ako sa Diyos*）と続けた。彼はカルバヨグ市農村部にある貧しい家に生まれたが、周囲の人びとの助けを得て、大学を卒業し、市役所に就職し、小規模ビジネスも始めた。貧しい家の子がプロフェショナルになるのは、本人が努力したとしても、同市では珍しい。彼は神の力が自分の人生に働いたとみなしているようだった。

最後のキナブヒ *kinabuhi*（人生）の語根 *buhi* は、「生／生きている状態」を意味するワライ語である。スウェルテと異なり、キナブヒには良い、悪いといったニュアンスは含まれない。よって、「探す」という動詞を伴う語りのなかでは *maupay* などの「良い」を意味する語句が入る。

なお、序章で述べたように、同じオーストロネシア系言語であるマレー語やインドネシア語においても、人びとの移動の原動力とされる表現では「探す」という言葉が使われている。cari makan/harta/kerja（食べ物／威信財／仕事を探す）、cari rezeki（幸運あるいは生計手段を探す）などである［Carsten 1995: 320; Abe 1997: 624; 田中 1999: 82］。ワライ語の「幸運を探す」あるいは「豊かになる方法を探す」という表現は、これらのオーストロネシア系言語の表現とよく似ている。

2　日常生活のなかの幸運

以上から、サパラランは豊かさを求める動きと関連しているといえるが、それと運命、あるいは幸運はどのような関係にあるのだろうか。この点を探るため、バト村の日常生活のなかで聞かれる「幸運」という言葉に着目してみよう。スウェルテという言葉はサマール島の日常生活で頻繁に使われている。広義では健康、長寿、家族の円満な生活など幸せなこと全般を指す。他方、狭義では、くじに当たったり、偶然会った人から良い仕事を紹介されたりするなど、偶発的に大きな富を得ること、あるいは富に結びつくであろう機会に巡り合うことを指す。反対に、ある人が豊かになったとしても、長年の倹約や重労働といった確実性の高い方法のみによって得られた豊かさはスウェルテだったと呼ばれにくい。

村の生活のなかで幸運という言葉がよく聞かれるのは、漁業と闘鶏の二つの場面である。農業よりも偶然性の高い生業である漁は、幸運／不運という考えかたとより密接に結びついているようだった。バト村では、海は村人が「私たちには見えない方々」（*kamo nga diri naton makita*）、「海のすべてを司る方々」（*kamo nga nagmangno san bug-os nga kadagatan*）、「力のある存在」（*an may gahom*）と呼ぶ海の王（*hadi*）が所有するものとされ、人間は海の王が喜びそうな供物を捧げることで友好な関係を維持し、王から海の資源を分けてもらうのだという。

実際、村の漁師たちは漁を始める前に、タムオイ *tam-oy* と呼ばれる、海の王やその配下の者たちへの儀礼を行う。ある漁師によれば、彼は海の生物すべてを所有するラオロン王、そして魚の動きを操るクラリタイとカブブグタウという三つの存在それぞれに「これら食物の代わりに祝福（*grasya*）を与えたまえ」と、ハラッド *halad*（供物）を差し出す。漁師によると、海の王の協力がないと魚を獲ることはできない。漁をしている間は、海の王や他の目に見えない存在を怒らせないように、声や物音は立てないように気をつけている。

さらに漁師たちは、新しい漁船や漁具を使い始めるとき、あるいは不漁が続くときには、村のタンバラン *tambalan*（呪医、この文脈では伝統儀礼の祭司、第五章で詳述）に頼み、豊漁祈願の儀礼を行ってもらう。タンバランの一人、コスタンはこの儀礼を行う際、卵三個、飴玉三個、コーラ三杯分、一ペソ硬貨三枚を持って漁師らと海に出る。そしてその漁師が通常漁をする場所に着くと、海の王や海にかかわるすべての存在に感謝を述べ、持ってきた供物を捧げる。海から戻ると今度は畑に行き、陸にいる力のある存在に対し同様の供物を捧げ、助けを求める。その後、村の集落部の道をいくつか通りながら漁師の家に行き、父なる神（Diyos Amay）と聖霊（Diyos Espiritsu）、父なるキリスト（Cristo Amay）に祈る。そしてコスタン自身の家に戻ると、家の祭壇に魚一匹、タバコ一本、パン一切れ、コーラ一杯、マヨルカ Mallorca と呼ばれる地元の蒸留酒一杯を捧げ、「私、（依頼してきた）家族、そして通ってきた道沿いの家々の人は、父なる神が我々を起こりうる災いから守り、健康を与え、お導きいただいて、みなが生きられるようにしてくださることに感謝します」と述べる。

一方、依頼した漁師は、儀礼の後に自分の親族や知り合いを交えて共食を催す。また、村のなかの金持ちで漁船を持つ人は、タンバランではなく知り合いの司祭に村に来てもらい、カトリックの方式に則り儀礼を行うという。

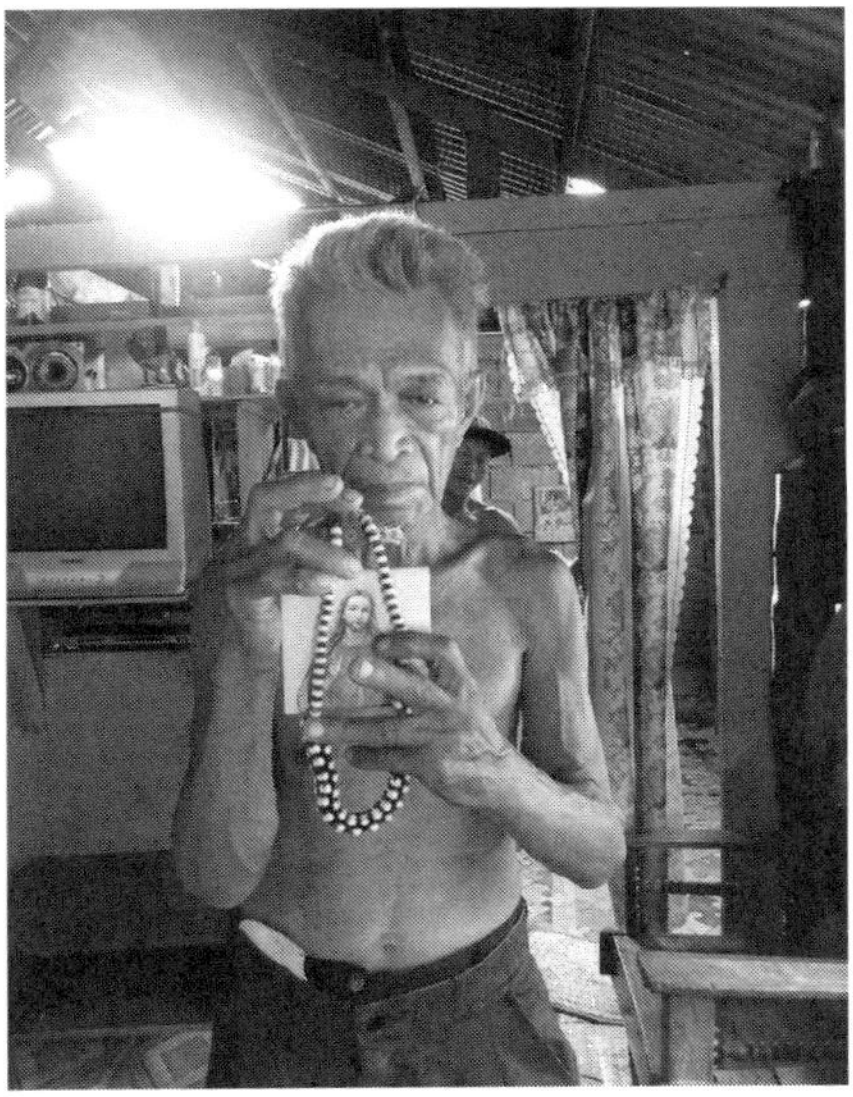
タンバランのコスタン（2017 年 5 月）

村で大漁となった漁師は、周囲からは幸運を得たと言われる。特に目立って大漁が続く際には、幸運な人だとして村人の間で話題となる。この文脈から幸運を捉えるならば、幸運は、本人からすれば海の資源を司る存在や神が自分の願いを聞き入れて与えた祝福であり、第三者からすると、そのような状態に置かれている人を幸運な人とみなすのだといえる。

漁業の場における幸運は、バラト *barato* の慣習とも強く結びついている。バラトとは何かと村人に尋ねると、英語の「シェア share」だと答える人が多かった。具体的には、漁業の場ならば大漁となった人が得た魚を独り占めせずに他の人たちに分け与える行為だとい

▲漁から戻ってきたタソイら（2002年2月）

◀漁師を手伝い小魚をもらう子どもたち（2002年2月）

う。日本語でいうならば、幸運のおすそ分け、といった感覚に近い。この慣習はバト村だけでなく、フィリピンの他の漁村でもみられる［Veloro 1995］。

バト村ではこのバラトの慣習は、朝方、海辺でみることができる。村の漁師の多くは明け方前に海に出て早朝に戻る。そのため、夜が明けるころ村の入り江には、大漁となった漁師からバラトをもらおうと村人が集まってくる。

たとえば二〇〇二年二月のある朝には約三〇人が入り江にある波止場付近で漁師の帰りを待っていた。この朝一番の大漁だったのは、当時村で最も大きい漁船を持っていたタソイだった。漁船から降りてくる五人の男たちがそれぞれ一メートルはゆうに超えるヨコシマサワラ（*tanguigue*）を抱え、波止場に集まった村人の間をくぐり抜けていく様は、まさに凱旋という光景だった。タソイと仲の良い村人たちは漁船に近づき、網や魚の入ったバケツの運搬などの手伝いを始めた。作業が一段落したところで、タソイはバケツのなかから取り出した魚を数匹ずつ手伝った人たちに黙って渡した。子どもたちや村の最も貧しい人もタソイの漁船に近寄り、魚が欲しいとおねだり（*aro*）し、それぞれ少しずつ魚をもらって家に帰った。バラトの一騒ぎが終わった後、タソイの家族は、その日のおかずのないような親しい家にこっそりと小さい魚を持って行った。バラトをもらった人やそれを食べる家族はだれもが嬉しそうだった。それは単に空腹を満たす、あるいは魚の味がうまいなどという魚自体に関係する理由以上に、バラトをもらったという文化的な理由で嬉しがっている様子だった。

大漁となってもバラトをしないとケチ、自己中心的、他人になったなどと周囲から言われるという。しかし、バラトが期待される場面でバラトが配られないケースを目撃することはなかった。それどころか、次々と寄ってくる人に細かいことを考えずに手渡ししていた。

村内で開かれる闘鶏（2002 年 5 月）

闘鶏もまた、幸運との関係が深い場である。(1)　フィリピンの他の地域と同じく、バト村においても闘鶏は男性の間の娯楽として昔から人気がある。バト村周辺では、カルバヨグ市の中心地に公営の闘鶏場があるが、村人の多くはそのような常設の闘鶏場へは行かずに、村内や近隣の村の空き地を使って開かれる闘鶏のほうに参加する。サマール島では特に、村のフィエスタの前日あるいは数日前に、その村の一角で闘鶏が行われることがしばしばある。そうした特設の闘鶏場のほうに参加するのだ。

闘鶏で勝利を収めた人も大漁となった漁師と同様に幸運と呼ばれ、村内で話題になる。勝利した鶏の所有者は賭け金と死んでしまった相手方の鶏をもらうが、得た賭け金の額に応じて、バラトと同様に、仲間に酒や食事をふるまうことが慣習となっている。闘鶏で勝利した村人がいるという噂はすぐに広まり、そうなると、勝利者と親しいと思う人たちは、その家を訪れていいものかどうか思案を重ねる。通常、訪れた人は宴会の開催者に歓迎される。親しいにもかかわらず宴会に参じるのは恥ずかしいなどと言って訪れない人がいる場合、開催者の家族がその人の家まで食べ物を持って行くことがある。

漁業と闘鶏の場における幸運という言葉の使われかたから考えると、幸運は魚や金といった物質的な富や豊かさだけを意味するのではなく、人為的な力を超えた、何か別の力の作用が働いたと思われるような状況で用いられる。小規模漁業も闘鶏も元来、人間が制御できない偶然性を比較的多く含む営みである。どんなに周到に準備しても思いどおりの結果にならない不確実性がつきまとう。そのような状況では、結果を決めるのは、最終的には人間ではない、人間を超える大きな力の働きなのだと思わざるをえない。この不確実性の高さが幸運という言葉を理解するうえでの一つの鍵概念だといえる。

よって、別の場所への移動を幸運探しと呼ぶ場合、移動はある種の豊かなイメージと結びついてはいるものの、その豊かさが幸運であるためには、人為を超えていると思えるほどの偶然性がそこに含まれていなくてはならない。次節では、バト村から別の場所に移動した人たちの語りをもとに、その点を検証する。

二　空間と移動——富の偏在とリスク

移民のライフヒストリーを聞き取った際、移動の理由として挙げる事柄にはいくつかの特徴があることがわかった。ここでは、村人の主要な移動先であるマニラを中心に、移動する場所がどのように想像されているかに関して分析し、幸運探しをする移民たちの空間認識を明らかにする。

1　富と機会の偏在――「たくさんある」と「ない」

マニラに行ったバト村移民の間で最も強調される点は、富や機会の偏在である。マニラは豊かな場あるいは富を求める機会の豊富な空間であるのに対して、サマール島は貧しくて機会の乏しい場として語られる。ただし、マニラの豊かさは漠然としたものであり、移動後に自分が必ずしも豊かになるという確証はない。

男女や世代の差を超えてマニラのイメージとして最もよく語られるのは、「金《カネ》がたくさんある」（*damo kuwarta*）である。それは、バト村やその近郊とは対照的に、マニラでは人びとが常に金を所持していて物理的に金がたくさん存在している、あるいは多量の金が流通しているという意味である。さらに、その金の豊富さから、「簡単にお金が手に入る」（女性、一九八二年生まれ）、「何か売ろうとすれば買ってくれる人がたくさんいる」（男性、一九三七年生まれ、男性、一九六六年生まれ）のように、金を得る機会が豊富ともとられている。

「金がたくさんある」と言った後には、具体的な数字が続くことが多い。「知っているか。ゴザ一枚、マニラに行ったら、四〇〇ペソで買ってくれる人がいる。ここ（サマール島あたり）なら一三〇ペソなのに」（女性、一九四九年生まれ）と物の値段を言ったり、「カルバヨグではお手伝いの給与は八〇〇ペソだけれど、マニラでなら一五〇〇～二〇〇〇ペソになる。雇い主によっては三〇〇〇ペソくれるところもある」（女性、一九八二年生まれ）などと給与額の差を指摘したりする。同様に、外国に行った人の語りのなかでも、「フィリピンでは看護師の給与は一万から一万五〇〇〇ペソだけど、米国に行ったら一五万ペソになる」（女性、一九八〇年生まれ）など、給与額はたいてい第一の理由として登場する。ただし、自分が就く職業に関係しない物や給与を口にするケースもよくある。それは、給与額の差は、自分が手にする額という文脈で使われるというよりも、同一の品物や労力に対して何倍もの儲けがある豊かな場所だという状況を言い表すために使われているからだろう。

これに関連して、物質的な生活水準が高いことを挙げる人も多い。「大きく、立派な家がたくさんある」（女性、一九三七年生まれ）、「どの道も舗装されていると思っていた」（男性、一九二五年生まれ）、「（都会的な）物がいっぱい」（女性、一九五一年生まれ）、「良いにおいがする（豊かな暮らしぶり）と聞いた」（女性、一九四四年生まれ）などと、村とは違う生活スタイルであることが強調される。このイメージを強く語るのは一九五〇～六〇年代ごろにマニラへ渡った人びとが中心であり、近年マニラへ移動した人びとの間ではそれほど強調されない。年代によるこの違いの背景には、前章で述べた、一九八〇年代に村が電化され村内でテレビが見られるようになったことや、マニラと村を行き来する人の増加に伴って口伝てに聞く情報量が多くなったことなどがあるだろう。また、豊かな生活スタイルに憧れる点をマニラへ行きたいと思った理由として挙げる人は、男性よりも女性のほうが多い。豊かな生活スタイルに憧れることは、移動に関係なく日常生活でも女性のほうが頻繁に口にする事柄である。

男女の間でみられる大きな違いとしてはさらに、外見に関する点がある。女性の間では、白い肌と「セクシー」（*seksi*、魅惑的）になることに憧れた点を理由に挙げた人が多く、これは世代を超えてみられる事象である。「マニラ帰りの女の子はセクシー、色白。だからマニラ行きを試してみようと思った。マニラは良さそうだったから」（女性、一九五六年生まれ）、「マニラに行くと肌が白くなるって聞いていたので、マニラに憧れていた」（女性、一九八五年生まれ）という具合である。くわえて、「きれいな服が買える」「マニラへ行った友だちのように靴が欲しかった」などのように、お洒落をしてみたいという語りも頻繁に聞かれた。

対して、男性の間ではより良い生計手段の獲得が重視されている。「車の運転をしたかった」（男性、一九四三年生まれ）、「農漁業以外の仕事に就きたかった」（男性、一九六六年生まれ）、「マニラならいろいろな職業があるから試したかった」（男性、一九八二年生まれ）などと農漁業以外の生計手段があることがマニラのメリットとして多く挙げられていた。一九五〇～六〇年代ごろに自分は農漁業で生きていくつもりと考えていた男性は、前章で述べたように、新たな土地や漁場を求めてパラワン島やミンダナオ島、あるいはサマール島の小島に移住していった。

一方、サマール島のイメージは、「金がない」（多数）、「いろいろ試しても何も起こらなかった」（男性、一九六九年生まれ）、「仕事といえば農業か漁業だけ」（男性、一九六六年生まれ）、「当時は台風が続いてココナツの収穫ができなかった。つらい生活だった」（男性、一九三七年生まれ）など、豊かな生活に近づくための機会がない点が強調される。フィリピン各地でよく聞く言い回しに、イサン・カヒグ・イサン・トゥカ isang kaheg, isang tuka というものがある。鶏が一つの食料（ミミズなど）を手に入れるために毎回土を足で掻いている様子を比喩に用いて、毎日その日の食料を確保するために働いている、つまり貯えがまったくない、ぎりぎりの窮乏生活を意味する。バト村の人びとも村での生活の厳しさを表現するとき、この言いかたをしばしば用いる。

以上の場所に対する語りをまとめると、サマール島が「ない」（*waray*）と表現されるのに対し、マニラは「たくさん」（*damo*）だとする空間的コントラストが存在することがわかる。農村部から都市部への移動を社会学的な概念を使って説明するならば、「社会的流動性」（social mobility）がある方向へと人は動くということになる[Skeldon 2016]。村人の語りから浮かび上がるのは、金や物が豊かなマニラのほうが、幸運を獲得できる確率が上がるだろうという、自己と空間の関係性のイメージである。さらに、このイメージを具体化し、空間を移動することによって自己変容が可能という根拠となるのが、次に述べるマニラから来る人や物の数々である。

2　マニラ帰りやパサルボンが伝えるイメージ

バト村からマニラへ行くことが顕著になったのは、村が電化されておらず、村内に日用雑貨を売るような店もなかった一九五〇年代からである。そのような状況で豊かなマニラのイメージを浸透させるうえで大きな役割を果たしたのは、マニラと村を行きかう人びとだった。パイオニアともいえる、村からマニラへ行った第一世代は村に戻って、マニラでは現金の手に入る仕事があることや、マニラの消費生活についての情報を伝えた。それは単に会話のなかだけではなく、行為としても示された。一九五〇～六〇年代に旅した村人の間で、マニラに憧れた理由としてしばしば言及される語りには「マニラ帰り」(*taga-Manila*) 遊びの話が登場する。一九六〇年代前半にマニラに渡った二人の女性は、マニラに憧れた子ども時代をそれぞれ次のように回想している。

子どもだったころ、村で流行っていた遊びがあってね。海岸で「マニラ帰り」の真似をするんだ。旅行カバンとか、ビスケットの缶を持って「ほら、パサルボン（帰省時などに渡す贈り物）よ」って。あとは手紙書き。紙切れをお金に見立てて封筒に入れて「マニラからの手紙が届いた」って叫ぶ。海で船を見るたび、船に乗っている自分を想像した。そんな遊びをしたのは、七つか八つの時分だった。（バシン、女性、一九五一年生まれ）

波止場で「マニラ帰りだ」って遊んだもんよ。たくさん荷物を持って、ハイヒールを履いてきれいな服を着ているって言いながら、「わあ、きれいだ。あんたのところにはだれが求愛の歌（*harana*）を歌いにくるだろう?」ってお互いにからかった。だから、だれかがマニラに行ったとなれば自分も行きたいって羨ましがったものよ。（ロセラ、女性、一九四四年生まれ）

特に当時の女性にとって、マニラ帰り遊びで不可欠な要素は、「旅行カバン」「ハイヒール」「きれいな洋服」といった都会を連想させる外見と、パサルボンだ。第六章で述べるように、移民と村のつながりをみるときに、送金と並び、あるいはそれ以上に重要なのがパサルボンである。パサルボンは普通、土産と訳されるが［e.g., バレスカス 1994: 101-102]、両者の意味は若干異なる。イングリッシュ編纂『タガログ語・英語辞典』によると、パサルボンの語根 salubong は出会いや到着時の接待や歓迎を意味する。それに「○○してもらうもの」という意味の接辞 pa を加えた pasalubong は「旅から戻った人が贈り物（gift）として渡す品物あるいは人」を指す。したがって、日本語の土産が意味する「旅先で求め帰り人に贈る、その土地の産物」（広辞苑）ではない。パサルボンには、品物だけでなく現金も含まれる。帰省する移民は、無所得者を除き、何らかのパサルボンを期待される。都市や外国など村と比べて経済レベルが格段上と考えられている場所から帰省する場合は、その期待値はさらに上がる。

パサルボンの種類と量は、帰省者の成功度を測る尺度の一つだ。さらにパサルボンは、移動先の土地のイメージ形成にもかかわっている。現在の村では、まだ情報量の乏しい外国に関する具体的なイメージとして、持ち帰り品の種類と量が語られることが多い。ロリン（女性、一九八一年生まれ）は、かつて日本行きに憧れた理由として「お金はいっぱいあるし、それに洋服、家電製品、チョコレート、リンゴ、ほかにもいっぱい。日本へ行った人はたくさん持って帰るもの。日本はお金がいっぱいあるから、洋服や家電製品は一度使ったらもう捨てちゃうんだって聞いた」と話す。帰省者と直接会わなくとも、帰省者の持ち帰り品は噂話となって広まる。

先ほど述べた「金がたくさんある」というイメージは、少なくとも行ったことのない人にとっては漠然としたものかもしれないが、帰省者の外見やたくさんの物を与える立場になる様子を直接見聞きすることによって、鮮明なものに変わると考えられる。そうした土地が、次節で描くサパラランの前線として意識されるようになっていくのだろう。

3　移動に伴うリスク

サパラランにはリスクの概念が含まれると先に述べたが、サパラランによって人びとは豊かさを得る機会を手にする反面、何らかのリスクも引き受けると考えられている。

第一に、移動という行為自体がリスクと捉えられている。移動によって、家族などの近親者や親しい友人と離れ離れになり、寂しさを味わわなくてはならないし、馴染んだ社会や文化を離れることもリスクとみなされる。移動に伴う交通費や仕事を得るための斡旋料を支払うことも機会を得るための必要コストだが、そもそも貯金がある人は少なく、何かを売ったり借金をしたりしてそのコストを賄うことになる。移動中に事故や困難な状況に遭う可能性があることも負の側面である。

第二に、サパラランするような移動先の空間がリスクの高い場所と考えられている。第二章で紹介した東南アジア・フロンティア論が提示するフロンティアのイメージが、ここで参考になるので比較してみよう。東南アジア・フロンティア論では、ある場所をフロンティアと呼ぶ条件として、「一つの世界・文化・知識体系（あるいは時代のパラダイム）がつきて、未知のおどろおどろしくもあり、希望にもあふれる」空間であることを挙げている(2)［前田 1991: 2］。「おどろおどろし」さは何かというと、高谷［1991: 34］によれば、開拓地への移動の場合、それは開拓移民たちが東南アジアの森林地帯に対して持つイメージ、すなわち、「カミガミが居、魔物が住み、疫病があり」、「危険に満ちみちている」空間だ。

バト村の人びとの語りのなかで、マニラは森のような神に対する畏怖の念に満ちた空間のようには語られない。しかし、危険で困難な職業、賃金未払いや不当解雇等が頻発する不安定な雇用状況、非衛生的な生活環境、スクウォッター住民に対する家屋撤去（demolition）の不安、多発する犯罪等の危険に満ちている点は繰り返し強調されており、村とは違って身に危険が及ぶリスクがある場所として語られる。実際、マニラへ移住したバト村の人たちの間で、人身事故や雇用主による暴行（特にお手伝いの間）などの事件に遭った人はいる。賃金の未払い、病気・怪我、盗難事件などに遭った人も多い。さらに実際の状況や事件だけでなく、テレビやラジオでの情報や噂話でもマニラの危険そうな側面は日々伝わっている。

国外への移動も同様である。一九九〇年代に起きた、マリクリス・シオソン（日本でエンターテイナーとして就労中に死亡、日本の暴力団に殺されたのではないかという噂が広まった）、フロール・コンテンプラシオン（シンガポールで家事労働者として就労中に雇用主の子と同僚のフィリピン人家事労働者を殺したとして死刑）、サラ・バラバガン（アラブ首長国連邦で家事労働者として働いているときに雇用主を殺害したが、レイプされそうになったための正当防衛だと主張し、最終的に恩赦を受けて帰国）の事件は、海外就労者に起きた惨事として特に有名である。これらの事件は、就労制限や外交問題にまで発展しただけでなく、国内では映画化され大反響を呼んだ。

犯罪や劣悪な就労・生活環境といった目に見えるリスクだけでなく、第四章のリンダの例にあるように、悪霊など不可視の存在に襲われたり、取り憑かれたりする恐怖もある。さらに、次節で述べるように、村人がマニラに行き始めたころ、かれらはマニラに着くとまず自分の村から持ってきた土や砂をマニラの土の上に撒いて、故地の目に見えない存在にマニラでも加護を祈るという儀礼を行っていた。この儀礼から察するに、新しい場所では、人びとを守ってくれるであろうその土地の目に見えない存在ともまだ馴染んでいないため、移動してきた人は地元民よりもより危険にさらされるという意識があるようだ。言い換えると、各土地にいるであろう霊的存在との親密性がないことも、移動にかかわるリスクの一部として捉えられている。

三　サパラナン前線としてのマニラ（1）――「マニラ」の登場から分村成立まで

ここでは仮に、未知のおどろおどろしい空間を「外界」、そうでない空間を「内界」と呼ぶとしよう。外界のほとんどは、おどろおどろしい空間だが、その一部に富や機会が豊富そうな地点が存在する。そのような地点を

「サパララン前線」と名づける。前線という言葉を使うが、それは線的なイメージではなく、前線基地のような「点」だ。

村人の移住史の聞き取りを進めていると、バト村の人びとにとってマニラは、そのサパララン前線のような場所と捉えられていることがみえてきた。それとともに、サパララン前線だと一言で片づけることもできず、マニラへ行くという意味合いは、時代によって異なることにも気づいた。マニラはあるとき、村人たちのイメージする空間のなかでサパララン前線として浮かび上がる存在となり、以来、両者の関係は変化し続けているようだった。以下では、村人とマニラ、両者の関係は流動的であるという視点で、サパララン前線としてのマニラを描いてみたい(3)。

なお、マニラなどへ行った村人たちのなかには、詳しく事情を聞いてみると、明らかにサパラランとは異なる理由で移動した例も少なからずあった。親（あるいは義理の親）や配偶者との仲たがい、親が勧める人との結婚を回避するなど、家庭内の問題から家を離れるケースはしばしばある。借金返済のために子が一定期間働かされるといったこともあった。家の引っ越し、または赴任や転勤など仕事関係の事柄が移動理由というケースもあった。また、サパラランの範疇に入れられるかどうかが明確でない例も多い。たとえば、結婚や教育のための移動は必ずしもサパラランとみなせない。しかし、本章冒頭のロセラの語りにあるように、村人は、マニラに行く人たちの大半がサパラランをしているとみなしている。そこで、次からは、サパラランをしていると考えられる人の語りを中心に、村人とマニラのかかわり合いを論じる。

1　「流行りのマニラ」の登場

聞き取りと質問票調査によりさかのぼることのできた村人の移動状況は一九三〇年代ごろまでである。前章で述べたように、そのころの移動は、土地や漁場を求めての近・中距離移動が中心であった。マニラへの移動はごくわずかであり、教育と関連するケースに限られていた。

これらのごくわずかな例外を除き、一九三〇年代ごろは、村人の間でマニラはまだ異世界、あるいは存在しないに近い場所だったと思われる。村の高齢者たちは、戦前はマニラへ働きに行くというような話題は出なかったと語った。たとえば、パウリン（女性、一九二五年生まれ）は、戦前「マニラは地名としては聞いたが、どんなところか想像もつかない外国（*abroad*）のような存在だった」と語る。「勇敢な人」（*mag-kusog*）でない限りは、まずその地を踏むことを考えなかったという。

ところが終戦直後の一九四〇年代後半から、村の若者が次々とマニラへサパラランするようになった。イシン（女性、一九一八年生まれ）は戦後間もないころにマニラへ行った人たちについて次のように回想する。

> 村の人がマニラへ行くようになったのは戦後になってから。生活が苦しい人もそうでない人も行った。村にはアヘンテ（斡旋業者、第一章）がやって来て、いろいろ聞いていった。学歴のある人（当時、小卒以上）は店員、学歴のない人は使用人（*binata*）[4]、洗濯婦（*labandera*）、男だったら港の人夫（*kargador*）って具合に決まった。〔中略〕マニラから帰ってきた人もいるが、もうずっとマニラ暮らしの人もいる。私は他人の使用人になるのが嫌だったから行かなかったけれど。

前章では、バト村で行った質問票調査の結果から、バト村が一つの「村」として始まったころからマニラへ行く村人が男女ともに増加し始めたが、なかでも女性の間でマニラへ行く人が急増したと述べた。右のイシンの語りはそのことを裏づけている。イシンは、「マニラが流行り」（*uso na Manila*）と当時の人びとが言っていたという。

ただし、イシンが、その流行りのマニラに行かなかったことにも注目したい。イシンは、自分がマニラに移動したとしても、そこで待っているのは他人の「使用人」という身分だけであることから、マニラに流動性を見出していなかった。つまり、物理的に移動したとしても、社会的な流動性はないとみている。それどころか、村でのより自立した自由な立場に比べ、マニラでは他人に依存した、より不自由な立場に置かれることをデメリットとみなしていた。一九四〇年代後半から六〇年代までの時期には、多くの村人にとって、マニラ行きは憧れのマニラに身を置くことができるものの、その反面、不自由な生活を強いられる使用人になるしか選択肢がないという大きな決断だったと思われる。

マニラが当時、危険が多い外界であった様子は、この時代にマニラに渡った村人が行っていた土を撒くという儀礼からも伝わってくる。一九五〇〜七〇年代ごろにマニラへ行った村人は男女とも、マニラ港で船から降りて第一歩を踏み出すとき、持ってきた故地の土を撒いた。理由を尋ねると、馴染みのない土地に移動した後も、故地にいる見えない存在に守ってもらうためだという。第四章でマニラ行きの様子を詳しく紹介するリンダ（女一九四四年生まれ）は、土は「守ってくれるカバー」（protection cover）だとし、次のように説明した。

昔、村からマニラに来る人は村の土を紙にくるんで持ってきて、マニラの港に着くと「この土が負けるとき、私も負ける」（*dag-on ngani an tuna, dag-on man ak*）と言って、土を撒いて踏みつけた。〔中略〕当時我々は少なくて、知らない人の間で生きなきゃいけなかった。「あいつ、地元のやつじゃないな」って言われるんだ。知らない人同士じゃ、何されるかわからない。怖い病気にかかったり、悪いことが起こったりする。

村人によると、「マニラに着いたときにその土をかじった」「土を〔撒かずに〕袋に入れてしまっておいた」

など儀礼の作法は人によって若干異なるが、土あるいは砂が用いられることと、「負ける」（*dag-on*）など勝負に関する言葉がつぶやかれるところは、いずれの作法にも共通している。そして持っていく故地の土（*tuna ko lugaringon* あるいは *tuna nga natawhan*）は、故地で自分を守ってくれている力なのだという。つまりこの儀礼は、外界の土地の上に内界の土を撒くことで、内界で自分を守ってくれている目に見えない力が、新たな土地に移動後も、そこの別の力に負けないように守ってくれるために行うものと考えられる。村の高齢者たちの話では、この儀礼はマニラに行くときだけでなく、パラワン島など別の島に行く際にも行われていた。

2　サパラランとジェンダー規範

気になるのは、この時代から突然、女性たち、それも若年層の女性たちがマニラに行き始めた点である。戦前、バト村で「ぶらぶら歩き」（第二章）ができたのは男性に限られていた。女性たちは、どのように単身でマニラへサパラランしたのだろうか。

マニラへ行った女性の一人、オンリン（一九四五年生まれ）の例をみてみよう。オンリンは農業を営む父母（ともにバト村生まれ）の間に生まれた六人のうちの第三子である。小学卒業後、一九五九年から約四年間、マニラでお手伝いとして働いた。マニラ行きを希望したのは、友人らからマニラが良いところだと聞き、憧れたからである。「靴を履いたことがなかった。でも親は貧乏で子沢山だから、村にいたら自分が靴を履くなどということは無理」と思っていた。

しかし、両親は子が村を離れることに反対だった。二つ上の姉が親の反対にもかかわらずアヘンテの手引きでマニラへ渡り、無事に暮らしていることを知り、オンリンもある日、親の目を盗んで村から逃げて（*layas*）、アヘンテのリックと彼に連れられた三人の少女たちとともにマニラへ向かう船に乗った。リックに案内されたマニラ市サンパロック地区のイロコス地方出身の家族のもとで七カ月、月二五ペソの賃金で住み込みのお手伝いとして働いた。日曜午後の休暇のときには同様にお手伝いとして働く姉や他のバト村出身者と会って、町をぶらつき情報交換をしては、条件の良さそうな別の雇用主のところへ移ることを三度繰り返した。

「でも結局、学歴のない私は一生使用人にしかなれない。それならサマールの家族のそばで暮らしたい」と、マニラでの滞在が三年を過ぎたときに帰村した。ハイヒールの靴を履いてビスケット、缶詰などの食料、衣類を入れた箱やカバンを手にして村の波止場に着くと、村人は駆けつけて彼女の荷物を家まで運んだ。両親はそれまで丘陵地にしか土地を持っていなかったので、貯めた三〇〇ペソで村の中心地に一三四平方メートルの土地を買った。帰村後一年して村の男性と結婚、以来、ずっと村での暮らしを続けている。

オンリンの例にあるように、この時代、子（特に女子）が都市へ行くことに反対する親は多かったようだ。オンリンらによると理由はいくつかあり、一つは、見下される存在である使用人という立場に自分の子を置きたくなかったことだ。当時は、娘をマニラに行かせる親は、娘を身売りに出すモラルのない人間と蔑まれることがあったという。また、先述のように当時のマニラには親族など信頼できる人びとがほとんどおらず、そのような場所に娘を行かせることは危険という認識も強かった。さらに、子が自分のそばから離れることを嫌がる親が多かった。遠くへ行ってしまったら、コミュニケーションが途絶えて、二度と会えないという不安が当時の人の間では強かったという。くわえて、農業中心だった当時、子は一家の働き手と考えられていた。そのため、子が遠くへ行ったきりになってしまうことは一家にとっても損失になるといわれていた。したがって、オンリンのように親に見つからないように村から「逃げる」ケースが多数みられた。男子の場合は、「ぶらぶら歩き」の慣習があったことなどから、親の監視がそれほどきつくなかったものとみられ、オンリンのように「逃げて」マニラに行ったと語った村の男性は少ない。

ただ、彼女の例にみられるように、女性にも「ぶらぶら歩き」、あるいは「ぶらぶら歩き」と呼ばないでも、外界（特にサパララン前線）に出て外界の機会を探したいという気持ちがなかったわけではないと思われる。[5] ただ、まったくの単身で外界に行くことは難しかった。そこで、この時代にマニラへと渡る道筋をつくったのがアヘンテたちだった。

バト村での聞き取りで名前が挙げられたアヘンテは八人いた。八人には、人材斡旋を生業としていた人と、要望があったときにボランティアで村の人に仕事を斡旋する人との二つのタイプがいた。一九五〇～六〇年代にマニラへ行った人の多くは、前者のタイプのアヘンテを介してマニラで仕事を見つけていた。バト村で知られた前者のタイプはティオ、ケコイ、リックという、バト村か近くの村の出身の三人の男性だった。

三人は、マニラの富裕層向けの人材斡旋業者（*ahencia*）、あるいはスキ（得意先）と呼ぶ個人的知り合いの家を回り、求人依頼を受けてサマール島に行き、マニラへ行きたいという男女の年齢、学歴、技術（女性の裁縫、男性の大工技術など）を尋ね、依頼を受けた求人内容に合致する人がいたら、その村人を雇用主のところまで送り届け、斡旋料を得た。職種はお手伝い業が大半だったが、店員や港の人夫などもあった。交通費など斡旋にかかわる費用も雇用主側が支払う仕組みで、かれらは一回に一～一〇人ぐらいを連れていった（第一章）。アヘンテは仕事を斡旋するだけでなく、マニラとサマールとの間で手紙や金を運ぶ役目も果たしていた。

アヘンテを生業とする人のなかには、マニラでお手伝いの仕事に就けると言いながら、性産業のアヘンテに女性を引き渡す人もいると当時から噂されていた。そのため、特に女性は自分の親族で、なおかつ信頼のおけそうなアヘンテを選んで仕事の斡旋を頼んだ。それでも、マニラに発達した親族ネットワークがまだなかったこの時代のマニラ行きは、特に女性にとって、極めてリスクが高かったと想像できる。

村の高齢者たちに尋ねると、親が男子だけでなく女子のマニラ行きも認めるようになった時期は、一九七〇年前半だった。一九六九年に村で大火事が発生し、被災家族が緊急に家の再建費用等を賄わなくてはならなくなると、「家に金を送るなら」という条件付きで、親が女子も含めた子のマニラ行きを認める風潮が広まったという。

村人の移動歴調査の結果をみると、この時期にマニラへ行った村人の間では三年以内に村に戻った人の数が半数を超えている。女性の間では、ホームシックに耐えられず数カ月で帰村してしまったという人が少なくない。また、なかには、村にいる親のほうが、子と離れ離れになっていることに耐えられずに、「母が病気、すぐに戻れ」などと嘘の手紙を書いて子を連れ戻したというケースもあった。交通や通信手段が現在のように発達しておらず、人の行き来の頻度もごく限られていた当時、村とマニラとで離れ離れになる状況は、今からは想像できない寂しさや不安を伴うものだったと思われる。だが、帰村者の多くはオンリンのように、マニラにサパラランし、自ら様々なことを試した後に、そこで自分が幸運を得る機会はほとんどないと知って帰村を決意した。一方、そのままマニラに移住した者もいた。

3　マニラ分村の誕生とリスクの低減

マニラに行ったバト村出身者たちは一九六〇年代ごろまで、マニラ市を中心としながらも、首都圏の他の市町や近隣の州まで含んだ広範囲な地域に散らばって暮らしていた。それが一九七〇年ごろから、マニラ市北部トンド地区のバルット島のP通りの一角に集まって暮らすようになった（地図3・1）。

マニラ市トンド地区はマニラ首都圏の代表的な下町である。西部にはマニラ北港（国内船用）があり、パシッグ川を挟んだその南側にはマニラ南港（国際船用）がある。そのため、同地区の住民には港関係の仕事に就いている人たちが多い。また、マニラ北港はフェリーでフィリピン各地からマニラへ来た人が船を降りて、第一歩を踏む場所でもある。[6] さらに、トンド地区の南側に隣接する形で、マニラの中華街や、マニラの有名な庶民的市場

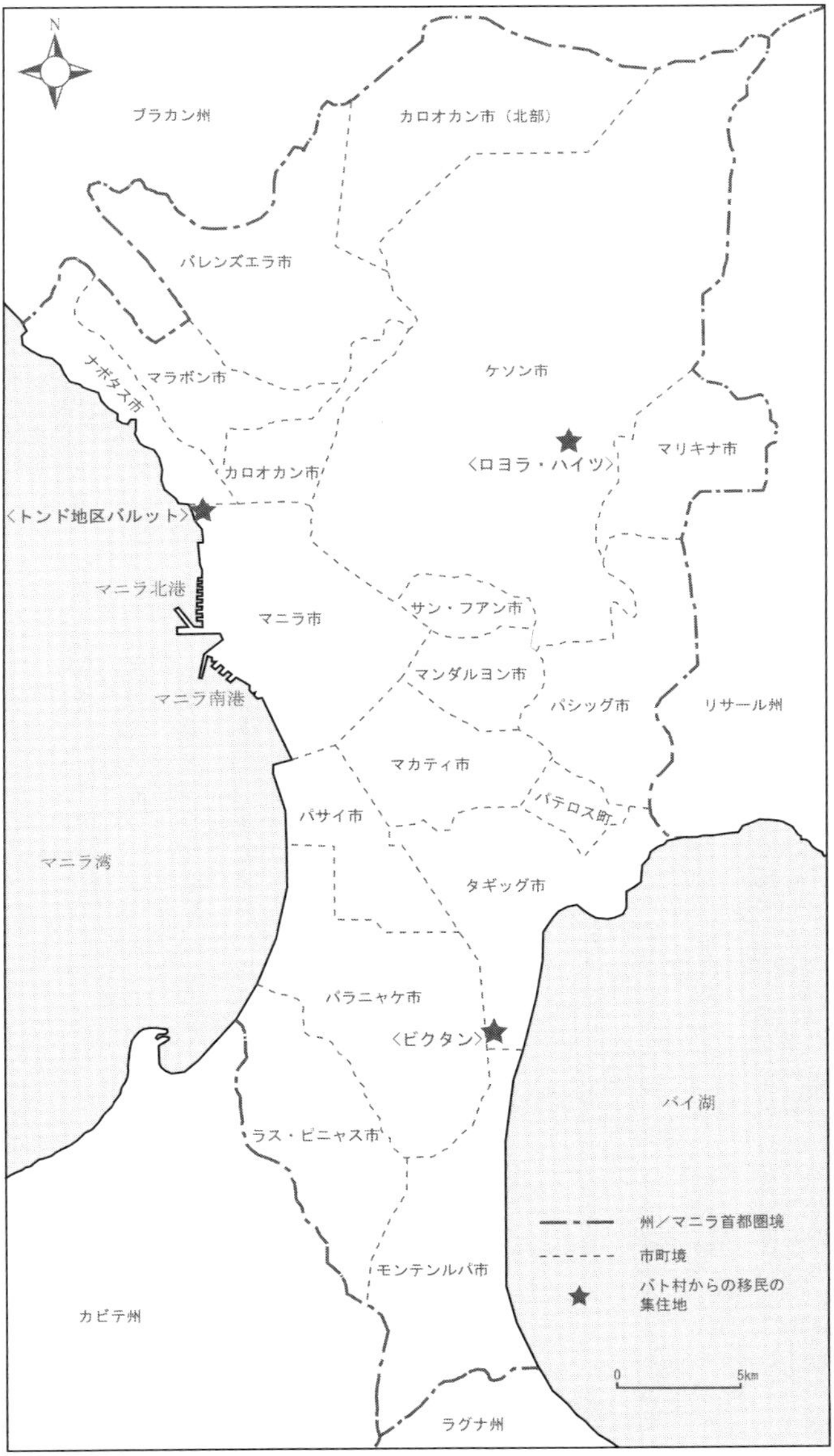

地図３・１　マニラにおける村人の集住地

Ｐ通りの多くの村人が働くマニラ南港。写真の下半分は観光地として有名なイントラムロス地区のサンティアゴ要塞（2018 年 8 月）

であるディビソリア市場が広がっており、トンド地区の住民の間には行商など市場と関係する職業に就く人も少なくない。

トンドという地名がフィリピン国内外で比較的よく知られているのは、ここが一九七〇年ごろから現在に至るまで、東南アジアで最大規模のスラム地域といわれ続けてきたためだろう。フィリピンでは、トンドといえば一般にマニラ首都圏のなかでも特に貧困層が多く、治安の悪い場所だと考えられている。実際、トンド地区は、一九六七年に出版された有名なタガログ語小説、エドガルド・M・レイエス著『マニラ・光る爪』[7]（のちに映画化）をはじめとする一九七〇年代前後の社会派小説のなかで、苦しい生活にあえぐ都市貧困層の暮らす代表的な地域として、しばしば登場した。

バト村の人びとが集住するP通りは、トンド地区北部のバルット島を南北に走る通りである（バルット島の東部には、日本でもよく知られるスモーキー・マウンテンがある）。P通りの南の端は、スノッグ・アポッグ水路まで延びている。P通りがあるバランガイを本書ではバランガイ・Pと呼ぶ。バランガイ・Pの面積は一・四ヘクタールで、縦一四〇メートル、横一〇〇メートルの南北に長い長方形の形をしている。

バランガイ・Pでは、トンド地区にある他のバランガイのほとんどと同様に、戦後、急激な人口増加がみられた。バランガイ・Pのパイオニアと呼ばれる住人たちによると、バランガイ・Pがある一帯は、フィリピン独立後、華人系フィリピン人が中間層向けの分譲住宅地として開発しようとした土地だったが、一九五〇年代前半までは数軒の家があっただけの空き地に近い状態だったという。さらに、水路の河川敷は湿地帯で、地元の人が小規模な魚の養殖を行っていた。一九五〇年代後半になると、バロンバロン barong-barong（板切れやトタン板などを組み合わせて造った簡易住居）を空き地に建てて住み始めた人たち（のちにスクウォッター〈違法占拠者〉と呼ばれる人たち）の姿も徐々に増え始めた。

一九六〇年代に入ると、住宅地の土地を購入し家を建てる人も増えたが、それ以上にP通りの水路に近いほうを中心にスクウォッターが急激に増え始め、一九六〇年代後半には、現在のバランガイ・Pの半分以上をスクウォッターが占めることになったという。そして一九七四年には、P通りで最初の家屋撤去が行われた。[8] 同時期、治安も悪化し、言語集団をベースとしたギャング団同士の抗争も頻発した。そのため、夕方以降、バランガイ・Pの住民は家から出なかったと語る人が多い。また、一九七〇年代ごろを中心に、シガ siga と呼ばれる、ゆすりや嫌がらせなどをする人たちがP通りにたむろするようになった。

劣悪な生活環境にもかかわらず、バト村の人がここに集住し始めたのは、P通りにマニラでの活路を開いた村人がいたためである。一九五〇年ごろ、村出身のモルニンという名の男性（一九二五年前後生まれ）は単身マニラへ渡った。いくつかの仕事を転々とした後、現在のP通りの一部を駐車場として使っていたトラック運送業者A氏（トンド地区出身、一九二八年生まれ、両親はルソン島中部からの移民）のところでトラックの荷降ろしをする作業員（pahinante、原義は補助員）として働き始めた。[9] A氏は自分自身、最初はマニラ南港の人夫だったが、一九五〇年代初めに、親が借金して手に入れた資金で米軍の払い下げトラックを買い、運送業を始めた。主に南港に届いた輸入品をディビソリア市場や中華街へと運んでいたが、当時はまだトラックの数が少なく事業は順調に伸びた。必要な運転手や作業員の数も増え、そのようなときに出会ったのがモルニンである。A氏は、モルニンの働きぶりと他の労働者たちの統率ぶりを評価し、彼をトラック運転手に昇格させた。

トラック運送業で成功したノノ（2000 年 8 月、バランガイ・P）

他方、バト村では、モルニンのところに行けば仕事があるという噂が広まり、マニラに来た後、村人たちはP通りに集まるようになった。A氏の事業は一九六〇年代に入ってさらに拡大し、最盛期の一九七〇年代後半から一九八〇年代前半にかけては五八台のトラックを稼動させるまでに至った。これらのトラックの運転手や従業員の出身地はルソン島からビサヤ諸島まで様々だったが、最も多いのはサマール島で、特にモルニンとつながりのあるバト村出身者たちだった。

モルニンは一九七三年にギャング団によって殺害された。その後を継いだのが彼の甥にあたるノノ（一九四三年生まれ）である。ノノはA氏のようなトラック・オーナー、つまり独立した運送業者になり、バト村で「幸運を得た」人物として語られるロールモデルである。現在でもマニラへ行くバト村の男性の多くが、彼の軌跡をたどろうとする。

ノノは、一九六一年に初めてマニラに行き、モルニンの口利きでトラック作業員として働き始めた。だが、初めての仕事と都市の生活に馴染めずに、六カ月で帰村した。一九六五年に幼馴染のロセラ（本章冒頭）と結婚後、村にいては生活の向上が望めないとして再びマニラの土を踏んだ。二年後に妻と子を呼び寄せ、廃材を利用した六平方メートルほどのバロンバロンを河川敷近くに建てて暮らし始めた。ノノとロセラ夫婦はマニラにサパラランしに出てきた人びとに対して仕事を斡旋するとともに、新参者たちが収入を得るまでの間は食事を提供した。

一九七〇年後半になると、ノノはトラックの運転手兼修理工となった。一九八八年、A氏は警察ともめごとを起こし、運送業から手を引いて不動産業（A氏は運送業からの稼ぎを不動産投資に回していた）に集中すると決めた。そのときノノはA氏のトラック一台を買い、トラック・オーナーとなった（第四章）。その後、所有トラックを一〇台まで増やし、P通りの土地を買い、コンクリート・ブロック製の家を建てた。くわえて、一九九九〜二〇〇二年にはバランガイ・Pのバランガイ・キャプテン（農村部の「村長」と同じ）も務めた。

こうして、一九六〇年代からP通りにバト村出身者が集中し始めると、マニラやその近郊に住んでいたバト村の人びとも次第に移り住むようになり、かれらが、「親族が大勢いるところ」と呼ぶ、マニラの分村が生まれた。村人自身もP通りを「第二のバト村」（Bato II）、あるいは村の「延長」（karugtong）などと呼んでいる。第六章で述べるが、フィリピンにおける親族関係の基本は互いの生存の支え合いである。したがって、村人にとって親族が大勢いるP通りは、たとえ具体的なあてが何もなくともそこにたどり着けさえすればだれかが助けてくれると考える、内界に近い空間である。サパララン前線だったマニラに村の分村ができたことで、村人の間ではマニラ行きのサパラランに含まれるリスクの側面は低減したと感じられ、移動を決意することが容易になったといえるだろう。

このような分村の形成を一部反映し、一九七〇年代になると、マニラ行きにアヘンテを利用する村人は皆無に近くなった。アヘンテの一人、リックによると、彼はこの時期、サマール島の海岸部よりも交通や通信が不便な内陸部の村々でマニラでの仕事の斡旋をするようになったという。さらに一九九〇年代初めにカルバヨグ・マニラ間のフェリー航路が廃止され、マニラへは陸路でしか行けない時代になると、リックは、フェリーの運賃の特別割引制度（第一章）からの儲けがなくなったとして、アヘンテの仕事を辞めた。

四　サパララン前線としてのマニラ（2）――新たな場所への挑戦

1　P通りの分村の様子

一九八〇年代以降のバト村では、男女とも一五～二五歳ぐらいになると、一度はマニラなどの遠隔地での生活を経験することが慣習のようになった。一九七〇年代ならびに一九八〇年代生まれのバト村出身者男女の九割はマニラを含めた都市への移動経験がある［Hosoda 2007: 12-14］。このころになると、第二章のラブロ家の例にもみられたように、都市へ行く主流は女性という時代は終わり、男女どちらも都市へ一度は行くようになった。村からマニラまでの直行バスも走り始め、村人は頻繁にマニラと村を行き来するようになった。こうしたマニラと村との関係の変化を受けて、移動を希望する者は本人だけでなく、親など周囲の人もマニラ行きを承認、あるいは促すことが一般的となった。

たとえば、ジャスパー（男性、一九八二年生まれ）は、小学校を卒業後、村で木材運搬人をしていたが、二〇〇一年、兄に連れられP通りに来た。母は「P通りなら親類がたくさんいるから行ってもよい。ただ、悪事（*bisyo*）には手を出すな」と言って送り出した。P通りではトラック作業員として働き始めた。二〇〇二年に初めて帰省したときに母に二〇〇〇ペソを渡すと、母はとても喜んだ。時間のあるときには同僚から運転技術を教えてもらい、二〇一一年からは運転手となった。

村人たちの間では現在、移動する際に故地の土や砂を持参するという儀礼は行われなくなった。その理由を村の高齢者たちに尋ねると、世代が代わって、若い世代は親たちの慣習の一部を継承しなくなり、また、親も子どもに強制しなくなったため、全体として廃れてしまったのだとみていた。またリンダによると、かつての国内移動と今の国内移動ではリスクの程度が異なることも影響しているという。現在、マニラはバスで一五時間ほどで到達できるし、親族も多いので、以前と比べると気軽にマニラへ行くようになった。

さらに、かつての村でみられたマニラ帰りに対してあった憧れの気持ちにも変化が起きた。バト村の漁師、ジョニー（男性、一九四八年生）は、自分は「いつも田舎にいるけど、マニラとここ（バト村）を往復する人がたくさんいるから、マニラで起こっていることはわかっている」と言う。「（幼馴染の）ダリンはこの前村に帰ったときに雇用主から九〇〇〇ペソ借りたんで、今はただ働きをしている。本人は言わないけど、ちゃんと知っている。田舎でパーッとやっていただけなんだって」と冷ややかなコメントをした。人の行き来が増えたうえに携帯電話やSNSを介しても情報が伝わるようになると、マニラの村人の間で起きている細かな情報も共有されている。それと同時に、マニラへ行くこと自体を特別視する度合いは下がった。マニラへ行った後に何が起きるか、あるいは何をどのくらい村へ持ち帰れるかといった具体的な行動によって村での評価が決まる時代へと移り変わった（第六章）。

このようにしてサパララン前線に分村ができたわけだが、それは村人にとってマニラ全体が内界になったという意味ではない。バランガイ・P内部でさえ、村人が分村とみなす場所とそうでない場所がある。

二〇〇三年三月にバランガイ・Pで実施した全世帯調査（対象者数一三六九人）の結果を用いて、バランガイ内部の空間構成をみてみよう。バランガイ・Pは、南北に長い長方形の形をしているが、このうちの北側約三分の二は私有地で、塀で囲まれたコンクリート・ブロック製の一戸建て住宅や、プレハブ製の集合住宅が並んでいる。対して、残りの南側三分の一の大半はバロンバロンが並ぶスクウォッター地帯である。バランガイ・Pの住民は、この南側三分の一をP通りの「端」（dulo）と呼んでいる。端と呼ばれる場所には、一九九〇年代に洪水防止対策として行われた水路の整備工事により［国際協力機構 2000］、水路沿いにコンクリート・ブロック製の塀が建

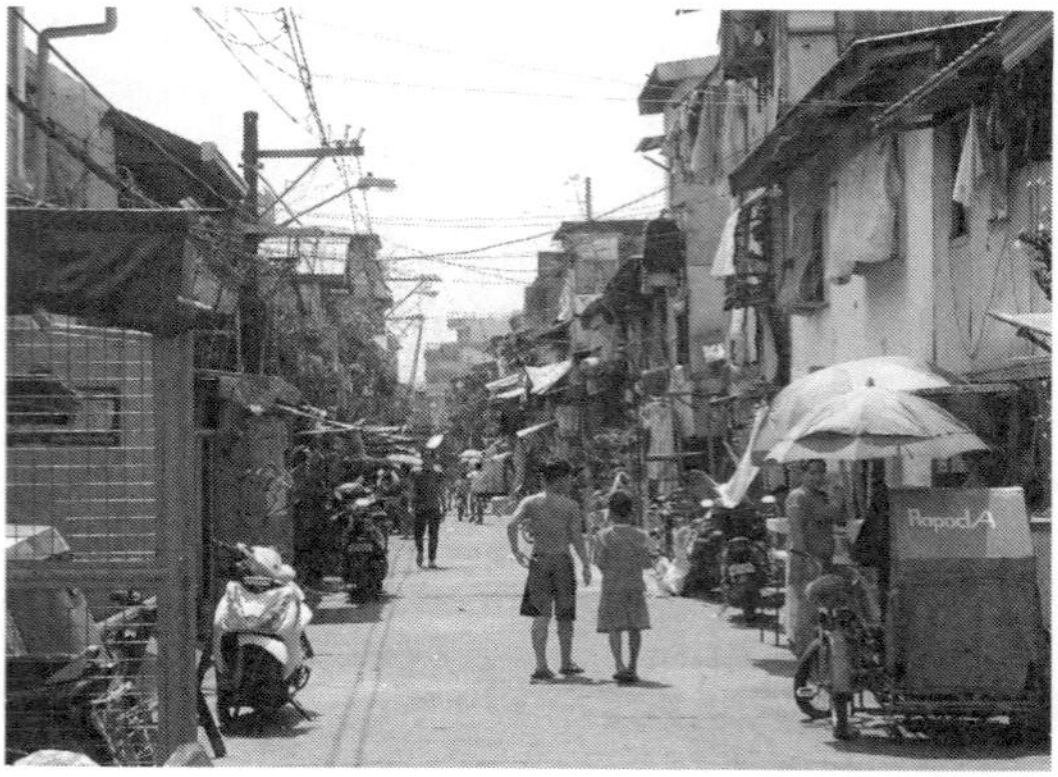

Ｐ通りの風景。左側が私有地、右側は道路だが道路わきには3～4階建てのバロンバロンが立ち並ぶ（2018年3月）

てられるとともに、舗装された歩道ができた。しかし、それまでの端は、水路に突き出る形でバロンバロンがあった地帯だった。舗装直後、歩道に住む人はいなかったが、今では二階建て以上のバロンバロンが隙間なく建てられている。

調査では、バランガイ・Ｐには、ルソン島北部からミンダナオ島の南部に至るまでフィリピン各地から来た移民とその子孫が入り混じって暮らしていることがわかった。言語でみると、住民の八三％はタガログ語を自らの第一言語とみなしていた。次に多いのがワライ語で全体の一〇％、そしてセブアノ語が四％と続いた。ワライ語とセブアノ語の話者の住居はＰ通りの端に集中していた。

ワライ語地域出身者話のなかでも特に多いのがバト村出身者とその子孫で、その数は一世から三世まで合わせて一九六人に上った。バト村の人びとが分村と呼ぶのは、このＰ通りの端、さらに細かくいえば、端の最も先端の部分の約二〇メートル四方のことだ。この空間ではタガログ語だけでなくワライ語も日常的に話されている。ここにはバト村出身者だけでなく、サマール島の他の地域出身者のほか、パナイ島、セブ島、ルソン島の北部の出身者も住んでいるが、かれらは少数派である。

バランガイ・Ｐの住民の話によると、アキノ政変（一九八六年）後には、Ｐ通り周辺でのギャング団抗争はなくなり、水路整備工事以降にはシガ（前節）の姿も消えた。一九七〇年代あたりと比べると治安状況は大いに改善されたのだが、バト村出身者たちは依然として、かれらの分村の空間外の住人については名前さえあまり知らないことが多い。このように近所に住んでいながらも交流がない状態について、かれらはマニラではカニャカニャ kanya-kanya（別々、個人個人を示すタガログ語、ワライ語ではイヤイヤ *iya-iya*、第七章）だからとみなしている。さらに、マニラに慣れたからといって、マニラ首都圏内の見知らぬ地域へ自分たちだけで出かけるということもしない。遊びに行くショッピングモールも一つか二つに限られている。マニラの知らない地域を訪問する際には必ず信頼できる人と行く。サマール島内で移動する感覚と、マニラで移動する感覚は違うという。

また、バランガイ・Pの住民の職業に関する調査結果をみると、バランガイ全体では、専門職、自営業者、海外就労者といったある程度のまとまった定収がある人から、工場労働者、店員、事務職員等のそれより低い定収のある人、そして日雇い労働者や、人力車運転手、行商などの都市雑業まで、極めて多様な職種がみられた。しかし、バト村の分村のみに注目すると、男性は日雇い労働や都市雑業に従事する人の割合が高く、なかでもトラック運送業関連の仕事をしている人が際立って多かった。女性の多くは自分の家で家事・育児をしていると答えた。それ以外の職業としては、お手伝いやそれに準ずる洗濯婦や子守りが過半数を占めた。若い世代を中心に工場労働者や店員として働く人もいるが、かれらも多くが不安定な非正規雇用である（第八章で詳述）。以上、分村の住民の就労状況をみると、サマール島民の学歴が向上した二〇〇〇年代に入っても、先にイシンが語った一九五〇年代の様子とさほど変わっていなかった。

トラックの運転手（右）と作業員として働く村人（2018年5月、バランガイ・Pの近くの路上）

このことから、マニラへの移動と雇用に関する二つの傾向を指摘したい。一つは、バト村出身者など地方から来た移民はフィリピン独立後も都市の底辺労働で働き続けることが多い点である。バト村出身の若い世代に尋ねても、マニラでの就職にはコネの有無が重要であり、例外はあるものの、地方の大学の卒業者には依然として厳しいという意見をよく聞いた。もう一つは、専門職、トラック・オーナー以外の自営業者、海外就労者等になった場合に、家族あるいは村人たちと離れて暮らしたくないなどの事情がない限り、分村を離れていく傾向である。この点については、次章以降でさらに詳しく紹介するが、サパラランする人たちの願いの一つは、家族と住める自分の家を持つことである。バランガイ・Pでも土地を買うことはできるが、マニラ郊外の住宅地に比べると値段が高いことに加え、第七章や第八章で詳述するように、分村では他の住民との間に軋轢が起きることもある。

2　他のマニラの集住地

マニラには、P通りほどではないにしても、村人が集住する地域がほかにいくつかある。P通りの分村と共通するのは、マニラに出てきた村人に当座の住まいを提供できると同時に、最初の仕事を斡旋できるという二つの条件を満たす夫婦がいた点である。夫婦の両方がバト村出身である必要はないが、最低一人はバト村出身となっている。そして、多くの場合、夫が主に仕事の斡旋を、妻が細々とした日常生活のサポートをするという役割分担がみられる。[10]このことが、集住地が誕生する条件となっているようだ。

具体的にみてみよう。前章のラブロ家の男性たちがマニラで滞在していたマニラ首都圏のタギッグ市ビクタン地区は一時期、バト村の集住地の一つだった。この地が集住地となったのは、建設企業の社員の男性とバシラ（一九四六年生まれ）というバト村出身者の女性の夫婦がいたためだ。バシラは一六歳のとき、マニラから帰省したイトコに連れられP通りへ行き、お手伝いとして働き始めた。そして二年後、雇用主の家で出会ったレイテ島の男性と結婚し、夫の住むビクタン地区に引っ越した。夫は政府系の大手建設会社の下請け企業の社員となり、その企業が必要とする建設作業員として、多くのバト村出身の男性がバシラのもとへ出向くようになった。

バシラ一家は当初、ビクタン地区の下町にある小さな家に住んでおり、そこに村人数名を住まわせていた。しかし次第に人数が多くなると、村人はバシラの家の近くを通る、フィリピン国鉄の線路沿いのスクウォッター地区に住むようになった。そして一部の村人は村の家族を呼び寄せた。ビクタンに出てきた男性は建設作業員、女性は周辺の家のお手伝いや洗濯婦として雇われたり、スクウォッター地区内にある小規模市場で商いをしたりして働いた。バシラはまた、家のそばで食堂も始めた。一九九〇年代半ばには、二〇家族程度のバト村出身者が線路沿いで暮らしていたという。

だが、バシラの夫が二〇〇一年に退職すると、村人に職を斡旋できる人物がいなくなった。さらに二〇〇〇年代後半には、線路沿いのスクウォッター地区で大規模な家屋撤去が行われた。その後、ビクタンに暮らすバト村出身者の数は激減し、現在ではバシラ一家と数家族が居住しているのみとなった。バシラ一家は中間層向け住宅地の家を購入し、そこで暮らしている。

ケソン市ロヨラ・ハイツにあるDT通りも、村出身者が集住する場所である。バランガイ・ロヨラ・ハイツ（二〇一五年センサス時の人口一万八八八四人）は、下町の景観が広がるトンド地区やビクタンの線路沿いとは雰囲気が違う。ここには、アテネオ・デ・マニラ大学をはじめとする教育・研究機関があり、グロリア・マカパガル・アロヨ元大統領の自宅のあるラ・ビスタ・サブディビジョンなどの富裕層向けのゲーティド・コミュニティも複数ある。近くにはフィリピン大学もあり、学生向けの店も多い。さらに、カトリック関係の施設やいくつものNGOの本部もこのバランガイ内に置かれている。こうした高級住宅地や施設の隙間を縫うように、DT通りなどのスクウォッター地区が点在している。スクウォッターの住民たちの多数は、ゲーティド・コミュニティの住民のお手伝いや運転手、近隣の飲食店や小売店の店員、教育・研究・宗教施設の清掃員などとして働いている[Berner 1997: 156-157; Zakir 2017: 3-4]。

ＤＴ通りがバト村の人びとの集住地となったのは、第二章で触れたシモ（一九五三年生まれ）とロイダ（一九五八年生まれ）夫婦がここで村人を受け入れてきたためだった。ロイダは、バト村初の商人の第四子であり、エダイ（第五章）の妹にあたる。ロイダは、当時、建材業者として身を立てていたマスバテ島出身のシモと結婚した。しかし一九八〇年初めにシモの事業は失敗、二人は当時まだ小さかった子どもたちを連れてマニラに夜逃げし、生活の立て直しを図った。最初はＰ通りの端に住んでいたが、治安が悪すぎるとして、二人はマニラ首都圏各地を転々とした。シモはサウジアラビアへサパラランしたが、給料がほとんど払われないという不運（*demalas*）に見舞われ、一年後に帰国した。だが、帰国後サウジアラビアで学んだ運転技術を活かしタクシー運転手となり、一定の収入を得られるようになった。

一九九〇年、二人はケソン市のＤＴ通りに移り住んだバト村出身者の女性を知り、訪ねてみると、そこは安全そうで広々としていたため、ＤＴ通りにバロンバロンを建てて移り住んだ。シモは自分たちを頼ってマニラに来た村人に運転技術を教えた。かつて商売をしていたシモは知り合いのタクシー運転手やタクシー・オーナーとうまく交渉し、運転手の仕事を他の村人に斡旋することができた。また、社交的な性格のロイダはＤＴ通りの一区域（purok）の副代表となり、近所の交友関係を広げ、居候していた村人に様々な仕事を紹介した。このようにして、ＤＴ通りの二人を頼ってくる村人の数は増え、二〇〇二年には、三〇人の村人（二世、三世を含む）がこの夫婦の家の二階で居候したり、近所の別の部屋を借りたりして暮らしていた（詳細は第七章）。

ところが、シモとロイダ夫婦は二〇〇八年、長女の婚約者（当時）の米国人が購入した中間層向けの住宅地の家に、家族全員で引っ越すこととなった（第八章）。それ以外のＤＴ通りに住んでいた村人はそこに残ったものの、シモとロイダ夫婦がいなくなった後、村から出てきた人がDT通りに居候することはあまりみられなくなった。

このように、村人に仕事と居住場所を提供できる夫婦がいると、その夫婦の家がある場所が村人の集住地となる。地図3・1にあるように、P通り（バルット）、ビクタン線路沿い、DT通り（ロヨラ・ハイツ）はマニラ首都圏内で互いに近い場所とは言い難い。だが、二〇〇二～〇三年にかけて、わたしがこれら三地点を訪れていた二〇〇二～〇三年ごろ、三地点の間では、仕事などの機会を求めて、村人（特に若い人）がしばしば行き来していた。訪問だけでなく、電話やSNSメッセージを介してもこれら三地点の間では密な情報交換が行われ、互いの近況を確認し合うと同時に、新たな機会の有無を確認していた。

さらにいえば、村人はマニラに来た後、三地点内だけで移動しているのではなかった。かれらは、三地点以外にも自分の家族、親族、友人、知人のいるところなど、いろいろなところへ移動し、良い機会があるかどうか試していた。移動先は、マニラ首都圏内にとどまらなかった。マニラに来た後にルソン島中部の農村部へ行き、牧場や精米所などで働き始めた男性や、ラブロ家の四女エレナのように、マニラで働いていた間に結婚し、配偶者の出身地（彼女の場合はルソン島南部）へと引っ越していった女性など、移動の方向は多岐にわたっていた。ただし、長期間働ける職を見つけたり、家族を持ったりした後は、一カ所にとどまる傾向があった。また、核となる夫婦が消え、その後継者がいない場合、集住地は徐々に衰退していった。

マニラに行くリスクが低減し、一度は行くことは当たり前と捉えられるようになった背景にあるのは、P通りでの分村成立だけにとどまらない。P通り以外で、別の活路を開き、一つの場所に依存しない状態を形成したことも、現在のバト村におけるマニラ行きの日常化に寄与したと考えられる。

3　新たなサパラランン前線へ

村人の間でのマニラという空間の意味づけが変化するとともに、村人にとってのサパラランン前線の位置も変化した。先に紹介したリンダは、その変化を次のように表現している。「昔はマニラ帰りといえばみんなの羨望を集めた。今はそんなことない。みんなマニラではどんな暮らしが待っているか知っているから。今は外国帰り（*taga-abroad*）が羨望を集める時代」。このような意見はリンダに限らず、他の村人からも聞いた。

バト村の場合、まとまった数の人が外国へ行き始めたのは一九九〇年代からで、それはP通りで始まった。渡航先は、サウジアラビア、クウェート、日本、香港などいくつがあったが、なかでも多かったのは、一九九二年から外国人労働者を積極的に受け入れ始めた台湾だった(11)。当時、トラック運転手だった夫を事故で亡くしたばかりのデリア（一九五二年生まれ）は、障害のある末子の医療費等と、当時まだ一〇代だった四人の子どもたちの生活費・教育費のためにと、親族や近所の知人に借金して斡旋料を業者に払い、一九九二年、台湾で工場労働者として働き始めた。デリアは、最初の契約が終了した後に帰国せず違法労働者（超過滞在）となり、工場の作業員のほか、家事労働者として数軒を掛け持ちしながら働いた。デリアが台湾から毎月まとまった金額を送金し始めたころ、デリアの長男と次男、親族（第七章のラケルなど）、近所の友人が続いて台湾で働き始め、P通りでは台湾がサパラランン前線となった。デリアは二〇〇一年に台湾で摘発され強制帰国となったが、台湾滞在中にP通りでトラック一台を買い、帰国後はトラック・オーナーとして生計を立てている。台湾でP通りから出てきた人たちを助けていた面倒見のよいデリアがいなくなり、台湾での外国人労働者に対する規制が厳しくなると、P通りの台湾ブームは消えた。

既に述べたように、二〇〇〇年代からは、マニラを経由してではなく、バト村などのサマール島農村部から直接、海外へ出稼ぎに行く人が増え、海外へ行くことは村在住の人びとにとってもさらに身近なことになっている

（具体例は第八章）。

バト村で「外国帰り」として羨望を集めるのは、出稼ぎで国外へ行く人のみではない。国際結婚した女性たちも、サパララン前線に向かった人たちとみなされるようだ。欧米人など先進国の人との結婚を目指すことは、幸運を求めるサパラランの典型としてよく話題にのぼる。運が良ければ、一人との出会いで、歴然とした経済的向上が望めるためだ(12)。

　バト村での聞き取りによると、インターネットが普及する前、女性は文通相手（ペンパル）を紹介してもらう雑誌を入手して、外国人の結婚相手を探していた。しかしインターネットが普及するにつれて、インターネットを使ってより容易に、かつ、より多くの外国人男性と知り合うことができるようになった。村人によれば、以前（具体的な時期は不明）からブサグ *busag*（白色）と呼ばれる白人の男性に憧れる女性は多かったが、実際に国際結婚をする女性の数は現在のほうが多い。ほかに、先に国際結婚をした親族、友人、知人から別の外国人男性を紹介してもらったり、マニラなどの都市のバーなどで外国人男性と知り合う機会をつくったりすることもある。

　バト村やマニラの分村・集住地では、国際結婚自体はあくまでも結婚した本人たちの個人的な感情と二人の合意で決められている様子だった。だが、村の女性や少女たちが、経済的に親や家族を助けたいから外国人の結婚相手を探すと口にするのもたびたび聞いた。現在のバト村で最も大きな家は、オーストラリア人の男

バト村の広場に貼られた中東・アジアでの就職情報の広告。2000 年代後半からこのような広告看板が村内に目立つようになった（2017 年 5 月）

インターネットカフェのパソコンを使い外国人の結婚相手を探す村人（2009年9月、カルバヨグ市中心地）

性と結婚し同国に移住したチャリーズとその妹（第六章）の家族のものである。一方、国際結婚を目指した村の女性のなかには、フィリピンで出産した後に男性と連絡が途絶えたり、男性の国へ行った後に身体的虐待を受け続け、男性から離れざるをえなかったりと、望んだような結果を手にできなかった人もおり、国際結婚には大きなリスクがあることも、村人は知っている。

なお、バト村の近辺には、一〇年以上にわたって特定の国にまとまった数の村人が就労あるいは結婚目的で在住し、村人の国外の分村のようになっている村がある。それに対して、現在のバト村は、海外の分村と呼べるような場所はなく、村人はそれぞれが外国へ行く機会を探している段階であり、日常会話を聞いていても特定の国あるいは都市の名前が頻繁に挙がるわけではない。そのことは、「外国」という空間が、かつての「マニラ」が村人にとってそうであったように、危険は多いが、その一部に豊富な富や機会が存在するサパララン前線の原型に近いイメージのままであることを示唆しているようである。

以上、サパララン前線という概念を軸に、約半世紀にわたる村人とマニラの関係の変遷をたどった。バト村では、太平洋戦争が終結後、それまでほとんど知られていなかったマニラが豊かさを享受できるかもしれない憧れの場所として登場した。マニラをサパララン前線として浮かび上がらせたのは、マニラで農村からの労働力を欲していた家と村人を結んだアヘンテの存在が大きく影響している。

しかし、当時のマニラ行きは、まったく知らない人の家で使用人として働き、逃げる場所さえないかもしれないというリスクの高い行為だった。だが、一九七〇年代になると、マニラに村の分村ができ、リスクは大いに低減した。マニラと村を結ぶ交通手段が変化し、行き来する人が増え、またテレビ等を通じてマニラの様子がよく知られるようになると、マニラはより身近な存在となった。同時に、マニラへ行くことは当たり前のようになり、行った後に成功するかどうかのほうに関心が寄せられるようになった。言うなれば、マニラは空間的に村の一部とみなされるようになったのである。

近年、マニラと東ビサヤ地方における平均収入の格差はかつてよりもさらに大きくなっている。にもかかわらず、バト村の人びとが心に描くサパララン前線としてのマニラの魅力は次第に小さくなってきている。かといって、マニラ行きが減っているわけではなく、他の場所での機会も視野に入れて村人は新たなサパララン前線となる場所を探しているようにみえる。

ここではマニラとバト村の関係に焦点を当てたが、類似した関係は、他の場所への移動にも当てはまるだろう。バト村から国外への移動の歴史はまだ短くデータも少ないが、大きなリスクも承知のうえで、豊かさが享受できそうな場所へと移動する人は後を絶たない。その意味で、サパララン前線が生まれる地点に物理的な距離や国境（国内か国外か）といったことはそれほど影響しないようだ。そこに行ったら幸運を得られる機会が多そうだと魅惑されるような心象が集団内で共有されるかどうかという点のほうが、おそらく重要なのである。

第四章　サパラランの過程

前章では、サパラランや幸運という概念がバト村の日常生活のなかでどのように捉えられているのかを検討した後、村人とマニラという場所との関係をたどり、村人のサパララン前線の移り変わりを示した。本章では、村を出た移民たちから聞き取ったライフヒストリーの内容をもとに、村人それぞれが経験したサパラランとはどのようなものなのか、その過程を描く。

ライフヒストリーで聞き取った、村を離れた後に村人に起こる出来事や、その時々の判断と結果は千差万別だった。それら個別要素が強くみられる事柄をまとめて一つの過程のように並べるのは難しい。また、サパラランを一つの過程のように説明した村人はいなかった。だが、サパラランが何かを多面的に知るには、サパラランの過程を再構築してみる意義は大きいように思う。聞き取りしているときやその後に文字化された語りを見ているときに、同じ語句やフレーズが複数人の間で共通して使われていることに気づいた。そこで以下では、それらの語句やフレーズを手がかりとして、移民たちが語る、かれらが経てきた経験をいくつかの場面ごとに抜き出し、再構成する。

具体的には、村から出発する様子を描いた後、村人が語った幸運を獲得する方法のいくつかを挙げ、サパラランのリスクと考えられる部分を示す。つづいて、サパラランをした本人、そしてかれらを取り巻く人にとっての幸運の捉えかたの差異を指摘し、最後にサパラランという行為に関するバト村以外の人の評価について触れる。

一　旅立ちとサクリピショ

1　神との約束とサクリピショ

現在のバト村で、これから長距離移動しようとしている人を見つけるのは易しい。大きめの荷物を持って高速道路沿いに立っているだけでなく、おしゃれな外出着を身にまとい、小ざっぱりした風貌だからだ。村人が長距離を移動する際には、まず水浴びをし、身だしなみを整え、女性ならば化粧をし、自分の衣服や食料、人によっては村で採れたマンゴーやバナナなどの農作物を入れたかばんや袋を持って、待合所でバスが来るのを待つ。

村人の間で、サパラランに出る際に決まって行われる儀礼はない。前章では、かつての村人が、当時の外界へ行くときに村の土や砂を持って行き、移動先で第一歩を踏み出す際に撒くという移動にかかわる儀礼があったと述べた。その儀礼はみられなくなったが、ロサリョ *rosaryo*（ロザリオ、カトリック教徒の用いる数珠）や民間信仰の御札を護身のために携帯する人はどの世代にもいる。

バト村からマニラへ向かう女性と見送る兄（2002年12月）

多くの場合は、そのままバスに乗るが、一部の人は移動前にパナアッド *panaad*（ワライ語で約束を意味するサアッド *saad* が語源）と呼ばれる神や特定の聖人に対する個人的な誓いを行う。これはサマール島だけでなくフィリピンの各地のカトリック教徒の間でみられる宗教実践の一つである［Mercado 1974: 162; UST Social Research Center 1992: 86; Cannell 1999: 183; 川田 2003: 124］。パナアッドは旅立ち前のみならず、健康、金銭、家族関係の悩みなどがある場合にもよく行われる。

パナアッドをする場合、人間は神や守護聖人に自分の特別な願いをかなえてもらう代わりに何かを神に捧げる、あるいは将来捧げると誓う。捧げる行為や金品はサクリピショと呼ばれる。サクリピショという言葉については第五章でより詳細に検討するので、ここでは単に神に捧げる行為としておく。サクリピショは、現金で簡単に解決できるようなことはよくないとされる。毎日教会に行く、定期的に花を供える、教会のための活動に参加する、聖職者になる（あるいは自分の子を聖職者にする）といった、神あるいは人びとのために自分自身を犠牲にする行為であるべきといわれる。バト村におけるサクリピショの代表は、エルマノ *hermano*（男性）／エルマナ *hermana*（女性）と呼ばれるフィエスタの主催者（第六章で詳述）となることだ。フィエスタの主催者となることは、フィエスタを開催するだけでなく、フィエスタ当日に至るまでの一年間を守護聖人のために捧げるということを意味する。興味深いことに、マキパグサパララン（サパラランする）の同義語がマカサクリピショ makasakripisyo（サクリピショできるという意味）と言う人がいた。本書は、冒険であるサパラランは、自分の生命や財産を危険にさらす行為だと述べてきた。マキパグサパラランとマカサクリピショが同じような意味だとすれば、サパラランのリスクとサクリピショの間には重なる部分があると考えられる。

旅立ち前にパナアッドをする、つまり神へのサクリピショを誓うことは、より確実にサパラランを成功させる方法だといわれる。パナアッドは、知り合いがいない外国へ一人で行くときや、引き留める家族を置いて村を離れていく場合など、リスクが高いと思われる移動の際には極めてよく行われる。パナアッドを行ったという人（第五章のエダイ）に尋ねると、それは「自分を守ってくれる安全カバーのようなもの」と答えた。

2　庇護を与える親族

前章で書いたように、村人は移動先で、まずは家族あるいは親族の家に滞在することが多い。第六章で詳しく説明するが、移動してきた人に対して親族が庇護を与えることは、親族同士の基本的な規範である。規範に則れば、移動先で暮らす人びとは、村から親族が来たとなれば「入れ、まずは食え」（*uswag, magaon anay*）の第一声で出迎え、何はともあれ食事を出す。ところが現実は必ずしもそうならない。特に村よりも物価が高い大都市などでは親族を泊めたがらない人がおり、親族間の軋轢が発生する（詳細は第七章）。反対に、気安く親族を泊める村出身者もおり、そのような村人のところへは多くの親族が集まり、家のなかでは常時、村から出てきた人が寝泊りする状態となる。このような場所が、第三章で紹介したバト村出身者の集住地である。

理想としては、集住地の頼れる人物を通して、新参者はマニラで様々な身を立てる術（*diskarte sa pangabuhi*、後述）を学び、マニラで独り立ちすること（*pangkaulugaringon*）を当座の目標とする。現在のP通りでその立場になっている一人が、ノノ（第三章）の甥にあたるトラック・オーナーのジェイ（一九六六年生まれ、本章第三節、第六章、第七章）だ。彼は「預かっている子たちの様子を見て、何かあるなと思ったときはきちんと話し、相談に乗る」という態度が一番大切だと語っていた。彼は自分のことを村の若者の「親代わり」（*kagamak nira sa Manila*）とみなしていた。

二　幸運探しの方法

1　二人の事例――ペテルノとリンダ

わたしがバト村に滞在中、マニラや外国は豊かな土地でそこに行けば同じ品物が数倍の価格で売れたり、同じ職業でも数倍の給与がもらえたりするといった説明を繰り返し聞いた（第三章）。世界は豊かな場所とそうでない場所に分けられているようだった。そのため、豊かさを求めるのなら、リスクがあっても敢えてその豊かな場所に自ら向かわなくてはならない――サパラランの構図はそのように語られていた。

反面、そのリスクが具体的に何なのかについては、村内ではあまり話されていなかった。なぜなら、サパラランした人たちは村人に移動先での生活の詳細を話さないし、村にいる人も自分が関心のある情報以外、尋ねないからだ。たとえば、第五章で取り上げるエダイが、中東のイエメンに戻ると話していたアベにイエメンについて聞いたのは、イエメンの病院のスタッフの給与、航空券代はだれが払うか、斡旋料金はかかるか、そしてアベとその妻（イエメンの病院勤務）が、イエメンでエダイの面倒をみてくれるかどうかだけだった。そしてエダイはイエメン行きを決めた。

村人の語りのなかで、移動先での仕事内容や生活は、自分が移動前に思い描いていた待遇よりも悪いことが多いように受け止められていた。だが、サパラランしたからには、あるいはパナアッドしたからには、それら苦難は耐え続けるべきものだと思われていた。マニラに出てきた若者たちの親代わりとなっている人がしばしば強調するのが、フィリピンでよく聞くことわざ、「慈悲は神にあり、行動は人にある」（Nasa Diyos ang awa, nasa tao ang gawa）だ。これは、マニラに出てきただけでは神からの慈悲は得られない、もし神の祝福を求めるのなら引き続き行動せよ、という新参者へ意識の変化を求めるメッセージとみなせる。

では、どのように移動した後の状況に対処するのか。まずは、一九五〇～六〇年代に村からマニラへ出てきた男女二人の移住過程を紹介しよう。なお、ここに記す二人の聞き取りは二〇〇二～〇三年にかけて行った。

ペテルノ（一九三七年生まれ）はP通りの古参の男性の一人である。小学校を中退してから父親の農漁業を手伝っていたが、一九歳（一九五六年）のとき、セブから里帰りした姉夫婦に連れられてセブへ行った。そして、姉とともに市場でアイスクリーム売りを二年やった。だが、結局「何も起こらなかった」ため、バト村に戻った。村では農漁業を続けたが、伐採現場や稲作地帯での臨時の仕事があると聞いてはサマール島の各地にも出向いた。一九六〇年、大型台風による被害でコプラからの収入が長らく途絶えて苦しい生活をしていたある日、マニラに行けばいろいろなことで生計が立てられると聞いたので、帰省した兄（第三章で紹介したアヘンテのリック）と一緒にケソン市のオジの家へ行った。

その家で居候しながらセメント工場の下請けや建設現場での日雇いの仕事を始めた。仕事は長時間のうえに重労働できつかったという。数カ月したのち、イトコのモルニン（第三章）に頼めばもっと良い仕事に就けると聞き、P通りへ移り、トラック作業員などとして働いた。そして間もなくパンパンガ州出身の女性と結婚した。トラック運送関係の仕事が減ると、大工の手伝いや建設作業員として働いた。

一九七〇年代からは、港で知り合ったバルカダ barkada（親しい友人同士でつくるグループの仲間）の紹介で港で行商（*magtinda-tinda*）を始め、雑貨品から密輸品の時計や宝石までを扱った。行商をする場所は、最初南港だけだったが、ディビソリア市場など別の場所にも広げ、それぞれの場所で違う商品を扱った。

一九八〇年代後半に南港での行商ができなくなったときがあり、マニラとルソン島北部の都市との間を往復する行商に切り替えた。しかし、期待したような大儲けはできず、再び港を中心とした行商に戻った。「行商は運次第（*pasuwertehan*）なところがあって、ときに警察に捕まったりするが、運が良ければ大儲けの可能性がある」と言う。聞き取り当時、ペテルノは、妻のほか、公立病院の事務として働く長女、トラック作業員として働く次男とその家族とP通りに住み、数年に一度、バト村に帰省していた。

もう一人は、DT通りに間借りし、お手伝いとして働く女性リンダ（一九四四年生まれ）である。彼女の子どものころの夢は、マニラに行って母と五人の年下のキョウダイを助けることだった。彼女の夢に母は「お前はまだ幼いからマニラに行ったら周りの人に利用されるだけだ」と反対した。しかし、母と親しい村出身の女性がお手伝いを探していたときは、彼女の家で働くのならと許可され、この女性に連れられて一三歳（一九五七年）で初めてマニラへ渡った。

ところが、マニラに着いてから数カ月後に、その女性が行方不明になってしまった。リンダはマニラ在住のバト村出身者のところに身を寄せながら、かれらから紹介してもらった三軒の家でお手伝いとして働いた。しかし、暴行されそうになったり、無理やり結婚させられそうになったりして、新たに試した三軒のどこでも長く続かなかった。マニラにいても良いことが起こらないと思い、一六歳になったとき村に戻り、しばらくして母が勧めた隣村の男性と結婚し、バト村で暮らしていた。

だが、一九六九年に家が火事になるという事件が起こった。そのため翌年、マニラへ一家で渡り、P通りにバロンバロンを建てて夫はトラック作業員、自分は洗濯婦として働いた。五年後、リンダは「悪霊」（masamang espiritu）に取り憑かれた。また、当時はP通り周辺でギャング団抗争による死傷事件や火事、警察の手入れが頻発していたため、一家はP通りの家を売り払ってバト村へ引き揚げた。一九八八年になると、今度はバト村の家の修繕費用を捻出しようとリンダは単身マニラに行った。お手伝いとして再び働き始めたのち、二軒目でブオタン *buotan*（情に厚く、助け合える、第五章、第六章）な一家に出会い、その後ずっとその家で住み込みのお手伝いとして働き続けていた。

夫や子どもも、ときどきマニラへ来てはこの一家のもとで働いたり、他の場所での機会を探したりしていた。ただ近年、リンダの給与が三〇〇〇ペソから段階的に一〇〇〇ペソまで引き下げられた。この家族はリンダやその家族が困っていれば臨時の経済援助をしてくれ、リンダは、この家族に対して自分がその一員のような気持ちがしており、給料が安くても引き続き働いてあげたいと思うものの、給料の額を重視して別の雇用主を探すべきかどうか思案していた。以前、自分と同じ住み込みのお手伝いだった妹のルス（第五章）が突然、修道院の正規職員になってからは、特に強くそう思うようになった。なぜ神は自分に祝福（*grasya*）を与えてくれないのか、どうして長い間、辛抱（*ilob*）し続けなくてはいけないのかと嘆き、思い悩んでいた。

ペテルノとリンダ、両人のサパラランの過程は決して平坦なものではなかった。二人の事例は、他の移住した村人のケースと比べて特殊ではない。次に、サパラランに関係する村人の語りのなかでよく使われる言葉を中心に、サパラランの過程を詳しくみてみよう。

2　サパラランの中のキーワード

以下では、サパラランの中に行った、あるいは行うべきとされる具体的な日常実践のなかから特に重要と思われる三点に注目して紹介する。これら三点は別々にではなく、相互に絡み合って行われている。

①探す、試す

これは村内の生活でも行われるが（第二章）、移民の間では極めて頻繁にみられた。マニラに行ったバト村の男性の場合は、様々な職業を試すことが多かった。ペテルノの例でいえば、彼はセブではアイスクリーム売り、サマール島の別の地域では森林の伐採現場での作業員や稲作地帯での季節労働者として働き、マニラに来た後はセメント工場の下請けや建設現場の単純労働に従事した。マニラではさらに、より良いと聞いたトラック作業員に移り、それからマニラ南港の出入口での発車係や大工にも挑戦した。つづいて、港で知り合った仲間から行商のやりかたを教えてもらい、港に出入りする行商となった。行商になった後も、一つのルートで商売するだけでなく、いくつか別のルートも開拓した。

マニラへ行った女性の場合は、職業をいろいろと変える人は少数派で、職業ではなく雇用主を変えることのほうが多くみられた。バト村女性がマニラで就く職種としては住み込みのお手伝いが圧倒的に多かった。そして職種は同じでも、機会があれば雇用主を変えて、より良い雇用主のもとで働けるように試みた。マニラでのお手伝いの需要は高いものとみられ、マニラへ移動した他の人のライフヒストリーのなかでも、雇用主を次々と試すというパターンは一九五〇年から現在に至るまで多数あった。リンダの例では、彼女は一〇代のときには三年間で七軒の家で働き、結婚後、四〇代のときには二軒試し、二軒目で彼女が求めるブオタンな一家と出会って、そこで長期間働き続けた。

サパララン中はまた、より良い職業や職場を見つけることだけでなく、経済的な援助をしてくれる外界の人物と知り合うことも重要とみなされている。リンダが現在働く一家はこのケースである。また、女性の場合は、移動先で経済的に豊かな男性と結婚することも幸運と考えられていた。第三章で紹介した欧米人男性と国際結婚した女性などがこのケースに当てはまる（第八章も参照）。

男女間の幸運に至る経路の違いは、一つに、都市の労働市場の状況の反映と考えられる。マニラ首都圏での移民の急増によるスラムやスクウォッター問題が深刻化した一九七〇～八〇年代に行われた労働市場と移民に関する研究によれば、マニラ首都圏の移民男性はたとえ特殊な技術を持たず、中等教育を終えていなくとも職業に選択肢があり、職業移動が可能だった。それに対して、同様の移民女性の場合には、お手伝いなどの家庭内労働者以外の選択肢は非常に少なかったという［Eviota and Smith 1984; Lauby 1987］。

同様のことは、二〇〇〇年に実施したマニラ首都圏に移住したバト村の人たちの移動に関する質問票調査の結果からもいえる。マニラ首都圏に移住したバト村の男性のなかでは、運送、建築、印刷、大工といった業種に臨時雇いで就いた後に正規職員に昇格したり、Ｐ通りで単純労働の作業員から技術職の運転手へと昇格した人がいた。またペテルノのように、別の職業に移り、所得を増加させたり、労働環境を改善させた人もいた。一方、女性では、第二章のラブロ家のナイダのように高級住宅地のお手伝いになり給与が著しく上がったケースがいくつかあるが、その割合は男性ほどではなかった。第八章でも述べるように、このような状況は近年においても大方変わっていない。バト村からマニラ首都圏へ移動する女性たちは、学歴が低くともお手伝い業に就くことは常時できるが、その後のキャリアアップは難しい。長期に滞在することで職業的な社会移動を経験できる可能性は明らかに女性のほうが男性よりも低い。

以上のように、職種の選択に多少の幅がある男性、職種としては家庭内労働者という選択しかない女性という差はある。しかし、男女いずれでも、移動後は「何も（良いことが）起こらない」と移動先の場所に対して諦めるまでは、各々の情報網を使って新たな機会を探し、試すという姿勢がみられた。この姿勢はサパラランの代表的な特徴であるといえよう。

②生き抜くための術を身につける

次に、村人が使う「ディスカルテ *diskarte*」という言葉に含まれる多様な実践について取り上げる。ディスカルテはワライ語だけでなく、タガログ語をはじめフィリピン低地社会で広く使われているが、日本語には訳しづらい語である。

ディスカルテに着目して研究してきた小林によると、ディスカルテとは自分が持ちうるすべての物、技術、社会関係を資源化し、デリカード delikado（危険）な状況を切り抜けようとする実践（小林はこれを「やり方」と呼ぶ）である[(1)]［小林 2004: 6; 2009: 43, 54］。それは「単に構造に一方的に規定された規範的行為でもなく、また全能なる能動性を備えた主体行為でもない」生活レベル行われている術だという［小林 2004: 105］。

本書では、ディスカルテをリスクの多い状況下を生き抜くために工夫して行う術《すべ》と定義したい。村を離れて幸運探しをする人はそれらの術を先に移動先で身を立てた身内や知り合いに教えてもらったり、あるいは自分で工夫を凝らして始めたりしていた。したがって、「各々のディスカルテ」(kanya-kanyang diskarte) というように、行われていた実践の数は無限である。ディスカルテには、たとえば客を騙すような一見、反モラルのような行為も含まれる。しかし、それがもし貧しい行為者が生き延びるためならば、周囲の人びとはある程度まで容認できるとみなすことが多かった。

次に挙げるのは、サパラランした村人の語りにディスカルテだとして登場する代表的なものである。第一に、マニラに長期滞在する人が強調するディスカルテに「金を大切にする」(pahalagahan ang pera) というものがある。P通りのトラック・オーナー、ノノの妻ロセラは、自分たちがマニラで生き延びられた理由として、家計を上手くやりくりした点を挙げた。ロセラはこのやりくりする術を、彼女がマニラで最初に華人系フィリピン人の家でお手伝いとして働いていたときに、その家の人たちから学んだと語った。

マニラでは倹約して暮らした。金を大切に、使わないようにディスカルテした。昔、夫の給料が週一〇ペソだったとき、五ペソはしまって、五ペソを使った。家計のやりくりよ。二ペソが家の家族の食費、二ペソが居候たちの食費。一ペソがそれ以外。一センタボだって大事にした。一ペソは小さいけど、たくさんになれば大きい。今の子たちは何でもすぐに買ってしまい、金の使いかたを知らない。三代目はダメになるっていうけど、うちの孫を見ているとそう心配する。

マニラの長期滞在者によると、村人はマニラに出てくると、急に高額の金を手にするようになる。そのため、即座に使ってしまうが、またすぐに給与が手に入るので気にしないのだという。したがって、小額紙幣や硬貨も大切にし、いかに金を使わないで貯めるか、それぞれ工夫することが求められると話していた。

このマニラで働き始めた後に感じる裕福感が村人にとって危険であることは、村人が繰り返し強調する点である。男性は第三章でジャスパーの母が言ったビショ *bisyo* と呼ばれる悪事にはまりやすいといわれていた。悪事の代表例は賭け事、異性関係、酒、麻薬だった。本書の冒頭で「サパラランに行く」とわたしに語ったケコイは、マニラに行った後、賭け事にはまりそうになり、自分でこれでは危ないと思い、マニラを離れ、地方の牧場で働くことにした。だが、牧場で賭け事に深くはまってしまい、村にいる母親が牧場に行って彼を村に連れ戻すという結果になった。女性の場合は、結婚後に仕事を辞め、夫の給与に依存し、怠慢な生活に陥ることが問題だと指摘する声があった。

第二に、パキキサマ pakikisama という周囲の人たちと協調する態度を身につけることも移動先では不可欠なディスカルテとされていた。サパラランをすれば、当然、馴染みのない人たちとの出会いが増える。そのような人たちに対し、上手く相手に合わせてその場を切り抜けたり、良い人と思えたら関係をつなげられるように工夫しなくてはならない。人付き合いにおいて、しばし強調される点が、相手を助けるという姿勢である。ロセラによれば、「もし苦しそうな人がいたら、少しでも助ける」のがよいという。彼女は自分の経験として「神への感謝と思って自分が得たものをシェアすれば、もっと大きなものが手に入る」と信じていた。第七章で述べるように、この相手を助ける姿勢は、マニラの集住地において人びとの一大関心事である。いかに助けるか、そしていつまで、だれまでを助けるかという加減を見定めるディスカルテを身につけることは、サパラランを続けるうえで重要なのだろう。

第三に、自分が就いている生業で、収入を増やすディスカルテがある。これは職種によって大きく異なるので、まずは行商のペテルノが行うディスカルテを、ある一日の行動からみてみよう。彼は日によってディビソリア市場、サンタ・クルス地区の街角、港の税関や停泊中の船と行き先を変えた。行商では日々一定のものが売れるわけではないので、その日に最大の利益を上げられる場所と品物を自分の勘と経験をもとに選んでいた。

次に、警察などによる取り締まりを上手くくぐり抜けていた。彼曰く、「昨日港へは午前中に行ったが警察がいて（税関の建物に入ろうとしたが）追い返された。それはかれら警察の仕事だから仕方ない。昼、かれらが食事を始め、かれらの視線がスプーンとフォーク（フィリピンではスプーンとフォークを使って食べる）に移った瞬間に、税関の建物の入口を通り抜け」、建物のなかで行商を始めた。警官が見張っているからと建物に入るのを諦めるのではなく、警官の行動パターンを観察し、機会をうかがうのだという。

さらに、相手に信じてもらえる範囲でのセールストークをする。ペテルノは、税関の建物内で知り合いの時計好きな女性職員を見つけ、中国船で手に入れた時計を勧めた話をした。そのときの彼のセールストークは次のようだった。「セイコー5クォーツです。クラスA商品です。裏面を見てください、JAPANと書かれています。ちゃんとしたゴールドですが、お安くなっていますよ。外では一二〇〇ペソで売られていますが、私は二〇〇ペソでお渡しできます」。最終的に彼女は四つ買った。つづいてペテルノは、女性との関係性の維持に役立つディスカルテをした。女性職員が喜ぶように、四つで八〇〇ペソのところを七〇〇ペソに割引した。女性は別の男性職員をペテルノに紹介した。

DT通りに住むリンダの義理の娘、ニニ（一九七八年生まれ）のディスカルテは異なる内容だった。彼女は、ハイスクール中退という自分の学歴の低さを克服しようと、フィリピン労働雇用省の技術教育技能教育庁（TESDA）が認可するスキルコースに参加し、修了証書を取得して自分が選べる職業の幅を広げた。マニラに出てきた当初は、住み込みのお手伝いとして働いていたが、マニラではディプロマ（修了証書）があれば個人的な知り合いがいなくても就労できる職種があると知ったためだった。子育て中に、近くにある女子大で、ケアギバー

（介護士）、マニキュアならびにマッサージのコースを修了した。そして近所のショッピングモールのマッサージ店で仕事を始め、ある程度慣れた段階で、子育てとの両立がしたいと、時間の縛りがある店を辞めて独立した。店で知り合った客の家に行き、マッサージやマニキュア等のサービスをその家で行う方式に変えたのだ。さらに、オーストラリアに移住した男性から、ケソン市で暮らす高齢の母の在宅介護も頼まれ、それも引き受けた。ニニの収入は月に一万ペソ以上あるが、それは「自分の少しのディスカルテ」で増やしてきた収入なのだと彼女は語った。

③辛抱する

辛抱あるいは試練に耐えることを意味するイロブ *ilob* は、一見すると、単に待つだけではなく行動するという意味のサパラランの対極にあるようにみえる。しかし、実際にサパラランした人たちの間では、時として重要な実践だと強調される。

リンダには、香港で家事労働者として働いたことのある親族がおり、名はネリーという。ネリーは、夫とともに香港で働いていたときにリンダに自分の子の世話を頼むなどリンダと親しい関係である。ネリーは、一九八三年に既に香港に行っていたオバに誘われ、香港で家事労働者として働き始めた。ネリーによると、外国で家事労働者として働き続けるのに最も大切だったことは辛抱だという。

私はマニラでは店員しかやったことがなかった。ハイスクール卒だけど家事はまるっきりダメ。でも香港に着いたときからすべての家事を中国人の雇用主に言いつけられた。当時は出国前のオリエンテーションも技術指導のセミナーもなくて何がメイドの仕事なのか知らなかった。香港でメイドは低くみられるから、雇用主は最初から厳しかった。大声で怒られてばかりで、本当にきつかった。涙と、風邪からくる鼻水が一緒になって顔を流れた。そんな状態で（香港に先に来ていた）オバにもう帰りたいと泣きながら言ったことがあった。するとオバは何と言ったと思う？　それは考え直すべきだと言われたの。もしそんなふうに思っていると雇用主が知ったら翌日フィリピンに戻されるよ、それでもいいのかい、と。それで辛抱した。そのときのオバの言葉は正しかったと感謝している。しばらくして仕事に慣れたら、雇用主ともうまくやれるようになって、自由な時間も増えて、その家で結局、三一年間も働いたんだから。

この辛抱する状態は、サクリピショのイメージに最も近いものと思われる。ペテルノもリンダも自分たちの人生は辛抱する毎日だと語った。リンダは、毎日の辛抱は神が彼女に与えているものだと考えていた。似たような言葉として忍耐（*maduruto*）や努力（*kauyatom*）もあった。

以上、サパラランした村人の幸運探しの様子を描いた。かれらが行っている実践は状況によって様々である。このように実践のレベルでは一つの公式に集約できないのが幸運探しの実態といえよう。移住先の村人のなかには、村にいたときと比べて、新しいことによく挑戦し、性格も社交的な人に変わっているケースが少なくなかった。そのように考えると、サパラランに含まれる一つの重要な側面は、この節で書き示したように、村にいたときとは異なるタイプの人になるためのプロセスとみなせるかもしれない。

三　幸運の獲得

1　人それぞれ違う幸運

幸運探しに出た本人たちは、自分と幸運についてどのように考えているのだろうか。この点をマニラに長期滞在する村人たちに直接尋ねてみた。すると、多くの人が幸運を単に自分に渡される富とは違うものと考えていることが浮かび上がった。

まず幸運は、自分に訪れる選択の機会として捉えられている。ペテルノは、ルソン島北部の都市で行商しているとき、知り合いから雑貨の商売に誘われた。マニラから遠すぎると思って断ったのだが、そのときに参加した仲間は儲けてその都市に自分の店を持つに至った。「もしかするとその機会が自分に与えられた幸運（*suwerte*）だったかもしれないが、逃した。だから自分は今でも毎日こうして自分の足で稼ぐしかない」と回想した。ペテルノは幸運を、このように日々探していると、ある日訪れる機会と考えていた。

次に幸運によって得られるものは、富そのものというよりも、富の源泉のようなものと思われている。ロセラも、夫の雇用主だったA氏が自分たちにトラックを払い下げてくれると言ったその瞬間が幸運の機会だったとみなしている。夫婦は、その中古トラックを買うと決めた。頭金四〇〇〇ペソは一九八四年当時、大金だったが、そのトラックが利益を生み出し、自分たちの暮らしは「少し上向いた」（umasenso na kaunti）という。

また、訪れる幸運は人みなそれぞれ違うとされる。先述のジェイは、まだ行商をしているころに、台湾で働いてみないかと仲間に誘われた。そのときは好機と思い渡航のための準備を進めたが、様々な書類を取り揃えている段階で、彼のファミリー・ネームの綴りが証明書によって異なると役所に指摘され、パスポート取得が難航した。そうしている間に仲間の一部は台湾へ旅立っていった。ジェイは台湾行きを諦めた。その一件以降、彼は「自分の幸運は違う」（iba ang suwerte ko）と外国行きの話に乗るのをやめ、マニラでの事業のほうに集中した。同様に、娘二人が国際結婚し、結婚相手の資金援助で中間層の住宅地で暮らすことができるようになったロイダ（第三章）は、フィリピンに残っていた末娘もフィリピン系米国人の男性と付き合い始めた（詳細は第八章）とき、「なぜ私の子どもたちの幸運は遠いのかしら」（bakit kaya malayo ang suwerte ng mga anak ko）とつぶやいた。これらが娘たちの幸運だとして、それがなくならないようにと、娘たちには幸運を大事にするように言い、自分も良い行いを続けているという。

第三章でスウェルテには運命と幸運の両方の意味があると書いた。また、パキキパグサパラランは神とともに幸運を探すというニュアンスだと述べた。以上の幸運に関する語りも加味して推察すると、人びとにはそれぞれ自分の運命があり、パキキパグサパラランは自分の運命を良い方向に変えようとする試みといえよう。神が人間のそのような試みを認め、何かしらの好機を与えてくれるかもしれない、そのような思いが村人をサパラランに突き動かす動機になっていると捉えることができる。各人にどのような好機を与えてくれるか、または与えてくれないかは最終的に神が決めることである。

2　終わりのないサパララン

幸運を得ることは全員に起こるわけではない。何度試しても変化が起きない場合、「ここにいても何も起こらない」と考え帰村したと、ライフヒストリーのなかで語った村人は多かった。また、二〇〇〇年のバト村における移動経験に関するデータによると、国内の都市へ向かった未婚の男女ともにほぼ半数がおよそ一～五年で村に戻った。帰村後に多くは結婚し、その後、男性の場合は約四人のうちの一人の割合で再び都市へ移動していた。女性の場合、結婚すると夫に同行する形でまた都市へ行くパターンが多く、単身での移動は一割程度だった。

村人のライフヒストリーからは、幸運探しは次世代に受け継がれていくようだった。リンダは、自分の人生は「運命の回転」（glong ng palad）のように幸運が来そうになっても遠のいていくと話した。そのような状況が続くなかで、マニラのハイスクールを上位の成績で卒業した末子のボンボンに彼女の希望を託していた。

自分の人生にときどき腹が立ってくる。自分は砂の一粒のように小さい存在にしか思えない。人も、年をとっても安い賃金で使用人として働いている私はかわいそうだと言う。自分でも、かわいそう（*kairo ko man*）だと思う。でもある日、食事中に涙が出てきたとき、ボンボンが言った。「母さん、今だけ助けて。時期が来て〔大学を〕卒業することができたら、外国に行くから。それで家を買ってあげる。父さんには車を買うから」と。それを聞いて問題は消えたかのように思えた。だからボンボンに「お前が助けてくれるなら、母さんも助けよう」と言った。私の六人の子のなかでこの子だけが夢を持っている。ボンボンの夢をかなえたい、そう思わせてくれる。だから〔雇用主の家での〕つらい洗濯、アイロンがけ、買い物、料理の仕事にも精が出る。

一方、ペテルノは、自分の人生を振り返って、自分の幸運はそれほど大きくなかったのだろうと回想した。

バト村での自分の爺さんの姿を覚えている。魚を持っている人を見かけると、「おい、腸《はらわた》だけでいいからくれ」と頼んでいた。他人だとくれないときもあるから、そんなときは甥や姪、孫のところを訪ね歩いて食料をもらっていた。〔中略〕昔、うちは貧しかった。〔中略〕今自分はこうして生きていられるんだから、豊かになるっていう幸運じゃないけど、好きな物を自分で買える程度の生活はできるんだ。これが自分の幸運なんだろう。

ペテルノは体が痛み始めて行商がつらくなってきたが、老後は子どものいるマニラで暮らし、村に帰ることは考えていないと話した。

Ｐ通りのバト村出身者たちに話を聞くと、かれらのほとんどは、マニラでもバト村でもどちらの土地でもよいが、頼りになる子のもとでの老後生活を希望していた。また、マニラに出てきた故人たちの埋葬されている場所について尋ねると、本人の希望が尊重されているようだった。全体的な傾向としては、埋葬地の選択では故地に対するこだわりよりも自分の子どもがいる土地のほうが好まれていた。

ペテルノは二〇一二年にＰ通りの自宅で他界した。他のＰ通りで亡くなった村人の多くのケースと同様に、彼の墓はマニラ市北部にある市営墓地にある。

3　「幸運者」と呼ばれる村人

ここまでは幸運探しをする本人の視点から幸運とは何かについて記述してきた。本人の語りでは、飢えずに家族と一緒に暮らせることなども幸運と呼ばれる。他方、本人ではなく、他者（周囲の人）の視点でみると、本人の幸運のイメージとはまた異なる幸運の輪郭がみえる。次章以降では、この他者からみた幸運について検討するため、次に、本人や家族以外が「幸運を得た」（*may suwerte* または *masuwerte*）と呼ぶ人たちのことを紹介しよう。

二〇〇二～〇三年当時、Ｐ通りで、幸運を得た人（以下、幸運者と称す）はだれかとバト村出身者やかれらの子孫に尋ねると、数人の名前が挙げられた。尋ねた人によって幸運者に含まれる人は違っていたが、以下の四人はほとんどの人が挙げた。

(一)ノノ（男性、一九四三年生まれ）

既述（第三章）。バト村出身者の間では初のトラック・オーナー。トラック六台を所有、運転手や作業員のほとんどは村人。Ｐ通りにコンクリート・ブロック製の家を所有。

(二)ネリー（女性、一九五六年生まれ）

既述（本章）。一九八三年から定年になるまでの三四年間、香港で家事労働者として働いた。バト村の女性六人などに香港での仕事を紹介した。二〇〇二年にコンクリート・ブロック製の二階建ての家を村に建て、息子と娘を同年のマヨール（フィエスタの第一スポンサー、第六章）にした。

(三)ファニー（女性、一九六二年生まれ）

一九八〇年、仕事を求めてP通りへ来て、お手伝いとして働いていたときに、同じくP通り在住のルソン島北部出身のトラック運転手（当時）と結婚。トラック三台を所有し、運転手や作業員の一部に村人を雇う。コンクリート・ブロック製の家に住み、近所のアパートや小規模雑貨店も経営する。息子の一人は税関に勤めている。

(四)ジェイ（男性、一九六六年生まれ）

既述（本章）。一九九〇年からP通りでトラック作業員や行商、その後金貸しとなり、儲けた金でトラックを買い、トラック・オーナーとなった。トラック七台を所有、従業員のほとんどすべてはバト村出身者である。二〇〇三年にP通り付近で最も高級な家（コンクリート・ブロック製の三階建て）を購入した。

これら四人だけでなく、他の幸運者と呼ばれる人の例を考慮しても、幸運を得たとみなされるためのわかりやすい基準として次の三点が挙げられる。

一つ目として、生存レベルで暮らす一般的村人よりも明らかに物質的に豊かになっている。ここでいう豊かさは、先に述べたように一回きりで終わってしまう富ではなく、持続する豊かさ、あるいは富の源泉とでもいえる経済力である。宝くじで大当たりをしたなどの場合も幸運と呼ばれるが、それが一度きりで、得た賞金を元手に事業で儲けるといった持続性がその人の豊かさにみられないと、幸運を得た人物とは呼ばれにくい。

二つ目は、わかりやすい指標として木材を一切使わないコンクリート・ブロック製の大きな家を建てている。トラック・オーナーになった村人や、国際移民となった村人は四人以外にもいる。だが、多くの人から幸運者と呼ばれるには、村人の間で金持ちのシンボルとなっているコンクリート・ブロック製の家を建てることが必要である。同様に、金の装身具やブランドあるいは流行しているスタイルの服を着ることもこの基準の一部となっている。さらに、子どもに高等教育を受けさせていることも、判断基準に含まれる。

三つ目として、周囲の人びとを助けられる立場になっている。例としては、村人を雇うトラック・オーナーのような自営業者や、自分が働く外国に村人を呼び寄せる海外就労者などである。そのような身分の子を持つ親も幸運者と呼ばれる。ただし、そのような身分になったとしても、実際に周囲の人を助けなければ、幸運者という呼称がその人に付与されるかどうかは微妙だ。村の人たちとの付き合いかたと幸運者という呼称の関係は重要であり、この点については次章以降で詳しく検討する。

四　サパラランに対する評価

第二部では、バト村からの移民の語りと経験を中心に、サパラランはどのようなものであるかを描いた。サパラランとは、恵まれない境遇のなかで運命が変わるのを受動的に待つのではなく、自ら幸運を求めようとする行為、あるいはそれを促す概念である。ただし幸運を得るには、それ相応のリスクが伴うものと思われている。そのリスクはサクリピショという言葉に象徴的に表現されている。つまり、自分の運命にかかわるような事柄に関し、何かを得るためには、何かを差し出さなくてはならない、という考えかたである。

別天地へと旅立つことは、バト村の人にとってサパラランの代表となっている。村人がサパラランで目指す場所は、村よりもはるかに多くの富が存在する場所であると同時に、未知のおどろおどろしい危険なイメージがつきまとい、危険から身を守ってくれるような親族もいないか、少ない。そのようなリスクを受け入れたうえで行うのがサパラランである。幸運を得ることができなかったとしても、多くの場合、それは個人的な不運とみなされる。

サパラランした移民は、通常、移動先で様々な仕事や雇用主を試し、幸運を探し続ける。移動先では各自が置かれた立場で、周囲の人びとから日々を生き抜くための術、ディスカルテを学び、慣れたら自分でも工夫して自分のディスカルテを考え、試す。幸運は神が人間に与えてくれるかもしれない不確実なものだ。幸運と思われる機会が実際に訪れるまで、人間は自分にとっての幸運が何であり、それがいつ来るかはわからない。よって苦難が続いても、それを耐え忍ぶことも求められる。

幸運探しについての自己評価はまちまちだ。聞き取りした村人は、人にはそれぞれ別の運命があるように、幸運のありかたも人によってそれぞれ違うと捉えていた。

一方で、本人がどうみなすかではなく、周囲の人から広く幸運を得たと認められている人たちもいる。そのようにみなされる基準としては、より豊かな生活を送れるようになったことに加え、コンクリート・ブロックの大きく立派な家に住み、子どもたちに高等教育を受けさせているといった、フィリピン社会の中間層をイメージさせるようなシンボルの所持である。さらに、本人やその家族だけでなく、周囲の人たちとの関係も一つの基準になっている。村人を雇ったり、何かしらの機会を村人に提供したりするなど、周囲の人たちの生活向上に役立つ行為をしている点も重要と考えられる。

まとめると、サパラランは偶然だけで結果が決まるような一瞬の賭けではない。サパラランをすると決意した人は、危険や苦難もいとわずに、自分の持ちうる能力や資源を用いて臨機応変に、いつどのような形で訪れるかもしれない幸運を獲得しようと工夫を続ける。

さて、現在のバト村においてサパラランは全般的に肯定的に捉えられている。だが、他の地域あるいは階層の人びとの間ではどうだろうか。

フィリピンの他の農村部についての民族誌のなかでも、同じような幸運を探すための具体的な行動様式が記されている。パラワン島北部の農村を調査したエダーは、生存あるいは経済的向上のため、各世帯では農業経営の多角化から都市や外国での就労まで新たな収入源獲得の「世帯戦略」(household strategy)が試されており、また、これらの戦略が目まぐるしく変わっていることについて言及している。様々な戦略を試す理由は、幸運がいつ、どこにあるかを発見するためだと記している[Eder 1999: 111-112]。ルソン島中部のヌエバ・エシハ州の農村を研究したカークフリートも、「貧しい人びとは自分たちがいつも『行動している』(kumikilos)」と感じており、かれらは、仕事を求めての移動、小規模ビジネス、養豚、野菜栽培など多様な試みを続けていると述べる[Kerkvliet 1991: 170-171]。そしてエダーもカークフリートも、これらの試みの結果、経済的向上がみられたケースは「幸運が来た」、そうでないケースは「幸運がまだ来ていない」と説明されると述べている[Kerkvliet 1991: 170-171; Eder 1999: 111-112]。

では、フィリピン農村部の人たちが経済的向上を求める際の経路は、幸運探しだけと思われているのかというと、それは違う。第二章の最後に紹介したラブロ家のラモンは別の土地でいろいろ試すよりも、バト村で農業を続けるほうがよいと言っていた。第三章で一九五〇年ごろのバト村の様子を語ったイシンも同じように、使用人になってまでマニラに行きたいとは思わなかったと語った。さらに、バト村でバランガイ議員を長い間務めていたフロール(女性、一九五二年生まれ)は、バト村で養豚を精力的に行っている一人である。彼女は何度もマニラや外国行きに誘われたが、すべて断ったという。移動先で安全かつ給与の良い仕事と生活があることが保障されていない限り、別の場所で生活をしたいとは思わなかった、とその理由を話していた。「仕事の有無さえ確実でなくても知らない場所へ行く勇敢な人はすごいと思う。でも私は、こうして村で養豚など小規模ビジネスをやっているほうが幸せに感じる」と語った。彼女の子ども三人のうち、二人は大学を卒業し、一人はカルバヨグ市の市職員に、もう一人はセブで一般企業の職員になった。

このように経済的上昇に結びつく経路として語られる概念は、サパララン以外にも存在すると思われる。そこでサパララン以外の経路についても最後に触れたい。

参考になるのは、ベロロによるパラワン島の農漁村の人類学的研究である。ベロロは調査村で収集したヒリガイノン語の語りや比喩などを分析し、成功をもたらすとして重視される概念は、生業形態ごとに異なる特徴がみられると指摘する。重視される概念は、小規模農業においては勤勉さ（pisan）であるのに対し、小規模漁業では幸運、という違いが表れていると主張し、その違いを自然環境とのかかわりかたや作業を行う際の社会関係と関連づけて論じている。また、同じ漁業であっても、商業的漁業に従事する人びとの間では幸運よりもディスカルテを重視するようになっているという［Veloro 1995］。

ベロロが示した、生業形態と成功へ至る経路を示す概念の類型化は、地域の文脈によるところが大きく、この類型化が現在のバト村のケースにそのまま当てはまるとは考えられない。しかしベロロの議論のように、それぞれの地域において、経済的向上を達成するには複数の経路が存在すると想定することは有効だろう。

さらにいえば、ベロロは異なる経路をそれぞれ独立した別のものとみなしているが、本章で記述したように、幸運探しの過程では辛抱やディスカルテが同時並行的に大事と強調されていた。実際の生活ではこのように、状況によって異なる経路の上手い使い分けが求められていた。多様な成功への経路があることを知り、自分が置かれた状況ではどれが最も良いか判断できる能力こそが、幸運者の能力として求められるものなのかもしれない。

ところで、階層が異なる人たちはサパララン、あるいはサパラランするという人たちに対し、どのようなイメージを持っているのだろうか。この問いに答えるには慎重な調査と分析が必要だが、本書においてそれをすることはできない。ここでは簡単に、わたしがカルバヨグ市の中心地に住む中間層の人たちに、機会のあるときにこの点について尋ねてみた結果を記しておく。

サパラランという経路を選ぶ人びとに対する評価は、個人の信条や好みで分かれたが、概ね能動的な態度だと肯定的に捉えられているようだった。一例として、カルバヨグ市役所の経済企画部署で働く職員九人（全員、大卒の「プロペショナル」である）に評価を尋ねたところ、六人は、サパラランは良いことだと肯定した。「何もしない怠け者（*hubya*）の反対という意味なのだから良い。やってみないとわからないことは多い。サパラランは自分で行動を起こすことだから、機会が増える」（女性、一九七三年生まれ）、「私たちは伝統的な家族制度（*padrino-padrino*、縁故主義）に縛られてしまうが、サパラランのように、知り合いがいなくても知り合いをつくろうとするなら新しい道が開けるかもしれない」（男性、一九九二年生まれ）など、サパラランが革新的な動きとなる可能性を評価していた。かれらによると、カルバヨグ市の中間層の間でも、外国へ移住したり、新しいタイプの事業を始めたりとサパラランする人は大勢いるという。ただし、市の貧困層と比べたら、サパラランしないと明日生き延びることが難しいという切迫した状況ではない中間層の間では、サパラランする人の割合は貧困層より少ないだろうという見解が聞かれた。世代でみると、個人差が大きいために断定的にはいえないが、若い世代のほうがサパラランを肯定的に捉える人が多い傾向がみられた。

反対に、否定的に捉えている人もいた。「サパラランを好むような人は、いつも満足していないようだ。子どもがまだ小さいのに他の人に預けて外国に行ったりしている。本当に貧しいなら理解できるが、月給を得ているプロペショナルまでがここ（フィリピン）での仕事を捨てて、別のところに移動しているのは私として理解できない」（女性、一九五九年生まれ）という評価をした経済企画部職員もいた。市中心地で話を聞いた人のなかにはほかに、「サパラランは貧しい人の無謀な生きかた。自分の命を大切にしていない。かれらには教育が必要」（男性、一九五〇年生まれ、オートバイ販売店経営）、「サパラランする人は怠け者なだけ。幸運、幸運という考えかたは他者に依存した考えかた。（幸運は）自分で努力して生活を向上しようとしない怠け者が好む言葉」（女性、一九三五年生まれ、元小学校教員）といった厳しい意見もあった。

最後の意見は、富の根源はそもそも何かという考えかたの違いを指摘している。そこで次章からは、富の根源についての考えかたも含め、幸運とは何かについて別の側面から検証してみよう。

第三部　幸運を通じたつながり

幸運者としてバト村に帰省するルス（2003年5月、ルソン島とサマール島を結ぶフェリー乗り場）

第二部では主に、移民本人の運命と、豊かな生活を送るための新たな富の源泉の獲得という観点からサパラランについて論じてきた。しかし、第二部の最後のほうに述べたように、幸運を獲得した人という意味の「幸運者」という表現に着目すると、幸運は単なる物質的なものだけとは言いきれない側面が浮かび上がった。物質的に豊かな生活を送っていても、幸運者として呼ばれない村人がいるからだ。幸運者と呼ばれる人と呼ばれない人がいる背景には、村人が考えるモラルの問題があるものとみられる。そこで第三部では、「幸運」という概念に含まれる、宗教的・社会的側面に着目する。

フィリピン低地キリスト教徒に関する研究では、共感や憐みといった感情［Rafael 1988; Rugkåsa 1997; Cannell 1999; イレート 2005］、そして具体的な行為として周囲の人びとを助けること［Berner 1997; Aguilar et al. 2009; Yean 2015］がつながりを形成し維持していくうえで極めて重要とされている。

また、ルソン島北部の少数民族、イフガオの人たちの海外出稼ぎについて調査したマッケイも、共感とそこから生じる相手のための行動が出稼ぎ者と故地の村とのつながりの基礎だと論じる。たとえば、送金のように通常、経済的行為とみなされることであっても、当事者たちは「送金は（助けが必要な相手の境遇に対する）気持ち（feeling）の表明」、すなわち「感情的つながり」の印として送っているのだという［McKay 2007: 186］。

こうした共感をもととする理念に則って、互いに分け与え、助けようとする「モラル・コミュニティ」とでも呼べる集団の特徴がみられるのは、フィリピン国内に限られない。東南アジアの山岳民族のほかに、社会経済的に抑圧された低地民の間でもみられ、共同体内の連帯感の基礎となっているという［Gibson and

Sillander 2011; Macdonald 2011]。

第三部で紹介するバト村の人びとの宗教的・社会的側面をみても、感情や周囲の人びとを助ける姿勢が様々なつながりを考えるうえで重要な条件となっている。この第三部で詳しく述べるように、憐みの心情に基づいて分け与えることは、ワライ語で「ブオタン」という形容詞によって表現される。ブオタンは、バト村において人びとの間の中心的なモラルの一つとなっている。村では、だれがブオタンか、あるいはだれがブオタンでないかは日々の会話で頻繁に登場する話題の一つであり、その時々の評価によって、村内の社会関係が再編される。くわえて、村人の多くは、自分がブオタンな行いをすることが自分と神との関係、ひいては自分の将来にも影響を及ぼすと考えている。

第五章ではまず、幸運探しが移民たちにとっては神との関係のなかで執り行われる行為である点をもう一度確認し、次にブオタンであることと幸運探しとの関係を考察する。つづいて第六章では、村のなかの家族・親族を中心とした社会関係を概説した後、幸運探し中の村人たち、次に幸運者と呼ばれるようになった村人たちそれぞれの故地との関係について、かれらの行為をもとに多面的に分析し、幸運あるいは幸運者の意味についてまとめる。

第五章　祈りの世界のサパラン

「家族のためだから怖くない。サクリピショがなければ幸せはないでしょ?」（エダイ、女一九四九年生まれ）

この語りは、二〇〇二年にエダイが生まれて初めて海外（中東のイエメン）へ働きに行こうとしてマニラに出てきたとき、わたしがエダイに「海外に働きに行くのは怖くないの?」と聞いた際の、彼女の答えである。わたしは当時、言葉の問題（エダイは繰り返し自分は英語はできないと言っていた）や、外国人が多い職場でのコミュニケーションの問題などを気にしているかという点に関心があり、尋ねたのだった。しかし、エダイからの返答は、彼女がイエメンに行こうとしているのは収入を得るためではあるものの、それを単なる求職活動として捉えたら見落としてしまう、彼女の宗教観を含む、もっと深いものがあるようなことをわたしに伝えているようだった。

フィリピンを中心としたアジアにおける移民現象を長年、多面的に考察している社会学者のアシスは、移民が自分自身の移動という経験を宗教上の経験としてしばしば捉えている点に言及し、次のように述べる。「世俗的な視点からすると、人の移動は、不均衡なグローバリゼーションの過程の重要な部分である。信仰という視点からすると、人の移動が展開していく様子やそれにどう対処するかは、（カトリック教徒本人にとっては）アジアにおけるイエス・キリストの物語そのものである」[Asis 2006b: 5]。アシスのこの意見は、アジアのカトリック関係者の会合で述べられたものである。彼女はそこで聖職者たちがカトリック教徒たちの労働移動の分野で大きな役割を果たすことができる点を強調したのだった。しかし、この発言は聖職者以外にとっても、移民の信仰の世界に思いをはせることの重要性に気づかせてくれているように思う。同様に、サウジアラビアへ家事労働者として働きに行くインドネシア女性について研究するシルヴェイも、彼女たちはサウジアラビアで働くことがムスリム女性として良い行いであるか否かという信仰上のモラルを非常に重視していると指摘する［Silvey 2007］。

序章で触れたように、フィリピン人の海外就労現象の宗教的側面に着目して考察する研究が近年みられるようになった。だが、それらは主として、移民の移住先での適応過程で信仰集団が果たす役割や、移民が自らをイエス・キリストの軌跡に追随するような犠牲者とみている点を強調するにとどまっていた。

本章では、信仰に関する人びとの概念と行為からみる幸運について論じる。最初に、バト村における人びとの信仰実践のいくつかの場面を描写する。つづいて、わたしがバト村やマニラに滞在中に幸運探しを試みた二人の村人の例を紹介する。一人は、当時マニラで幸運を得たと噂されていた女性、ルスであり、もう一人は、先に語りを紹介したエダイである。彼女たちは神や様々な人間の目に見えない存在と友好な関係を結びながら、助けを引き出し、新たな活路を切り開こうとした。最後に、二人の事例をもとに、村人の間の神や不可視な存在と人間との関係の特徴を、村人が強く意識する祝福とサクリピショという概念を中心にして指摘し、そのなかに移民が探し求める幸運を位置づける。

本論に入る前に、以下の二点について先に述べておきたい。第一に、本書が対象とするカトリック教徒の間でみられる民俗概念と日常実践についてである。一六世紀半ばから三世紀以上、スペインに植民地支配されたフィリピンでは、現在の人口の八割がカトリック教徒となっている。しかし、そのカトリック教徒の間で行われている宗教的日常実践のなかには、シャーマンを中心に結成される講サマハン samahan や、聖週間に行われるキリストの受難物語の夜を徹しての朗読や受難劇セナクロ senakulo の上演など、世界の他地域でみられるカトリックの組織・教義・儀礼とは異なるものが多いことでも知られる。

このような顕著な宗教混交状態を表す言葉として、「フォーク・カトリシズム」という用語がしばしば使われてきた［リンチ 1977］。ただ、フォーク・カトリシズムという概念を批判的に捉える見方が近年は主流である［Rugkåsa 1997; Cannell 1999; 川田 2003; 関 2007］。たとえば川田［2003: 11］は、フォーク・カトリシズムが東南アジアなどに広くみられる精霊信仰の上に、カトリックが覆いかぶさったという二重構造を前提に諸々の宗教実践を理解しようとするため、当事者たちにとってはそれらが一つの論理で行われているという、当事者本人の視点を見失う危険性があると指摘し、人びとの信仰生活のなかで行われている儀礼やふるまいを具体的に調査し研究していく重要性を述べる。人びとの語りや行いに着目する本書においても、フォーク・カトリシズムという分析枠を用いずに、当事者たちの具体的な行為やかれらによる意味づけを分析の出発点とする。(1)

第二に、本書で論じる村人の信仰実践は、わたしが見聞する限り、村の生活のなかでも個人各々の経験や信条によって最も多様性がみられる分野であり、カトリック教徒だという村人全員が同一のイメージや解釈を語るわけではない。たとえば、ある村人は礼拝所や聖像の前で神と直接対話をすることを最も重要とし、いわゆる精霊や祖霊といった人間には見えない存在は否定しないが神や聖人とはまったく別の存在と考える。別の村人は、目に見えない存在も神や聖人が司る世界の一部と考え、霊媒を通じたり、夢に現れたりするそれら存在の言葉を重視するという違いがある。また、人によっては、第六章で述べる呪術の力に最も関心があったりする。こうした宗教の多元的状況を重視し、村人の間での解釈の差異や相互のかかわりかたを分析することは重要だが、幸運に関する宗教的側面の意味づけに主眼を置く本章では、差異に留意しながらも、村人の信仰実践にみられるコスモロジーの大まかな特徴を指摘する。(2)

一　村人の生活のなかの信仰

1　人間の目に見えない「友だち」

本節では、わたしのバト村での体験や見聞をもとに、日常生活のなかでどのような信仰実践がみられるかを描く。

二〇〇二〜〇三年にかけて、バト村でわたしが滞在させてもらっていた家は二軒あった。一軒目は当時村長をしていたエダイの家、そして二軒目は、当時エダイと仲の良かったサリー（一九六二年生まれ）の家だった。サリーの家には、夫のレスティン（一九四八年生まれ）と、娘のアリス（一九八五年生まれ）の三人が暮らしていた。サリーたちの木造の家は村の広場に面しており、サリーは当時、バランガイ・タノッド barangay tanod と呼ばれる、村の自警団の一員だった。自警団員に支払われる若干の手当（当時月五〇〇ペソ）と、コプラの収入（三〜四カ月に一度四〇〇〇ペソ程度）が一家の現金収入だった。夫婦には他の収入源はなく、アリスは幼いころ病気がちだったために小学校は五年生までしか続けられず、その後に村外で働くこともしていなかった。稀に、ルソン島中部の、サリー曰く「大きな家に住む」サリーのオバが送金してくれているようだった。

レスティンが村のタンバラン（呪医）の一人だと知ったのは、家に滞在し始めてから半年近く経ったころだった。三人には比較的自由になる時間が多かったため、わたしがバト村に滞在している間、調査に同行してくれていた。ただときどき、レスティンは「今日は四時からアポイントメントがある」などと言って、一人家に残ることがあった。そのアポイントメントの時間にちょうど居合わせたことがあった。村人あるいは村外の人が来ると、レスティンはマッサージ用の市販のオイルを手に塗り、訪れた人の患部をマッサージした。そのような場面に数回居合わせた後、マッサージの方法をどのように習ったのかと聞いてみた。するとレスティンはその問いに直接答えずに寝室に行き、無言のまま、表面がラミネート加工された聖母マリアの絵を見せてくれた。彼はわたしの目を見てその絵を手渡した。この絵が大事なものだということは十分感じたが、どのようにこの状況を受け取ったらよいかわからずにいると、そばにいたサリーがわたしに言った。「マリア様が治してくださるんだよ」。

少し時間をおいてから、レスティンは、彼とこの絵との出会いについて詳しく語った。彼は一人で漁をしていたある日、時化に遭った。村に戻れずに、海の上でもがいていると、この聖母マリアの絵が海の上に浮かんでいるのを見つけた。それを持ち帰り、家でその絵を大事に保管し、助けが必要なときには絵に向かって祈った。するとある日、自分には人を治癒する力があると気づいたという。実際に痛がっていた人をマッサージしたら良くなった。以降、村内外の人が治癒を求めてレスティンのところを訪れるようになった。レスティンは治療中、訪ねてきた患者を助けてくれるように聖母マリアに祈りながら患部をマッサージすると語った。また、患者の容体によっては、すぐに病院に行くように、あるいは村の保健ボランティア（barangay health worker）のところへ行くようにと伝えるという。

バト村に住む別のタンバラン、ミラグリン（一九五三年生まれ）は、一一歳のときに自分が他の人を治癒できる力を授かったという。彼女にも、そのような力を授かったきっかけがあったという。ただ、ミラグリンは、詳細を他人に話すと彼女とその話を聞いた人に激しい頭痛が起きる可能性があるため、これ以上は言えないと話した。彼女は、自分の治癒する力は、自分が学んだ（*aram*）のではなく、人間の目には見えない「友だち」（*sangkay*）から授かった点を強調した。その力を授かって以来、ミラグリンは「友だち」の言うとおりに、助けを求めてくる患者を治療しているという。彼女は村の助産師でもある。

タンバランの語源、タンバル *tambal* は薬や治癒という意味で、それをする人がタンバランと呼ばれる。パ

ラグヒロット *paraghilot*（マッサージを意味する「ヒロット *hilot*」をする人という意味）とも呼ばれる。タンバランは、近代医療を学んだ医者たちと違い、神や「友だち」など不可視の存在の力を借りて苦しむ人びとを救うとされる。二〇〇二年当時、バト村にはタンバランと呼ばれる人物が男女それぞれ二人いた。かれらは村で農漁業や家事をしているが、治療が必要な人が訪問してきたら治療を行っていた。

病などに苦しむ村人がタンバランのもとを訪れるのは、身の周りに起こる出来事が人間の目に見えない存在によって引き起こされている可能性を村人が信じているためだった。たとえば、わたしがミラグリンの家にいたとき、ある村の女性が訪ねてきた。女性は、眼の病気を患った娘を連れていた。母親は娘の眼が一週間ほど前から真っ赤に充血したと説明した。そこで町に行く人に頼んで、点眼薬を薬屋で買ってきてもらった。しかし、四日間点眼を続けていても良くならなかった。そこで、もしかしたら目に見えない存在が何かの仕返しにやったのかもしれないと考え始め、ミラグリンのところへ相談に来たのだという。ミラグリンは無言のまま時間をかけて娘の脈を取り、次に母親が持ってきた点眼薬を手にしてから、それを母親に返した。母親と娘が去った後に聞くと、ミラグリンは「友だち」に娘の眼の病気を治してくれるよう助けを求め、点眼薬に向けてオラション *orasyon*（ラテン語とワライ語の混じった祈禱句）をつぶやいたのだという。

タンバランたちは、治療後にその代金を受け取ることはしなかった。だが、患者が自ら置いていく礼（多くは一回二〇ペソなど、ごく少額）は受け取っていた。かれらは、助けを必要とする人を治療しているのは自分たちではなく、他の存在であり、自分たちは「道具」（*instrumento*）にすぎないと強調した。自分たちは治療費によって金持ちになることはできないとも話した。金儲けをした場合、それは聖なる力を乱用したとして、何らかのガバ（*gaba*、悪行の報い、本章第三節）を引き起こすと信じられていた。治療費を受け取らないタンバランに対して村人は、賭け事などで勝利したり、あるいは大漁になったときなどに、自分が世話になっているタンバランに儲けた金あるいは獲った魚の一部を渡していた。

タンバランの悪い噂を聞くこともあった。タンバランの「友だち」がどのような存在なのか、またタンバランとその「友だち」がどのような会話をしているのか、村人は知る術がないためだ。村人は、タンバラン本人あるいはタンバランへの依頼者が嫌だと感じている相手に対し、「友だち」に頼んで災いを引き起こしているのではないかという疑念をぬぐい去れないのである。村人は、タンバランの見えない存在と交信できる力に頼りながらも、その一方で、タンバランの敵と思われるような人に不幸な出来事が起こったりすると、タンバランがその力を悪用しているのではないかと、疑うこともあった。

人間の視点からすると両義的な存在と思えるのは、タンバランの「友だち」だけではなかった。村には多様な「我々と異なる人」(*tao nga diri sugat naton*)がいるとされていた。(3)「異なる人」と呼ばれるのは、かれらが人間の目には見えない存在であるだけでなく、通常の人間にはできない様々なことができるためでもあった。基本的にこれらの存在は人間を病にかからせたり、漁師に対して不漁にさせたり、あるいは不慮の事故などで命を奪ったりするとされ、恐れられていた。しかし反対に、関係性が良好であれば、病気の治癒や、第三章で述べた漁師に豊漁をもたらすなど人間の望みをかなえることもできると考えられていた。

そのため村人は、この不可視の存在を怒らせないように、注意深く行動していた。不可視の存在は何かと聞かれれば、それは精霊(*espiritu*)のことだと答えた人はいたが、かれらについて話すこと自体、かれらに知られたら不謹慎な行為ととられるので、そのことを恐れ、できるだけ口に出さないようにしていた。話さなくてはいけない場合は、家のなかなどそのような存在がいないとされる場所で、小声で話していた。また、目に見えない存在は、草木が生い茂る自然が多い場所に多いといわれるため、そのような場所を通る際には、「タビ・タビ・アポイ *tabi tabi apoy*」(通りますよ)とつぶやきながら、誤ってかれらを踏まないように歩いていた。また、時間的には、一日のなかでは夜明けと夕暮れどき、曜日では火曜日と金曜日に目に見えない存在は活発に活動するとされており、そのような時間帯には不可視の存在を驚かせたり、傷つけたりしないように特に気をつけていた。

2　土地の神や祖霊

目に見えない存在は、資源の管理、別の言いかたをすると豊かさを与える存在でもある。第三章では、村人が海の資源は海の王が所有し、それを操ると信じられている点を紹介したが、陸の資源である農作物は、土地の精霊、最初の開墾者、祖霊などの霊的存在が司るといわれている。

サリーの家に滞在していたとき、収穫儀礼（*tagum-a*）に誘われたことがあった。二〇〇二年一二月のある日、当時水稲耕作を行っていたビルヒン（一九三九年生まれ）の息子がサリーの家に来て、サリーとアリスに何かの合図をした。二人は、美味しい食べ物があるからビルヒンの水田に行こうとわたしに言った。水田に向かう途中、アリスはわたしにうるさくしないようにと数回注意した。サリーの家から歩いて五分ほどの距離にあるビルヒンの水田に行くと、ビルヒンとその妻のほかに二人の村人がいた。水田の横には、白飯、焼き魚、酒、ゆで卵が置いてあった。後で聞いたのだが、白飯はビルヒンが前日にこの水田で収穫した少量の米を炊いたものだった。

わたしたちが到着してしばらくすると、ビルヒンは水田のほうに向かって何かをつぶやいた。そこでは聞き取れなかったが、後で聞くと、彼がつぶやいたのは次の内容だった。「農地の所有者様（*tag-iya san uma*）、最初の開墾者様（*una nga nag-uma*）、そしてご先祖様たち（*kaapoy-apoyan*）、食べ物をお持ちしました。どうぞお召し上がりください。そして明日収穫することをお許しください」。その後、一五分ほど沈黙が続いた。これも後で聞いたのだが、この沈黙の間、わたし以外の参加者は、鳥やトカゲなどの動物の声に注意を払っており、それら動物の声が収まるのを待っていたのだという。アリスは、沈黙している間に、自分が知っている動物の声ではない、何かの声が聞こえたと自分の家に戻ってから話した。沈黙の時間の後、水田に集まった人たちでビルヒンが用意した食事を水田の横の空き地で食べた。

バト村では、このような儀礼をココナツ以外の農作物を収穫する際に行っていた。村の高齢者たちに話を聞くと、儀礼のなかで呼びかけている存在は、法律上の土地の所有者のことではなかった。それは、自分が耕作する土地に住む目に見えない存在を意味していた。具体的には、農地にかつてから存在する精霊、最初に農地を開墾した人の霊、そしてその開墾者から続く子孫の霊、すなわち自分たちの祖霊である。これら存在の思いは、豊作・不作に影響を与えるという。高齢者たちは、祖霊の個人名は知らないし、知る知らないにかかわらず名前を口にすること自体が良くない、ただ総称としてその土地を司っているであろう存在に対して呼びかけているのだと言った。

村人はこれらの存在に対し、収穫物の一部と食事を提供することで慰撫し、実った作物を自分が収穫する許しを請うていたわけだが、このような農地の開墾者を土地の根源的な所有者、あるいは神だとして敬う信仰は、終章で記すように、サマール島に限らず、広くオーストロネシア諸族の間でみられる現象である。

祖霊は、収穫に関係するだけでなく、子孫の誕生や死に際しても影響を与えると考えられていた。たとえば、村のある女性が妊娠していたとき、彼女の義理の父が死亡した。彼女の親族は、義理の父が埋葬される直前に、義理の父の髪の一部と服の一部を切り取って保管した。そして彼女が村で出産するとき、保管してあった髪の一部と服の一部を彼女の枕元に置いた。それは、義理の父が彼女の安産に力を貸してくれるという理由からだった。他の村人によると、妊娠中の親族がいなくとも、高齢の親族が亡くなるときには、このように髪や衣服の一部を

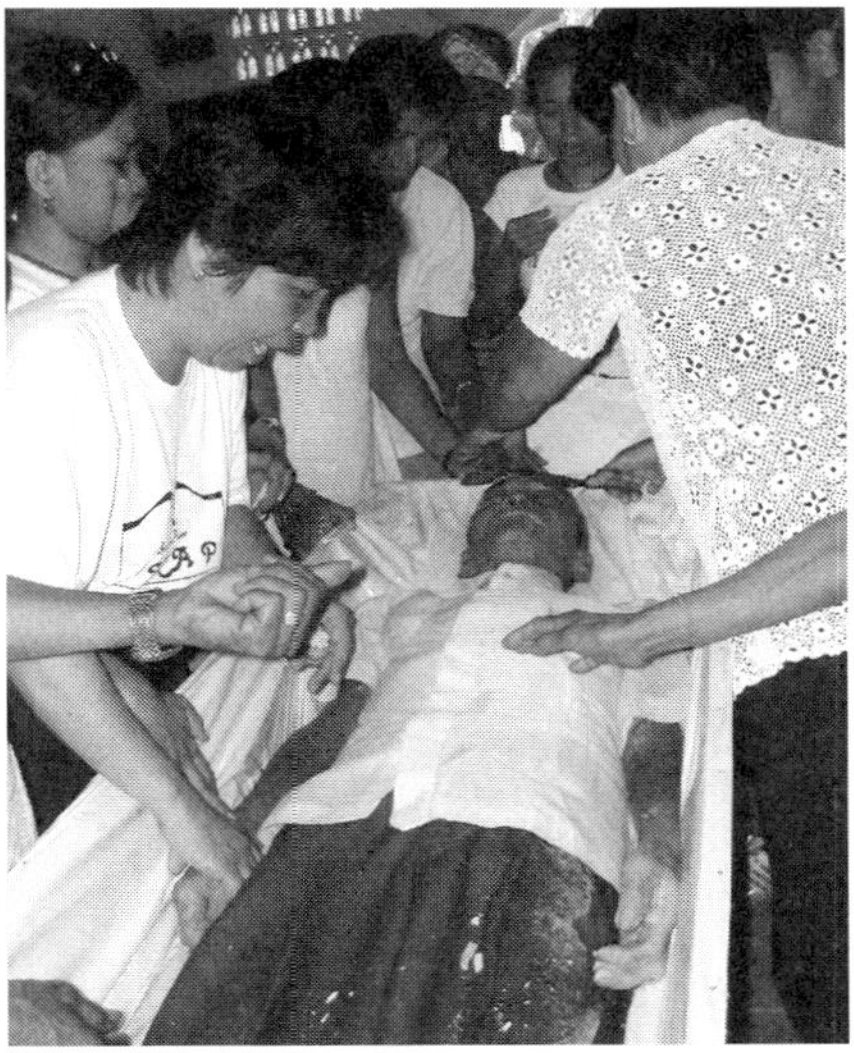

埋葬前に死者の髪を切る遺族（2003 年 8 月、バト村）

保管し、将来だれかが出産するときに、枕元に置くようにする人もいるとの話だった。

祖霊と人間との関係は、これら特定の場面に限ったことではない。村人は原因不明の病気になったり、災いが続いたりする場合にしばしばタンバランの家を訪れるが、タンバランは、それら災いに祖霊が関係していると告げることがあった。祖霊からのメッセージは夢で告げられることもあると村人は語っていた。祖霊が現れる夢はラメラウ *lamirau* と呼ばれ、通常の夢を指す言葉イノップ *inop* とは区別されている。ラメラウを見た村人は、タンバランを通じてその祖霊からのメッセージを聞き、メッセージに従う。特にメッセージはないと告げられても、ラメラウは祖霊が供物を欲していることの現れとみなされており、村人は酒、食事、香などを用意して祖霊に捧げていた。

たとえば、次節で紹介するルスの次男リッキー（一九八〇年生まれ）は、マニラに出てきて詰め替え用ミネラルウォーターの配達員として働いていた二〇〇二年暮れのある日の明け方、祖母が出てくるラメラウを見た。彼によると、ラメラウのなかで祖母は無言だったという。遊び好きのリッキーは、自分で稼いだ金は自分の娯楽費や衣服代に使っていたが、ラメラウを見た後、彼は、二〇〇一年にマニラに来て以来、初めてバト村の家族に自分の給与の約半分にあたる一〇〇〇ペソを送った。

3　村の守護聖人

バト村の九割の人びとはローマ・カトリック教徒である。残りの村人のほとんどは、プロテスタント系諸派のクリスチャンである。[4]村人はそれぞれ自分の信じる宗派の教会に通い、各々の儀礼に参加する。村内には、カトリック礼拝所のほか、フィリピン基督教団（United Church of Christ in the Philippines: UCCP）の教会とセブンスデー・アドベンチスト（Seventh Day Adventist）教会が存在する。このように現在の村にはプロテスタント系諸派の信者が一定数いるといえども、村の成り立ちや、フィエスタなどの村を挙げての行事は、カトリック信仰と深く結びついている。本書では、主にカトリック教徒である村人の語りや実践に注目して記述する。

カトリックの礼拝所[5]は、バランガイ広場の南側に位置し、その対角線上に行政組織であるバランガイ集会所が置かれている。既述のように、礼拝所が設立されたのはバト村が一行政区（バリオ、第二章）として独立した年（一九四七年）だった。独立した礼拝所を持つことは、村人が他の村ではなくバト村の成員であること、すなわちかれらのアイデンティティに大いにかかわっていると示唆しているようである。

礼拝所は設立当時、木製の簡素な小屋だったという。しかしその後、村の家々がペンタカシ *pentakasi*（コミュニティ内での相互扶助活動）として募金を出し合って建て替えたり、毎年のフィエスタのスポンサーがサクリピショとして改築や寄進をしたりした結果、礼拝所は年々、大きく頑丈なものになった。今ではコンクリート・ブロック製の建物になり、なかには扇風機十数台のほかに、パソコン、プロジェクター、スクリーンといった設備が整えられている。それは、村人の考える基準で「金持ち」になった人が増えていることを象徴している。

礼拝所に最も多くの村人が集まるのは日曜日の朝のミサのときである。参加者は通常、四〇人程度で、フィリピンの他の地域と同様、その多くは女性である。言い換えれば、女性たちが村の宗教空間を形成する主体である。日曜日のミサに参加しない人も、復活祭、フィエスタ、クリスマスといった特別の日のミサには参加する。これらの日には男性の姿も増え、礼拝所には二〇〇人以上の人が詰めかける。よって、一部の人は建物に入りきれずに、野外で祈りを捧げる。

礼拝所内部の一番奥に祭壇があり、その左右には守護聖人二人の像が安置されている。守護聖人は各々特別な力を持っているといわれる。(6) バト村の守護聖人は聖イシドロと聖母マリアだが、二人が祀られるに至ったのには、それぞれ理由があった。聖イシドロは、第二章で書いたように、豊作をもたらすとされるため、バト村で初めてフィエスタが開かれた一九五三年に、村人たちは聖イシドロを守護聖人にすることを決めた。一方、バト村に祀られている聖母マリアの像は、奇跡を起こすとされるヌエストラ・セニョーラという聖母の像である。聖母マリアが村の守護聖人となったのは、一九八〇年代の一人の村の漁師の体験がもとになっている。ある日、漁師（先のレスティンとは違う男性）が海で漁をしていると、天候が悪化してきたので、急いで村に戻ろうとした。すると、海に浮かんでいる物があることに気づいた。漁師はそれが聖母の像であることを発見し、嵐のなかであったにもかかわらず、それを拾いに行くと天候が穏やかになった。このエピソードを知った村人たちは、この像を村の守護聖人として祀ることにしたのだという。

村人のなかには、特定のカトリックの聖人をいつも自分のそばにいる身近な存在だと感じて、日々話しかけている人もいた。わたしが聞いたなかでは、特に聖母マリアと、サント・ニーニョと呼ばれる、聖なる幼きイエスに語るという人が多かった。

礼拝所に置かれている守護聖人の像、聖イシドロ（左）と聖母マリア（2017 年 5 月）

ある村人の家の祭壇（2003 年 7 月）

ある女性は、自分が聖母マリアを最も身近な存在と感じ、自宅の祭壇に置いている聖母マリアの像に触りながら話しかけていることについて、政治家との交渉にたとえて、次のように語った。

　自分が困っていて、市長にお願いをしたいとき、直接市長に話をするのは恥ずかしい。だから、まず市長と話ができる、村のなかの政治的リーダー（村レベルの政党の党員）に市長に話を通してもらえるようにお願いする。神との関係も同様。神様は遠い存在だし、直接話をするのは難しいから、神様と話ができるような存在にお願いする。たとえば、聖母マリアはイエス様の母親。女性だから人の苦しみに共感してくれそうだし、イエス様の母親であるから息子のイエス様に話を簡単に通してくれるし、イエス様も母親からの話となれば聞くに違いないと思う。だから、私は困っているときに聖母マリアに話をする。像は目の前にあって、話がしやすいし。

バト村で「話し相手」（*kahampang*）と言うとき、それは単なる会話の相手だけでなく、様々な頼み事も聞いてくれる親友のような存在を意味する。根源的に神が世界の事象の行方を司ると信じるバト村の人たちにとって、話を聞き、助けを引き出すことができる存在がそばにいることは重要であり、かれらの信仰実践のうえでは不可欠な部分を構成していると思われる。

村人が参加しているカトリック関連のグループはいくつか存在する。なかでも中心的役割を果たしているのは、BEC（Basic Ecclesial Communities）と呼ばれる、小教区のもとで、礼拝所ごとに、あるいは地域の相互扶助団体として組織されているカトリックのボランティア・グループである。(7) BECは、日曜日のミサの準備や補助、司祭が来られない日曜日にはミサの司式の代役、カテキスタ（キリスト教教理の指導と信仰生活の指針を伝える教師）として子どもたちへのカトリック信仰の教育、年中行事の企画・実施、礼拝所の清掃や美化活動といった多くの活動を行っている。メンバーは聖歌隊を含めて三〇〜七〇人程度で、ここでもその多くは女性である。BECに加わった理由をメンバーに尋ねると、神への感謝と奉仕のためとの答えが最も多かった。ほかに、仲間がいて楽しいとの意見も聞かれた。一部には、自分が病気から治ったら一生神に奉仕すると約束したからBECのメンバーになったという答えもあった。

BECの中心メンバーと筆者（右端）（2016年8月）

以上、村人の信仰実践にかかわるいくつかの場面を、断片的ながら記述した。総じて、村人は神の存在を信じ、人によって頻度や形式は異なるが、祈り、必要なときには交渉できそうな存在を通じて神に願いを伝える。サパラランする村人の語りや行為に触れれば触れるほど、この祈りの側面を無視して、かれらのサパラランの物語を理解することは不可能のように思えてきた。そこで次に、幸運探しに出た村人が、自分が幸運を手に入れることをどのように捉えているか、祈りの側面にも注目して詳しくみていこう。

二　人の運命を変える力

1　「幸運を得た」ルスの半生

わたしが初めてバト村を訪れた二〇〇〇年に、BECのメンバーとして活動していた女性の一人がルス（一九五九年生まれ）だった。次に村を訪れた二〇〇二年には、ルスはマニラに行っており、村で彼女の姿を見かけなかったが、村ではルスが幸運を得たらしいとの噂を聞いた。それは、ルスの学歴が低いにもかかわらず、マニラの修道院の正規職員（宿舎の管理人）になり、収入が高くなっただけでなく、国の社会保障制度にも加入できたことと関係していた(8)。当時のバト村で国の社会保障制度に加入していたのは、カルバヨグ市の職員と小学校の教員だけだった。わたしはその後、マニラのDT通りでルスに会うことができ、そこで彼女に自分の生い立ちや今の職を手に入れたきっかけなどについて聞かせてもらった。その内容をまとめると次のようになる。

ルスは八人キョウダイの七番目で、前章で紹介したリンダの異父キョウダイである。彼女は「自分の人生は幼いころから苦難の連続だった」と語った。父は二歳のときに死亡し、シングルマザーの母は貧しくカルバヨグ市の中心地で住み込みの洗濯婦となった。そのためルスは母から離れ、バト村の姉や兄と暮らし、小学校に通っていた。ところが、母の再婚を機に、継父の村に移住することになり、小学校は四年で中退せざるをえなかった。移住先の村では、継父から冷たくされ続けたため、母を残して一人バト村に戻り、当時、バト村で「金持ち」（第二章）と呼ばれていた家で洗濯婦として働いた。

一四歳のとき、マニラから戻ったリンダが再びマニラへ行くと聞いて、リンダに自分もマニラに行きたいとすがり、無賃乗船でマニラへ行き、アヘンテの紹介でマニラ近郊の農家の手伝いとなった。農家では、稲作の手伝いや縫製の仕事をした。一年後、リンダがルスを連れ戻しに来て、それ以降はマニラの様々な家でお手伝いとして働いた。だが、三年経っても自分の人生に何も起こらなかったため、バト村に帰り、一八歳のときに村の男性と結婚し、五人の子どもを育てながら夫と二人でココヤシ栽培を続けていた。

一九九一年、ルスは夫に、このままバト村で二人で農業を続けていても一カ月五〇〇ペソの収入では子どもたちを学校に通わせ続けられないと迫り、自分がマニラで働き、仕送りすると言った。夫は反対したが、ルスは自分と同じような人生を子どもたちにも送らせたくはないと説得し続けた。また、礼拝所では聖母マリアの像に、これからは神のために尽くすと約束し、子どもたちの教育費を自分に稼がせてほしいと祈った。数カ月後、夫は折れて、ルスはマニラで働きだした。

しかし、マニラでは望んだような雇用主と巡り会えず、長い間、より良い雇い主を探して、短期間働いては辞めることを繰り返し、首都圏各地を転々としていた。ところが、二〇〇一年に、ロリー神父との偶然の出会いから、マニラの修道院の正規職員として働くことになった。月給はそれ以前の三・五倍に相当する七〇〇〇ペソになった。聞き取りをした二〇〇二年現在、村の家族へは、末娘の学費のほか、生活費や家の修繕代として月平均二〇〇〇〜三〇〇〇ペソを送っていた。

2　神の祝福を授かる

以上は、ルスの語りを、通常の移民研究の視点からいくつかの場面をかいつまんで記述したものだ。だが、ルスの語りをそのまま記すならば、彼女の語りには、彼女の宗教観を表す重要な表現が多く含まれていた。一例として、ロリー神父との出会いについて述べた部分を書き表してみよう。

神が祈りを聞いて、慈悲／憐み（awa）をかけてくださったのは、そう、二年前の七月二四日だった。マニラに行く前、こう祈った。主よ、今度こそマバイット mabait（情に厚く助けてくれる、後述）な雇い主を私のために探してくださいって。私の年齢、学歴の低さを考えたら、神父と出会うなんて期待していなかった。たぶん、教会で奉仕していたからじゃないかしら。以前、カテキスタを務めたし、ＢＥＣの中心メンバーとしてみんなのためにセミナーも開いた。でも、村じゃお金がなかった。どうやって子どもを大学まで行かせられる？　日々必要なお金はどうやりくりすればいい？　台風が来てコプラの収入がなかったら？　ココヤシ園の小作の仕事も辞めさせられてしまったし。それで、またマニラに戻ってがんばることを決めた。仕事を探そうって。良い仕事にめぐり合えたのは、主のみこころ（kaloob ng Panginoo）だった。主が私の祈りを聞いてくださった。主の祝福（Blessing Niya）よ。だって、マニラに行く前、六時ごろに教会に行って、主よ、良い仕事、マバイットな雇い主を私にください、これは私が家族を助けるためなんです、って祈っていたら、教会のなかで神父の十字架（Krus ni Padre）を見つけたんだから。あの十字架がきっと、私をここ（今の仕事）まで導いてくれた橋（tulay）だった。〔中略〕ロリー神父と直接知り合ったのはそこ（サマール島とルソン島をつなぐフェリー）でだった。本当に幸運なことに（suwerte ko talaga）、「私はラ・ビスタ（ロヨラ・ハイツにある高級住宅地、第三章）でときどきパートの仕事をしているだけなんです。なかなか良い仕事に就けなくて」などと、神父に自分のことを話した。もしかすると、あの場でそんな話をするのは失礼だったのかもと思うけど、あそこでは運命の何か（pinag-ano ng tadhana）がそうさせたとしか言いようがない。

この語りから、ルスが修道院での仕事を見つけたのは、彼女の経験や伝手といった個人的な資質でも、単なる偶然でもなく、「主のみこころ」、すなわち神の意志が起こしたことだった、と彼女はみなしていることが読み取れる。彼女は、自分には神の助け以外に苦境を抜け出す方法がなく、そのため神に常に祈り、神が喜ぶような奉仕活動を行っていた点を強調していた。その結果、ある日、神が彼女に憐みを感じ、彼女の前に十字架を差し出し、さらにロリー神父と出会わせる、といった好機を自分に与えたのだと解釈しているといえよう。

この神とルスとの関係をさらに詳しくみてみよう。まず、ルスは、彼女の運命を変えることができるのは、神であると考えている。第三章で書いたように、フィリピン低地キリスト教徒社会に関する研究によると、この社会では多くの場合、人それぞれに「運命」が定まっているが、それは変わることもあるとされる。ルスの語りでは、それは神の意志によって起きる。それは彼女が、神がこの世の事象を司っていると信じているためである。

次に、神と人間との間にはこのように非対称的な力関係があるのだが、後者は前者に依存するだけの存在ではない。後者は、前者に働きかけることができるものとされる［Cannell 1999］。その方法が祈り（*ampo*）である。ルスはまず、神への祈りのなかで自分の苦境を伝え、良い雇用主を自分に与えてくれるように頼んだ。そして、神はその頼みを「聞いた」のだが、聞いたのはルスに対して「憐み」を感じたため、つまりルスに対して心を動かされたからだと理由づけている。言い換えれば、ルスの働きかけが実を結んだものと彼女は捉えている。

さらに、神が与えたと思われる状況は「祝福」（*grasya, bendiksyon,* blessing）[9]と呼ばれる。それは神からの恩恵であり好意である。ルスの事例にあるように、祝福には、授かる物、出会う人、あるいは出来事など様々な形態があるが、いずれにしても本人にとって喜ばしい結果や状況を指すものとして用いられている。幸運という概念はここまで検討してきたように、人の運命やその複雑かつ総合的な操作方法にかかわる多義的なものであるのに対し、祝福は神からの贈り物と思われる状況そのものを指す。

3　神とのブオタン関係

ここまではルスが幸運を得たという、言うなればドラマチックな場面を彼女の語りから分析した。だが、ルスは、そうした大きな出来事だけでなく、自分に起こる日々の出来事も自分と神との関係で捉えている。たとえば、ルスは働き始めた修道院の職場で、以前からいた同僚と合わずに衝突することがたびたび起こり、仕事ができないと悩んだ時期があった。ところが、しばらくしてその同僚が解雇されることになり、居心地の良い職場になったと喜んだ。その出来事について、次のように語った。

神様は、とてもマバイット。私の願いを聞いてくれる。私がお願いしたことはすべて与えてくれる。私は悪いことをしたら、神様にごめんなさいと言う。私も人間だからうっかりと間違ったこともするでしょう。さっきも、バスのなかで、苛立ってつい（悪い言葉を）言ってしまった。あいつら、本当に野蛮だから！私たち（人間）は馬鹿だから変なことをしてしまう。だから（人を）傷つけるようなことを言ってしまって、主よ、本当にごめんなさいと言う。そして、私がお願いしたことを与えてくれたときには、神に感謝、本当に感謝する。日々そうしている。

解雇の詳しい経緯についてはわからないが、ルスは良い行いをする自分の願いを神が認めてくれた結果とみなしていた。彼女の解釈からすれば、神は人間に人生の転機のような稀な機会を与えるだけでなく、日常の細々とした出来事まで面倒をみてくれる存在と思われているようである。

さらにルスは、神の視線を意識して、神が好むような良い行いをすることが、しばしばあった。たとえば、彼女は道を歩いているときに物乞いと出会ったら、小銭あるいは持っている食べ物の一部を渡していた。次のようなエピソードもあった。ある日、ルスが小型乗合バスに乗るために急いでいた際、物乞いの子どもにせがまれたにもかかわらず、小銭を渡さずに通り過ぎた。すると、数秒後ふと立ち止まり、その子どものいるところまで戻って、小銭を渡した。なぜそうしたのかとその場で尋ねると、「貧しい人を助けるのは祝福（blessing）になるらしいから」と答えた。渡さなかったら、今後良くないことが起こるかもしれないという恐れがあるとも言った。

これら語りと行為から、ルスと神との関係について、次の三点を指摘したい。第一に、両者の関係は、力のない側からの「○○をください」という願いや頼み事（*aro*）から始まり、力のある側が頼んできた人の境遇を知り、心を動かされ、憐み、何らかの応答する（助ける、与える等）という情を介した関係である。ルスは神をマバイットと形容しているが、マバイットは、ワライ語のブオタンに相当するタガログ語の言葉である。この非対称的な力を持つ二者関係をブオタン関係と呼ぶことにする。ブオタン関係は、神と人間の間でみられるだけでなく、力に差のある人間同士の関係にもみられるもので、人間同士のブオタン関係については第六章で検討する。

第二に、神と良好な関係を保つには、日々モラルを遵守することが重要とされる。ルスは、神との関係において、自分が社会的モラルに則った行為をする人物であることを見せようとしていた。神との対話においては自分の願いを伝えるだけでなく、日々の生活に関して、神へ陳謝したり、感謝の気持ちを述べたりしていた。貧しい人を助けるというのも、社会的モラルに合致した行為である。それは、モラルに合致した行為をすると祝福につながり、反対に自分がモラルを遵守していないと良くないことが起こると信じているためだった。この点は、神は祝福を与えるとともに、罰を与えるという両義的な存在であることと関連している。

第三に、ルスの語りや行為から想定される「神」は、人間の生きる世界から超越した存在というよりも、日常の各場面にも影響を及ぼす身近な存在のようである。ルスの職場でのトラブルについて、わたしはルスの話しか聞かなかったが、元同僚も同様にルスについて不快に思っていたかもしれない。しかし、ルスの解釈では、神が自分を良い人だと認めてくれているので、自分の願いを聞き、元同僚が解雇されるという状況をつくり出してくれたことになる。すなわち、神は自分に味方してくれたと彼女は考えているようだった。

三　幸運とモラリティ

1　エダイの「家族のため」のサクリピショ

次に本章の冒頭で紹介したエダイの例をみてみよう。ルスがマニラで幸運を得たと噂されていたのとほぼ同じころ、村内では、村長選挙で敗れ、経済的に窮地に陥っていたエダイが、中東に働きに行こうとしていた。当時、学歴の高くない人が外国へ行く例が少なかったバト村で、人びとは彼女のこのサパラランの行方がどうなるか、しばし噂話の話題としていた。

エダイの経歴を簡単に紹介する。彼女が子どものころ両親は貧しく、七人キョウダイの長子だった彼女は、小学校を卒業後、下の子たちの学費などを稼ぐために、マニラの親族（第七章冒頭のポルシン）の家で住み込みのお手伝いとして働いた。一九歳のとき、父親の勧めに従い、サマール海の小島の漁師の男性と結婚し、その小島に移り住み、五人の子を育てた。小島で暮らして一〇年近く経ったころ、夫の体調がすぐれなくなった一方、エダイ側の両親のバト村での商売が順調になり、エダイ一家はバト村に引っ越し、両親の商売を手伝うようになった。ほぼ同時期、エダイはカトリックの活動にも積極的に加わるようになり、一九八〇年代後半からはバト村のBEC代表を務めた。さらに、一九九七年には村長に選ばれ、次女が大学に行き始めると、エダイ一家は順風満帆にみられた。

ところが二〇〇二年の村長選で、エダイが対抗馬に僅差で敗れると、エダイの村長としての給与が断たれ、一家の安定した収入源がなくなった。村では、エダイ一家は選挙のときに生じた借金返済のためマニラへの移住を余儀なくされるだろうと噂されるようになった。

そのような苦境に立たされていたある日、エダイは、中東で長く働いたことのあるアベが中東のイエメンに戻るという話を聞いた。アベは一九九八年にバト村出身の女性とマニラで知り合い、二人は翌年から村で暮らしており、エダイとも仲が良かった。エダイは、自分もイエメンに行きたいとアベに相談した。アベが承諾すると、エダイは、リタという近所に住む親友と一緒にイエメンに行くことを決意し、パスポート申請など海外渡航の手続きのためにマニラに来て、DT通りに住む妹ロイダ（第三章）の家に滞在していた。

エダイにとって、イエメンで働くことは、生まれて初めての海外渡航かつ海外就労となるが、わたしがエダイに彼女の気持ちを尋ねると、本章の冒頭で記したとおり、海外で働くことは「家族のためだから怖くはない」（hindi natatakot kasi para sa pamilya ito）と語った。選挙のときの借金は彼女が海外に行けば一気に返済できるので、イエメン行きを決めたという。そして「サクリピショがなければ、幸せもない」（Kung walang sakripisyo, walang hapiness）と語った。

エダイのこの語りを掘り下げて考えてみたい。はじめに、サクリピショという言葉についてである。サクリピショは、移動前に移民が成功を祈るときに神と交わす約束パナアッド（第四章）や、フィエスタのスポンサーの献納行為や献納品（第六章）を指す場合など、本書が取り上げる他の場面でも登場する。この言葉は、バト村の人びとと移動を考えるうえでの一つのキーワードだ。

サクリピショの語源はスペイン語の sacrificio（犠牲、生贄）である［English 1986: 1132］。フィリピン低地キリスト教徒の文脈で考えるとき、犠牲・生贄という意味から第一にイメージされるのは、イエス・キリストが人類の罪を身代わりとなって受けるために十字架に架かったというキリスト教における重要な場面ではないだろうか。

だが、少なくともワライ語ではより多義的に使われているようである。ワライ語・タガログ語・英語辞書で調べると、ワライ語やタガログ語におけるサクリピショの意味には、キリスト教の犠牲という意味以外にも、負担（burden）や困難（hardship）、そしてまたoffering（奉納、献納、供物、献金、贈り物、申し出、提供）という意味も含まれるとある［Abuyen 2000: 323］。

なお、「友だち」や祖霊、海や土地の神などへ差し出すものは、前出のハラッド（第三章）、あるいはハダン *hadang*（供物）と呼ばれ、サクリピショとは呼ばれない。だが、呼び名が違うが、サクリピショもハラッドあるいはハダンも、捧げるものという意味では同じである。

第四章で述べたように、サクリピショは、サパラランに含まれるリスクの部分と重なる。サパラランには、危険や困難といったネガティヴな面が必ず存在する。それを受け止めたうえで、あるいはそれがあるからこそ、自分の運命を変えるような幸運を見つけられるかもしれないという概念である。「サクリピショがなければ幸せもない」というエダイの語りは、サパラランのこの二面性を言い表しているといえる。

次に、彼女の「家族のためだから怖くない」という語りをみてみよう。「怖くない」というのは、サパラランをする覚悟を決めたという意味と捉えられる。第三章で、「家族のため」という表現は、女性がマニラに移動するようになった時代から女性の移動の理由を述べる際によく使われるようになったと述べた。先のルスも神への祈りで同様にこの表現を使って自分の移動の動機を語った。それは、自分のサパラランの動機が自分のためだけでなく、家族という自分以外の人のためである点、つまり利他的行為である点を強調するものだった。エダイはおそらく、自分一人が苦しんでも、それで家族が現在の問題から逃れることになるのならそれでよい、と言いたかったのではないかと思われる。

この点はさらに、利己的な行為は良くない、利他的な行為をしない人には、幸運は訪れないという、人びとの間のモラルとも関係している。ルスは約一〇年間、家族を村に置いて一人でマニラで幸運探しをしていた。この間、彼女が何度マニラに行っても良い雇用主と巡り合えず、家族の経済状態に変化が起きないのは、彼女が実は家族から離れて自分が自由を楽しみたいからではないかという噂が村ではあり、彼女の耳にも入っていた。この噂話の根底にあるのは、利己的な行為をする人は幸運を授かれない、逆にいえば、利他的な行為をする人は幸運を授かるだろうというモラルである。彼女は日々、神と良い関係を続けるために貧しい人を助けるといった良い行いをするように心がけていることは既に述べたが、このようにサパラランには社会的なモラルが大きく関与しているのである。

2　時空を超えた関係性のなかで

サパラランの過程では神との関係が非常に重要だが、神以外の目に見えない存在との関係も影響すると思われていた。もし自分に協力してくれる存在が現れたら、村人は「友だち」と呼び、友好関係を維持するように努めていた。

エダイがマニラで滞在していた妹ロイダの家には、そうした「友だち」がいるとされていた。ロイダたちが伝えた、「友だち」についての説明によると、ロイダの家族が家を建てた場所はもともと小人（duwende、ただロイダたちは duwende とは言わず「小さい友だち」と呼ぶ）たちが住んでいた場所（punso ng nuno、文字どおりには小人の蟻塚）だった。そのため、小人たちはロイダ一家と同居することになったのだという。小人たちは、ロイダの二人の息子（二〇〇二年当時二四歳と八歳）や隣に住むリンダの息子（同二七歳）に憑依して、人間とコミュニケーションをとっていた。わたしがロイダの家にときどき世話になっていた二〇〇二〜〇三年ごろ、小人たちは憑依する前に、憑依する日時を霊媒に予め告げることが多かった。そのような知らせを受けると住人は、来ると予告した「友だ

記念日の祝いに集まった「友だち」の声を届ける３人の霊媒（左の幼児を除く）（2002 年 10 月、ロイダの家）

ち」それぞれの好物を用意して、話ができる時間まで待った。ロイダの家に暮らす小人たちのみならず、聖人、王、祖霊なども霊媒に憑依した。

憑依したこれらの存在に住民たちはそれぞれの悩みを相談した。住民は「友だち」に対して終始、丁寧な言葉遣いをし、相手を敬う態度を示していた。当時、イエメン行きの手続きをしていたエダイも機会あるごとに相談した。アベはエダイたちに書類の準備を促していたが、マニラにいるはずのアベと一度も会えず、連絡も途絶えがちになった。そのため、エダイたちは、本当にイエメンに行けるかどうか不安に思い始めていた。くわえて、イエメンに行った場合、自分が村に不在の間もバト村に残す家族が無事に暮らせるかと心配していた。

「友だち」は、時間や空間を超えて世の中の出来事に影響を及ぼすことができると思われていた。よって、エダイなど、家族を残してマニラに出てきたバト村出身者は、「友だち」に村の家族の様子を聞いたり、あるいは家族を守ってほしいと依頼したりしていた。

たとえば、二〇〇二年一〇月のある夜、ロイダの家の居間では「友だち」の記念日（anniversary）の祝いが開かれていた。記念日ということで、小人、各国からの王、聖人、住民たちの祖先などが、居間に座っている三人の霊媒を介して次々と現れた。そのなかで、サマール島から「風」（hangging）に乗って来たという「友だち」が現れると、会話はそれまでのタガログ語からワライ語へと変わった。同時に、話題はバト村の状況へと変わり、バト村出身者は「うちの家族はどうでしょうか？」、「息子の〇〇は仕事にありつけるでしょうか？」などと家族の安否や将来を尋ねた。

エダイやロイダの曾祖父にあたるヴィクトリーノも現れた。ヴィクトリーノは、エダイが生まれる前に死亡したため、二人はこの曾祖父に直接会ったことがない。ヴィクトリーノはしゃがれた声でワライ語で話しだした。そして集まった彼の孫やその子どもたちの多さに驚き、孫たちにせがまれて昔話をしたのちに、バト村のエダイの家のそばの木や石が重要であることを説き、特にダラキット *dalakit* と呼ばれる木には自分たち（祖霊）がたくさんいるのだと孫たちに念を押した。エダイは村に帰ったら、この木のそばで儀礼を行い、さらに礼拝所でも祖霊のための特別のミサを行うと約束した。さらに、ヴィクトリーノはロイダに、自分の生まれた場所であるバト村のフィエスタのときには必ずバト村に帰るようにと促し、ロイダは承諾した。

こうした人間の目に見えない「友だち」と村人との関係を考慮して、村人の村外への移動を捉え直せば、空間を物理的に移動しようとも、自分と親しく助けてくれる「友だち」がいる限り、少なくとも心理的には無力さを感じずに、新天地で新たな機会を探せると考えられる。「友だち」は時空に縛られないし、目の見えない存在同士のネットワークも持っていることになる。その意味で村人は、神や不可視の存在と自分とのかかわり合いについての考えを変えない限りは、これらの存在との関係性のなかにとどまることになる。

「友だち」の力には両義性があることも忘れてはならない。「友だち」と親しく付き合い、助けを頼める関係のときはよいが、「友だち」が自分にネガティヴな感情を抱いたときには、逆にどこにいても、そしていつでも病や災難等に見舞われる可能性がある。それを避けるために、人間は常に不可視の存在と良い関係を維持しなくてはならない。

3　イエメン行きの失敗と天罰

エダイらのイエメン行きは、ロイダの家で開かれた記念日の祝いから数日して、さらに実現不可能な様相となった。エダイらに、アベから自分が先にイエメンに行くことになったという連絡が入った後、彼との連絡が途絶えた。さらに一カ月ほどして、彼をマニラで見かけたという情報が入り、エダイらは彼が信じられなくなり、イエメンに行くことを諦め、バト村に戻った。

一方、バト村では、エダイらがイエメンに行けそうにない状況が伝わると、この事態になったのは二人が悪いことをしたからだろうという噂をささやく人が一部に出始めた。村のある女性は、二人は礼拝所で集められた寄付金から五〇〇〇ペソを「盗んだ」ため、イエメン行きが失敗したことは、二人のガバだろうと語った（おそらくエダイは、この金は「借りた」と思っている）。さらに、村人のなかには、その悪い影響が自分に移らないようにと、エダイらに近寄らないようにするという人さえいた。

ガバとは何かと村人たちに尋ねると、悪い「カルマ karma」だと言い換えた人が多かった。ある村の男性によると、悪いカルマとは、本人は忘れたつもりでも、悪い行いはいつか災難として自分の身に返ってくるという考えかたなのだという。それは、人間の目には見えなくても、神が知っているからだとも言った。また別の村の男性は、ガバはキリスト教がフィリピン人の間に広まる前からフィリピン人の間で信じられていることだと聞いていると語った。ガバは人間が制御できるようなことではなく、ガバが起こらなかったようにみえても次の世代に引き継がれることもあるため、自分のカルマが良いカルマとなるよう日々良いことをしなくてはならないのだと述べた。

ガバに関する話は、不慮の事故や突然の病が話題とされるときなど、日常生活の他の場面でもしばしば聞かれた。しかし、とりわけ海外就労などの人生の大きな賭けとみなされる場面では、その行為が失敗に終わると、本人（や、ときには家族や祖先）の過去の悪い行いが招いたに違いないとして、その人の過去のモラル上の問題点について周囲の人がいろいろと噂をし始めた。

第三章で書いたように、海外就労者の多いフィリピンでは、海外で騙されて虐待に遭ったり、事件に巻き込まれ健康や命を奪われたりすることがたびたびメディアを通じて全国に報じられている。フィリピン政府も海外就労者や海外就労を目指す人に対して、「違法リクルーターに注意」や「観光ビザでの就労は違法」などと注意喚起を行ったり、危険度が高いと思われる国への就労禁止といった措置をとったりしている。こうした行政側の動きにもかかわらず、危険度が高い国への渡航や危険とされる就労方法がなくならない一つの背景に、ガバや祝福のような一人ひとりの運命に対する考えかたがあるように思う。以前、かつて事件が起きた国へ行くという人に、わたしが行くのは危険と思わないのかと尋ねると、「私の運命は違うから」という答えが返ってきたことがある。エダイのイエメン行き計画の失敗に関し、人びとの関心がエダイのモラルに反する行動に集中している状況をみて、人びとがどれだけ見えない力の影響力を重視しているのかを改めて感じた。

四　神とのつながり、人とのつながり

1　祝福を授かる状況

本章では、村人の信仰にかかわる語りや実践をもとに、サパラランに出る村人が求めるという「幸運」の宗教的側面を分析した。

村人は、人生も含めた世界の事象すべてに影響を与える力のある存在として、神や聖人、いわゆる精霊、祖霊などの目に見えない存在を捉えていた。さらに、神が人びとの祈りを聞き、与える恩恵は「祝福」と呼ばれる。

かれらの信仰に即してサパラランの理解を試みるならば、この祝福こそが人びとの求めるものである。

祝福が届けられる状況を、ここでもう一度まとめてみよう。村人の語りや行為から推察するに、それは、人間からの意図的な働きかけがある場合とない場合に分けられる。まず後者、働きかけがない場合の例として、生来、あるいはある日突然得る、その人自身の資質によって祝福がもたらされるケースが考えられる。一例として、ロイダは、小さいころから小人などの声が聞こえるという自分の末子（ロイダの家で霊媒となる当時八歳の息子）は、生まれたときから特別な子だと感じていた。彼が特別な努力をしなくとも小学校で優秀な成績を収めたり、政治家や宗教的リーダーといった力のある人と偶然出会ったり、小人たちと仲良くなったりするような良いことが次々起こるのは、神やその周りの存在が彼を気に入っているためではないかと思っていた。何もしないでも良いことが次々と起こるような子どもは幸運な子（*bata nga suwerte*）と呼ばれる。ただし、このような特別な資質を持っている場合、逆に目に見えない存在などに妬まれたり、強く支配されてしまったりもするといわれ、祝福に恵まれるだけとは言いきれない両義的な面もあるとされる。そのためロイダは、末の息子が不可解な事故や事件に巻き込まれないように心配していた。

前者、すなわち人間からの働きかけがある場合というのは、これまで述べてきた社会的・宗教的にみて良い行いを常にしている人たちのことである。良い行いをする人には、何も考えずにそうする人もいれば、意図的にそうする人もいる。多くの人はその両方が混じっているといえるだろう。ルスの例でいえば、自分が以前から他の村人や教会のため奉仕してきたことや、自分は自分一人ではなく家族のためにマニラへ行き仕事を探していることを、神への祈りのなかで強調していた。また、幸運を得たのちも、相手を傷つけるような悪い言葉をうっかり発したらすぐに神に謝り、常に神に感謝している点も力説し、貧しい人と遭遇したら必ず小銭を渡すようにしていた。

前者の最も象徴的な行いは、パナアッドであろう。祝福が授けられるかどうかは等価交換のように定まっているわけではない。祝福には、人間が制御できない偶然性がある。そこで、問題の解決が急を要する場合、あるいはリスクが高く絶対に失敗できない行為をする場合、村人は願いを必ず成就させてくれるようにと、個人的に神に誓いを立てていた。誓いを立てる際には、一方的に願いを伝えるだけでなく、自らが実行するサクリピショについても明言していた。その時点まで、自分が神や周囲の人びとのことを配慮してこなかったと自ら思うなら、今後はそのような態度を改めるなどと約束した。

2　生の流れを止めないという姿勢

パナアッドの際に神にサクリピショを誓う姿は、海の王に対して貧しい自分たちに海の資源を分けてもらえるように懇願する村人たちの姿や、土地の神に収穫を許してもらう村人の姿、あるいは苦しむ村人を助けるように聖母に祈りながら治療するタンバランの姿と重なるところがある。共通するのは、人間のほうから何かを差し出して、豊かさ、生命の根源とでも呼べる存在に対して働きかけ、祝福を待つという行為である。

では何を差し出していたのかというと、力のある存在から与えられた自分自身の生や、人間が生き続けるための資源、食物や現金などの一部だった。収穫儀礼ではこれから自分たちが享受できる収穫物の一部を土地の神に差し出し、豊漁祈願の儀礼では魚や他の飲食物等を奉納し、別の土地への移動では、苦しむ家族のために自分自身の人生を差し出すことを神に誓っていた。

つまり、村人は神から授かった生の祝福の一部を差し戻して、さらなる祝福を願っていた、ということになる。この行為は、自分が力のある存在が司る生の流れの一部であることを忘れていないことの意思表示のようにみえる。差し出すもののなかには、相手の好みに合わせた物が含まれることもあった。特に、小人などコミュニケーションがとりやすい存在の場合にはその傾向が顕著だった。そうすることによって、相手を喜ばせ、関係をより良好に、緊密にしたいという思いが読み取れる。

先述のように、フィリピンでは海外就労者を受難したイエス・キリストにたとえて犠牲者と呼ぶことがある[Rugkåsa 1997; Lamvik 2002; Tigno 2012; Bautista 2015]。それは、国内で十分な収入が得られないために、第三章で述べたようによりリスクの高い国へ行き、慣れ親しんだ故地や家族と離れるという苦痛を強いられて働かなければならない社会の犠牲者を指している。わたしも実際に、家族のなかの一人か二人が国外の厳しい環境で数十年にわたって働き続け、フィリピンに残る家族の生活を支えているようなケースをみてきた。

しかしバト村の文脈で考える場合、移民が自分自身をサクリピショと呼ぶときは、このような社会的な、多少悲劇的なニュアンスで言っているのではないかもしれない。バト村の移民たちは、自分がサクリピショを誓うことで、神が自分や家族に憐みを感じ、祈りを聞いてくれるのではないかという期待のもとで、自分自身をサクリピショと呼んでいるのではないかと思われる。そして次章で詳しく述べるように、祝福を受けたならば、それを自分自身が享受すると同時に、生の流れを止めないよう、神や周囲の人たちと分かち合おうとする行為もみられる。

3　祝福を通じたつながり

本章では、マニラに滞在していたバト村出身の女性二人のみの事例を取り上げたが、日々、祝福を待ち望み、そして祝福に感謝する村人の語りと実践は二人に限らず、一般的によくみられるものである。最後に考えたいのは、望むものを得る際に「祝福」という形にこだわる点である。なぜ村人は、単なる自分や周囲の人びとの経済的、あるいは社会的状況の好転ではなく、絶え間ない祈りや、パナアッドなどを通して、「神からの祝福を得る」ことを熱望するのだろうか。

この問いに対する答えは、経済学的・社会学的・神学的な視点等、様々な見方からの解釈が可能だろう。しかしながら、ここでは本章で記述してきた村人の信仰にかかわる語りや実践に引きつけて考察する。まず、大まかにではあるが、村人の間で共有されている前提として、神などの目には見えない大きな力が人生に影響を与え、そしてまた、神などの存在は人間と同様に慈悲という感情を持つ存在であるとするコスモロジーがある。その世界観のなかで、神からの祝福は、神と自分とがつながっている証しと捉えられるのではなかろうか。人間世界の現実をみれば、だれもがいつでも祝福を受けているわけではない。祝福は、基本的に神などが好感を持つ良い人に授けるものであり、逆にモラルに反した行為をしている人には与えられない。となれば、祝福が授けられたということは、神などが自分に好感を持ち、両者は親しい関係にあるということになる。この神などが自分の近くにいるという感覚は、祈りを捧げている人にとっては、自分が、神などを含む全体とつながっていることを感じる、おそらく最も喜ばしい状態なのではないかと思われる。

ワライ語では、幸運を得て豊かになった人を「杓文字《しゃもじ》に近い」（*harani sa luwag*）と呼ぶことがある。大皿にのった飯などの食べ物をすくうための杓文字に一番先に手が届きやすいというイメージから、神などの力のある存在と最もうまくコミュニケーションができそうな人、祝福を授かりそうな人を意味する。杓文字に近い人（あるいはその家族）は、儀礼などで人びとの代表として、供物を差し出し、力のある存在へ人びとの願いを伝える役を演じる。一方で、杓文字に近い人には、多くの人が近寄ってくるともいわれる。神が授けた祝福を、その人が近くにいる人びとに分け与えるからである。

では、杓文字に近い人は、どのように祝福として得た豊かさを周囲の人に分け与えるのだろうか、また、分け与えない場合はどのようになるのだろうか。次章以降では、サパラランした村人と周囲の人びととの間の、幸運の分配をめぐる関係について詳しくみていく。

第六章　ブオタン精神がつなぐ移民と村の人びと

海外就労者が故地に建てる大きく立派な家、また、空港ではかれらが帰省するたびに故地に持ち帰る大量のパサルボン（帰省時などに渡す贈り物、第三章）、そして、それを待ちわびる大勢の人びとの姿はフィリピンの各地で日常的風景となっている。移民が故地へと運び込む大量のパサルボンやそれに準ずる送金が、人の移動現象にかかわる諸側面のなかでも決して看過ごすことができないことは、フィリピン人移民に関する他の研究のなかでもしばしば言及されてきた［バレスカス 1994; Rugkåsa 1997; 長坂 2009; McKay 2012］。

海外に居住する人ほどではないが、たくさんの荷物を抱えて人びとが帰省する光景は、国内移動の場合でも顕著である。カトリック教徒が大半を占めるフィリピンでは、都市から地方へ向かう帰省ラッシュが起こるのは、カトリックの四大年中行事が開催される時期と関連している。具体的には、三〜四月の聖週間（復活祭直前の一週間）、それぞれの市町村の守護聖人の祭り、フィエスタの時期、一一月一〜二日の万聖節と万霊節、一二月二五日のクリスマスと一月一日の新年の前後である。このような時期、地方へ向かうバスやフェリーのなかにはパサルボンを詰め込んだ様々な大きな箱や袋が所狭しと積み込まれる。

フィリピン国内でも物の流通網が発達し、全国展開する大型スーパーのチェーン店では外国製の菓子や日用品まで手に入る時代になった。それにもかかわらず、移民が帰省する際に故地へと持ち運ぶ大量のパサルボンは、移動が移民個人にかかわる事柄や、移動先における個人的な成功を求める動きだけでないことを物語っている。

本章では、移民とバト村に残る家族や親族との関係を検討していく。ここで注目したいのは、移民と家族・親族の間で実際に交わされるコミュニケーションである。まず、村内でみられる、特に家族・親族関係に焦点を当てた社会関係の特徴を述べる。つづいて、主にマニラへ行った移民と村の家族の間にみられる、パサルボンの受け渡しなどの様々な贈与行為や相互交渉の様相を記述する。次に、幸運を得たとされる移民たちのケースに注目し、かれらのフィエスタ帰省時における行為を描く。最後に、村とのつながりから消えていく人たちについて触れ、人びととの関係性の視点から幸運探しについて考察する。

一　村の社会関係——家族・親族・食の共有をめぐって

フィリピンの親族関係を示す人類学的用語としては、双方親族（bilateral kinship）という言葉が長い間、流通してきた(1)。だが、序章で述べたように、双方親族という言葉は、個人の親族集団に父系出自集団、母系出自集団双方のメンバーが入る可能性があるということ以外、何も説明していないと批判されてきた［キージング 1982: 166-172］。したがって本章では、こうした古典的な親族関係の用語を離れて、バト村の人びとの間で使われている語彙の意味や使われかたなどを中心に、東南アジア島嶼部に広くみられる親族関係の様相も随時参照しながら、村内でみられる社会関係の特徴を描く。

1　食の共有と家族

これまでに村全体の風景については紹介したが、本章では村人の「家」（*balay*）に注目してみよう。二〇〇二年に、村のすべての家を訪れて、構成員や年齢、職業、家の造りや所有する土地など、各家の基本的な情報を尋ねる調査を行った。その結果、一つの家を構成する人びとのパターンとして最も一般的であったのは夫婦とその子どもからなる、いわゆる核家族の形態だった。このパターンは全体の三分の二（六八％）を占め、家族の基本的パターンといえよう。そして、親の家に一人の既婚の子とその家族が暮らすパターン（一一％）、親の家に二人の既婚の子とその家族が暮らすパターン（九％）という二世代同居のパターンが続いた。また、老齢の親が一人で暮らす例（四％）もあったが、近くには自分の子の家があった。このように、バト村では、男女が結婚すると、その直後から独立した家に住むか、どちらかの親の家にしばらく居住した後に独立した家を建てて親と別居するパターンが主流である。

そして家のなかでは、食べ物を作る場所である「炉」[2]が家族という集団の核になっている。村内では一つの家で暮らす人びとが同一の家計の単位、つまり世帯となっていた。だが、マニラでバト村出身者の調査をしたときには、一つの家に大勢の親族関係者が共住する状況がよくあった。そのような場合には、炉の数が一つの家族（後述するパミリヤ *pamilya*）として数えられていた。

家屋の構造からしても、各家の最も内なる部分は、食事を作り食べる場所となっている。第二章で書いたように、村には経済力に応じて大小様々、異なる造りの家が存在するが、大別すると、その間取りは、部屋が一つしかないものと、壁によっていくつかの部屋に区切られるものに分けられる。区切られている場合は、客間、寝室、食堂・台所（台所はしばしば軒下のスペースに位置される）の三種がある。このうち、家族の構成員あるいは家族のように親しくしている人以外が食堂や台所に立ち入ることは好まれない。そして、食事は通常自分の家でとる。小学生ぐらいまでの子どもは、親しくしている親族の家で食事をすることがあるが、親は基本的に自分の子に対して自分の家で食事をするようにしつけている[3]。

東南アジア島嶼部においては、食や居の共有に重点が置かれているとする議論が一九九〇年代盛んに行われた。

一つの炉を使う人びとが形成する「炉集団」が存在する地域さえある［e.g., Janowski 1995: 88-94; Carsten 1997: 126-128; Schrauwers 1999: 314-316］。バト村においても一つの炉の存在が家族の象徴とみなされている点は、こうした東南アジア島嶼部の他の地域における世帯の概念と重なる。

次に呼称から、家族関係をみてみよう。一軒の家に暮らす人びとはパミリヤ（またはファミリヤ *familya*）と呼ばれる。バト村に限らず、フィリピン全体において、このスペイン語源のパミリヤは、後述する「親族」のなかで最も親密な関係を持つ人びとといった意味で非常に頻繁に使われる言葉である。だが、パミリヤに含まれる人びとの範疇は、必ずしも明解ではない。

ワライ語の親族名称からしても、このパミリヤに相当するワライ語の表現はなく、二者関係を示す語句のみが存在している。夫婦は、語根の *asawa*（配偶者）と接辞の *mag-*（親族・家族関係）からなる *mag-asawa* である。次に子（*anak*）が生まれた場合、親はカグアナック *kag-anak* と表される。*kag* の部分が意味するところは不明だが、一つの可能性として接辞 *ka-*（同一の住居、職場、組織、活動、血縁、出身等の同僚、位置的に接近した場所にいる相手や同質のものなど）と *mag-* が合わさり短縮されたもの、あるいはどちらか一方が変形したものとすると、*anak* を通じてつながる家族・親族同士だと考えられる［大上 1994: 57］。ワライ語の母と父はそれぞれ *iroy* と *amay* で、親子関係は *mag-iroy*（母と子）と *mag-amay*（父と子）である。(4)

以上をまとめると、パミリヤは、夫婦と親子の関係を基礎としてつながる人びとのなかで、食や家屋を共有し日々過ごす人びとということになる。重要な点は、ここでは一般に「血のつながり」といわれる、親子やキョウダイといった先天的な身体のつながりの要素だけでなく、同じものを毎日食べて生きるといった後天的なつながりもパミリヤといわれるための要素になっていることである。

キョウダイはブグト *bugto* である。この語は、同じビサヤ諸語のセブアノ語では「分かれること」を指す。タガログ語でキョウダイを示す kapatid は「(同じ腹から) 分かれた (hatid) 者同士 (ka-)」が由来といわれることから [Mercado 1974: 68; 1975: 57]、ワライ語の *bugto* も「母の腹から分かれた者同士」という意味合いが込められていると推察できる。バト村でよく聞いたのは、手の指をキョウダイにたとえて「一本の指を怪我したら、その指だけでなく手 (または身体) 全体が痛い」という慣用句である。キョウダイが一人でもつらい思いをしていたら、他のキョウダイも助けなくてはならないことの比喩で、キョウダイ間の助け合いや平等を強調する際に使われる [Mendez and Jocano 1974: 276-277]。

キョウダイ間の身体的な結びつきという概念は、へその緒 (*pusod*) の扱いかたにもみられる。へその緒は出産後も子の一部とみなされており、乾燥後に紙に包んで大切に保管する。その際、サマールの一部には、生まれた子どもたちが離れ離れにならないようにと、へその緒を糸で縛る慣習のあるところがある。また、親は子の胎盤 (*inunlan*、生まれてきた子の双子のキョウダイとみなされる) をココナツの殻に入れて家の土台となっている箇所 (*saportahan san balay*) に埋める。これは、人は自分の胎盤の埋められているところに引き寄せられるという信仰があるためで、子が将来遠くへ行っても、いずれ生家に戻るようにとの願いが込められている。(5)

2　養育をベースとした家族間の上下関係

パミリヤの成員の間では、実際に日常的に寝食をともにすることに加え、扶養・披扶養の関係 (育てた人と育てられた人) の重要性も無視できない。(6) そこで次に、パミリヤのなかの関係に注目してみよう。

バト村では、親は子の成育を重視する一方で、同時に子を労働力とみなしている側面も無視できない。農業、漁業、家事・育児の場面で、一定の年齢に達した子が親の手伝いをするのは当然とみなされている。また、子が賃金労働に従事する場合、子が稼いだ賃金は親に渡すものと考えられている。親が子の雇用先に行き、子の給与を前借りしていく光景も珍しくない。その一方で、「最近の子は親の言うことを聞かなくなった」という親たちの意見も強い。そうした親たちによると、自分たちが子どもだった時代（一九五〇〜七〇年代ごろ）には、親の言いつけに従いたくなかったら「逃げる」方法しかなかった（第三章）。しかし、最近では、子が親を怖がらなくなり、親の言いつけを守らずに自分の好きな行動をするようになったという。

とはいえ、村全体では現在でも、「子は親を助けるもの」とする考えかたが依然として強い。ある年配の女性（一九三〇年生まれ）は、子どもの数について、「昔から子は親を助けるから、多ければそれだけ豊かになるだろうといわれてきた。昔は教育に金がかからなかったから、多くても養育の負担にはそれほど差がなかった」と話した。現在は、経済的負担がかかっても子に教育を受けさせることは経済的向上につながるという認識が広まり、子をハイスクールや大学へ通わせる家族が増えた（第二章）。

先述したように、子の結婚とその後の別居は、親子関係において一つの転換期となる。それまで親の家に住み、基本的には親に扶養されていた子が、自分の家族を持ち、独立した居を構えるころになると通常、家計は別々にする。そして両者の関係性も流動的になる。お互いに村内あるいは近距離に住んでいる場合、食べ物を中心にした日常的な物のやりとりなどを介する親密な関係は続くことが多い。その際に子は親に「助け」を求めるのに対し、親は子が自分のほうから自発的に心配して親に「助け」の手を差し伸べることを期待する。このことは、子の結婚以前、つまり、子が親の庇護下にあり扶養されているときは、親子間にある種の支配＝被支配の関係が成立するが、子が生活の糧を自力で獲得し、さらに次世代を扶養する立場に置かれるようになると、親子間の支配＝被支配の関係は揺らぐことを示しているようだ。

「育てられた」という感覚に基づく非対等な関係は、パミリヤのなかで、親子間に限らずキョウダイ間にもみられる。先にキョウダイ間の平等が一般に推奨されていると述べたが、その一方で、キョウダイの間では、長子と末子がそれぞれスハグ *subag*、プト *puto* と呼ばれ、その位置づけが強調される。特に長子は、進学、結婚、移動する、しない等を決めるとき、自分の個人的な好みよりも家族の意向を優先した場合、「長子だから」と理由を述べることが多い。長子だけでなく、兄姉は弟妹の成育の面倒をみるものとされている。そして弟妹は、兄姉を敬わなくてはならない。兄姉は弟妹に対して、名前を呼び捨てにするか、年下への呼びかけの言葉（男性はノイ *noy*、女性はインダイ *inday* あるいはダイ *day*）を用いる。他方、弟妹は兄姉には年上への呼びかけの言葉（男性はマノ *mano*、女性はマナ *mana*）を単独で用いるか、*mano* Kekoy（ケコイ兄さん）のように名前の前につける。この呼びかけは、家族内だけでなく、親族はもちろんのこと、見知らぬ人に対しても使われる。*mano*、*mana* で呼ばれる年上に対し、年下は敬う。

3　助け合う「仲間」としての親族

サマール島において親族を示す際に最も一般的に使われる表現はウルポッド *urupod* である。(7) ウルポッドには自己を中心とし、父方、母方の双方に親族関係がたどれる人びとが含まれる。フィリピンには第二イトコまで、あるいは第三イトコまでと親族の範囲が限定されている地域があるが〔菊地 1989: 85; 石井 1992: 190〕、サマール島の場合、その範囲は明確ではない。ウルポッドに含まれる人びとは、関係の近い（*harani*）、遠い（*harayo*）の違いによって言い表される。ウルポッドの縁はあいまいである。ウルポッド内同士の婚姻はインセストとみなされ、通婚が禁じられる。関係が「遠い」（この遠近の感覚は時々によって変わる主観的なものである）場合は、状況によっては肯定的ではないが、ウルポッド同士の婚姻が黙認されることもある。

ウルポッドの理解には語根のウポッド *upod* の意味が重要である。ウポッドとは、行動をともにする仲間を意味する。ウポッドがよく使われる例は、どこかへ行くとき、何か作業をするとき、あるいは初めて人と会ったときといった場面で必ずといってよいほど聞かれる「シノ・イモ・ウポッド *Sino imo upod*」（あなたの連れはだれか）という表現である。ウポッドは、その時々に親密なかかわりを持っている人であり、かつ、社会的な「肩書き」のようなものと考えられる。ウポッドという語から捉えるならば、ウルポッドはウポッドの関係にある人ということになる。さらに、ウルポッド全体とウポッド全体はともに *magkaurupod* と称される。ここから、ワライ語では親族と仲間という概念が非常に近しい関係にあると推察できる。実際、バト村のなかでも疎遠な関係しかない親族は、ウルポッドとして強調されない。また、遠方に住む親族は、親密な連絡を取り合う少数の例外を除いて、忘れられがちである。

また、日常会話では地縁と血縁が混同して使われることもあった。マニラなどへ行くと、バト村出身者がバト村やその付近の村出身者を、血がつながっていなくとも自分のウルポッドと呼ぶことがあった。また、P通りのバト村出身者が「自分たち、バト村出身」(*kami, taga Bato*) と呼ぶ人のなかには、バト村の出身ではない、カルバヨグ市内の別の村出身の親族が含まれることもあった。互いの間に共通点が多く、日常的に親密にしている人は親族同士あるいは出身地の同じ村人のように感じるようになること示唆している。

さらに、フィリピンの他の多くの地域と同様、バト村ではカトリックの儀礼親族制度（コンパドラスゴ compadrazgo）[8]も発達しており、村内外で親密な人同士、あるいは将来の利益を考慮して親密になりたいと思う人同士は、儀礼親族関係を結ぶ。コンパドラスゴは元来、教会での洗礼を通じてつくられる洗礼オヤと子の間の霊的関係であり、洗礼オヤはその子の精神的な師であるとされる。同時に、儀礼的関係は洗礼オヤと子の実の親の間にもうちたてられる。洗礼のほかに、堅信式と結婚の際にもこの儀礼親族関係が結ばれる。

儀礼オヤの数は正式には儀礼ごとに男女それぞれ一人の計二人といわれているが、実際は二人を超える数の人びとが儀礼オヤとして名を連ねている。バト村の場合、儀礼ごとに四〜一〇人程度の儀礼オヤが選ばれてい

DT通り在住の村出身の男性とその妻（子どもを抱く２人）。子どもの洗礼の儀礼を通じて職場や近所の人と儀礼オヤ同士になる（2003年5月、DT通り）

る。儀礼親族関係は、個々のケースによってその重要度に大きな差があるが、バト村内では一般的に、最も頻繁に意識されるのは、男性の場合パレ *pare*（compadre が原語）、女性の場合はマレ *mare*（commadre が原語）と呼び合う儀礼オヤ同士の関係である。パレ・マレ同士はパレ・マレ同士であることを強調して、日常的な物のやりとり、相互扶助、共同作業などを行う。たとえば、パレ・マレ同士ならば、サービスの代金を受け取らなかったり、商品を原価で渡したりする。

このようにバト村における親族に関する概念は、「仲間」とでも称されるような、関係の近い人という意味合いが強い。実際ウルポッド関係では何よりも先に「助け合い」(*pagburubulig*) が強調される。親族を助けている人かどうかという評判は村人らが非常に気にする点である。親族間の助け合いについては、日常的扶助や緊急時援助という生活に即した実利面がこれまでのフィリピンの人類学的研究では注目されてきたが［菊地 1980: 136-142; 玉置 1982: 268-269; Jocano 1998: 50-56］、このウルポッドの範疇に入る人たち同士のつながりかたに着目すれば、先のパミリヤの概念にみられたのと同様、ウルポッドでも出産や共住・共食などがウルポッドという概念を支えるものとしてあると思われる。ただし、パミリヤとウルポッドを比べると、ウルポッド同士のつながりかたのほうが密度が低いと理解されているようだ。特別な事情がない限り、親族同士が毎日同じ家で共住・共食をすることはない。

バト村の人びとは、家族のもとを離れて別の土地へ移動するとき、まず親族のもとへ身を寄せると既に述べた。

移動先で親族を頼ることは実際にみられる行為としてだけ存在するのではなく、そう行動することが「良いこと」として人びとの間で奨励されている点にも注目したい。特に理由もなく移動先の親族の家で暮らさない場合、その親族が気分を害することがある。逆に、バト村の人が移動先の親族を訪れたとき、親族が訪れた村人に最初にかける重要な言葉は「入れ、まずは食え」だが（第四章）、この言葉がかけられない、あるいは実際に共食をしないとなると、親族関係に亀裂が入る状況にまで発展する可能性が高い。親族に「まずは食え」と言われなかったとして、その後に家族同士が口論になったり、付き合いを疎遠にしたりする例は、マニラのバト村移民の集住地でときどきみられた。

4　村内における食の非共有

食の共有が親族の範疇を超えて人びとの間の支え合いの象徴となっていることは、サマール島の随所でみられる現象である。そのなかで最も象徴的といえるのは、訪問者に対して使われる「食べたか？」（*Kumaon ka ba?*）という表現だろう。この表現はサマール島、あるいはフィリピンに限らず、東南アジア島嶼部の多くの地域で挨拶代わりに使われるものである。島では食事中に訪問者があった場合には、「食べたか？」と聞かずに、食べ物がのっている皿を差し出し「食べろ」と言う。村の外からの訪問者に対しては、しばしばミリエンダ *merienda*（間食）がふるまわれる。理由なく訪問者がミリエンダを食べないと、ホスト側の気分が害され、両者の友好関係に悪影響を及ぼす。後述するように親族・仲間のつながりを確認するフィエスタでは、共食が何よりも重要である。ホストは客に十分な食べ物を与え、客が帰宅する際には「来られなかった家族の分」として用意した食事の一部を包んで渡す。

こうした共食や共食への誘いは、それとは逆の、食を共有しない人たちの存在によって、いわば背後から支えられている。村には食を共有しないカテゴリーの人がいる。まずはアスワン *asuang* と呼ばれる妖術者である。村のホストファミリーから聞いたところでは、アスワンは昼間は人間だが、夜になると翼が生えて上半身を下半身から切り離し、空を飛び、ときに動物に変身して他の人の家に近づき、妊婦、幼児、病人の血や内臓を食べる。アスワンであることは、アスワンと食を共有することにより継承される。アスワンは意図的に他者をアスワンにするために食べ物を差し出すことがあり、それを実際に食べた人がアスワンになるといわれている。

また、ヒロアン *hiloan*（毒盛り）と呼ばれる邪術者も村内に存在するといわれていた(9)。ヒロアンは毒物（*hilo*）を飲食物に混合したり、毒気のある息を吹きかけたりすることによって、相手を病気にしたり、その命を奪う。毒気のある息ならば、オラション（第五章）を唱えれば除去することができるという。ヒロアンの継承法には諸説があるが、最も広く信じられているのは、毒の作りかたを盗み見ながら、自分で学習していくという方法である。

アスワン、ヒロアンの継承法からわかるように、村人の語りのなかで、これら「危険人物」と生活をともにする家族（特に子ども）は「要注意人物」とみなされていた。ただし、家族という理由だけでは、アスワン、ヒロアンとは呼ばれていなかった。アスワンやヒロアンだと認められる行動がだれかに「目撃」され噂が広まり、新たな「目撃」情報が加えられ、それらが積み重なることによって、特定の村人がアスワンやヒロアンとなっていくようだった(10)。

だれがアスワンやヒロアンであるかという情報は、親しい村人同士の間のみで共有されていた。秘密にしておくのはアスワンやヒロアンからの攻撃を避けるためだという。よって、まだ分別のつかない子どもにはそうした情報は伝えずに、子どもが危険な食べ物を口にしないよう大人が見守るようにしていた。二〇〇二年ごろに数人の村人から聞いた話では、危険人物と思われる人は男女合わせて四〜一〇人ほどいた。一人がアスワンとヒロアンの両方だという例もあった。噂の対象となる人は、必ずしも村人全員の間で一致しているわけではなかった。村人は、危険人物や要注意人物とされる人とは通常、友好的に過ごしていたが、共食する際にはさりげなく食器を別にしていた。また、おかずやパサルボンをもらっても、後でこっそりと穴に埋めるなどして処分していた。さらに、アスワンやヒロアンとされる人たちに自分のほうから食べ物を求めることは絶対にしなかった。

危険人物は、バト村以外のどの地域にもいると考えられている。ゆえに村人は見知らぬ人から差し出される飲食物には注意しているようだった。相手の様子や素性をうかがうほか、オラションを唱えたり、十字を切ったりしていた。十字を切る行為には神への感謝など多様な意味が込められるが、自分の身を守るためにも行われていた。

以上のような視点からすれば、移動に際し村人が親族ネットワークの利用にこだわっていることは、無償で住居や食べ物を得たり、職の斡旋をしてもらったりといった経済的メリットのためだけでなく、危険が多く潜む見知らぬ土地で、親族はおそらく唯一の安心できる集団だという文化的な側面も深く関与しているためともいえる。ところで、親族は生を支え合う者同士だという強い文化的規範があるとしても、それは実生活のなかでは前提として存在するのであり、実際に親族として意識するかどうかは日々のコミュニケーションによって確かめられていることにも注目したい。このことを次に「ブオタン」という言葉からみてみよう。

5　ブオタンという評価

ブオタンについては、第五章において、神と人間との関係を分析した箇所で取り上げたが、人間同士の関係を分析する際にも重要な語だ。人間同士の場合、「あの人はブオタン（あるいはカブオタン *kabuotan*）か、そうではないか」というように、人の性質を言い表すときに用いられる。ワライ語・英語辞書は、ブオタンをkind（親切な）、polite（丁寧な）、good mannered（礼儀正しい）と訳している。さらに語根 buot[11] をみてみると、act of making a decision（決断）、act of intervening（面倒見）、a common sense（常識）、thinking（思考）、will（意志、願望）と様々な訳が書かれており、日本語や英語に置き換えにくい言葉である。

そこで、会話のなかで使われるブオタンの類義語を拾い出してみると *maupay*（良い）、*mabinuligon*（進んで人を助ける）、*bulawang kasing-kasing*（黄金の心）、*pakig-angay*（協調性のある）を挙げることができる。一方、対義語としては *maraot*（悪い）、*halot/maimot*（ケチ）、*duhong*（欲深い）、*bato kasing-kasing*（石のような心、情けがない）、walang malasakit（無関心）があり、これらから、ブオタンは、特に周りの人との関係の持ちかたに注目する語であり、利己的でなく、情に厚いといえる。くわえて、階層の差がある人の間では、*matapobre*（見下す人）という語もたびたびブオタンの対義語として使われる。

対義語にはさらに *harayo*（遠い）、*iba*（違う）なども あり、実際にブオタンではない人とは距離をおく傾向がある。ブオタンは単に個人の性質を示すだけでなく、二者関係における親密性を指し示す言葉である。

つづいて、ブオタンが使われている語りの例をみてみたい。

例①「ジェームズは魚がたくさん獲れると、黙っていても持ってきてくれる。彼はブオタンだよ」

例②「姪はブオタンな人と結婚した。来るたびにいろんな物をくれる。彼女の両親には密閉容器、カップ麺、古着、おもちゃ、タオル。私には石鹸、私の娘には服をくれた」

例③「私の雇用主はカブオタン。賃金は安いけれど、息子の学費にと月に三〇〇ペソ足してくれる。母が亡くなったときには二〇〇〇ペソくれた」

例④「彼はブオタンじゃない。金持ちだったころ、苦しい生活をしていた私たちを助けなかった。金をくれるにしても、もったいぶって出す。だから彼の葬式に出る人はあんなに少なかったんだ」

ブオタンの理由づけには、実際に何か物（例①、②）や現金（例③、④）を分け与えることが第一に挙げられる。ただし、物や現金を単に分け与えればよいというわけではなく、情を伴う必要がある。例③では、雇用主が自分の窮状に対して共感していることが強調されている。例④においても、金持ちが助けなかったことだけが問題ではなく、彼が助けを請う人に対して見下した態度をとったことで人が遠ざかっていった状況が読み取れる。「見下す」を意味するマタポブレ *matapobre* は、村の日常会話にしばしば登場する。マタポブレとされる人は、そもそも「金持ち」の部類に入るような村人である。そして次に、「金持ち」はマタポブレとそうでない人に大きく分けられている。多くの村人は通常、マタポブレの態度をとる人には近づかないし、そのような噂を聞いただけでも近づくときには注意する。

このようにして考えると、人間同士の関係においても、神と人間の関係に似たコミュニケーションがみられる。すなわち、困窮している人からの頼み事（*aro*）を受け、あるいは困窮している人の状況を知り、憐み（*luoy*）の気持ちから助ける（*bulig*）という一連のやりとりである。この関係で付き合える人柄であることが、ブオタンと呼ばれる重要な条件である。

バト村では多くの人がブオタンと呼ばれること、または少なくともブオタンの対義語で呼ばれるのを避けることに細心の注意を払っているようである。それは、ブオタンな人が周りの人から尊敬の念を集めるからだけでなく、ブオタンとみなされなくなると、周囲にいる人が減り、何かあったときに協力を得られないという恐れがあるからだ。

ブオタンか否かの評価は、贈与交換の場や緊急時の援助の際に話題となるだけではない。村人の間で行われる日常的な物のやりとりは、やりとりで得る物質的な利益だけでなく、そこでの態度が人びとの関係の状態を確かめる契機となっている。代表的な例は、日々のおかず（*sura*）の分け与えである。村では、日雇いの仕事がないとき、時化で漁に出られないときなど、おかずに困る家族が出る。その際におかずを入手する方法としては、小規模雑貨店でつけ買いするほか、知り合いなどに分けてほしいと頼む（*aro*）ことも多い。頼む行為を直接的にしなくとも、周りが配慮して食べ物を持ってくる場合もある。村で「何食べているの？」（*Nano imo sura?*、直訳は「あなたのおかずは何？」）は、親しくしている人同士が顔を合わせると交わす会話である。日々の食べ物に困っている人を前に冷たい態度をとれば、たちまち評判は下がり、村で孤立し、逆に自分の立場が危うくなることもありうる［細田 2005］。先に述べたアスワンやヒロアンのような食を共有しない人の存在を思い起こせば、おかずのやりとりで、親しい間柄同士で相手におかずを求めることは、互いの生存を支え合う者同士であることの証しともとれる。とすれば、おかずを求められた人が求められて悪い気がしない様子であっても不思議ではない。

こうした食べ物など身近な物を介したコミュニケーションは、親族・仲間の確認だけにとどまらない。多くの人びとを支えられる富の源泉を得て、その富を分け与える姿勢がみられるなら、そのような人と親しい関係になりたいと思う人は増えるであろう。したがって、多くの人からブオタンと認知されることは、親族・仲間を拡大させることにつながる。

二　生を支え合う者同士としてつながる移民と家族

1　忘れていないという印としての送金

フィリピンにおける人の移動に関する研究で、移民と故地の家族との関係といった場合に最も注目される点は、送金の規模とその使い道である［e.g., Trager 1988; Pertierra 1992; Bautista 1994; Asis 1995］。パサルボンのときと同様に、「送金」に当てはまるワライ語の単語はない。最も近いものは、「運んでもらうもの」を意味するパダラ *padara* である。よって、移民から送られてくるパダラには現金以外の物、つまり食料雑貨品や衣類といった品物も含まれる。

まずは、そのパダラの実際をみてみよう。二〇〇二年に行った全世帯調査の結果によると、村の家族へ定期的にパダラを渡している若者の割合は少なく、パダラが最大の収入源になっているという世帯も少数派であった。具体的には、村の全世帯のうち、パダラが生活を支えるうえで最も重要と答えた世帯は約一割にあたる二〇世帯にとどまった（表2・1）。また、最も重要な収入源ではないものの、何らかのパダラを受け取っていると答えた世帯は三割あった。残りの六割の世帯はパダラをまったく受け取っていなかった。

次に、パダラを受け取る世帯とパダラの送り主（男性四四人、女性四九人）との関係に着目すると、送り主は世帯主夫婦にとって未婚の子である場合が最も多く全体の三三％を占めた。つづいて、既婚の子（二九％）、親（一三％）、キョウダイ（一〇％）、世帯主夫婦自身のいずれか（六％）、その他（九％）となった。

しかし、パダラの内容を加味すると、違った像が浮かび上がる。パダラは、①生活費や教育費などに充てられるほぼ定期的でまとまった額の現金と、②臨時かつ不定期に送る現金や様々な品物の二つに大別できる。後者には、病人が出たときや、借金返済が滞ってしまったときなどに村からの訴えを受けて送る緊急援助、商いの開始や家の増改築など特別な目的のために送られる臨時の資金援助、その他、様々な贈り物（*regalo*）が含まれる。

①のパダラが中心を占めるのは、夫から妻へ、あるいは妻から夫へという世帯主夫婦間での受け渡しである。数的には「夫から妻へ」が一件、「妻から夫へ」が五件だった。子から親へのパダラの場合は、①よりも②のパダラのほうが多い。子が未婚の場合は、男女とも三割程度の移民が①を親に送っているのに対し、子が既婚の場

合には、ほぼ全員が②を送っている。既婚の移民が親に①のパダラを送るのは、移民が自分の子を村で暮らす親に預けて都市で働いている、海外で働いている、老齢で働けなくなった親を扶養しているなどの、特別な事情がある。

他方、都市へ出た若者のうち、収入があっても家族に送金しない人の割合も無視できない。二〇〇三年三月の時点で、都市で働くバト村生まれの未婚の男女四四人（男性二五人、女性一九人）を対象に行った調査では、男性の三割（八人）、女性の二割（四人）は都市で収入があったが、村には何も送っていなかった。

以上のデータから、定期的に一定額の送金を村に送るのは、世帯主夫婦のいずれかが、いわゆる「出稼ぎ」に行っている場合によくみられるが、それ以外は緊急時の援助や贈り物として何かを送るというつながりかたが一般的といえる。パダラを介した親子関係をさらに詳しくみてみると、(イ)親に定期的な送金をする子は少数派、(ロ)その定期的送金をするのは通常、未婚の子であり、既婚の子の場合は稀、(ハ)未婚の子、既婚の子の両方とも、定期的な送金はせずとも、緊急時等の援助や贈り物としてのパダラは頻繁にみられる、といった傾向が示された。

このパダラの状況に、移動と親子関係の観点から若干の説明を加えたい。まず(ロ)に関連して、バト村内においても子の結婚とその後の別居が、親子関係において一つの転換期となっていると先に述べた。それまで親の家に住み、基本的には親に扶養されていた子が、自分の家族を持ち、独立した居を構えると親と子の家計は分けられ、両者の関係性も流動的になる。それは、子が親の庇護下にあり扶養されているときは親子間にある種の支配＝被支配の関係が成立するが、子が生活の糧を自力で獲得し、さらに次世代を扶養する立場に置かれるようになると、親子間の支配＝被支配の関係は揺らぐためと考えられる。この村内でみられる親子関係のありかたからすれば、子が移動した場合に、それが未婚の子でその子に収入があるとなれば親はパダラを要求するが、結婚した子に対してはパダラを期待しなくなっても不思議ではない。実際、後述する海外在住者などの例は除いて、親は既婚の子が送金しないとき、「もう自身の家族がいるから」と言って、問題視することはほとんどみられない。子の結婚が親子の支配＝被支配関係を弱める契機になっていることが、村のパダラの状況からもわかる。

(イ)については、子の村外への移動が親子関係に大きな変化を及ぼすことは想像に難くない。村内では未婚の子に収入があれば、基本的にそれは親のものとみなされる。実際、子が村内に居住する限りは、親による子の収入の支配は比較的容易である。ところが、村外へ移動すると、状況は一転する。若者の多くは都市でオジ・オバなどの親族の家に滞在するので、年上の親族が都市での親代わりの役目を果たすことはあるが、それでも村の親と同等とまではいかない。親の監視下から多かれ少なかれ離れ、自分の金を所持し、好きなものが買える状態は、村に住む若者の間で都市生活に対する憧れの主要部分になっているといっても過言ではない。さらに、第七章で詳しく述べるように、子が都市へ出た後に、新たな交友関係や情報源を手に入れることによって、自分で稼いだ金は自分で管理するという価値観を重視するように変わっていく可能性もある。

2　幸運の分け与えとしての送金

一方、海外在住者や都市で成功した移民など「幸運者」と呼ばれる移民のパダラのパターンは、未婚、既婚を問わず、幸運を得ていない大多数の移民のそれと異なる。かれらは、自らの家族に対して定期的にまとまった金額のパダラを送るだけでなく、家族の範囲を超える人びと、つまり既婚のキョウダイや祖父母らにも、パダラを渡している。たとえば、マニラのバーで働いていたとき、マニラに遊びで来ていたという木工大工のオーストラリア人男性と知り合い結婚したチャリーズ（一九八七年生まれ）は、二〇〇八年からオーストラリアで夫と子どもと暮らす。彼女は、オーストラリアに移住してから夫の男性の友人（鉱山会社勤務）を妹に紹介し、妹はその男性と結婚したため、妹もオーストラリアに移住して夫と子どもと暮らしている。チャリーズと妹は、家族のため

バト村にあるチャリーズの両親の家（2017 年 5 月）

に、そして将来自分たちが家族連れで帰省するときのためにと四階建ての家をバト村に建てた。年下のキョウダイの教育費を支払っていたほか、家族の生活費や親族の臨時の経済援助も二人で分担して仕送りしていた。

ところが、二〇一四年にチャリーズの夫が親への生活費の仕送りに反対し、チャリーズがそのことを両親に伝えると、漁師の父親はこれまで育ててきたチャリーズと妹には家族の面倒をみる責任があると言い張った。母親はブオタンな娘たちがインターネットのビデオ電話では快活にしているものの、実際は異国で夫と自分たち故郷の親の考えかたが異なるために板挟みになってつらい思いをしているのではないかと案じた。そこで父親をなだめ、生活費の仕送りの代わりに事業を始める資金をオーストラリア人の夫たちに出してもらった。現在、チャリーズの両親は村内でパン屋を経営し、下のキョウダイもそこで働いている。海外在住者の親やキョウダイは、海外在住者からの仕送りに依存し、また、自分たちや親族に経済的な問題が起これば、海外在住者に緊急の送金を依頼する。このような姿は、少なくともバト村では、チャリーズの家族に限らずよくみられる現象である。

3　親子関係における義務と恥

チャリーズの例にみる移民と家族のコミュニケーションでは、現金や物のやりとりだけでなく、多様な相互交渉が行われており、その内容も重要視される。

バト村のマニラ分村では、村の家族が移民に向かって自分たちの窮状を訴える光景がよくみられる。マニラと村を行き来する人が多い分村では、往来する人たちの手を経て、しばしば親から子への手紙が届く。P通りでトラック運送業を営むジェイ（第四章で紹介した幸運者の一人）は、彼のところで働く村人のもとに届く親からの手紙について、「最初の手紙では子の安否を気遣うけれど、二回目以降は金を送れというメッセージとなる」と語った。メッセージを受けると、大多数はジェイに給与の前借りを頼むという。

たとえば、ジョビー（女性、一九八五年生まれ）は二〇〇二年から六年間、ジェイの家で住み込みのお手伝いとして働いていた。ジョビーは八人キョウダイの上から二番目で、ジョビーがマニラに出てきたころ、彼女と彼女の姉がマニラで、そして母がカルバヨグ市の中心地で住み込みのお手伝いとして働き、月給を得ていた。村の家では、農夫の父と弟妹たちが暮らしていた。二〇〇三年の五月、フィエスタのときに帰省しなかったジョビーのところに、村から戻ってきた男性がジョビーの父からの手紙を届けた。そこには、父の腰痛が悪化していること、また、ジョビーにマニラで付き合い始めた男性がいることを口伝てに聞いて、「まだ早い、お前には小さい弟や妹がいる」と、村の家族のことを彼女に思い起こさせる内容が書かれていた。

マニラの分村・集住地での生活をみていると、フィエスタ前は毎年、マニラに滞在する村人が家族への貢献を考える季節と気づかされた。四月に入ると、自らが帰省するか否か、周りではだれがいつごろ帰省するかなどが、話題の中心の一つになった。フィエスタ帰省は待ちわびる人びととの再会や祭りに参加する楽しみがある反面、それまであまり仕事をしていなかった人たちは「もうすぐフィエスタだから仕事を探さないと」と言い、仕事探しを本格化させる契機でもあった。仕事を持っていても蓄えがない人は、借金を頼める相手を探した。帰省することを決めると、村の親などからは買い物リストが届いたり、逆に年下の家族や村の仲間からはパサルボンのおねだりのメッセージが届いたりした。これらの要求に応えることを一部の移民は自分の「義務」（*obligasyon*）と呼んでいた。

収入がありながら、周りの人、特に親など目上の近親者からの要求に応えられないとなると、「助けられない」と「恥」（*awod*）を感じる。一六歳のときに親の承諾を得ずにマニラに出てきて結婚したというロリン（女性、一九八二年生まれ）は、「独身のときに働いたお金を自分だけで独占し、結婚も自分だけで決めてしまった。恥ずかしくて親と会うことができない」と言い、長い間、親とのコミュニケーションを断ってきた。ただ最近、父親が電話をしてきたことをきっかけに、病気がちな息子の将来にも配慮し、生活環境の悪いP通りから田舎のバト村へ戻る可能性を考え、村とのつながりの再構築を考え始めるようになった。

4　パサルボンがつなぐ空間と人びと

移民と故地の人びととの間で交わされる贈与行為のなかで、パダラと同等、あるいはそれ以上に重要なのが、パサルボンである。外国や大都市からの移民は、たとえパダラを送っていなくとも、帰省時には何か持ち帰っていた。

では、そのパサルボンとはどのようなものだろうか。二〇〇二年五月のフィエスタ直後にパサルボンの品目と数に関する調査を行った。フィエスタは村に帰省する人が集中する時期である。調査の結果、移民四九人が持ち帰ったパサルボンを、回答を得た数（カッコ内の数字）の多い順に並べると、食料雑貨品（三二）、現金（二九）、菓子（一八）、衣類（一二）、学用品（六）、家電・家具（四）、食肉（三）、酒（三）、農産物（二）などとなった。このなかで最も高価なのは家電・家具だが、これはいずれも自分の家族に渡されている。また、食肉（豚肉と牛肉）と酒もフィエスタで「ご馳走」としてふるまうために家族に渡されたものである。他の品目は家族、ならびに移民が親しくしている親族・仲間へ贈られている。一方、外国から帰省した二人が持ち帰ったパサルボンについても尋ねたが、その結果は、食料雑貨品（六）、現金（六）、衣類（四）、菓子（三）、家電・家具（一）であった。ここでも、家電・家具は自分の家のために持ち帰ったもので、他は家族と親族・仲間へのパサルボンである。

食品などの日常の細々としたものがパサルボンの中心を占めることは、バト村移民の移動先がどこであっても共通してみられることだが、移動先別に持ち帰るパサルボンの品には違いも認められる。次の二つの特徴がパサルボンの持つ意味を端的に表している。

第一にパサルボンは、移民が媒介となって村と外界をつなぐものである。移動先別に持ち帰るパサルボンの傾向を記すと、農村部から来る人の持ち寄り品には、鶏やイモ類やバナナなどの農産物、また漁村から来るならば干し魚などの海産物が多かった。島内の町から来る人となると、農産物や海産物ではなく、食料雑貨品が中心だった。マニラなどの大都市からの帰省者の場合、これらの食料雑貨品に加えて、テレビで宣伝されているような村では珍しい菓子、流行の衣類や装飾品をパサルボンに含めることも期待されているようだった。

現在「サパラン前線」（第三章）とされる海外から帰省する人は、衣類や食料雑貨を持ち帰る点では都市部からの帰省者と似ているが、その量が多いだけでなく、品物がフィリピン国内で知名度の高いブランド製品であることや、フィリピン以外の国、それも先進国で製造されたことが重要視されていた。国内からの帰省者の場合、成功した人は大量のパサルボンが期待されるが、そうでないサパラン中の人は期待されない。しかし、海外からの帰省者は例外なく大量のパサルボンを持ち帰ることを期待されるようだった。それが実行できない場合は、なぜそうしないのかと村人の間で噂されていた。

第二の特徴は、村内の雑貨店でも手に入るような、ごくありふれた食料雑貨品が遠方からのパサルボンとして村の家族らに渡されている点である。「グローサリー」と称されるこのカテゴリーにはイワシやコンビーフなどの缶詰、砂糖、コーヒー、ココア、粉ミルク、クッキー、ビスケット、石鹸、洗剤などが入る。ビーチサンダル、普段着用の衣類、さらに学童がいる場合にはノートやペンなどが含まれることもある。米を渡すケースはみられなかったが、米を買うための現金を渡すことは多い。こうした数々のグローサリーがまとめて渡されるとき、それが「完璧セット」(*kompleto*)と呼ばれることがあった。次節のルスの例にあるように帰省者本人がこれらの品々をパサルボンとして持参することもあれば、国内外の移動先からパダラとして大きなダンボール箱に詰め込んで送られてくることもあった。受け取るのは最も身近な家族で、その家族を通じて村の親族にさらに分配されていく。

「完璧セット」に含まれる食料雑貨品は、第二章に書いたドドンとペルタン夫妻の事例において、コプラを売ったときに買い置きする品物とほぼ一致している。収入があったときにこれらの食料雑貨品を買い置きすることは、コプラ生産者家族に限らず、漁業や賃金労働を主生業としている家族の間でもみられた。買い置きでなく、村の小規模雑貨店でつけ買いをし、コプラ収穫時など収入があったときに、つけを返済するパターンも日常的である。つまり、これらの品々は、現在の村の日常生活を成り立たせている物であり、かつ、イモ類やバナナ、魚介類など自ら生産できる物とは違い、現金で購入する物なのである。

移民の多くは、移動先がたとえ遠方であっても現金ではなく食料雑貨品そのものを送ったり、持ち帰っている点に留意したい。興味深いことに、移民のなかには現金だけ持ち帰って村の小規模雑貨店やカルバヨグ市の中心地にある小売店で購入した「完璧セット」を手渡す者がいた。品物としては同じであるため、それは移動先で買っても、村内やその近郊で買っても物質的な意味で違いはない。現金で渡すと家族が別のものに使ってしまうという配慮から、現金ではなく現物で渡しているという見方もできるかもしれない。しかしながら、村でこうした品々を家族に手渡すという行為は、そうした現実的な対処法だとみなされるよりも、ある種の美談として語られていた。カリン（女性、一九六六年生まれ）の例をみてみよう。

カリンは、レスティン（第五章）と彼の前妻との間に生まれた娘の一人である。一〇代のときにマニラへ行ったきり、父親とは音信不通だった。父親は口伝てに彼女が「金持ち」と結婚したと聞いた。その後、父親は「自分が苦しくても何も送ってこない。あいつのことは忘れた」と、自分の子とみなさないと周囲の人に話していた。ところが、二〇〇三年六月にカリンのオバが亡くなった際に突然、村に戻ってきた。そして父親の家を訪れ、「私も苦しかった。それにお父さんと他の家族が上手くいっていないようだったので、どうにも連絡がとれなかった」と言い、父に砂糖、ココア、粉ミルクを渡し、さらに「お父さんがおかずに困らないように、そのうちに小舟が買えるだけのお金を送る」と約束した。その態度を見て父親はカリンがブオタンになったと涙を流した。

カリンは親子関係という重要な社会関係を再構築する際に、単に現金を送りつけるのではなく、また、貴金属のような威信財を贈るのでもなく、日常的な食料品を選んで購入している。このエピソードは、仲たがいしていたカリンと父親の再会を話題とする村の噂話のなかでも、良い行いだとして語られていた。同じように、結婚してオーストラリアに移住したチャリーズも、帰国した際に親族に対して即席麵、缶詰、インスタントコーヒー、菓子などを配った。また、P通りのジェイも、毎年帰省するときに両親に「グローサリー」を渡している。ジェイに、なぜわざわざマニラでグローサリーを買って母に渡すのかと聞くと、彼は「だって家族だから」と答えた。

パダラやパサルボンの内容やそれらにかかわる相互交渉の様子を個々にみることで、これらが村人の社会空間を再構成し、家族・親族等としてのつながりの再確認の契機となっていることが明らかになった。つづいては、幸運者と呼ばれる人たちのふるまいに着目してみよう。

三　幸運者のフィエスタ帰省と幸運の分け与え

1　交歓の祭りフィエスタ

フィエスタは神と村人、そして村人同士のつながりを一度にみることができる機会である。サマール島民にとっての最大の年中行事は各町・村の守護聖人の祭りフィエスタだ。ワライ語ではパトロン *patron* と呼ばれる。フィエスタは市町村を挙げて守護聖人に感謝し、一年間の安泰を願う日である。フィエスタ時には市町村の外に住む家族や親族が集まるだけでなく、政治家や司祭、役所の職員、取引先の商人、友人や知り合いといった何かしらの縁がある人から、闘鶏の参加者や、単にフィエスタならどこでも参加する人といった見知らぬ人に至るまで、ありとあらゆる人が開催地を訪れる。

バト村の場合、フィエスタのときの人口は少なく見積もっても通常の三～四倍になる。フィエスタの日の村の家々は「オープンハウス」といわれ、知り合いでなくとも家のなかに入り、ご馳走を食べることができる。多くの人が集まれば集まるほどフィエスタは「楽しい」（*malipayon*）ものになり、守護聖人が喜び、村の繁栄につながるとして、村人たちはいかなる客人をも歓待する。フィエスタのために使う資金はすべて神への寄進だとみなされ、多く使ってもそれは神からのさらなる祝福につながるとし、惜しまずに使う人が大半である。

フィエスタの準備は一年間かけて行われる大事業である。まず、前回のフィエスタの最後に、翌年のフィエスタのスポンサーの名がアナウンスされる。一〇人前後いるスポンサーはエルマノ／エルマナ（第四章）と呼ばれる。そのなかからさらに、スペイン語で「長子」を意味するエルマノ・マヨール *hermano mayor* ／エルマナ・マヨール *hermana mayor*（以下、単にマヨールと記す）が選ばれる。フィリピンでは一般に、マヨールはフィエスタの行われる地区内の富裕層が引き受けるものとされる［Mercado 1975: 180］。

フィエスタの一カ月前には、スポンサー、バランガイ役員、村のカトリック組織の代表が集まる運営会議が開かれ、広報、装飾、レクリエーションといった項目ごとに委員会が組織される。そして一～二カ月前ぐらいから村外に住む村人が帰省するようになり、九日前からは毎日ノベナ *nobena*（カトリックの九日間の祈り）が開かれる。このころまでに村内は垂れ幕や鮮やかな飾りがあふれ、屋台が並び、スポーツ大会、芸能コンテスト、闘鶏などのイベントが開かれ、祭りの雰囲気を盛り上げる。

帰省者や訪問者を歓迎するフィエスタの垂れ幕（2002年5月、バト村）

フィエスタ期間中に行われる催し物のなかで最も注目を浴びるのは、前夜祭（*besperas*）である。ライブバンドを呼んでのダンス・パーティには、村人のほか、その親族、知人、友人、さらには地元の政治家も参加する。政治家や一部の村人らは金を撒きながらのダンス「クラッチャ *kuratya*」（後述）を踊る。

フィエスタ当日（*kaadlawan*）で重要なのは、カルバヨグ大聖堂やティナンバカン教会の司祭らを招いてのミサ *misa*、村で収穫された果物・野菜で飾った山車の練り歩き（*prosesyon*）、家ごとに開かれる共食である。共食は、集まった親族や訪問客に対してご馳走（*handa*）をふるまうもので、メニューは子豚の丸焼き（*letson*）など、通常村では食べない肉類が中心だ。ある村人がフィエスタの後に「客は満腹、フィエスタは成功」と言ったように、その年のフィエスタが成功かどうかは、集まった人びとに対して十分な食物をふるまえたか否かで決まる[12]。家に寄った客に食べ物をふるまえないと、その一年に良くないことが起きるという村人もいる。よって、余るほど大量のご馳走を用意するのが常である。借金をしてご馳走を用意する家も多い。マヨールの家は特別盛大な食事を用意し、直接知り合いでない人も含めた多くの人を迎え入れることが慣わしとなっている。また、フィエスタ当日には子どもたちの洗礼も行われる。

　フィエスタ後（*liwas san patron*）にも死者（祖霊）のためのミサ、帰省者たちを囲んでの個人的なパーティ、親族訪問、小旅行等が続く。遠方から来た人が帰途に着くのは一週間から数カ月経ってからだ。

２　幸運者の凱旋とパサルボン

　バト村の移民の多くはこのフィエスタに合わせて帰省する。フィエスタの一～二カ月前ぐらいから帰省者の姿が見え始め、フィエスタのおよそ一週間前から前日までの間は、長距離バスが一日に何便も村で停車し、移民とその荷物を降ろしていく光景がみられる。村側ではだれが何日に到着するか、あるいは既に到着した人について、どんな風貌になったかなどという話に花が咲く。帰省は移民、村人双方にとって、お互いの関係を強く意識する機会である。なかでも、「幸運者」の帰省は村人の注目を集める。このことは、移民自身も十分認識しているようだ。

　まずは、パサルボンの語根である、サルボン *salubong*（出会い）の瞬間に注目してみたい。サルボンは帰省の重要な場面の一つと考えられ、移民はそのための準備に相当な時間と費用を投じる。ここではサルボンに至るまでの行動を具体的に示すために、第五章で紹介した「幸運を得た」とされるルスの二〇〇三年五月のフィエスタ帰省の例をみてみよう。

　ルスは帰省する二カ月ぐらい前からDT通りのバト村出身者たちと帰省するかどうかについて話し合い始めた。帰省の二週間前からはマニラの下町まで何度か買い出しに行ったり、借金をしたり、美容院へ行ったりと本格的な準備が始まった。ルスが既に帰省のバスを予約したと口伝てに聞いた村の家族らからは、それぞれ何が欲しいかを伝える電話が次々とかかってきた。「私が良いところで働いているって知っているから」と本人はまんざらでもない様子だった。出発前には近所の人が出てきて、渡す物や情報を託した。そしてルスの部屋の前に運び出された一三の箱に詰められた持ち帰り品を眺めては、「あの給料ならこんなものだろう」などと雑談した。

ルスの帰省を聞きつけて、マニラで失職し家賃も払えなくなってしまった姪と彼女の家族、さらには時間やルールが守れないとして数カ所で解雇され続け、親族の家でも厄介者になっていた甥が帰省に同行すると言ってきた。ルスは「親族は助けないと」と言い、かれらの交通費を負担することにし、全員でケソン市のバスターミナルへ向かった。ルスはバスターミナルで荷物の多さから自分の運賃と同額の超過料金を請求されたが、荷物は貧しい暮らしをする村の家族のためのものだと言い張って許しを請い、半額に値切った。

長距離バスが停車すると村人が集まってくる（2002 年 5 月、バト村）

一八時間のバス旅の終わり近く、もうすぐバト村というところまで近づくと、ベビーパウダーを顔につけ、口紅を塗り、襟元の汚れを払った。道中の埃を浴びて、新しい青いブラウスの襟元が汚れてしまったことを気にし、「やっぱりエアコンのバスにすればよかった」と悔やんだ。また、マニラを離れる前に、マニキュアなどで爪の手入れをしてこなかったことも悔やんだ。同時に「私が今良い仕事に就いていることをみんな知っているから、家にたくさん客が押し寄せるよ」と村に到着する瞬間を想像しては、興奮を隠しきれない様子だった。そうしているうちに、バスが村に着いた。村人

バスから運び出された帰省者の荷物。村の子どもたちは荷物運びを手伝い、大人たちはパサルボンの量を観察する（2003年5月、ティナンバカン地区の村）

が大勢集まってきた。ルスの荷物が車内から運び出されると、村人の視線がそこに集まった。親族の男性たちに混じって子どもたちが競ってルスの荷物を彼女の家まで運んだ。荷物運びを手伝った子どもたちはルスにパサルボンをねだり、ルスはビスケットを渡した。家に着いて休憩する間もなく、彼女は次々に訪れる親族や仲間にビスケットなどのミリエンダをふるまい、様々なパサルボンを渡した。次男のリッキーも帰省したが、彼は現金と自分のお洒落着だけ持ち、別のバスで帰省した。着くとバルカダ（親しい仲間、第四章）に酒とつまみをふるまい、互いの近況を語り合った。

以上のルスの事例から、帰省の際に彼女が気にすることに、外見とパサルボンがあると指摘できる。外見はできるだけ都会的な生活をイメージさせるように注意を払う。苦しい生活を連想させるもの、たとえば、日焼けした肌、手入れしていない爪、埃のついた襟などは避けられる。

一方、パサルボンは、地理的に離れたことによって日常的なやりとりから遠ざかっていた移民と村人一人ひとりとの関係を再構築するための直接的なコミュニケーション手段と考えられる。幸運を得たと噂され、羽振りが良くなったであろう移民が、村人とどのように付き合っていくつもりなのかを人びとは注意深く見ている。幸運を得た移民が戻ったとき、「あの人のところに、私たちのパサルボン、あるかしら」（*Mayda ba kit sa iya?*）と勘ぐり、自分から訪ねていくかどうか迷う姿がしばしばみられるが、それは村人が自分とその移民との親疎を気にしているのだろう。さらに、その移民がだれに何を渡したかは、村の格好の話題となる。

「あの人のところに、私たちの分、あるかしら」という発想にみられる、分け与える範疇に注目が集まる状況は、幸運を得た移民と村人との間だけでなく、闘鶏で勝ったり、大漁になったりした場合にもみられる。闘鶏や漁でも、幸運を得た人は、身近な人を中心にバラト（幸運の分け前、第三章）をする慣習があると述べた。パサルボンのやりとりは、移動先でのステータスや、移動先での移民の経済的状況といった外的要因によって期待値がある程度定まる。だが、忘れてならないことは、移民本人の「幸運を得て戻ってきた者」と周りの人に認識され、歓迎されたいという強い意識だ。移民がパサルボンを多数の人に分け与える行為は、本人やその家族の経済的レベルを向上させるといっただけの問題ではなく、サパラランに出た結果、幸運を得たということを示す行為である。同時に、幸運を得たからといって、村人からの過剰な妬みを受けて、村のなかで自分が孤立する状態を避けるという面もあるだろう。村人からのおねだりを受けたとき、たくさんの客が訪れてビスケットを食べていくとき、ルスが非常に嬉しそうなのは自分が歓迎されていることを確認した喜びの表れのように思える。

「幸運を得た」と呼ばれるようになると、その移民は家族を超えた範囲の人たちにパサルボンを渡している。先にも述べた二〇〇二年五月のフィエスタ帰省時のパサルボン調査によると、パサルボンを渡す相手はたいてい親やキョウダイの範囲に限られていたが、その範囲を超える人たちにまでパサルボンを配った帰省者が三人いた。一人は香港で働いていたネリー（一三軒）、P通りの中心的人物のロセラ（九軒）とDT通りの中心的人物のロイダ（七軒）である。この三人とその家族は、後で述べるフィエスタ前夜祭に設けられる特別席（presidential table）に招待されていた。パサルボンの内容は、男女間で差があった。女性は食料雑貨品等の細々とした品物を個別に配ることが多いが、男性は現金や酒類を大量に持ってきて、連日自分の家で飲み会を催したり、道で出会った人たちに「これでもっと飲んでくれ」と現金を手渡す方式のパサルボンを好んでいた。

一方、都市からの帰省者でも全員がパサルボンを期待されるわけではない。ルスの姪や甥のように、無収入だったり、困窮した生活を送っていたりする場合はパサルボンがなくとも受け入れられる。経済的に困っているとなれば、村の親や祖父母が運賃を払って帰省を促すこともある。また、リッキーの例にみられるように、若い男性の間では、パサルボンを大げさに持ち帰ることは「流行遅れ」（*diri na uso*）とみなされ、持ってきた現金で酒やつまみを買ってバルカダにふるまう小規模な宴会を開くほうが一般的だ。

3　神への感謝の代表者として

フィエスタ帰省時に成功した移民がとる主な行為には、出迎えの人に対して前記のようなふるまいをするほかに、次のようなものがある。

第一に、年ごとに決められるフィエスタのマヨールになる。バト村では、マヨールは村を代表して、礼拝所の修繕等、守護聖人に感謝を示す寄進を行う。近年、フィエスタ当日のミサに町から司祭を招待したり（複数人招待することが多い）、前夜祭のダンス・パーティのためのバンドを呼ぶ費用を受け持ったりすることもマヨールに期待される行為だ。そのため、マヨールが負担する金額はかなりの額に上る。

一例を挙げると、二〇〇三年にマヨールとなった、カルバヨグ市の中心地在住の警察官のパブロ（男性、一九五三年生まれ）は、礼拝所の床をタイル張りにする費用五万ペソは親しい国会議員からの寄付で賄ったが、ペンキ代五〇〇〇ペソ、ミサを挙げた司教と司祭四人への謝礼一万二〇〇〇ペソ、前夜祭で生演奏を行ったバンドへの謝礼九〇〇〇ペソ、フィエスタのご馳走や酒代（マヨールは司教ら招待客をはじめ一〇〇人を超す人びとをもてなす）に二万五〇〇〇ペソの合計五万一〇〇〇ペソを費やした。この金額は東ビサヤ地方農村部における年間平均収入額（五万二七五七ペソ、一九九七年現在）に匹敵するものだった。その一方で、マヨールは、守護聖人の像を一年間安置し、フィエスタ当日にはその像や、守護聖人が描かれた旗とともに村を練り歩く行列の先頭に立ち、その日のミサ終了後には村人の前で演説するという、社会的威信を得る役でもある。

バト村では、その経済的負担にもかかわらず、マヨールを引き受けたいと申し出る人が多く、二〇一〇年ごろまで数年先のマヨールを引き受ける人が決まっていた。ところがその後、マヨールに期待される経済的負担が大きすぎるとして引き受けようとする人が逆に見つかりにくくなってしまった。村人によると、二〇〇九年にマヨールとなったタソイ（第三章）と彼の子どもたちは、二〇万ペソを支出し、礼拝所全体に扇風機を設置し、客人へのご馳走として水牛、牛、豚という三種類のレチョン（丸焼き）をテーブルに並べたという。村では話し合いが行われ、二〇一七年からはマヨール制度を廃止し、複数いるスポンサーたちがノベナの九日間毎日の軽食代、フィエスタ当日の花やロウソクなどの飾りつけ代、そしてミサを挙げてもらう司祭たちへの謝礼を分担して受け持つようになった。客人らへのご馳走など他の費用は、村内外の「金持ち」がボランティアとして担当した。「金持ち」は、そうした費用を支払うことは神への感謝であり、その感謝の行為がさらなる祝福を自分や村にもたらすので引き受けたという。

次に示すのは印刷物で確認できた二〇〇〇～一六年のマヨールのリストである。興味深いことは、近年のマヨールは一人（タソイ）を除いて村外在住者か村外在住者からの資金援助を得た人である点だ。身分としては、事業の経営者、海外就労者、「プロペショナル」と呼ばれる専門職、あるいは海外へと渡った子どもの親である。かれらは、村で「幸運を得た」として名が挙がる人びとでもある。

過去のマヨール（カッコ内は性別、居住地、職業やその他の情報）

二〇〇〇年　ギャリー（男性、マカオ、カジノ従業員）

二〇〇一年　ジェイ（男性、マニラP通り、トラック・オーナー）
二〇〇二年　ネリーの娘と息子（ネリーは女性、香港、家事労働者）
二〇〇三年　パブロ（男性、カルバヨグ市中心地、警察官）
二〇〇四年　ノノ（男性、マニラP通り、トラック・オーナー）
二〇〇五年　アレヒン（男性、カルバヨグ市中心地、私立ハイスクールの校長）
二〇〇六年　不明（資料なし）
二〇〇七年　不明（資料なし）
二〇〇八年　アベ（男性、サウジアラビア、病院スタッフ）
二〇〇九年　タソイ（男性、村内、漁船のオーナー）
二〇一〇年　マルティン（男性、村内、オーストラリア人と結婚した二人の女性の父親）
二〇一一年　マティアス（男性、村内、元海外〈マカオ〉就労者）
二〇一二年　アナシト（男性、カルバヨグ市中心地、警察官）
二〇一三年　ロレタ（女性、ティナンバカン地区の中心地、ハイスクールの校長）
二〇一四年　グセアン（男性、北サマール州の町、プラスチック工場のオーナー）
二〇一五年　グレッグ（男性、オーストラリア、バト村出身の女性の子、マルティンの孫）
二〇一六年　チュドラ（女性、カルバヨグ市中心地、食堂のオーナー、台湾で働く娘の母親）

第二に、幸運を得たとされる移民は、前夜祭で町の政治家など有力者に近い行動をとる。前夜祭の夜、村の広場には派手な照明器具が備え付けられ、華やかなダンス会場となる。ダンスフロアとなる広場を囲むようにして、一晩一〇〇ペソのテーブルチャージをとる二四のテーブルが並べられる。村人、帰省者、訪問客はこのテーブルか、あるいはその外側の無料のベンチに陣取り、ダンスをする人びとを眺めたり、自らも踊ったりする。

前夜祭に集まる人びとのなかで特に注目を浴びるのは、会場正面に設けられた特別席に座る、フィエスタの「上客」である。市議以上の政治家を筆頭に、村人の配偶者としてフィエスタを訪れている外国人とその家族、成功した移民とその家族、村外の「金持ち」らがこの部類に入る。一方、村在住者は、フィエスタのホスト役を務める村役員を除き、経済状態の如何にかかわらず特別席に座ることはない。特別席の客たちは、村役員に招かれて席に着き、司会がその名前を会場に向かってアナウンスする。特別席にはテーブルチャージがないだけでなく、無料でビール、ソフトドリンク、軽食がふるまわれる。その反面、かれらはクラッチャの際にある程度まとまった金額の寄付をしなくてはならない。

クラッチャはサマール島だけでなく、フィリピンの他地域にもある男女ペアの求愛のダンスだ。クラッチャは、フィリピンの多くの地域で廃れてしまったといわれるが、サマール島を含むワライ語圏では高い人気を保ち、最近は「ワライの人びとのダンス」として、国内外のワライ移民コミュニティの集まりで盛んに踊られる。バト村の高齢者たちによると、踊りながら小額紙幣を散らすガラ *gala* の慣習が取り入れられたのは、一九九〇年ごろからである。最初はフィエスタに訪れた政治家のみが披露する行為だったが、すぐに村人も真似をし始め、フィエスタ資金調達の柱となったという。

現在のガラのスタイルは、次のようである。司会にアナウンスされた男女がダンスフロアに登場する。一人は村内の有力者、もう一人は村外の有力者である。二人は最初向き合ってダンス・ステップを踏み始めるが、少し経つと男性が女性をダンスで追いかける動きへと変わる。つづいて男性がフロア中央に置かれた笊《ざる》に向けてガラ（二〇ペソ札などの小額紙幣）を散らし始めると、女性も同様にガラを散らし、両者は財力を競い合う。ダンスの中

フィエスタ

前夜

クラッチャを踊るP通りのジェイの妻。握っている札束を散らしながら踊る（2002年5月）

クラッチャでは踊り手の家族や友人もステージに出てきて紙幣を散らし、踊り手を応援する（2017年5月）

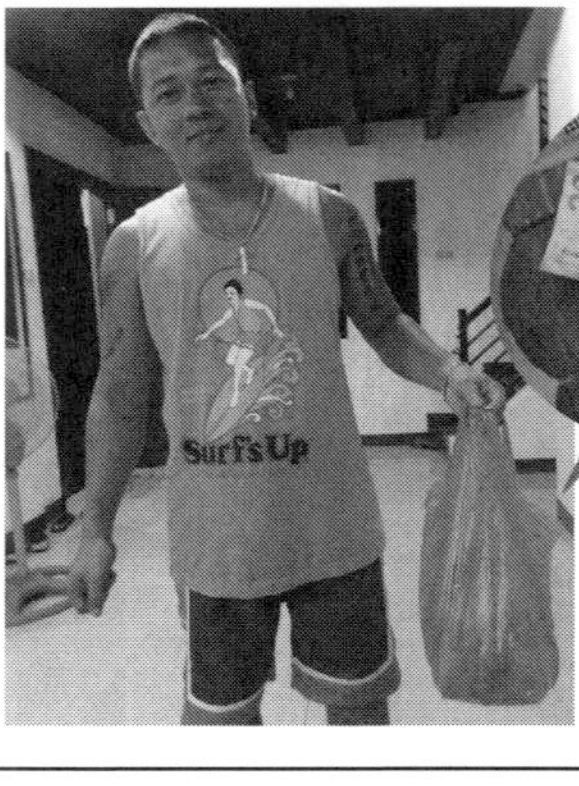

P通りで最近トラック・オーナーとなった村の男性は、クラッチャのために2万ペソを小額紙幣に両替して帰省した（2017年5月）

男性が左手に持つビニール袋の中身。20ペソ札が1000枚、輪ゴムでくくられて入っている

バト村での

当日

守護聖人の像を乗せた山車の練り歩き（2002年5月）

2002年のマヨールは香港で働いていたネリーの息子（前列の5人の子どもの右から2番目）と娘（同3番目）（2002年5月）

マヨールの家が用意したご馳走。右はフィエスタのメインディッシュの子豚の丸焼き（2002年5月）

盤からは踊り手それぞれの家族・親族や友人もフロアに出てきてガラを散らす。この行為は、ガラを散らす人から踊り手に向けた「助け」と呼ばれる。このように財力の競争がひとしきり続いた後、男性側が持ってきた紙幣すべてを放出したときダンスは終了となり、男性は女性の手を引いてステージを去る。一晩で七～一〇組ほどが踊り、各組から一〇〇〇ペソ以上のガラが出るため、フィエスタのたびに一晩で二万～四万ペソ程度が集められるという。特別席に座る人は一晩で数千ペソを投じるのが相場である。

集められた寄付金は、フィエスタ運営委員会が決定する配分率に従って、村議会用とカトリック教会組織用に分けられ、それぞれの収入に組み込まれる。よって、ガラは単なる「見せびらかし」ではなく、村の守護聖人に対する寄進と捉えられている。実際、クラッチャに参加する人びとのなかにはガラを「神への感謝」(*pagpapasalamat san Diyos*) と言う人がいた。村人の一部には、ガラは単なる自慢 (*parayaw*) だと言い、前夜祭に行かない人もいる。だが、全般的には、出し惜しみするような紙幣の散らしかたなどの素振りをしない限り、ガラは善行だとみなされている。

第三に、幸運者はフィエスタ訪問客に対して、ふんだんにご馳走をふるまう。これは、マヨールや特別席の客になることよりも、さらに多くの移民の間でみられる行為である。多少なりとも収入のある移民はご馳走の準備への加担が期待される。一方、ルスのように幸運を得たといわれる人ならば、料理の内容も都会風な肉料理を数品並べるほかデザート類も用意する。さらに、マヨールの場合は、用意する料理のなかにご馳走の代表格の子豚の丸焼きを最低一つは入れる。また、訪れる人の数に合わせて、何ダースもの酒類とソフトドリンクが消費されていく。どんな料理がどの程度ふるまわれ、どんな人が訪れていたかは、パサルボンの配られかたやクラッチャに参加した人の名前と踊りかたと同等に、フィエスタの最中やその後の格好の話題である。

4　村内の「金持ち」との比較

ここまで幸運を得たといわれる移民の帰省時の様子を中心に記述してきたが、かれらの村での行為を、第二章で記述した村内の「金持ち」のそれと比較してみたい。

まず、居住地や職業の違いはあるが、日常の生活スタイルは類似している。村で「金持ち」の象徴となるのはコンクリート・ブロック製の「大きな家」や、都会の人が持つような電化製品や家具を所有していることである。移民の場合も、移住先（海外出稼ぎなど一時的な移動であり移住先に家を持つことがないときには村）に、同等かそれ以上の家を建てる。資金の投資先も似ており、両者とも子の教育や小規模ビジネス（小規模雑貨店の経営、乗合車両の貸し出し、五～一〇人乗り漁船の購入など）へ資金を回す。土地の買い占めはあまり行われていない。

違いが目立つのは、フィエスタなどの帰省時である。先に記した、マヨールとなること、クラッチャでの寄進、ご馳走のふるまいといったフィエスタ時の幸運者の行為は、明らかに村の金持ちよりも派手である。村の金持ちも、金持ち相応の食事を用意したり、クラッチャに参加するが、幸運者に匹敵するような散財は行わない。また、村人も、幸運者として帰省した人びとの大盤振舞の規模により注目している。幸運者のクラッチャのガラでの出資額は、カルバヨグ市の政治家らがガラに出資する額と同様に興味を持たれ、後日まで話題に上る。

この差を生み出す背景には、複数の側面が絡み合っていると思われる。まず、村から離れて暮らす移民の場合、村内の金持ちのように、他のバト村在住の人びとと密な関係を結んではいないため、帰省したときが、羽振りが良くなり、かつブオタンであることを示すほとんど唯一の機会である。村の金持ちと村人との関係は、移民と村人との関係よりもはるかに複雑である。村の金持ちの場合、フィエスタ以外の期間にも、雇用、売買、日頃の細々とした「助け合い」や会話等を通じて、常に周りの人びととの親密度を計られている。

次に、村人自身、大都市や海外で成功した人びとのほうを、村の金持ちよりも上にみる傾向がある。村では一般に、マニラや外国のほうが村よりも社会的地位が高い場とみなされている。村で成功した人よりも、マニラや外国に行って成功した（あるいは村の視点からみて成功したと思われる）人のほうにより強い憧れを感じるようである。フィエスタに訪れた政治家ら、いわゆる上客と同じテーブルに座ったり、クラッチャのパートナーとなるのは、ホスト役を務めるバランガイ議員を除けば、都市で成功した人たちである。村人にとって、成功した移民は同じ村人ではあるが、外部の権力者たちとも交流できる力のある人とみなされる。これを逆にみれば、成功した移民の力の誇示に対する村人の期待もその分、高いということになる。

くわえて、移民自身に自らの「幸運探し」の結果を誇示したいという欲求があるともいえる。バト村からの幸運探しに出た移民は、幸運を手に入れたといえども、移住先の社会では目立つ存在ではない。バト村出身者と同じビサヤ地域からマニラに来た移民コミュニティの調査を長年続ける人類学者のピンチェスが書くように、スクウォッターに暮らすほとんどのビサヤ移民にとって、かれらが移住後に社会的な上昇をしたといえども、大都市マニラでは依然として貧困層にしかみられず、しばしば嘲りの対象になる［Pinches 1992］。ともすれば全体社会から顧みられることもない状況下で、かれらが幸運を感じられるのは、故地に帰省し、「幸運を得た」として村人から羨望のまなざしを浴びるときなのかもしれない。

以上述べてきた幸運者の行為は、得た富の周囲への分配を強調しているといえるだろう。このことを示したのが図６・１である。どれだけの人に分け与えるかは得た富の大きさにより異なる。一般的な傾向として、富がそれほど大きくない場合は家族のような近親者との間で分け与えるだけだが、富が大きくなるにつれ、近親者よりも遠い親族・仲間にも分け与える。したがって、分け与える人の範囲は、家族を中心とした同心円状になっている。

さらに年に一人だけ選ばれるマヨールになった場合は、二者関係を超えて村全体に対して貢献する人とみなす

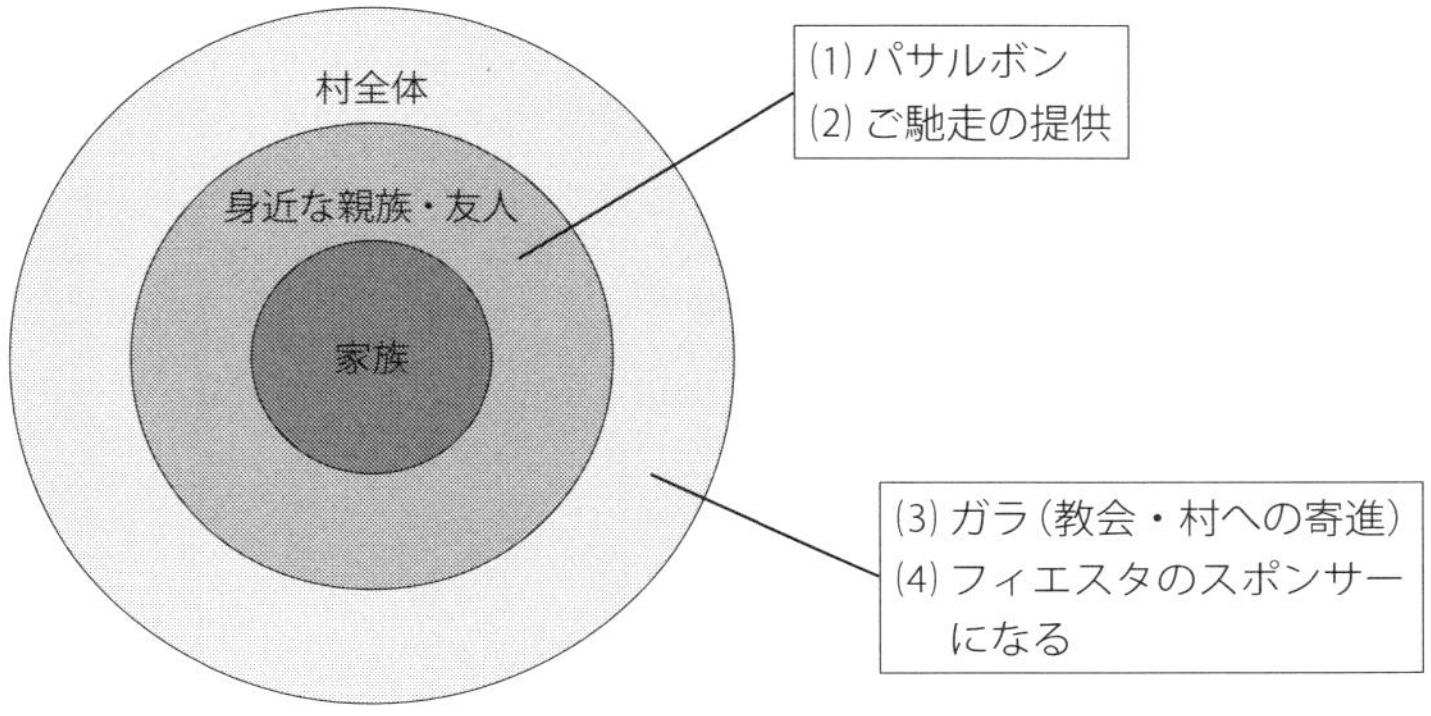

図6・1　幸運者が支える範囲

ことができる。マヨールは、教会の修繕等を受け持つほか、フィエスタ時には大勢の村内外の人を集めて賑やかな宴を催し、守護聖人を喜ばせながら感謝の意を表す。このようにして守護聖人との良好な関係の維持に努め、村全体が豊かになるようにすることがマヨールに期待されている。

四　幸運の分け与えのジレンマ

1　恥を恐れて帰省しない移民

幸運の分け与えという考えかたには、それに十分応えた場合には村人から幸運を得たと評価される面がある。一方で、十分応えていないと思われる場合には、軋轢が生じたり、あるいは前述のように、そのような軋轢が生じることを恐れ、恥だとして距離をおく傾向がみられたりする。つまり、幸運を手にしたと思われた移民と村との関係には変化が起きる。

第四章で触れたが、バト村出身者の移住後の帰村率は五割程度だった。帰村しない移民のうちの四割近くが音沙汰さえなくなっているという質問票調査の結果からして、長期にわたり村との関係が切れている村人がかなり存在することは明らかだ。マニラ在住のバト村出身者たちからの聞き取りでは、村との関係が一時的なりとも切れるのは、①帰村するだけの経済的余裕がない（交通費だけではなく、パサルボンなど帰省のための準備費用や近親者から頼まれるであろう「助け」を含む）、②リスクと期待を背負って幸運探しに出たのに、その目標が達成されていないという恥かしさ、③長期間移住先で過ごした結果、そこで結婚したり、子どもが生まれたりして、移住先に「自分の家族」と呼べるような親密な関係ができた、④村の家族や親密な仲間の死亡あるいは移住により、村に非常に親しい人たちがいなくなった、といった理由が挙げられた。

村とのつながりが強いP通りにおける参与観察やライフヒストリーの聞き取りでも、村との関係が弱まっていると思われる人は多かった。一例を挙げれば、P通りのパイオニア的存在の一人であるパパン（女性、一九三五年生まれ）は、一九九〇年の兄の葬儀のときにバト村に行って以来、帰省していないという。一九六五年に未亡人となったパパンは、一九六八年からマニラでお手伝いとして働き始め、生活の基盤ができると子ども三人を呼び寄せた。現在はP通りに家を持ち、トラック一台のオーナーでもある。パパンは「私はバト村に土地を持っているし、帰省はしたいけれど、金が問題だね。交通費は高いし、それにパサルボン。パサルボンがあれば村の人たち、特に年寄り連中が喜ぶ。それで帰りにはイモ類やバナナをたくさん持たせてくれる。でも、金がなければ恥かしい」と、帰省していない理由を語る。

帰省しない理由は、別の土地へ移動することになったときの理由と同様に、いくつもの要素が複雑に絡んでいることが多く、パパンの場合もそれに当てはまると思われる。彼女のライフヒストリーのなかでそうしたいくつもの要素を聞けたわけではないが、その語りから読み取れることは、村に帰るとなると、その生活ぶりに見合ったパサルボンなどの幸運の分け与えを期待されるとパパン自身が思っていることである。

2　村人が与える「幸運者」という称号

バト村では身近な人たちの間で、相手に共感を示しながら「助ける」あるいは「与える／あげる」といった物のやりとりが日常的に頻繁に行われている。本章では、移民と村人の間でも、パダラやパサルボンなどのやりとりにみられる贈与行為や相互交渉が、その時々の親族をベースとした実質上の身近な人との関係性を構築する際の要になっていることを述べてきた。このようなコミュニケーションが行われる人びとの間では通常、互いをブオタンとみなし、ブオタンでない人びとと区別する。

ブオタン関係では、関係する二人の富の量がほぼ同列である場合と、差がある場合とが考えられるが、ブオタンの概念が特に重要視されるのは、前者から後者に移ったような人、つまり、もともとは村人と同じレベルだったが途中で富を得た人に関してである。まとまった富を手にした人は、まずコンクリート・ブロック製の家を建てて家電製品や家具を購入する。さらに、子どもがいればハイスクールや大学へ通わせる。こうした豊かさの象徴は、その家の人びとを「金持ち」と呼ばせるに十分ではあるが、他の人びとととどう付き合うかによって「金持ち」は二分される。助け合いの情を持つ人と判断されるならばブオタンな金持ちとなり、そうでなければ単に金持ちと呼ばれる。後者の場合、先に書いたように、具体的な態度によって「ケチ」「欲深い」「見下す」等のブオタンの対義語をよく伴う。このような否定的な形容詞は、噂話のなかで聞かれるだけでなく、本人を目の前にして使われることもある。

幸運という概念も、この富の扱いかたをめぐる認識と関係している。幸運は物質的な豊かさに象徴されるが、それはあくまでも神から与えられるものである。したがって、神の慈悲として祝福が人間に与えられるように、人間も独り占めせずに、周りの人びとと、特に苦しむ人に対して、分け与えなくてはならない。分け与えない場合、幸運はいずれ逃げていくものと信じられている。

このように考えるならば、幸運者と呼ばれる人は、幸運探しに出て、新たな富の源泉を見つけ、それを社会的なモラルにほぼ合致する方法で周囲の人に分け与えながら、神と良好な関係が維持できそうな人物と、周りの人が認めた人ということになる。つまり、周囲の人たちからの称号ということができよう。多大な経済的負担にもかかわらず、「幸運者」として村に戻ることに価値を置く移民が絶えない事実は、少なくとも、「村の仲間の喜ぶ顔が見たい」とたくさんのパサルボンや小額紙幣の束を用意して戻る移民たちにとって、サパラランに出た後の成功を実感するのが都市ではなく村であることを示している。そしてまた、このような「幸運」のイメージがあるために、村から遠ざかる移民がいるのだともいえる。

第四部　つながりの揺らぎと再編

フィエスタに合わせＰ通りからバト村へ遊びに来たロセラの孫たち。祖母がバト村に建てた家で休暇を楽しむ（2017年５月）

ここまで、バト村の人びととの間でみられる幸運とつながりの理念についてみてきた。しかし、だれもがその理念に準じた行いをするわけではない。特に富の分配について考えるならば、世界には複数の異なる理念が存在する。村内で暮らす限り、分け与えることを強調する村のモラルを無視し続けることは比較的難しい。しかし、移民の場合は必ずしもそうではない。マニラをはじめとする移住先には、村のモラルに縛られずに生きる回路も開かれているためだ。移住先では、移民各々の性向や環境によって、周囲の人と日常的な細々とした物を分け与えない生きかたを選択したり、または、周囲の人と助け合うにしても、助け合いをする仲間は村人よりも移住先で出会った人びとに比重が置かれるようになる可能性がある。

そこで第四部では、幸運探しという理念の外側に注目し、村人の考えかたや行いが一枚岩ではないことを示す。都市に移住した移民の間では富の分配をめぐり、対立やすれ違いが日常的に起きている。第七章では、分け与えや助け合いに関する複数の理念が絡み合い日常生活が営まれ、社会関係が編成されていく様子を読み解く。さらに第八章においては、「村」とのつながりが消える人がいるかどうか、そして消えるとしたらどのような状況によるのかといった点について考える。

第七章　都市で暮らす移民の間の「分け与え」と「自立」

「ポルシンはマニラに出た後、村には帰らなかった。マカサリリ makasarili（個人主義、後述）だったから。〔中略〕彼女が幸運を手に入れたかと言われれば、幸運を手に入れたがそれを分配しなかった、という答えになるかしらね」（金持ちになったポルシンについてのリンダの説明）

ポルシン（女性、一九三二年生まれ）は、太平洋戦争後にバト村の人びとがマニラに行き始めた時代、最初にマニラで金持ちになった、村では「伝説の人」である。わたしはポルシンに会ったことはなかったが、マニラにいる村人やマニラに行ったことのある村人の語りで、彼女の名前をよく耳にした。ポルシンを知る村人によると、彼女はアヘンテのティオに連れられ一九四七年にマニラに渡った。P通りに近いところで酒を造って売っていた華人系一家のお手伝いとして雇われ、病気がちな夫人の世話をしていた。夫人は一九五〇年代初めに亡くなり、その後妻となったのがポルシンだった。彼女は訪ねてきた家族や近親者でさえ自分の家に泊めることはせず、仕事があれば仕事だけを与えた。ポルシンのことを個人的に知る村人は、彼女が村人を見下し、金持ちたちだけと付き合っていたと語った。彼女の友だちはマニラの麻雀仲間だったという。

民族、宗教、階層の違いなどによる多様なフィリピンを一般化して語ることは難しいものの、差異を超えてフィリピン人の「誇り」としてしばしば謳われるのが、家族の絆の強さと、豊富なホスピタリティの精神である

[e.g. ホルンスタイナー 1977: 56]。都市化や産業構造の変化、海外就労現象の拡大などに伴いフィリピンの家族・親族関係も変容しているとされる [De Guzman 2012; Esteban 2015; Medina 2015: 284-289]。それでも、最も親密な関係の家族と、家族の次に親密な親族という理念は現在においてもフィリピン社会で広く共有され、家族や親族との相互行為が人と人との付き合いかたの基本形であり続けているといわれる [Jocano 1998: 49]。

同様に、第六章で述べたように、バト村でも親族関係の基本的理念として「親族同士は助け合う」という点が強調されている。同様のことは、バト村に限らずフィリピンの他の地域においても全般的にいえるだろう。ただ、これは理念であることを忘れてはならない。理念を拡大解釈すれば、親族のだれかが経済的に成功したとき、その人の助けで他の家族、そしてつながりがたどれる限りの親族も成功者になることになる。そして助けを求める親族からの働きかけを拒否することはモラル違反とみなされる。ところが、実際には成功者が双方的に広がる親族をすべて成功者に導くことはありえず、そこで様々な齟齬や対立が生じるのだ。

その典型が、海外就労者の家族・親族間関係である。既に多くの論考で指摘されているように、海外では国内で働く数倍もの賃金が得られるとして、海外就労者のいる家族・親族は、先の理念に沿ってその海外就労者からの「助け」を期待することが少なくない。海外就労者もそのような期待を背負っていることを自覚し、「助け」を送ろうとする。だが、期待する可能性のある人は限りなくいるため、海外就労者の富の分配に関する葛藤が始まる [Tacoli 1996; Constable 1999; Torres-D'Mello 2001; Aguilar et al. 2009; 長坂 2009; McKay 2012]。

フィリピン国内の都市で成功した移民も類似の葛藤に悩むことが多い。フィリピンの都市移民に関する先行研究では、長い間、移民の都市での適応に関心が集中した結果、相互扶助の理念が全面的に良い行為として押し出され、成功者の親族内での齟齬や対立、それにまつわる交渉の様子は等閑視されてきた [Laquian 1969; Jocano 2002]。だが現実は異なり、家族・親族間での富をめぐる対立は日常的に起こっている。

わたし自身、マニラのバト村出身者の集住地に滞在中、村人の間で対立が起きる場面にたびたび居合わせた。それら対立の多くは、金があるのに助けないなどと、富の分配をめぐって起きていた。しかし、その富の分配に関して交わされるコミュニケーションをよく観察すると、それは親族同士は助け合うべきか否かという単純なものではなかった。関係者は、それぞれ自分の立場を弁護すべく、様々なモラルを根拠として挙げていた。多くの成功したサパララン移民の大きな悩みの一つは、この周囲の人たちからの富の分配の期待にどう対応するかである。そう考えると、対立の場面で引き合いに出される理念には、どのようなものがありうるのか、また、どのような駆け引きがなされるのかといった点を、より広い視野から考える意義は大きいだろう。

親族間の物や金の分配や交換は、人類学の中心的なテーマの一つであり、研究の蓄積も厚い。しかし、これまでの分配や交換に注目した研究の多くは、私有財産の権利を軸とする近代資本主義の論理と、それと対峙するものとして地域ごとの文化的慣習（通常、利潤を追求する売買ではない利他的とみえる贈与や相互扶助）とを二分割して議論を進めることが多かった[1]。ところが、現実の日常生活を見回すと、両者は必ずしも明確に分かれているわけではない。人びとは状況によって両者の間を揺れ動いたり、自分の考えの拠りどころがよくわからなくなったりする事態に陥る瞬間に出くわす。したがって、明確に分かれていると仮定すること自体に問題があるようだ。

分配や交換を生活世界レベルから分析した例として、エチオピアの農村部における作物の分配から土地の所有と利用までを調査した松村［2008］の研究がある。松村は、理念の対立ではなく、人びととの「働きかけ」に注目した。すると調査地の人びとは、分配や所有にかかわる交渉の場において一つのゲームのみを全面的に参照するのではなく、その場に応じて相手に拘束力を持つゲーム（の一部）を選び、「異なるゲームを区別しつつ接合」していたという［松村 2008: 116］。そこから松村は、「人びとは、自分の利益のためにむやみに交渉しているわけではない。彼らは自分の主張を正当化するために、何らかの拘束力を持つと信じられている枠組みを参照している。

この人びとの行為をある方向に導く複数の枠組みには、かならずしも一貫性や全体的な整合性があるわけではない」と結論づけた［松村 2008: 260］。

こうした複数の参照枠を利用しながら複雑なゲームを生き抜く人びとの様を描く理論として、杉島は「複ゲーム状況」という概念を提示している。複ゲーム状況とは、「相反する規則・信念が同時並行的に作用している事態であり、別種の、あるいは分離しておくべき物事がミックスされているわけではない」状況を指す［杉島 2014: 27］。つまり、わたしたちが生きる日常の世界には、複数の「規則・信念」が参照枠として存在し、人びとはそれらを自分が置かれた各場面に合わせる形で引き合いに出して日々生きているという見方である。そのような見方をすることで、現実の生活世界を一枚岩的に描かずに、多元的かつ可変的なものとして浮かび上がらせようと試みる。

本章では、この複ゲーム状況という見方を用いることによって、「家族・親族は助け合う」（以下、親族間の相互扶助と記す）という理念が、実際には棚上げされたり、一部変更されたり、あるいは逆に強い強制力を持ったりする場面を無視することなく描き出す。そのうえで、浮き彫りになった理念とはどのようなものなのかに注意を払いながら、人びとが場面に応じて複数の理念を使い分け生き抜く様子を示す。なお、本章では、「幸運者」というカテゴリーと区別するために、幸運者と呼ばれる人物かどうかとは別に、経済的に成功、すなわち生存レベルを超えた経済力を持つようになった人を「成功者」と記す。

一　成功者の間にみられる理念

本節では、バト村から村外へ移住した村人をめぐる富と分配をめぐる相互行為を五つの例をもとに分析する。

最初に、Ｐ通りで一般的にみれば成功したとされる二人の人物に対する周囲の評価から考える。

1　成功者ジェイの評判

ジェイ（第四章、第六章）はバト村で六人キョウダイの第一子として生まれた。父親は若いころから小規模農漁業を営んでいたが、機会をみては様々な物品の売買で利益を得ており、子どもたちにも商売のコツを教えていたという。ジェイは自分が農漁業には向いていないと思い、別の活路を探そうとハイスクールを中退してマニラへ出てきた。Ｐ通りではオバ（第六章のパパン）の家に世話になり仕事を探したが、トラック運送の作業員にしかなれず、失意のうちに帰村した。マニラでは学歴が重要だと知り、ハイスクールを卒業してから再びオバのところへ戻った。作業員として働いた金を元手に自分で行商を始めた。近所でお手伝いとして働いていたルソン島中部出身の女性ルーシーと結婚し、オバの家から独立して自分たちの部屋を借り、ジェイは次に金貸し、ルーシーは工場労働者として働き始めた。さらに金を貯めた二人は中古トラックを買い、トラック・オーナーとして生計を立て始めた。二〇〇三年には、Ｐ通りの近くで売りに出されていたコンクリート・ブロック製の三階建ての豪邸を二五〇万ペソで購入した。バト村出身者をトラック運送業の従業員や家のお手伝いとして雇っている。

2003 年にジェイがバランガイ・Ｐで買った家（2003 年 5 月）

既に述べているように、ジェイは自他ともに認める成功者である。彼によれば、「努力」と「辛抱」を続け、「悪事」にはまらないようにしていれば成功は簡単で、村でもマニラでも成功できるという。ジェイは自分がマニラで成功した後、自分の弟たちを助けた。彼には四人の弟と一人の妹がいるが、弟たちはすべてジェイのような自営業者になった。次男はバト村で最も大きい雑貨店を経営し、村会議員を数回経験した後、二〇一三年から村長を務めている。三男はカルバヨグ市中心地でアパートを経営する。四男はP通りに出てきた後、ノノ（第三章）の娘と結婚し、トラック作業員、トラック運転手を経て、トラック・オーナーとなった。五男はカルバヨグ市の政治家のもとで働いていたが、二〇一六年の選挙で市会議員に当選した。ジェイの妹は建材業を営む商人と結婚し、夫婦はバト村で事業を続けている。ジェイによれば、彼は弟たちに事業を始めるための資金を無償で貸し、利益が上がるようになったら順次返済してもらい、結果としてキョウダイ全員が自活できるようになった。自分だけでなく、成功した自分の弟も順次下の弟を助けてきたという。

彼は、身を立てるためにバト村からマニラに出てきた親類縁者は助けると断言する。マニラで金持ちになった後、出身地の親族を忘れてしまう人と違い、自分の心は「田舎者」のままだ、とみなす。それは自分もマニラに出てくる村人と同じような境遇だったためであり、また、助けていればかれらは裏切らないからだという。だが、助けなければ、かれらは「変なこと」（おそらく後述の麻薬密売の噂）を言い始め、自分だけでなく村の家族も傷つけると語る。ジェイはルーシーとともにバト村に毎年帰省している。帰省時に、村に住む人たちから「ジェイ、元気にしているか？」「ジェイ、覚えている？」などと声をかけてもらえるのが嬉しいし、フィエスタではクラッチャのときに名前を呼ばれて人前で踊るのも楽しいためだと語る。例年、クラッチャに参加するために数万ペソを用意する。経済力を身につけた今でも村人を見下さない態度が評価されて、P通りにおけるジェイの評判は全般的に良い。P通りに住む、ジェイのイトコの妻にあたるデリア（第三章）によれば、ジェイとルーシーは、商売の仕方が上手なだけでなく、周囲の人とのパキキサマ（協調、第四章）も心得ているため、P通りで商売を続けていられるのだという。デリアによると、多くのP通りの人たちは自助努力（sariling sikap）をあまりせずに、他の人の顔を見ると、毎回の食事の用意に使う食用油からインスタントコーヒーを飲むためのお湯に至るまで、何でも「デリア、〇〇ちょうだい」と言ってくるという。そのため、彼女自身、ジェイとルーシー同様、家の奥に引っ込み、近所の人と直接顔を合わせないようにしていると語る。

一方、P通りの最も貧しい家が並ぶ、水路に最も近い一画に住むソリン（一九六五年生まれ、身体障害者のシングルマザーで洗濯婦として働く）は、ジェイの気前の良さを上辺だけだと否定する。従業員は助けるけど、それ以外の面倒はみない、親族だって、仕事がなくなればすぐにクビにしている、と話す。ソリンは、ジェイの第四イトコにあたり、ジェイとルーシーはソリンを介して知り合ったにもかかわらず、ルーシーはソリンを避けている様子であり、ジェイはソリンに一度も仕事の口を紹介したことがないという。ソリンもまた、自分から二人に近寄ることは恥ずかしいため、自分から二人に直接頼み事はしない、と話す。

Ｐ通りの「端」は洗濯やゲームをしながら世間話や噂話が飛び交う場（2009 年 8 月）

ジェイには、麻薬密売に手を染めているという噂が付きまとう。わたしはP通りでその噂を聞くことはなかったが、バト村やDT通りでは、ジェイが大した教育も受けない自分たちと同じレベルなのに、なぜ（巨額の）金が貯まるのか、麻薬以外に考えられないという噂があることを聞いた。バト村では、ジェイのキョウダイが村の選挙に出ると、そのキョウダイの選挙資金は麻薬密売で儲けた金という噂が対抗馬から出される。一方、DT通りの住人は、自分たちは麻薬密売にかかわりたくないためP通りではないDT通りに住んでいると語る。

こうした複数の場面の語りから、ジェイは相互扶助の理念と自助努力の理念を折衷していることがわかる。彼は、親族は助けると断言するが、同時に努力や辛抱の大切さを若者に教え、かつ、相互扶助といえども、依存するだけのようにみえる人への個別の経済的援助は親族であっても行わない。つまり、ジェイが行っている再分配の範囲は、自らの家族と従業員で、その範囲を超えると、村全体への分配に切り替えている。これは相互扶助と自助努力からなる複ゲームを状況ごとに使い分けてマニラの分村で生き抜いていることを示す。

しかし、ソリンのような最も貧しい状態に置かれている親族と対面することになったら、複ゲームであることが露呈し、両者の関係が気まずくなる可能性はある。ジェイは、親族は助けると断言している。その言葉を文字どおりとれば、親族間の相互扶助の理念上、ソリンはジェイが真っ先に助けなくてはならない親族である。だが、実際には助けていない。両者はその理由を言わないが、P通りの一部の人の話では、ソリンはプライドが高いうえに、仕事に対してそれほどまじめではないからではないか、とのことだった。いずれにせよ、二人が対面したり、ソリンが助けを直接求めたりしたら、ジェイは断れない立場にある。それゆえ、ジェイやルーシーは、ソリンと顔を合わせないようにして、また、ソリンも同様に、親族のジェイに仕事を回してほしいと期待していると第三者には話すが、直接には伝えないことで、親族間の相互扶助の理念が正面から問われ、両者の関係（あるいは親族一同の関係）に明らかな亀裂が入る場面を避けているものとみられる。

くわえて、ジェイの事例は、複ゲーム状況において相反する理念が、互いに他の理念を「無効」にする危うい事態を示唆している［杉島 2011: 54］。既に述べたように、ジェイには麻薬密売に関与しているに違いないという噂がある。わたしはこの噂が本当かどうかを確かめる手段を持ちえないが、いずれにせよ、ジェイが村人を村人の期待に沿うように助けないならば、ジェイに関する悪い噂が広まり、彼や彼の家族の評判を傷つけることが予想される。すると、ジェイは村人を自分の従業員として雇えない。また、彼のバト村にいるキョウダイが村の選挙に出る際にも、悪影響を及ぼす。したがって、ジェイを相互扶助のゲームから離れないように引き戻す作用がここで生じているといえよう。

2　逸脱者ラケル

ジェイの第一イトコにあたるラケルは親族間の相互扶助を拒否している。彼女の母はバト村生まれだが、父はマニラ生まれで、ワライ語は話さない。ラケルは両親が結婚しバト村に移住した後の一九七一年にバト村で生まれ、八歳のときに家族とともにマニラへ移住した。そしてマニラのハイスクールを卒業し、工場で働いていたが、二三歳のときに家事労働者としてサウジアラビアで働き出し、その後は台湾で五年間、香港で二年間働いた。現在は小規模雑貨店を経営しながら、再び海外で働く機会を探している。台湾で知り合ったナイジェリア人男性との間に息子が一人いる。

ラケルは、「耐えればスープ（欲しいもののたとえ）が手に入る」（kung may tiyaga, may nilaga）と言い、努力を強調するだけでなく、個人レベルでの経済的な自立も重視している。この考え方は父親から学んだという。さらに、小さいころから、「自分の足で立て」（tumayo sa ating sariling paa）と自立の精神を教えられてきた。自分で使いたいお金があるのなら、それは自分で稼げと言われ続けてきた。「行動は別々、支出も別々」（kanya-kanyang kilos, kanya-kanyang gastos）だからと、彼女や彼女のキョウダイ六人は子どものころからいろいろな小遣い稼ぎをしてきた。また、家族の間でも借りた金は必ず返すのがルールとなっている。親族の来訪については、一晩なら歓迎だが毎晩になりそうならはっきりと断るという方針で対処している。彼女の父は、自分の能力以上に人の世話をして、借金を増やす状態になることを「足が不自由」(pilay) だと称し、親族を泊めなかったという。海外で働いた経験も、自立の重要性を学ぶ機会になった。たとえば、サウジアラビアで雇用主から嫌がらせを受けていたときは、自分で貯めていたお金があったから、それで帰国できた。この経験などを通して、人助けの前に、自分自身を助けられなくてはならないと確信したという。さらに、勤勉に働く人にとって、フィリピンほど人びとが依存し合わない外国暮らしは居心地が良いと思っている。

ラケルはプライドが高いなどとして、P通りでの評判は良くなく、近所同士の会話の場にも顔を見せることもなく、平均的な行動パターンからは逸脱した人物とみなせる。しかし、彼女の小規模雑貨店はいつでも開いているし、品切れがないという利便性のために、利用する近所の人は多い。

ここでジェイと比較すると、二人はいずれも自らの努力、勤勉さを強調している。しかし、ラケルがジェイと異なるのは、自分の得た収入は自分の所有物と考え、親族に分配しない点である。P通りでラケルのように、親族だからといって泊めることはしないなどと明言する人は珍しい。それが何に由来するのかはわからない。だが、ラケルの友人はP通り以外におり、また、彼女は、キョウダイとともに別の地域に家を建設中である。これらの状況から判断して、村の人を雇って事業を営むジェイとは違い、ラケルはP通りの人びととの付き合いを経済的にも社会的にもそれほど必要としてないことが、ラケルの態度に影響しているように思われる。

二　相互扶助と自助努力の狭間で

1　ロイダとルスの対立

次に、DT通りで起きた二つの対立の場面をもとに、相互扶助と自助努力の絡み合いを考えてみたい。DT通りの成り立ちについては第三章で書いたが、一九九〇年代になると、暮らしぶりが順調のようにみえたロイダ・シモ夫婦のところへサパラランすると決めた村人が頼ってくるようになった。リンダ（第四章）やルス（第五章）はその例である。

ロイダは、ジェイやラケルと同じく、「耐えればスープが手に入る」をモットーにしているが、同時に「まずは独り立ちし、できるようになったら他の者を助けろ」と、相互扶助の重要性も説く。「一つの実を食べずに植えれば、それはたくさんの実をつける」と、豊かになる方法を植物にたとえて語った。ロイダを頼ってきた親族には、マニラで生きるためのディスカルテ（第四章）を教えていた。ただ、育ててもらった親族が後に自分に対して「ウタン・ナ・ロオブ utang na loob」（心の負債、恩義）を感じるかどうかは本人次第と言っていた。

わたしがロイダの家に滞在していた二〇〇三年に、こうしたロイダの言葉は嘘だと、ロイダの家で間借りしていたルスは異議を唱え、ロイダの家から出ていく事件があった。ルスは、ロイダの気前の良さは表面的、実は金が欲しいのであり、親族からも儲けているとみなしていた。ある日、ルスは、ロイダが電気料金の上昇を理由にルスの部屋代を半年間で月六〇〇ペソから二倍にしたことや、ロイダの家の備品の購入を密かに自分（ルス）にさせていることをロイダに抗議した。また別の日には、金の支払いに絡んでルスの次男のリッキーとロイダの間で激しい口論があり、ロイダはリッキーに「あんたの家族は我が家で食べて飲んで仕事も紹介してもらったにもかかわらず私たちを見下す。もう敵だ！」と泣き叫び、ルスの姉リンダが止めに入ることも起こった。

この騒動の後、リンダはわたしに、ロイダが親族同士と言いながらも、彼女の小規模小売店でつけ買いするときには一品につき一ペソ上乗せするように、実は「ビジネス」の付き合いをしていると自分も思うと語った。だが、困ったときにはロイダには借金をしたり、手助けをしてもらったりしているため、彼女のつけ買いに対する方針には従うしかないと考えているとも言った。また、リンダはルスについて、自分の給料が上がったことで偉ぶっており、さらにまた、司祭らの人間はすべて平等、不正は正せ、という言葉で自分を正当化しているようにみていた。ルスとリッキーは、激しい口論が起こった数週間後にDT通りのロイダの家から五〇メートルほど離れたところにある、月七〇〇ペソの別の部屋に引っ越していった。

以上のロイダとルスの対立から、親族間の相互扶助に関する理念のいくつかの側面がみえてくる。第一に、両者ともに親族間の相互扶助に沿った行動をしていると考えているが、その解釈には差がある。ロイダの考えでは、当人に何がしかの収入がある場合には、収入に見合う程度の料金を取ってよい、となる。他方、ルスは、親族同士なら自らの収入を増やすような料金は取ってはならないと主張する。ルスは実際、マニラで失敗し、故郷のバト村へ戻りたくても旅費を払えない親族の旅費は全額自分が負担した（第六章）。第二に、リンダとルスは、ロイダが親族を使って実は自分の財産を貯めているとも考えている。リンダは、助け合う間柄である親族内で利子を取ることは、本当は良くないと考えている。だが、それを指摘することによって、DT通りで暮らす親族内で争いが起きることを避けるために、仕方なくロイダに利子を取られることを了承しているようだった。第三に、ルスが強気になっているのは、彼女自身の経済的余裕（＝社会的な力でもある）に加え、カトリック司祭たちと近い関係にあることも影響しているようである。バト村（出身）のカトリック教徒の間では、宗教的権威である司祭の言うことは、少なくとも表向きは、正しいと思われている。したがって、司祭が言ったこととなると、周囲の人は通常反論できない。

2　リンダと息子たちの考えかたの違い

住み込みのお手伝いとして働くリンダも、DT通りでロイダから一部屋間借りしていた。その部屋に週日は彼女の三人の息子（三男トニー、四男ベベン、五男で末子のボンボン〈第四章〉）のみが暮らしていたが、週末になるとリンダ自身もそこに同居した。リンダの次男はDT通りで出会った女性と結婚したため、ロイダから別の部屋を借りて住んでいた。

リンダの悩みの一つは、給与をすべてリンダに渡すベンと違い、トニーが「ケチ」なことだった。一九八〇年生まれのトニーは、二〇〇三年当時、近所のファストフード店の従業員として働いていた。リンダはトニーが月に三〇〇〇〜五〇〇〇ペソ程度を稼いでいるとみていたが、本人に聞いても給与額を言わず、さらにリンダには一方的に月五〇〇〜七〇〇ペソしか渡さなかった。トニーはマニラの友人たちとほとんどの時間を過ごし、外泊も多い。トニーによると、母には必要な額を渡しており、渡す金額は月ごとに自分で決めていた。将来は小さくても自分の店を持ちたいと考えていた。

リンダは、そのトニーに対して、一〇〇〜二〇〇ペソの少額の金があっても、家にはもう金がないと嘘をついて暗に金を渡すように伝えていた。それはプロパンガスがなくなったとき、電気料金の支払期限が来たとき、ハイスクール生のボンボンが学校に払うお金が必要と言ってきたときに必要な現金を予備としてとっておくためだった。また、トニーがリンダに金を渡すときに、それで代金を払ったレシートを見せることを要求したり、釣銭を返すことを求めたりすることに、まるで母親の自分がトニーに頼む立場にあるようだ、と立腹していた。

リンダとトニーとの間では、富の分配について異なるゲームが展開されている様子が表れている。リンダは、未婚の子は自分に収入を全額渡して、リンダが収入を管理するものと考えているのに対し、トニーは自分が使った分の代金を払うことで十分とみなしていた。また、トニーは、自分の収入は自分で管理するのが正しいと考えているようだった。

3　「プロペショナル」アレヒンの村との付き合いかた

ここまでは、P通りとDT通りにおける富の分配の様子をみてきたが、次に分村・集住地に住まない村出身者の例を取り上げる。第二章の村人の移動パターンの推移を検討した箇所で、バト村では、少数派ではあるが、教育のための移動パターンが戦前から存在していると述べた。なかでも都市部で高等教育を受けて、教員、警察官、地方政府の正規職員といった公務員やそれに準じる職業に就いた人たちは、バト村にも、都市の分村や集住地にも住まない傾向がみられる。こうした例のなかから、大学を卒業し、国家公務員となった男性のバト村の人びととのかかわりかたを紹介する。

一九三二年生まれのアレヒンは、学歴や職歴からすれば村で最高レベルに達した人とみなすことができる。にもかかわらず、村人の日常会話で成功者として話題になることはあまりなかった。わたしがアレヒンに聞き取りをした二〇〇二年に、アレヒンはカルバヨグ市の中心地に住んでいたが、バト村でアレヒンの姿を見ることは稀だった。中心地には、アレヒンのほかに、公務員や警察官など「プロペショナル」と呼ばれる職業に就く村人が数人、家族と暮らしていた。かれらの一部はフィエスタのときに村を訪れるほか、家族、特に親に会うために村に立ち寄ったことがあった。しかしほとんど村に戻らない人もいた。

アレヒンは教育を受けてプロペショナルとなった一人である。彼が子どもだった一九三〇年代当時、徒歩で通える距離に小学校がなかったので、ほとんどの村の子どもは学校に通わなかった。だが、アレヒンは教育を受けさせることに熱心だった祖母の努力で、小学校、そしてハイスクールを卒業した。さらに、奨学金を得てカルバヨグ市の私立大学へ進学し、一九五三年にカルバヨグ市に隣接する町の小学校に教員として赴任した。その後、マニラの師範大学で修士号を取得して教育文化スポーツ省カルバヨグ支部に入り、マルコス政権期に副首相を務めたカルバヨグ市出身の政治家の後援を得て、一九八〇年にマニラの公立大学の教員となった。公立大学では副学長まで務めたが、マルコス政権崩壊に伴って失職し、カルバヨグ市へ引っ越した。カルバヨグ市では、私立ハイスクールの校長となり、郊外に家を建て、妻と二人で暮らしていた。一人息子は技師となり、サウジアラビアで米国系企業の社員として働いていた。アレヒンは、カルバヨグのカトリック関係の団体や高齢者の団体にも加わり、ボランティアとしても活動熱心な人だった。

アレヒンが生きるうえで大切と考えているのは、「計画」（planning）、「勤勉」（hard work）、「忍耐」（patience）だった（アレヒンのライフヒストリーの聞き取りでは、英語が多く使われた）。自分の人生の成功は計画と忍耐を伴う、つらい労働や下積みを通じて手にしたものだと考えていた。そして公教育を受けることが、何よりも重要と強調した。自分と同じく公務員となったバト出身者の例も挙げ、自分たちが出世していく姿を見て、村では豊かになるには教育が重要だという考えが広まり、子どもを学校に行かせる親が多くなったと考えていた。

アレヒンと妻は、妻の出身地であるパナイ島の妻の甥と姪に対して経済的援助をしており、二人とも大学を卒業した。それは甥と姪の両親との約束だからだったという。一方、アレヒンのバト村の親族については、かれらは農地を持っているのだからそれを有効利用すればよいという理由で、経済的援助はしていなかった。ただ、自分のバト村のマンゴー畑を管理している姪のエダイ（第五章）には、無償でマンゴーを収穫させていた。エダイは、マンゴーを収穫した際にはアレヒンの家に一〇キロほど持って行った。

アレヒンがバト村に行くのは、年に一度、フィエスタの前日のみだった。彼は、カルバヨグ市の中心地で大量の花を買って自分で村まで運び、守護聖人に捧げていた。それは以前、自分が生きている間は毎年フィエスタのときに献花するというサクリピショを約束したからだった。「もう年だから」と大勢が集まるバト村のフィエスタ自体に参加することはなかった。自宅のあるカルバヨグ市中心地のフィエスタのときには、特別の食事を用意していた。その食事に来るのはカルバヨグ市中心地に住む友人や知人だった。バト村の人が来ることはなかった。

村人の表現からすると、ここまで述べてきた四つの村出身者のケースとアレヒンは、後者が金持ちであるだけでなく「教育を受けた人」（edukado）でもある点で異なる。アレヒンの話題は村の日常生活で聞かれないと先に述べたが、中傷する話も聞かれない。村に献花に来たときの様子からは、村人にとっては目上の近寄り難い人と思われている様子だった。ただ、アレヒンは問題ないが、アレヒンの妻は貧しい人を見下す「マタポブレ」だから気をつけろという噂はあり、それが村人をアレヒンから遠ざける理由の一つになっているようだった。

アレヒンは学歴を基盤として階層移動した例である。そして、ジェイのような個人の才覚で商売で成功した人や、ラケルのような海外家事労働者として収入を得た人とは違った形で、村人との関係を築いている。アレヒンの生計基盤も社会関係も、バト村とはほとんど関係ないところにある。さらに、年金生活で安定した日々を送る彼の生活は、バト村出身者が考える生存レベルをはるかに超えている。その意味で、ジェイやラケルとは違い、再び貧困生活に戻ることになる可能性はなく、村を基盤としたセーフティネットも必要ないとみられる。このような場合、村人同士の互酬的関係からは抜け出ることができ、中傷行為も意味を持たなくなるといえよう。なお、アレヒンとカルバヨグ市の中心地に住む村出身者（親類縁者）の関係はほとんどない。それぞれが何をしているのかを噂で聞いたり、道で偶然出会ったときに立ち話をしたりする程度だという。アレヒンによれば、かれらはそれぞれ十分な収入があるので、バト村のなかで繰り広げられる「助け合い」を必要とする間柄ではなくなっている。

三　噂によるコントロール

1　多元的な理念を用いた富の分配

以上、五つの事例をみてきたが、ここでバト村の移住者が得た富とその分配（助ける、助けない）に関する状況を整理し、分析する。

はじめに、事例で取り上げた人物の富の量（豊か⟷貧しい）と分配の範囲（狭い⟷広い）を概観してみると、

図7・1のようになる。まず、ジェイとロイダが右上の位置、つまり成功して親族まで助けるグループに入る。ただ、二人の間には違いもある。ジェイのほうがロイダよりも収入が多く、村への寄付金も多い。また、ジェイは村人を直接雇用し給与を払っているのに対し、ロイダは村人を自分の家に居候させたり仕事先を紹介したりしている。ルスも、以前は右下のグループにいたが、修道会に雇用されてからは経済的余裕が出たという意味でこのグループに入れることができる。彼女も親族を助けたいと、貧しい親族に帰村するための旅費を与えたり、近所に住むリンダの一家が急に金が必要になったときには、現金を渡したりしている。

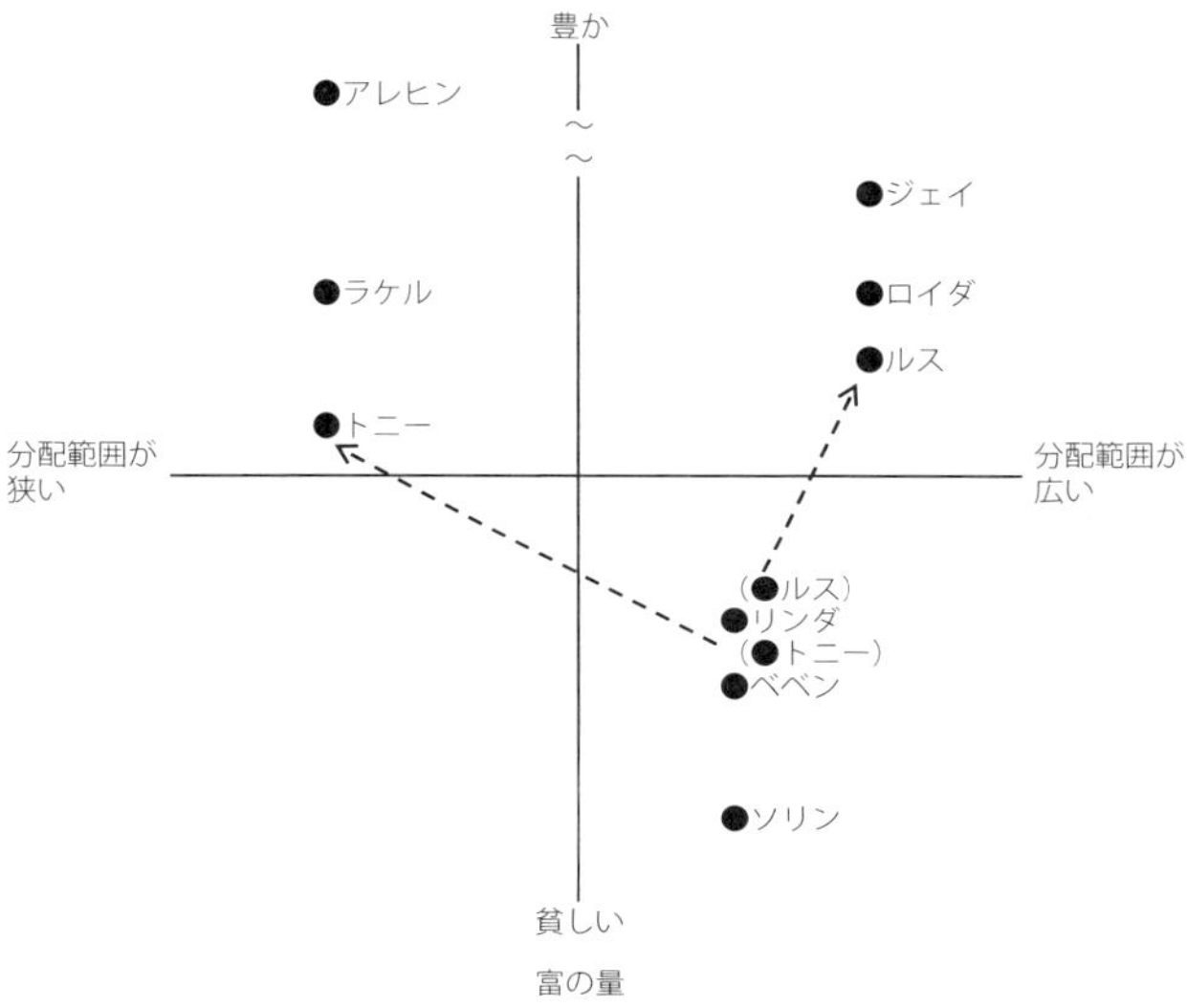

図7・1　村出身者の間にみられる富の量と富の分配範囲の相関
（2002年前後の状況、点線はそのころに起きた位置の変化を示す）

一方、ラケルは左上の、成功したが、富を分配しないグループに入る。彼女は特別な機会を除けば家族内でも収入は別々にしているという。トニーは以前、右下のグループにいたが、新しい職を得てからは、自分を支えるだけの収入を得ている。彼はその収入を自分で管理しており、母親には最低限の金額を渡すというスタイルをとっている。アレヒンは、経済的にも社会的にも大きく成功した村出身者である。しかし、彼は村の親族を経済的に援助しない。また、ラケルやトニーが依然として地理的には村社会のなかで暮らしているのに対し、アレヒンは地方都市の郊外に住み、村人とは接触の機会がほとんどない。

右下は、富がない、すなわち生存レベルかそれ以下の「とても貧しい」（第二章で示した村人の間の経済格差区分）人びとのグループである。ソリンのほか、リンダやベンがその状態だといえる。貧しく、かつ親族を助けないという姿勢を持つ人のグループ（左下）も論理的にはありうるが、生活に余裕がない人が親族を経済的に助けるということは実際にありえない。貧しい状態にいる人びとも家族や親族を助けたいと語るため、図では右下に名前を入れている。

2　富の蓄積と「悪」の観念

次に、富とその分配に関する場面で現れる理念に注目したい。ここでは、親族を助けるという相互扶助の理念と、「悪」（*raot*）の観念に着目する。第一に、親族を助けるという相互扶助の理念は、自分や自分の家族が生存レベルを大きく超える収入がある場合、つまり富を獲得した場合に、親族間で平等化の原理として作用する。しかし、親族関係者は限りなくおり、かれらのすべてが生存レベルを超えない限り、助ける範囲には制限がない。そのようななかで、ジェイは努力や辛抱をしながら生きること、すなわち自助努力の理念を持ち出す。だが、もしソリンらの極端に貧しい親族と対面したなら、実は彼が巧みに複ゲームを使い分けて生き抜いていることが露呈し、両者の関係が悪化する可能性については既に述べたとおりである。

ＤＴ通りの「親代わり」的存在になっているロイダもまた、複ゲーム状況を生き抜いている。ロイダの場合は、世話をしている人たちに自分の家を間貸ししたり、小規模雑貨店でのつけ買い時に若干の利子をつけたりして、自分の家計のやりくりをしている。ロイダのこうした村人への対応は、彼女なりの相互扶助と自助努力を組み合わせた方針といえよう。ところがルスが、親族間の相互扶助は、その時々で持てる者が持てない者を助けるのであり、間借りしている親族から利子を取ったり、給与が上がったからといって親族の家賃を吊り上げたりするものではないという親族間の相互扶助理念の正論を主張したことで、ロイダの方針に内包される複ゲーム状況が露呈した。

ラケル、アレヒン、そしておそらくトニーも、自助努力を相互扶助よりも重要視しているという意味で、他の登場人物たちとは異なる。三人とも、相互扶助を一切否定しているとは限らないものの、まず自らが努力や辛抱をすることが先決だという主張を持ち出している。

第二に、相互扶助と自助努力の二つの理念の間で揺れ動く村人同士の関係において、ときに持ち出される悪という観念の作用の仕方が興味深い。バト村の人びとの間で悪とみなされる行為には、盗み、裏切り、詐欺、暴力行為、近親相姦、邪術（毒盛り）などがある。そして、村人は一般に、悪事を働いている、ないしはその可能性がある人には近寄らないという態度を示す。近寄らない態度には、できる限りその人の家に入らない、飲食をともにしない、一緒に働いたり売買をしたりすることを控える、選挙では投票しないといった行為が含まれる。近寄らない理由は、実際に犯罪等に巻き込まれることを避けるためだけでなく、悪人にはガバ（第五章）が起きると信じられているため、悪人にかかわることで自分にも天罰が下らないようにするためでもある。

ジェイについての麻薬密売の噂はその意味で重要だ。明らかな根拠がなく、推測による噂で相手の評判を著しく傷つける行為は「陰口」（*libak*）と呼ばれる。陰口は、バト村内においても頻繁に聞かれる日常的行為の一つである。[2] ジェイに関する噂を本当だと信じる人びとは、ジェイを先に述べた悪人の一種とみなし、近づかなくなる。本人もこのような陰口があることは知っており、それが自分だけでなく村に住む自分の家族の評判を傷つけることを恐れている。富を得ても彼は親族に自分の成功を破壊できる力があることを認めているのである。

ロイダには麻薬にまつわる噂はないが、ルスとの対立の場面で彼女が親族から利益を得ている点がルスによって指摘されている。これは、親族の相互扶助理念に反する行為で、厳格にいえば「悪」と考えられる。しかし、たとえばリンダは、ロイダがつけ買いのたびに一ペソ上乗せしていることを知っていても、現状ではロイダとの助け合う関係は自分にも利益があるため、黙認している。さらにいえば、ロイダ自身の経済状況も、少なからずリンダの態度に影響を及ぼしている。ロイダは、ジェイほどの大きな富は持っておらず、経済的な余裕がまだあまりない。よって、ロイダも自分と同じく生活を向上させるのに必死なのだという同情心から、リンダはロイダの利子をつけるやり方を黙認していると考えられる。しかし、ロイダとリンダの関係が崩れれば、リンダも妹ルスに同調して、ロイダに対し悪の観念を用いてロイダの評判を落とそうとする可能性はある。

3　富を持たない人びとの力

つづいて、日常の相互交渉の場において、いかにこれらの理念が用いられているかに注目すると、人びとは複数の理念を体系化したものとして言及しているわけではなく、その場の状況を判断して、理念を使い分けている。たとえば、親族の相互扶助の理念を主張したり、ほのめかしたりすることで、ソリンはジェイに、またルスはロイダに対して、何らかの圧力をかけることができると思われる。一方、アレヒンやジェイは、自助努力の理念に言及することで、助ける範囲を狭めることを正当化する。自助努力の理念はまた、ラケルのように相互扶助の理念に対抗するものとして用いることができると同時に、田舎とは違い都市では何に関しても現金が必要であり、援助してあげたいところだが自分には不可能であるというニュアンスを含む説明を伴えば、相互扶助の理念を奉じるグループに属する意思表明にもなる。また、「悪」の観念は、分配が気前良く行わなければならないように作用しているといえるだろう。このように、少なくとも実践のレベルでは、複数の理念が単独または組み合わせで用いられ、親族間の富の分配の交渉がなされている。

相互扶助や自助努力の根拠をたどると、ジェイ、ラケル、トニーなどは親や友人の教え、あるいは自分の個人体験をもとにし、ルスは司祭の言葉に言及しながら説明を行う。親や友人は、バト村出身者に「このようなときはこうする」といった個々の規則は教えているが、何らかの価値体系を網羅的に、法律の条文のような形式で伝えているとは思えない。司祭は、カトリック教義を長年学び身につけていると思われるが、司祭からの一つひとつの助言や意見がルスに体系化して伝えられているとは考えにくい。

資本主義・市場経済とそれを支える原理としての私的所有が、フィリピンのなかで中間層以上の人びとの間に深く浸透していることを考えると［Kerkvliet 1991］、本章で登場した人物のなかで、この状況を体現しているのはアレヒンである。彼は、自分の収入が村出身者のそれよりもはるかに多くても、その使用範囲を自分の家族と、自分が援助すると決めた姪と甥に限定している。アレヒンの場合でも、彼が村の社会関係のなかに身を置いていたら、おそらく、他の人びとと同じように複ゲーム状況を生きることを迫られるに違いない。また、アレヒンと彼の同僚や郊外の近所付き合いとの日常的相互行為を調べたならば、同様にいくつもの相反する理念が状況に応じて当事者同士で引き出される様態が認められるかもしれない。

まとめると、家族・親族間の富の分配は、多元的な理念のもとで繰り広げられているものだ。その相互交渉が妥当か否かを決めるのは、相互交渉の様相をその周囲で長期にわたって観察している「富」を持たない多数の人びとであろう。かれらは、富を持っていないがゆえに、相互扶助あるいは自助努力に従うことを、自身には差し迫って求められることなく、そのような意味では不定見である。かれらは、個々の相互交渉の状況をみながら、富を持つ者の態度が許容範囲を超えている場合には、距離をおいたり、陰口を黙認したりするなどの手段で、対立関係にある者同士の力関係に影響を及ぼしていると思われる。

四　複数の理念の間を巧みに生き抜く

1　自助努力、それとも個人主義？

以上、移民の富の分配にかかわる様々な場面を検討してきた。かれらの語りから、サパラランの成功者が周囲のまだ富を得ていない人びとから親族同士の相互扶助を自分なりの基準以上に期待されるとき、「自助努力」やそれに類似する言葉が強調されることがわかった。

しかし、フィリピン社会で、相互扶助の精神と相反するようにみえる態度は、否定的に捉えられがちだと指摘されている。フィリピン文化について国内各地で長年研究してきたホカノは「私たちは集団志向のため、マカサリリな態度を避けようとする」と述べる［Jocano 1998: 160］。マカサリリは、接頭辞の maka-（～派、主義）と語根の sarili（自分自身）に分けられる。

しかし調べてみると、自助努力と同じではないが、それに関連する表現としてパグササリリ（pagsasarili, pagsa- は名詞化するときの接頭辞＋ sarili〈自分自身〉）という言葉もある。日本語では自立、独立などと訳されるパグササリリは、本書でもたびたび登場する「パキキサマ」（協調）、「ヒヤ」（恥）、「ウタン・ナ・ロオブ」（心の負債、恩義）などとともに、フィリピン人の「国民的伝統」を構成する原則の一つに挙げられていたことがある(3)［デ・ラ・コスタ 1977］。ラケルが挙げていた「自分の足で立て」というフレーズの意味は、このパグササリリに近いと思える。とすれば、自立はフィリピンの国民的伝統に挙げられるほどの美徳なのだが、それは現実には危ういという意見もある。ジャーナリストで作家のナクピルは、パグササリリは多くのフィリピン市民の間では責任感や自主独立の精神を伴う行動とは捉えられておらず、単にカニャカニャ（別々、個人個人）という自分のみ良ければよいという利己的態度になってしまっていると批判的にみている［ナクピル 1977］。

バト村出身者の間の相互交渉の場面でこの自立あるいは自助努力の精神の問題を考えると、その危うさ、あるいはあいまいさは次のように説明できよう。自助努力は、第四章で詳述したように、自分自身の成功談の一部として語られるときには、大方、美談と捉えられるだろう。サパランを始めたばかりの人には、成功の秘訣として受け止められることも十分ありうる。ところが仮に全員が自助努力をしたとしても、通常、一部の人しか富を手にすることができない。その結果、明らかな経済力の差が親族間に発生したとき、成功者がまだ成功していない人にアドバイスとして自助努力をと言う、または相手の自立を妨げるからと分け与えない態度をとるならば、後者は前者を自立した人とは捉えずに、親族間の助け合いという別の理念をもとに、分け与えない利己主義者とみなす可能性が高い。さらには、マカサリリな人だと呼ぶかもしれない。

このように現実は、複数の理念が同時に存在し、人びとは自分が置かれた状況に応じて有効と思える理念を使い分けている。引き合いに出される理念は体系立てて用いられているわけではない。

2　複ゲーム状況を生き抜く力

本章では、バト村移民の間で、個人の得た富の親族間における分配をめぐって、どのような交渉や行為がみられるかを考察した。フィリピンには親族間の相互扶助の理念があり、それは都市化や産業構造の変化、海外での就労経験の広がり等の影響で遵守されなくなってきていると指摘されてきたが、具体的な資料に基づく研究はこれまでほとんど行われてこなかった。

バト村出身の移民の間には、移動後に生存レベルを超えた富を得た人たちもいるが、かれらのなかには親族を助けている人も、そうでない人もいた。かれらは、親族間の相互扶助という理念を遵守しているか否かで単純に区分できるわけではなく、相反する理念が交錯する状況を生きることを迫られていた。そして、富を持った人は、個人的な信念に基づきつつも、実際の経済力や経済的安定性や個々の二者関係も考慮のうえ、分配するかどうかを決めていた。

しかし、全体として、富を分配しない人は孤立し、村人の間の相互扶助をあてにできなくなる。他方、分配する人は社会的に認知され、周囲に人が集まってくるが、その態度は常に監視されている。富を分配していたとしても集団の陰口で評判を落とされる可能性があるためだ。ここで重要になってくるのが不定見者の富の分配のバランス感覚であり、それは富のある人に対する矯正力を発揮しているといえよう。

本書ではこれまでに、富を得た村人が、村人の基準に合うようにその富を分配するとき、村人に「幸運者」という一種の称号で呼ばれると述べた。そのことと、本章で記述してきた富の分配をめぐる相互交渉や行為とを考え合わせると、幸運者とは、自助努力と相互扶助の複ゲーム状況を巧みに生き抜く、その「両立者」が勝ち得る評価ともいえる。そのような評価を好む人もいれば、好まない人もいる。

第八章 「村」を離れる人びと

序章で述べたように、近年出版されたフィリピン人移民の民族誌のなかでは、移民は故地に残る家族や親族と強固につながっているという見方が主流である。他方、東南アジア島嶼部の親族研究では、この地域の親族関係において、ギアーツ夫妻が「構造的な系譜関係の健忘症」と呼ぶ、系譜関係の忘却も顕著であることが強調されてきた［Geertz and Geertz 1964］。一九九〇年代にはこの点に着目したカーステンが「忘却の政治」と題する論文で、系譜関係の忘却が、新たなつながりを生み出す力になっていると、さらに発展させて論じた(1)［Carsten 1995］。フィリピン低地キリスト教徒社会の民族誌においても同様の指摘がみられる［Dumont 1992; 川田 2003; Aguilar et al. 2009］。アギラらの研究を例にとれば、南タガログ地方の村出身の国際移民と国内移民が故地の家族らと交わす電話でのコミュニケーションの頻度などを調べ、国際移民のほうが国内移民よりもより頻繁に故地の家族に電話をかけていることを示した。この違いについて、国内移民は、国際移民よりも移住先の土地に根付きやすいことが背景にあると述べている［Aguilar et al. 2009: 365-359］。

幸運探しという観点からバト村の人びとの移動について説いてきた本書では、帰省や村に届ける金品は幸運の獲得や幸運の分け前という考えかたと結びついていると論じてきた。前章で記したように、移動先で成功した移民は、獲得した富の大きさに準じて家族や親族に分け与えることが期待されるが、その理念に従うか従わないかは移民本人の判断による。ただ、分け与えないほうを選択したとしても、移民は村人との軋轢や対立を経験することで、「村」との関係を意識せざるをえない。

本章では、系譜関係の忘却が顕著といわれる地域において、その「村」とのつながりが消える人がいるかどうか、そして消えるとしたらどのような状況なのかといった点について考える。検討する対象は、バト村移民二世、マニラの集住地から中間層住宅地に引っ越した家族、そして国際移民である。村とのつながりの消滅を検討することは、同時に、村人が移動先で新たな社会関係を構築しているかどうかという点についても検討することになる。国内外の各地へとサパラランした村人の移動先での社会関係についてすべてを追うことは困難である。入手できた限られた情報という制限はあるが、本章では移動先での新しい社会関係の構築についても考察する。

一　移民二世にとってのバト村とは

1　マニラの移民二世たち

バト村出身の移民二世といっても、移民一世は国内外の各地で暮らしているため、二世の生活する環境も千差万別である。地理的に暮らす場所が異なるだけでなく、身の周りにいるバト村出身者の数も自分の親のみという場合もあれば、周りに大勢いるP通りのようなケースもある。多様性があることは認めつつ、この節ではP通りとDT通りの二カ所の移民二世の様子を中心に概説する。なお、両地点にはバト村からの移民二世や三世がいるが、三世の大方は二〇代以下のため、二世の話が中心となっている。

これまで述べてきたように、P通りで暮らすバト村一世とその子孫は、P通りの最も奥まった、端と呼ばれる部分に家がある。コンクリート・ブロック塀を隔てて水路と向き合うこの一角の路地で二世は幼いころ遊んで育つ。遊び友だちはバト村移民の二世と、そうでない子どもの両方がおり、子ども同士はタガログ語で話す。二世が通う公立小学校とハイスクールはバランガイ・Pから徒歩一〇分の距離にあり、周辺の子どもたちのほとんどが徒歩で通っている。P通りのカトリック教徒の多くは、約二キロ離れた聖ラファエル教会のミサに参加するが、同教会の活動に積極的に参加するようなバト村出身者やその子孫は少数だ。九月に開かれる教会のフィエスタでは催し物を見物に行くぐらいで、フィエスタ用の食事を用意する人はいない。P通りのバト村出身者の多くにとって最も重要なのはバト村のフィエスタであり、帰省できない人たちのなかには自分たちで簡単なご馳走を作り、バト村の守護聖人に感謝をし、ご馳走を食べ、近所の人におすそ分けする人もいる。村出身者の子どもたちのなかには、バト村のフィエスタの日を、誕生日と同じくご馳走が食べられる日の一つとして覚えている子もいる[2]。

DT通りの二世の生活環境はP通りと似ているが、村出身者とその子孫の人数は合わせて三〇人（二〇〇二年一一月）とそれほど多くない。そのため、子どもたちがバト村社会の影響を受ける程度はP通りよりも低いように思われる。子どもたちが通う公立学校は近くにあり、遊び相手は近所の子どもたちだが、バト村出身者の子どもたちが村出身でない子どもたちと日常的に遊ぶ頻度はP通りの子どもたちよりも高い。

他の違いは、二〇〇三年にDT通り独自の礼拝所が設立され、バト村出身者とその子どもたちは地域のカトリック教区の活動にも積極的な点である。DT通りのあるバランガイ・ロヨラ・ハイツには、教育施設や中間層以上向け住

DT通りの第1回フィエスタ（2003年5月）

宅地、NGOの本部などが多く存在し、スクウォッター地域であるＤT通りの住民に対する貧困対策事業が盛んに行われている。DT通りの礼拝所設立は、近くの修道会、NGO、ケソン市の政治家が協力して、二〇〇〇年ごろから計画された。ロイダは住民リーダーの一人としてこの動きに積極的にかかわった。礼拝所の守護聖人は、住民の多くが地方の農村部出身だから農村部に多い聖イシドロがよいだろうということになった。DT通りに住むバト村出身者はそれまで、小型乗合バスを使って別の教会へ行っていた。だが、礼拝所ができてからは、聖書の勉強会などを自分たちで開催したり、教区のセミナーに参加したりし、カトリックの活動を通じて友人関係が広がっている様子である。こうした状況を反映して、DT通りで育つ移民二世は、P通りの二世に比べて地域の活動にかかわる姿勢が強くみられる。

次に二〇〇三年のバランガイ・Pで行った全世帯調査の結果から、バト村移民二世の属性を一世の属性と比較してみよう。

日常的にワライ語会話が聞けるP通りであっても、バト村出身者の二世（該当者数一〇四）のなかでワライ語とタガログ語の両方が流ちょうという人は全体の五％にとどまり、残りはタガログ語しか流ちょうに使えないと答えた。両方話せるのは、村に数年間滞在したことがある二世に限られていた。一世（該当者数五二）の間の言語状況をみても、流ちょうに使える言語は何かとの質問に、四割ずつがそれぞれ、タガログ語とワライ語と答え、残り二割が両方と答えた。P通り暮らしの一世であっても、滞在が長期化すれば、タガログ語のほうが流ちょうになっている。であれば、バト村に長期間いたことがない二世にとってタガログ語のほうが流ちょうと答えるのは納得しやすい。

また、バト村出身の移民二世のほうが移民一世よりも教育レベルが高い。同世代の二世と一世を比較すると、二世の間では二割が大学や専門学校へ通った経験があるのに対し、一世にそのような人はいない。ハイスクール卒の割合も二世の間では三割なのに対し、一世の間では二割である。両者の職業を比べても、一世は男性のほぼすべてがトラック運送業、女性のほとんどが主婦だが、二世ではこれらに加えて、専門職従事者（男女）が五％、工場作業員や店員などの契約労働者が一五％（多くは女性）などとバリエーションがみられる。他方、一世の間ではそれほど多くない失業者（男女）が、二世の間では二割程度みられる。これは、バト村から出てきた人は何かしらの仕事に就こうとし、一定期間探して見つからなければ帰村するが、マニラ育ちの二世には仕事がなくても行くところがなく、P通りに滞留しているからではないかと思う。

このようにP通りの二世と一世を比べると、両者の間には差があるが、興味深いことに通婚関係を調べてみると、二世はバト村出身者同士やP通りの幼馴染と結婚することが多いという傾向がみられた。既婚の二世の結婚相手は四割近くがバト村やバト村以外のカルバヨグ市出身者だった。次に多いカテゴリーはバランガイ・Pとその周辺である。残りの二割がマニラの他の地域やカルバヨグ市以外の地方出身者と結婚している。マニラで育った二世は、タガログ語が第一言語で、教育レベルも職業レベルも若干だが一世より上昇している。しかし現実は、結婚相手はバト村関係者が多いという調査結果になった。この傾向に男女差はみられない。P通りは、バト村やその周辺から絶えず若者を中心に村人が入ってくる場なので、特に村関係者の人との身近な出会いが多いという事情が影響していることは間違いない。しかし、その点を考慮したとしても、この通婚関係のデータは村とマニラの分村の間では、専門職従事者や国際移民などになった人という少数の例外を除けば、親の世代とあまり変わらない社会空間のなかで生活していることを示唆しているようだ。

既述のとおり、P通りは地方から出てきた人たちの村や親族の「延長」だと住民の間で呼ばれている。故地では自分の人生に何も新しいことが起きないと考え、経済的向上を目指す場である。概していえば、経済的に成功した少数を除けば、P通りにいる二世は故地にいる人たちとほぼ同じ土台にいるといってよいだろう。

一方、DT通りのバト村移民二世については、P通りで行ったような世帯調査は行っておらず、また二世の人数も少ないため、判断のためのデータが乏しいが、既婚の二世の結婚相手をみてみると、二世一〇人中、カルバヨグ市内の人と結婚したのは一人しかいなかった。二世たちの日常の交流関係を眺めていても、バト村出身者とその子孫以外の交流がP通りと比べて多い。ただ、職業については、親と同等の職に就いている人が大半を占めており、P通りとあまり差はみられない(3)。

2　村の「訪問者」としての二世たち

では二世たちの村との具体的なつながりはどのようになっているのだろうか。つながりが最も可視化される契機の一つは、フィエスタ時の帰省である。二〇一七年のフィエスタの例からみてみよう。

インターネットの普及やバト村とフィリピン各地をつなぐ交通手段の増加に伴い、フィエスタ時に帰省する人の数は年々増えているという。その一例が、二〇一四年から始まったフィエスタに合わせて開くバト村小学校の同窓会パーティである。村でもインターネットを使う人が増え、フェイスブックなどのSNSを通じて卒業生に呼びかけたところ、予想以上に反応があり、二〇一七年には一〇〇人以上がパーティに参加した。海外で働いたり、公認会計士となってマニラで働いている卒業生もパーティに参加するために帰省し、同窓会幹事はSNSの影響力に驚いていた。

第二章で事例として紹介したラブロ家の子どもたちも全員が帰省していた。三女ロドラはマニラのケソン市から、四女エレナはルソン島南部のビコール地方から子ども四人を連れて、三男ジェフはレイテ島から子ども二人を連れて、五女ラニはパナイ島から夫と子ども一人を連れて、それぞれ帰省した。帰省した子どもたちのなかに幸運者と呼ばれる人はいなかったが、子どもたちで少額を出し合いフィエスタのご馳走を買って祝った。

帰省した移民二世は七人で、年齢は三～一四歳だった。レイテ島で暮らすジェフの子どもたち以外はワライ語は話せなかったが、バト村にいる間、他の子どもたちとコミュニケーションをとりながら楽しそうに遊んでいた。

このように、フィエスタに帰省するのは移民一世とその家族が中心だった。移民二世は親に連れられて村を訪れるのであり、二世だけで帰省するケースは稀である。ノノとロセラ夫婦の子ども四人（一九六九～八三年生まれ、男三人と女一人）のケースをみてみよう。四人は、幼いころから毎年フィエスタの時期に帰省している。ロセラは近年、自分（ノノは二〇〇八年に死亡）、子ども四人とその配偶者、そして孫九人で帰省するが、帰省中に滞在できる場所がないと二〇一六年にバト村に家を建てた。ロセラは独身のときにマニラでお手伝いとして働いていたが、そのときに貯めた金で村に土地を買った。その土地にコンクリート・ブロック製の二階建ての家を新築した。そして家族全員で帰省できるようにとワゴン車も買った。

第二章で取り上げたラブロ家のリタ（後列の右から2番目）とフィエスタ時に帰省した彼女の子どもたちと孫（2017年5月、バト村）

2016年にロセラがバト村に建てた帰省用の家（2016年8月）

帰省していたときの一

家の行動の様子は、移民一世と二世で異なる。ロセラは村在住のキョウダイの家を中心に回り、道すがら出会った村の同年代の男女とくつろいだ雰囲気で語り合っていた。「金持ち」になったロセラに「奥様」（ma'am）と声をかけた村の男性に対しては、「何言っているんだ、私はここ出身だよ！」と言い返し、わたしに「あいつは昔からからかうのが好きなんだ」と伝えた。ロセラの子四人は出発前からバト村に行くのを楽しみにしていたが、到着後は自分の知り合いの家を数軒回った後は、家で身内でカラオケや飲み食いを楽しんだ。また、バト村に滞在するだけでなく、サマール島やレイテ島の観光地へ車で旅行した。バト村の人に四人は誰か知っているかと尋ねると、大半は「マニラから来た人」（*taga-Manila*）あるいは「訪問者」（visitor）と答えた。四人の個人的な名前を知っている人は、P通りで一定期間過ごしたことのある村人だけだった。

頻繁に村に帰省していようと、村人は村を訪れる移民二世を訪問者と位置づけ、自分たちと同じとはみなしておらず、客として接していた。両者の間には生活環境の差、言葉の差、知識や話題の違いなど多くの相違点が存在し、系譜をたどれば親族とわかっていても、お互いを仲間とは感じにくいことは容易に想像できる。ロセラの子どもたちはバト村に行くのを楽しみにしているというが、ロセラが帰省できなくなった後も、移民二世のかれらが帰省するかどうかは不確かのように思える。

3　世代を超えて続くつながり

しかし、バト村の移民二世たちに、自分自身とバト村との関係を中心に将来について語ってもらうと、別の側面がみえる。ロセラの次男アラン（一九七五年生まれ）は、ロセラのトラック配車係（トラック運転手にトラックを配車し、配送の仕事の指示を与える係）として働く。彼は前述のように子どものころからバト村のフィエスタに毎年参加している。わたしが彼に、自分の出身はどこと考えているかと尋ねると、彼は次のように答えた。

出身はどこかという質問に自分は、生まれ育ちの話（saan ka pinanganak at lumaki）か、それともルーツの話（saan ka nag-originate）かと聞き返す。生まれ育ちについてならトンドのバルット、ルーツについてならサマールと答える。両親のルーツがサマールだから。自分はマニラ人（Manileño）であり、サマール人（Samarnon）でもある。機会があって、ある程度の年齢になったら、自分の家族と一緒にサマールで暮らしたい。（隣でインタビューを聞いていた妻のサラ〈セブ市出身、主婦〉が、田舎では食べ物は新鮮でおいしいけど、うちの子どもはまだ小さくてお金がかかるし、買い物はカルバヨグ中心地まで行かないといけないから不便で退屈、とコメントした。）俺は農業は慣れていないけど、漁業はできる。向こうでもどうにかなる。問題は田舎だと女の働き口がない。田舎は本当に楽しい。マニラじゃ楽しいかどうかは二の次で、毎日の食い扶持を稼ぐことが一番大事。ストレスがたまる。しばらくはストレス発散と親族に会うために田舎で休暇をとってくつろいでいる。

このようにアランは、家族を養うために今はマニラで働かざるをえないが、彼にとってはマニラもバト村も馴染みがある場所なので、基本的にはどちらに住んでもよいと考えている。どちらのほうがより良い仕事があるかという点を重視していた。一方、妻のサラは、中心地から離れたバト村では買い物など生活が不便な点を強調し、村の生活が退屈だと語った。サラのように、都市部の生活様式が村では維持できないため村に引っ越すことを嫌がる意見は、他のバト村移民二世の女性の間でも聞かれた。

ローランド（男性、一九七七年生まれ）はマニラの競馬場の入場券販売員である。彼は、パパン（第六章）の孫にあたる。母は台湾で働いていたデリア（第三章）で、ローランド自身も台湾で三年間働いた。ローランドはP通りで知り合ったイロコス地方出身の女性と二〇〇〇年に結婚し、三人の子どもがいる。

バト村には一度だけ、ハイスクール生だったときに行った。父が突然病気になり、自分がバト村のフィエスタのスポンサーになったから。行ってよかった。親族に会えた。祖父母のキョウダイに会った。あと、たくさんのイトコたちにも。風はさわやか、食べ物は新鮮。ここと違って、向こうの人は訪問者を歓迎し、楽しませてくれて嬉しかった。ビサヤ語（ワライ語）も少し話せるようになった。（妻の故郷の）イロコスにもたまに行く。ビサヤ語と違って、イロカノ語は聞き慣れてないから、まったく話せない。〔中略〕田舎は良いところだけど、交通費がかかるから、行くのは簡単じゃない。ここ（P通り）は一時的な場所だから、機会があったらどこかへ引っ越したい。良い仕事があればサマールでもイロコスでもいい。

ローランドも、アランと同じように、良い仕事があればバト村など親の故郷へ行ってもよいと語った。移民一世の動いた向きの逆の方向だが、基本的にはサパラランをしているといえる。また、語りのなかで明言されていないが、バト村に親族がたくさんいることもバト村へ行きやすくしている。

ローランドの場合、アランと異なり、一度しかバト村を訪れておらず、帰省の頻度からすれば村とのつながりが一見弱まっているように思える。しかし、ローランドは村を一度しか訪れていないことを気にしていないようだった。親族間の助け合いは、その時々の必要性に応じて弱まったり強まったりするのが常と捉えられているようだ。系譜関係の忘却が特徴といわれる東南アジア島嶼部の親族関係は、忘却だけで語れるものというよりも、長期的な観点からすれば、忘却と――ときには世代を超えて起こりうる――再活性化がセットになって存在するとみなすほうがより包括的な理解に近いだろう。

事実、村に引っ越す移民二世もいる。近年目立つのは、バト村で漁業に従事する二世だ。バト村では近年、漁業は農業に匹敵するか、あるいは農業を超える村の産業となった（第二章）。村人が所有する動力船の数は四七艘に増えた。漁船の乗組員の需要が増え、マニラなどから戻って村で乗組員になる若者が二〇一七年八月現在、六人いた。

なお、父の病気の回復のためにローランドがバト村のフィエスタのスポンサーになったことも、村とのつながりを示唆する点として興味深い。ローランドの例は、親のために息子が代わってスポンサーになるという形式だ。さらに、自分自身が原因不明の病気になったとき、回復を願って自らがバト村のフィエスタのスポンサーになるパナアッド（第四章）をする移民二世もいる。たとえば、リンダの次男もロイダの長男もマニラ育ちだが、原因不明の病気になり長期間回復しなかったとき、バト村のフィエスタのスポンサーになった。パナアッドをする場所がなぜ近くのカトリック教会ではなく、バト村の礼拝所なのかとリンダやロイダに聞くと、他の教会でパナアッドをすることも可能だが、自分のルーツの場所で、そこの守護聖人に願掛けするのがよいためと答えた。このことは、宗教的な意味でも、世代を超えた村とのつながりが存在しうることを示唆している。

まとめると、P通りやDT通りで暮らすバト村移民二世の多くは、ワライ語で話すことができず、多数のトラックを持つ運送業経営者である人を除けば、頻繁に村を訪れることはない。だが、かれらはバト村から出てきた人と知り合うことはあり、自分のルーツだとして村とつながりがあると考えている。原因不明の病気になったときなど、バト村の守護聖人に願掛けをするように、宗教的にもバト村と結びついている。二世の村とのつながりは通常は一世のそれよりも薄いが、それはつながりを強化する必要がない状態だからである。必要があれば、再活性化される可能性が高い。

二　中間層住宅地で暮らす家族に起きた変化

1　国際結婚による階層移動と引っ越し

P通りやDT通りは、多くの村人にとって幸運をつかむまでの一時的な滞在の場である。ロセラやジェイのように成功してもそこにとどまるのは、かれらがP通りを基盤とした事業を行っているためである。作業員や運転手として働くバト村出身の男性たちに信頼され、気持ち良く働いてもらうには、近くにいてかれらの面倒をみる必要がある。ロセラによると、金持ちになってもP通りに居続ける自分たちは例外だという。彼女は、「P通りから消える人は多い。出ていった後に連絡もない。金持ちになったのかもしれない」と語った。第七章で紹介した元海外就労者のラケルは二〇一三年ごろにP通りから姿を消した。P通りのバト村出身者の多くは彼女がどこに引っ越していったのかを知らない。

DT通りのロイダ一家は二〇〇八年、中間層向け住宅地に引っ越した。バト村出身移民二世にあたる彼女の子どもが国際結婚をしたためだ。長女ジェーン（一九七五年生まれ）が米国人男性と結婚し、米国人男性が義理の親に土地付きの家（四〇〇万ペソ相当）を贈った。ジェーンに続いて次女ジャッキー（一九八〇年生まれ）も二〇〇九年にドイツ人男性と結婚し、ドイツ人男性は自分たちがフィリピンに行ったときに住むためにとセブ市の中間層向け住宅地に家を買った。さらに二〇一七年現在、三女のジャネットもフィリピン系米国人の男性と付き合っている。その男性はマニラのコンドミニアムを二軒買い、ジャネットにその管理を任せている。第四章で書いたように、ロイダは「なぜ私の子どもたちの幸運は遠いのかしら」と嬉しそうに語った。

三人の経歴を述べると、ジェーンはケソン市のハイスクールを卒業後、フリーのダンス講師や振付師をしていた。二〇〇一年からインターネットで欧米人男性と連絡を取り合うようになり、二〇〇七年に現在の米国人男性と結婚した。二〇〇八年にロイダ一家の引っ越しが終わり、婚約者用のビザを取得した後、フロリダ州で飛行機整備工の夫と二人の子どもとともに暮らしている。ジャッキーは看護学部卒業後に、カトリックの儀礼上の代母の伝手で、ドイツの高齢者介護施設で一年間の研修を受けた。ドイツ滞在中に現在の夫と知り合い、翌年結婚し、セブで家を買った後にドイツに渡った。だが、夫による身体的虐待がエスカレートしたため、単身帰国し、セブの家を売却した後、マニラ郊外の住宅地で家を買い、旅行会社経営を始めた。ジャネットも看護学部で学んでいたが、二年生のときにシングルマザーとなり、大学は中退した。緊急病棟の非常勤スタッフ、高齢者施設でのボランティア、小売店の店員など様々な仕事を経験したが、「いつも短い経験だけ。履歴書には書けるけど、正規スタッフにはコネがある人か有名大学の卒業者でないとなれない」と、再婚相手をインターネットで探し始めた。現在の恋人は結婚を前提に付き合っており、結婚したら米国に移住するつもりだという。

一家の大黒柱は、末子のジャンジャン（一九九七年生まれ）である。彼は大学を卒業してもコネのない自分たちのような人は政府や民間企業のような組織で良い職に就くことは難しいとし、ハイスクールを卒業した後、一七歳からタクシー会社を始めた。運転手は、自分のほか、父親、オジ（ロイダの弟）、兄である。

2　遠のく親族たち

第七章では、大きな富を得た場合、その分け与えをめぐって親族関係に変化が起きることを分析した。サパラン中と思われる人の場合、コミュニケーションの頻度が減っても、それは金がないからだろうと想定する暗黙の合意がある。ところが、幸運を得たとされる人の場合は、疎遠になるにしても軋轢が伴う。

その一例がロイダ一家である。一家の引っ越し後、かれらとDT通りのバト村出身者を含む住民との関係は次第に疎遠になった。ロイダは、疎遠になった理由について次のように語った。

私たちはDT通りに行くのをやめてしまった。行くと借金させてくれと言われるから。私たちはあそこ（DT通り）にたくさんの思い出がある。私たちはあそこで活動的だったから友だちが多かった。でも今行くと単に「金持ち」って呼ばれる。そばに来る人は借金の話ばかり。少しは助ける。でもそれじゃ人は満足しない。もっと欲しがる。五〇〇〇ペソ貸してと言われて、五〇〇〇ペソは無理だから一〇〇〇ペソ渡した。返ってこないことはわかっているから、あげるつもりで。でも次に会ったときには気にも留めずに「あんた、変わったよね」（iba ka na）だって。それに陰口。裏でなんて噂しているのかはっきりとはわからないけど、貶めているのはわかる。私たちは行きたいけど、ひどい扱いをされるのは嫌、私のことを変わったと呼ぶ人のところには行けない。

引っ越した後のロイダ一家とDT通りの住民との関係の変化は、ロイダの語りだけではわからない部分が多いが、以下のように推測できる。住民のほうは、ロイダと自分との間には大きな経済力の差があり、ロイダを高額の援助ができる立場とみなしていた。だが、ロイダがそれをやんわりと拒否したので、ブオタンではないと判断し、距離をとったと思われる。「イバ・カ・ナ iba ka na」の iba は、「別」や「他」を意味する。よって、「イバ・カ・ナ」は、相手は自分（たち）とは別の存在になったという表現で、両者の関係において距離をとる際に使われる。

また、バト村の親族との関係も疎遠となり、ロイダ一家の自宅を訪れる村人は数人のみとなった。それまでロイダの家をマニラ滞在中の自分の宿としていたロイダの姪や甥は一人を除いて来なくなったという。ジャッキーによると、バト村ではジャッキーが「傲慢」という噂があるという。ジャッキーは、セブの自宅に住んでいたとき、ドイツ人の夫の友人であるドイツ人男性二人が遊びにくるというので、以前から外国人男性を紹介してほしいと言っていたイトコ二人をセブの自宅に誘った。自宅に滞在していた間、自分がドイツ人の客の相手をしなくてはならず、イトコ二人に家事を手伝ってもらったことが、ジャッキーは親族を奴隷にする人という噂につながった、とジャッキー本人はみていた。また、ジャネットはロイダ一家の家に夜半過ぎに来たイトコに対して粥とインスタントラーメンを作って出したことがあったという。ジャネットによると、その粥を出したという行為のために、彼女はバト村で「悪い奴」と呼ばれることになった。粥は、最も貧しい人が食べるとされるものであり、ジャネットはそれを訪問した親族に出したためである。

一方、DT通りのリンダにロイダの家族と会わなくなった理由について尋ねると、「外国人と結婚した娘がいると人は変わる」と小声で言った。少し間をおいてから「かれらの生活を見てごらん。着るものから装身具まで変わる。親族よりもそれらが大事になるんだろう。あそこには一回行ったけど、それっきり」と続けた。

移民二世であるジャッキー、ジャネット両人の生活基盤や友人はバト村ではなく、マニラや外国にあるため、二人はこれらの噂に立腹してはいても、大きな問題とは捉えていないようだった。

3　新たな社会関係の構築

DT通りやバト村の人びとと疎遠になると同時に、ロイダ一家の交友関係は変化し始めた。引っ越し先の住宅地の近所付き合いは、「DT通りとまったく違う」とロイダの夫、シモは言った。シモは長年タクシー運転手をしていたが、最近視力に自信がなくなり、家にいる時間が多くなった。さらに詳しく違いについて聞くと、彼は次のように語った。

ここではカニャカニャ（別々、個人個人、第七章）なんだ。玄関のドアが開いているのはうちぐらい。他の家は閉まっていて、なかには人もいない。メイドぐらい。うちは引っ越してきたとき、果物や野菜などいろいろ近所に配った。でも最近はあまりしていない。近所はうちのことを悪く思っていないのはわかるけど、多くは挨拶もろくにしない。一言、クムスタ kumusta（元気ですか?）だけ。目を合わせるだけの場合もある。以前、誕生日に近所の家の人を呼んだら二、三軒の人が来た。でも今は誕生日会が終わってからバオン baon（包んだ食べ物、ここではおすそ分けの意味）だけ配る。みんな忙しいんだ。だから最近招待するのは、（ケソン市に住む）ジョナサン（シモの甥）やアダン（ロイダの弟）など親戚数人だけ。後は友人。ここは○○（政府系企業の名）社員用の分譲住宅地。そこに勤めているやつらだから性格が違うんだ。（いつでも近所の人を迎えられるように玄関のドアを開けているのは）自分だけだから、もちろん寂しいよ。でも仕方ない、内輪で楽しんでいる。

この住宅地の住民の社会関係がいかなるものかは定かでないが、シモの視点からすれば、かれらは近所の人たちと親密に付き合うことはなく、それぞれ別の交友関係を持ち、そのなかで生きている。住宅地のなかに知り合いのいないロイダ一家の交友関係は、自分たちといまだ付き合いのある限られた数の親族や友人のみに狭められた。住宅地にある礼拝所に行かなかったのかとシモに尋ねると、「何度も行ったけれど、ミサに出て帰るだけ」だったと言った。

こうした状況下で、ロイダ一家の一部は二〇一三年からセブンスデー・アドベンチスト教会（第五章、以下アドベンチスト教会）に行き始め、二〇一五年にシモとロイダ夫婦と、末子のジャンジャンは改宗した。マスバテ島生まれのシモの両親はアドベンチスト教会の信者であり、マニラに住む彼の弟はアドベンチスト教会の牧師を務めている。シモ自身によると彼は宗教に熱心でなく、ロイダと結婚するときにロイダの父との約束でカトリック教徒となった。現在の中間層住宅地に引っ越して以来、DT通りのときのような近所付き合いも減り、時間ができたので牧師の弟と話をするようになった。そして次第に、ロイダやジャンジャンとともにマニラのアドベンチスト教会に通うようになったのだという。シモは自分の身体のあちこちに不調をきたすようになり、教会の説く不摂生でない生活をしたいと思うようになったことが自分の改宗のきっかけだと話した。ロイダは教会の聖書勉強会で聖書をじっくりと読むことを初めて体験し、聖書に則った人生を送りたいと考えるようになり改宗したという。

シモとロイダの新しい家には、アドベンチスト教会の洗礼証明書が居間の中央に飾ってある（2017年5月）

改宗後、二人は毎週土曜日を教会で費やしている。さらに、他の日にも教会主催のセミナーや親睦会、教会のメンバーの自宅に招かれて誕生日パーティに参加している。ロイダは教会の仲間はみなブオタンだと言い、仲間と過ごす時間を楽しみにしている。

反対に、ロイダとシモは、バト村のフィエスタには参加しなくなった。シモは、アドベンチスト教会の信者は、土曜日がかれらにとってのフィエスタのようなものであり、村の守護聖人のための祭りをする必要はないと、フィエスタに参加しなくなった理由を説明した。さらに彼にとってのバト村への帰省の意味自体が変わったと語った。帰省は村で暮らすキョウダイに会うためであり、フィエスタに参加するためではないと言った。彼はP通りのジェイなどの名前を挙げ、「かれらは、カトリックの方法に則って神に感謝するためにバト村に帰っており、（今の）自分たち（夫婦）とは違う」と強調した。

ロイダの家で暮らす二人の子のうち、ジャンジャンは両親とともに改宗したが、ジャネットは改宗していない。彼女は、自分はカトリックの教えや実践に慣れていているし、親友はみなカトリック教徒なので、両親に勧められても改宗したくないと話した。親友四人とは、DT通りに住んでいたときに、カトリック教会でカテキスタになるための勉強をしていて知り合った。ジャネットは引っ越してDT通りの礼拝所に行かなくなった後も、この四人とは連絡を取り合って頻繁に会っており、四人を通じて他の人たちとも知り合う機会を得ている。マニラ近郊に引っ越したジャッキーは、その住宅地ではDT通りに似た、親しい近所付き合いがあるとして、改宗することは考えていない。

ロイダ一家は、中間層住宅地に引っ越した後、それまで親しかった村やDT通りの親族や近所の友人らとのつながりが急に弱まった。一方で、中間層住宅地ではDT通りで実践されているような近所付き合いは行われていない。周囲に情を介した助け合いができる仲間がいなくなったロイダ一家の一部は、DT通りでない場所に住む親族に誘われてアドベンチスト教会に加わり、親しい仲間を得た。マニラ生まれの子どもたちの一部は、引っ越し後にも以前の親しい友人たちとの付き合いが続いているので、逆に改宗が既存の交友関係に影響することを好まず、カトリックのままでいる。

フィリピン低地キリスト教社会では、宗教コミュニティが人びとのアイデンティティの核の一つになることは既に指摘されている［Pinches 1992; 川田 2003］。また、フィリピンからの国際移民に関する研究においても、外国に単身あるいは少人数で移動したフィリピン人はフィリピン人が多い宗教集団に加わり、そこでフィリピンの家族・親族のような親密な関係を築くことが、各国の事例で報告されている［Liebelt 2011; Hosoda and Watanabe 2014; Tondo 2014］。ロイダ一家にみられた改宗や、DT通りにおいて守護聖人の祭りフィエスタの開始が地域コミュニティのアイデンティティの萌芽の機会のようにみえることは、これらの研究と同様に、宗教、親密な社会関係、アイデンティティが重なり合う可能性を示している。

しかし同時に、宗教、親密な社会関係、アイデンティティが固定的に考えられていないことにも留意しなくてはならないだろう。たとえば、ロイダはアドベンチスト教会の信者になった後も、息子の一人が長期間病に苦しんでいたとき、その息子がバト村のフィエスタのスポンサーになるようにアレンジをした。その理由は、病院で治療をしても治らない息子の病の原因はバト村の祖霊あるいは精霊が引き起こしているかもしれないと思ったためだった。アドベンチスト教会では祖霊や精霊崇拝を認めないし、地域ごとのフィエスタも認めていない。にもかかわらず、ロイダは息子がサクリピショをすることが病気からの回復には必要と考え、実行した。移民二世の例と同じように、改宗したロイダもまた、村とのつながりが薄らいでいるようにみえても、状況に応じて、選択的に村とのつながりを強化している。

三　国際移民の村との多様なつながりかた

1　国際結婚組と海外就労者組との比較

バト村からの国際移民と村とのつながりをみていると、村出身の女性が欧米の外国人男性と結婚するパターンと、村出身の男女が海外就労者として働くパターンとでは、違う傾向がみられる。特に二〇〇〇年代後半から顕著に増え始めた村人の国外への移動について、村側からみえるかれらと村のつながりの様子に基づいて検討する。

まず、国際結婚後、夫の国へ移住した女性たちの村とのつながりを、三つの家族の例からみてみよう。第四章で紹介したネリーの妹のニダ（一九六四年生まれ）は、ネリー曰く、「米国で幸運を見つけた」人物の一人である。ニダは、ネリーに呼ばれて香港で家事労働者として働いたが、雇用主と合わずに二年後に帰国し、次に台湾で家事労働者の仕事を見つけた後に台湾人と結婚した。だが、夫や夫の家族と合わず離婚し、帰国した。帰国後はマニラに滞在し、「ペンパル」として知り合った米国人と婚約して米国に渡り結婚、現在はケンタッキー州で夫と三人の子どもと暮らしている。契約更新に合わせ二年ごとに村に戻っていた姉と違い、永住権のあるニダはバト村に帰省することはないが、親への送金は今も続けている。

村に姿を現さないニダだが、村とのつながりは親族の移住を促すという別の形で続いている。まず、姪のアルラ（一九七八年生まれ）をケンタッキー州に呼び寄せた。アルラはインターネットで米国でナニー（子守り）になる方法を見つけて渡米し、ニューヨーク州で知り合った米国人男性と結婚した。男性は五年後に死亡し、アルラはオバのいるケンタッキー州に引っ越し、そこでナニーとして働いている。次にアルラは自分の妹であるアルビー（一九八〇年生まれ）に米国人男性を紹介した。アルビーはその男性と結婚し、働きながら子育てをしている。アルラとアルビー姉妹は二〇一六年に両親（父親はニダの兄）を米国に呼び、両親は芝刈りなどの仕事をしながら同州で生活した後、翌年帰国した。

両親がいない間、両親の家を切り盛りしていたのは、アルラとアルビーの弟である。弟はカルバヨグ市の中心地に出向き、インターネットのビデオ通話でケンタッキー州にいる家族と定期的に話をするが、同州にいる彼の甥や姪はタガログ語もワライ語もほとんど解さないという。甥や姪たちは一度もフィリピンを訪れたことがなく、弟は「とてもアメリカン」な子どもたちと感じている。

ニダのように別の国で永住権を得た村人は、親族の呼び寄せという形で村とのつながりを維持するケースが多くみられる。これは第二章で書いた、一九五〇～七〇年代にフィリピン国内のパラワン島ブルックス・ポイント町へ移住し、自分たちの土地を得たバト村出身者の村とのつながりかたと似ている。かれらは、マニラの分村に移住した村人たちとは異なり、村に戻ることはめったにない。だが、経済的向上の機会が他の人に与えられるとなれば、八〇〇キロメートルも離れたバト村から親族を呼び寄せていた。

他方、村人の側からみて、村とのつながりが次第に薄れているといわれる、国際結婚した村の女性もいる。エマ（一九六一年生まれ）は、ペンパルだった英国人の男性と結婚し、一九九五年に渡英し、子ども二人を育てている。子どもが幼いころ一度家族でバト村を訪れた。渡英してからも村の家族の緊急時の経済的援助を続けていたという。だが、二〇〇〇年代半ばあたりからは自分も経済的に苦しいと言い、送金することはなくなった。それとともに、電話の回数も減り、今はＳＮＳで互いの近況を知るだけとなった。

リナ（一九七七生まれ）は、インターネットを使って、フロリダ州でホテルを経営する米国人男性と知り合い結婚し、二〇〇七年から同州に住んでいる。リナは永住権を取得し、今ではホテルの経営にもかかわっているという。村在住の家族によると、渡米直後は村の家族に頻繁に電話をしていた。だが、近年は電話をしても短い時間で切られ、話しかたも強い口調になったと感じ、家族はリナが「レベル・アップした」（自分たちよりも一ランク上の存在になった）と感じている。渡米直後から五年程度は家族の生活費を送っていたが、今は送らないという。ただし、毎年クリスマスには家族全員にプレゼントを送ってくる。

こうした国際結婚した村の女性のケースとは違い、海外就労者として国外で暮らす村人の多くは、村の家族に一～三万ペソを毎月送金する。香港で働いていたネリーは、平均して村の家族（夫）に二～三万ペソ、両親に一万ペソを香港から毎月送っていた。ほかに、近年外国で働き始めた例として、シェリル（一九八二年生まれ）のケースを挙げる。一二人キョウダイの長女である彼女は、一五歳のときからマニラでお手伝いとして働き始めた。

レイテ島出身のガードマンの男性と結婚後、二〇一六年からマニラに夫と子ども三人を置いて台湾で家事労働者として働き始めた。マニラの家族に生活費と学費を送るほか、村の両親に月に一万ペソほど送っている。彼女の妹も二〇一七年から台湾で家事労働者になった。独身の妹は彼女の給与の大部分に値する毎月三・一万ペソを両親に送っている。両親が借金の担保にした農地を買い戻すためだという。

国外で暮らす村人とその村の家族にはそれぞれ個々の事情があるものの、概していえば、国際結婚した女性たちと海外就労者たちとの間には、後者が移動先の国に永住できないという差があり、それが両者の村との関係に影響を及ぼしている。海外就労者たちは、長期間、外国で暮らしたとしても、かれらの戻るところはフィリピンのバト村やマニラなど近親者がいるところである。言い換えれば、フィリピンの近親者がかれらの最終的な拠りどころ、何かあったときに頼れる社会保障の基盤である。よって、かれらのフィリピンの近親者とのつながりは、国外での滞在が長期化したとしても、非常に弱まったり、消えたりすることはない。対して、欧米諸国で永住権を獲得した村人は、それらの国で社会保障を受け、一生を過ごすことができる。

2　「自分の夢が第一」の海外就労者の出現

国際移民となった村人と村とのつながりを考えるうえで、永住権の有無の差以外にも重要と思える点がある。それは、国際結婚、海外就労のいずれのケースでも起こりうる、価値観の変化である。

第七章では、村外で過ごすうちに、家族や親族への富の分け与えについて、別の考えかたを持つようになった村人のふるまいかたや、そうした人に対する村人の評価について検討した。P通りで暮らすラケルは、自立の精神を重視する父親の影響や、自分自身の海外就労の経験を通じて、家族・親族からの頼みであろうと自分の所有する富を分け与えることを拒んできた。DT通りのトニーもまた、マニラで働き始め給与をもらうようになっても母親リンダに給与全額を渡さずに、自分の生活費分として少額のみを渡してきた。

最近見聞したケースでも、国外で暮らしていたうちに価値観が変化し、フィリピンにいる家族との間で感情のすれ違いがみられた若者の例があった。一人は、リンダの末子のボンボン（第四章）である。成績が優秀で、リンダが自分の希望だと称していた彼は、奨学金を得てフィリピンにある修道会が運営する神学校で哲学を専攻し、二〇〇九年に卒業した。そして大学時代に知り合った司祭の勧めで、翌年からは米国のテキサス州にある神学校に入り直し、奨学金を得ながら神学を学んだ。

マニラでコールセンターが集中しているケソン市のイーストウッド・シティ（2018年3月）

二〇一四年に帰国後はマニラのコールセンターで働き始めた。フィリピンは、インドと並んで世界最大のコールセンターの拠点である。(4) ボンボンによると、マニラでは、大卒の若者は容易にコールセンターで働き口を見つけることができるという。コールセンターでの仕事は、米国など外国の時間帯に合わせて働かなくてはならず、体力的にきついものである。また、会社による勤務態度の管理も厳しい。だが、他の業種と比べると、はるかに給与が高いため、海外へ行くための貯蓄やブランド物の購入など中間層のライフスタイルに対するあこがれの欲求を満たすために働く若者が多いという。ボンボンは、コールセンターで働き始めてから、DT通りは騒音や換気、悪臭といった面で生活環境が悪すぎるとし、パシッグ市の職場近くのワンルームマンションを借り、一人暮らしを始めた。

ボンボンはその後、修士号を取るために、米国に渡った。彼は

コールセンターで働いていたころのボンボンと両親（2016 年 9 月、マニラのショッピングモール）

コールセンターで働いているうちに、同僚たちの多くがコールセンターで二、三年働いた後、次に海外就労者となって働き、家族のために一戸建ての家を建てることが夢となっていると知った。そのような若者の夢に対してボンボン自身は、それではフィリピン社会は変わることがなく、本当に豊かで安定した生活は送れないと考え、教員となることを決意した。そのためには教育学の修士号を取得しなくてはならないと考え、奨学金制度を探して二〇一七年に再び渡米した。

　ボンボンの家族は、ボンボンの決断に反対した。特にリンダとその夫は、七〇歳を超えて身体の衰えを感じるようになったため、働くのをやめて、ボンボンに老後の生活の面倒をみてもらうことを期待していた。だが、留学後に「変わってしまった」ように感じるボンボンに、長い間強く反対できないと考え、彼が出国するのを黙って見守ったという。リンダは、トランプ政権下で移民に対する政策が厳しくなったというニュースを聞くたびにボンボンの先行きを案じ、二〇一七年の聖週間には、ボンボンの無事を祈って、神へのサクリピショとして、マニラ近郊のリサール州アンティポロ市の丘にあるアンティポロ大聖堂まで徒歩で歩き通す儀礼を行った[5]。

　もう一人は、シモの姪にあたるレア（一九八七年生まれ）である。バト村生まれのレアは、カルバヨグ市にある大学に二年間通っていたが、学費が払えずに中退した。その後、オバを頼ってルソン島中部のバタンガス州に行き、韓国系の工場で働いたが、一年ほどで体調を崩して辞めた。アラブ首長国連邦のドバイにいるイトコからドバイで働かないかと誘われたため、二〇一二年、渡航費を借金してドバイへ向かった。観光ビザで入国したため、職を見つけるまで数回近隣諸国にビザ退去せざるをえず、苦しく危険な時期があった。だが、現在は旅行会社の社員として働き、四万ペソの月給を受け取っているほか、臨時のアルバイト（フィリピン人向けケータリング・サービスの手伝い）も引き受けて月二万ペソほどを稼いでいる。

レアはドバイ到着から間もなくして、フィリピンでボーン・アゲイン・クリスチャン born again Christian と呼ばれる、キリスト教のペンテコステ・カリスマ運動の団体のメンバーになった[6]。常時四〇〜五〇人ほどのフィリピン人を中心とした外国人労働者とその家族が集まるこの団体の集会では、祈りの後に、メンバーが持ち寄る手作りのフィリピン料理を全員で食べる懇談の時間があり、そこで情報交換をしたり、新たな友人を見つけたりした。しかし約二年後、この団体はリーダーの牧師とその周囲の人がメンバーからの献金を自分たち自身のために使っているのではないかと思い、辞めた。その後は、個人的にドバイのカトリック教会のミサだけに参加している。

ドバイのマリーナ地区で働くレア。彼女の職場のビルの前で（2018 年 2 月）

レアは、八人キョウダイの長女でハイスクールに通う弟と妹が三人いるが、家に送金はしていない。母親はレアに、父親の大工の仕事が減り、家計をやりくりできなくなったと送金を頼んだことがある。レアはその際、約一万五〇〇〇ペソを送り、これで小規模雑貨店を始め、毎月最低限の収入があるようにしてほしいと言った。それ以来、送金をすることはない。しかし二〇一七年の村のフィエスタのときに帰省し、フィエスタのご馳走にと五〇〇〇ペソを渡した。

家族に送金しない理由について、彼女は「家族は自分たちで生活していける。うちは4Ps（条件付現金給付政策）[7]で（子どもたちを学校に行かせるための）支援を政府から受けているのだから、弟や妹の教育にかかる費用を自分が送る必要はない」と語った。彼女は「夢は金持ちになること」と言い、既に住宅ローンでバタンガス州の新興住宅地に自分の家を建てている。彼女は、「フィリピンにいたときはあまり聞かなかったけど、本当はフィリピンに投資の機会がたくさんある」と考えている。彼女が関心あるのはバタンガス州のようなマニラ近郊の不動産で、将来はアパートの経営者になる計画だという。彼女がこれらの行動に必要な情報を得たのは、バタンガス州の各地で進む宅地開発の現場と、ドバイにいる友人たちからである。ドバイでは頻繁にフィリピン人向け投資セミナーが開かれ、そのような話をする人が多いという。さらに、友人たちは、帰国後に「自分の夢をかなえる」ことを第一にし、自分の財務管理という意識が高いとみている。

レアは村に帰省した際に、フィエスタのミサには参加したが、「人前で踊るのは恥ずかしい」とクラッチャには参加せずに、他の人が躍る姿を見るだけだった。村人の間で、レアがドバイで働いていることや、彼女がフィエスタに帰省していることを知る人は、わたしの見聞した限りにおいては多くなかった。

二人のケースは、フィリピンが中進国とみなされ、東南アジアのなかでも高い経済成長を維持する「成長の国」といわれる現在においても、サパラランという生きかたが、現在のグローバルな地政的状況に合わせてみられることを示している。しかし、その一方で、富の分け与えに関する考えかたについては、以前にもまして自助を重視する人が増えてきているのではないかと暗示しているようだ[8]。

先に挙げた台湾で家事労働者として働くシェリルとその妹のように、親やキョウダイのために送金を続ける海外就労者の例もあるので、断定的なことはいえないが、特に国際移民など村のモラルとは違う価値体系に触れる機会が多い移民の場合には、価値観の変化による村とのつながりが極端に弱まることが起こりうるとはいえるだろう。

さらに二人のケースは、価値観の変化が起こるのは、マニラにおけるコールセンターの乱立やバタンガス州で進む住宅地の建設ラッシュなど、フィリピン国内で起きている空間の変化とも無関係ではないことを示唆している。ボンボンはコールセンターで比較的高い給与と引き換えに夜間に働くなど酷使される大卒の同世代の姿を見て、自分の進路を決めた。リアはバタンガス州で宅地開発が急激に進むなかで、フィリピン国内でも経済的に向上する機会は多いことを知った。村人の間で、サパララン前線は、かつてのマニラから外国へと移ったと第三章で書いた。しかし、国内外の様々な地点へと村人が移動するようになり、村人が得られる他の場所の情報もインターネットやＳＮＳの使用で多様化した現在、以前のような単純な空間区分は成り立たなくなり、移動の方向はいっそう複雑になっている。

四　移民と村とのつながり再考

1　拠りどころとしての宗教コミュニティ

本章では、系譜関係の忘却が顕著といわれる地域において、その「村」とのつながりが消える人がいるかどうか、そして消えるとしたらどのような状況によるのかといった点について、三つのカテゴリーの人びとを対象に考察した。

まず、Ｐ通りとＤＴ通り在住の移民二世の場合、その多くは、頻繁に村を訪れることはない。だが、かれらはマニラでバト村から出てきた人と知り合うことはあり、さらに自分のルーツだとして村とつながりがあると考えている。そして、就業機会があるときや、村の守護聖人にパナアッドをしたいときなど、必要が生じたら村を訪れている。村には自分の親族が大勢いるので、訪れれば必要な助けは得られると思っている。次に、マニラの中間層住宅地に引っ越した一家の場合は、それまで親しかった村やDT通りの親族や近所の友人らとのつながりを一時的ながら失った。同時に、かれらは中間層住宅地内で新たな近所付き合いを開始できなかった。そのような状況下で、家族の一部は新たにプロテスタント系の教会に加わり、そこで親しい仲間を得た。最後に、国際移民の場合は、移住先の外国での滞在が一時的か永住かによってつながりかたに差がみられ、後者ではつながりが弱まることがあった。また、前者の場合でも、外国に滞在するうちに、家族・親族間での富の分け与えという規範よりも自分の目標を優先するケースがみられた。

以上の事例をみていくなかで、長期的かつ全体的にみれば、移民とバト村とのつながりは強固に持続するものではないことが明らかになった。世代が代われば、経済的理由や田舎で休暇をとるといった理由がない限り、村を直接訪れることはなくなる。本章では扱わなかったが、三世や四世となったら、サマール島のイメージさえなくなることも考えられる。

では、村とのつながりが弱まった移民はどうなるのか。本章の事例から判断すると、かれらは別の拠りどころを見つけていた。その拠りどころの一つは宗教コミュニティである。宗教コミュニティといっても、それはバト村のような村＝親族集団に近いものである。バト村は開拓移民が多方向から集まってできた村だが、守護聖人が置かれた礼拝所ができて村としてのアイデンティティが定まった。同じことが、礼拝所が置かれたDT通りでも起きた。ジャッキーの住む郊外の住宅地も礼拝所がある。反対に、個別の礼拝所がないP通りや、礼拝所があっても建設当初から住む中間層以外はコミュニティに参加できない雰囲気のあるロイダの住む住宅地は、村人にとって「カニャカニャ」な空間であり、新たに属することができるコミュニティではない。他の形態として、ロイダやシモが参加したプロテスタント系教会のように、広範囲な地域から人びとが通ってくる教会もある。いずれの形態でも、第五章第四節の「祝福を通じたつながり」の箇所で述べたように、これら宗教コミュニティの参加者は神に祈りを捧げ、集まった人たちで会話を楽しみながら共食する。参加者は、基本的にブオタンであり、そこでは情を伴った助け合いが行われる。カトリックならば、特に親しい参加者の間では、儀礼的親族になることも多い。その宗教コミュニティ、つまり「村」は、移民たちにとって、新たな社会保障の基盤なのである。

外国に移住した人の間でも、教会のフィリピン系コミュニティがかれらの新たな親密な仲間の基盤になると先に述べた。類似の指摘は、フィリピンの他の民族誌のなかでも見つけることができる。ロンドンに移住したフィリピンの少数民族カンカナイの人びとについて調査をしたマッケイは、かれらがロンドンに来た後に、多数あるペンテコステ派などのフィリピン系教会に参加する現象が多くみられ、そのたびに別の人間関係のネットワークのなかに入っていく様子を描いている［McKay 2016］。神の存在を信じ神に祈ること、そして周囲の人びとをケアする（カンカナイ語では「イナヤン」）ふるまいを続けられれば、出身の村との関係は薄れるかもしれないが、移住先でも同様の宗教コミュニティのなかで生き続けられるという。

2　つながりは切れるか？

本章では、バト村を訪れることがなかったり、村の人びとと連絡を取り合わなかったりすることを「つながりが弱まった」と表現してきた。それは、「つながりが切れる」と日本語で書くと、「縁が切れる」というときのように、関係性が断絶するという強いニュアンスになってしまうと思ったためである。しかし、バト村でのつながりは、近い／遠いと表現される（第六章）ように、断絶されるものではないので、本章では弱まると書いている。つながりが弱まるとは、ブオタン関係が実践されない時期であり、関係性が休眠中といったイメージである。

人類学者のストラザーンは、「ネットワークの切断」と題する論文のなかで、親族集団に含まれる人間が限りなく広がってしまうといわれてきた双方親族社会（第六章）でも、文脈を使い分け、ネットワークを「切断」する（本書の言いかたでは「弱める」）方法があると述べた［Strathern 1996］。本章で取り上げたバト村の移民の例でみると、第一に、最も頻繁に、かつ、問題を起こさずにつながりを休眠にする方法として、経済的理由、つまりつながりを維持できる経済的な余裕がないことを理由に挙げるやりかたがある。第二に、経済的余裕がある場合には、富の分配をしない、あるいは相手の期待値以下にすることがある。これは軋轢を起こし、持てない側は「変わった」と言い始めることにつながる。第三に、改宗する、あるいは新しい宗教集団に入る例もある。新しい教えのために自分が生活態度や付き合う仲間を変えたという理由になる。改宗しなくとも、カトリックのまま、別の土地の宗教コミュニティ、あるいは単に別の「村」に編入される場合も多くあるだろう。

ただ、必要が生じれば、または、利益となる機会が訪れれば、村や親族とのつながりは再活性化し、強化される。本章の事例では、経済機会のために村に二世が戻った例のほかに、回復できない病気の際に、二世が村のフィエスタのスポンサーになるケースが複数みられた。後者は、生死を含め、人間の身体に影響を与えられる存在として祖霊や精霊、神がいることと関係している（第五章）。これらの存在に対して懇願する方法として、バト村と関係する人びとは村に戻り、フィエスタのスポンサーになることがあった。自分が病で移動できないときには息子が代わりにスポンサーになる例もあった。その意味で、村から遠く離れ、村のことを忘れて村とはまったく関係のない生活を送っていたとしても、こうした存在が自分の運命を左右する力を持つという考えかたを持ち続ける限り、村とのつながりが絶対的に切れるとは言いきれない。また、ずっと忘れていたかのように音沙汰のなかった村人やその子孫が突然村を訪れても、その行為を否定的に捉える村在住の親族はいない。

以上のように、村からの移民と村とのつながりは、全般的にいえば、世代が代わったり、別の「村」に編入されたり、暮らしぶりや考えかたが変化したりすることによって、弱まる傾向がみられる。それは、ブオタン関係を結ぶ親しい集団が別におり、当面、村との親密な関係性を結ぶ必要がないからだといえよう。しかし、必要と思う契機があれば再活性化する。つながりはこのように、選択的に強まったり弱まったり、消えたり同じ原理のものが新たに出現したりして、サパラランする人びとを支えているようにみえる。

終章　グローバル化時代における幸運とつながり

二〇一七年五月、バト村のフィエスタの時期に、わたしは村を訪れた。

初めてこの村を訪れてから一七年が経過した。村の景観は当時から大きく変わってはいない。だが、一七年前には数えられる程度だったコンクリート・ブロック製の家が、今は高速道路沿いの過半数を占めるようになり、また、マニラなどからの帰省者が乗ってきたセダンやワゴンの新車が高速道路の路肩に並べて駐車してあった。二〇〇〇年代前半には、自家用車で帰省するのは一家族だけだったが、今は八家族に増えた。また、フィエスタ時のクラッチャで集められたガラの金額もかつての四倍になった。これらの変化は、村内外で成功した人が増えていることの象徴である。

この年のフィエスタでは、もう一つ、興味深い変化の兆しが感じられた。それは、守護聖人をさらに増やそうという計画である。フィエスタ開催前に、ＢＥＣ（村のカトリックのボランティア・グループ、第五章）のリーダーと副リーダー、村長と議員、帰省者の一部が参加して、村の集会所でフィエスタの運営に関する会合が開かれた。議題の一つは、村の守護聖人に新たに漁師たちの守護聖人とされる聖ラファエルを加えるかどうかというものであり、参加者の多くは賛成していた。第二章や第八章で書いたように、バト村の漁業は、一九八〇年代から落ち込んでいたが、二〇一〇年代に入ったころから再び漁獲高が増え、コプラ生産を超えて、今や村の第一の産業とみなされている。村人が所有する漁船数も増え、マニラ育ちのバト村移民二世も乗組員として雇われるようになった。聖ラファエルを村の守護聖人として祀ることは、このような豊漁が続いていることを神に感謝し、今後さらなる豊漁を祈願するためだという。一九四七年、バト村が独立した村として誕生したときには農業の守護聖人、聖イシドロ一人だけが祀られていたが、その後、奇跡を起こすという聖母マリアが二人目の守護聖人として加わり、今度は漁業の守護聖人が三人目として祀られることになりそうである。村人以外には見えにくい変化だが、守護聖人がこのように増えていくところにも、村の変化――おそらく村人にとっては豊かさをより強く感じさせてくれる変化――が見て取れる。

労働移動をサパラランと捉えてみると、労働移動としてみているときには見落としていた、移民を取り巻く豊かな事象が目前に浮かび上がってくる。新たに漁業の守護聖人をフィエスタで祀ろうという右の事例では、村人は豊漁をもたらしてくれる神や目に見えない存在に感謝していることを示し、親密な関係を保ちたいという思いが読み取れる。また、聖ラファエルを既に守護聖人として祀っている近隣の村に、海の資源を持っていかれたくないという競争心があるのかもしれない。この願いは村で暮らす村人だけのものではない。マニラなど村外で暮らす村出身者にとっても、村が漁業でさらに潤い、村の家族・親族が幸せに感じるなら喜ばしいことである。くわえて、自分や家族が村に戻らなくてはならない場合の生活保障にもなる。守護聖人が増えると、村人はさらなるサクリピショ（これを冗談めいて「我々の税金」と呼ぶ村人もいた）を出すことになる。だが、さらなる祝福も期待できるので、会合の参加者の多くは賛成したものと思われる。

以下では、各章で述べてきた内容をまとめたうえで、グローバル化時代における、移動を幸運探しとして捉えることのバト村を超えた意義や、幸運を通じたつながりという考えかたの意義について考察する。

一　サパララン・モデルの汎用性

本書は、「幸運探し」など、サマール島の人びとが語る移動に関連するローカルな概念とそれに関連する実践に注目し、一般には労働力の移動とみなされてきた同島の人びとの行為をかれらの生きかたの一つとして捉えて描いた。すると、単に仕事を求めて別の土地へと移動しているようにいわれてきたかれらの行いは、実は、まだ見ぬ自分の運命を探して、一生をかけて冒険するという生きかたそのものだった。そしてかれらの移動は、神や不可視の存在から家族・親族、雇用者、近所の人など関係するすべての存在とのつながりのなかで行われ、つながりを再編するものでもあった。

第一部で、本書の舞台であるサマール島では、別の土地への移動が生活のなかに組み込まれていることを示した。第一章で記したように、極めて人口密度の低かったサマール島では、少なくとも数世紀にわたり、移動することによって新しい機会を見つけるという態度は全体として肯定的に捉えられてきた。第二章では、その点をバト村の例を用いてより具体的に描いた。村人の生業や職業選択の様子を調べると、村人やその祖先は、村の創成期から農業、漁業、賃金労働といった様々な分野で、自分や家族にとってより良い機会が来たと思ったら、まず試すという姿勢がみられた。これは、力を持たない人間が生き残るための方法とみなされている。別の土地への移動も、その試す行為の一部である。

第二部は、村人の考える人間の運命とその活かしかたについて、移民の語りや行いをもとにまとめた。第三章では、サパララン（パキキパグサパララン）とは、人間の運命は人それぞれ生まれた時点で定まっているが、それに対して人間は働きかけられる、すなわち、自分で運命を変えられるかもしれないという考えに基づくと述べた。かれらのコスモロジーでは、富は世界に偏在しており、リスクはあるが、人間はそれを獲得しに行くことができるとされる。第四章では、実際にサパラランした村人のライフヒストリーをもとに、サパラランの過程を分析した。一瞬にしてもたらされるという一般的な幸運のイメージとは異なり、実際の幸運探しは、いろいろ試す以外に、生き抜く術を身につける、辛抱するなどの場面もくぐり抜けなくてはならない。そうした行為も成功を祈願し神の前で約束したサクリピショだからである。

第三部では、神や人びととの付き合いかたと幸運との関係を探った。まず第五章では、幸運は神からの祝福という形でもたらされるが、祝福はサクリピショとの交換ではなく、神が好感を持つ人に与えるものである。そのため人間は、神のような慈悲の心に基づいた分け与えをするブオタンな人であり続けなくてはならない。そのような態度をとっていないと、神が祝福を与えた人、すなわち幸運者だと周囲の人は認めず、富を得ただけの単なる金持ちとしか呼ばれないことを第六章で論じた。この意味からすれば、幸運者からの送金やパサルボンは、幸運の分け与えであり、つながりの維持や拡大と解釈できる。

第四部は、村人同士のつながりが弱まる可能性のある状況を調べ、村人の幸運の分け与えに関する考えかたや行いが一枚岩ではないことを示した。第七章では、都市に移住したバト村移民の間で富の分配をめぐる考えかたの対立やすれ違いが起こっている場面に注目し、そこでは「分け与え」と「自立」という二つの理念が複雑に絡み合う様子を描いた。また、多くの富を持たない村人は、経済的に向上した村人による分け与えの様子を吟味し、噂によってかれらをコントロールする力を持つことがわかった。第八章は、村とのつながりが弱まると思われる三つの場面から、人びとのつながりが変化したり、再編されたりすることを明らかにした。総じて、村からの移民と村とのつながりは、顔が見えない期間が長引いたり、世代が代わったり、階層移動が起こったりした際に弱まる。それは、ブオタン関係を結ぶ親しい集団が別にいるということでもある。しかし、かつてのつながりが永久に切れるというわけではない。神からの祝福を望み、ブオタンな態度をとり続ける限り、幸運を通じた、神や周囲の人びととのつながりは、必要なときに再活性化したり、新しく構築されたりする。

序章で書いたように、東南アジア島嶼部の人びとの間では、移動することがかなり頻繁にみられ、一部の民族の間ではそれが外界の知識や富や名声を求める文化的行為だと民族誌のなかで描かれてきた。そこから想起されるのは、主として男性が馴染みのない場所へ行き、あるいは放浪し、一儲けして故地に戻るという個人の冒険のイメージだった。サパラランも外界へ行くという冒険ではあるが、当事者たちの語りや行為から浮かび上がったのは、個人の冒険物語というよりも、祝福を求めて神と絶え間ないコミュニケーションをとり続ける人びとの物語だった。言い換えれば、神が認め、喜び、祝福を与えるブオタンな人間になる自己変容の物語といえる。

また、本書が注目してきた幸運、そしてそれを獲得した人という意味での幸運者という語には、複数の面があることを明らかにした。幸運を得たと言うとき、第一にイメージされるのは、当人の力だけでは通常得られないであろう大きな富や富の源泉（生計手段等）の獲得である。幸運を得た本人が言うときは、この第一の条件だけを指すことが多い。しかし、周囲の人から幸運者と呼ばれるには、大きな富を得ただけでは不十分である。幸運者は、慈悲の心で周囲に分け与えられる人、つまり富を得たブオタンな人でなくてはならない。

幸運者と呼ばれる人たちの日常をみていると、かれらは身内や近所の人たちとの複雑な人間関係をうまくやりくりしていることがわかる。そうした実践を通じて、幸運者と呼ばれる人やその家族の周りには近寄る人が増える。そして幸運者は、所属する集団が神とコミュニケーションをとる儀礼の場において、集団の代表として神に感謝し、サクリピショを担いながら、さらなる祝福を願うという立場に置かれる。このような周囲の人との関係を持ち続けることを、幸運者と呼ばれる人たち自身、神からの祝福を受け続けるために大切な行いと考えているようだった。他方、このような立場になることを拒むと、周囲の人たちとの関係が変化する。拒む人は、別の集団に吸収されたり、自分で新たな集団を立ち上げたりしていた。

以上のようなサパララン・モデルが他の地域でもみられるかどうかは、まだ十分調べられていないが、比較検討する価値は大いにあるだろう。わたしは、フィリピンの他の地域でほぼ同時期にフィールドワークをしていた研究者の協力を得て、サパララン・モデルがフィリピンの他の民族集団でもみられるかどうかを尋ねたことがあり、その要点をここに記す。他の民族集団とは、ミンダナオ島北部アグサン川流域に住むブトゥアノンButuanon、ミンダナオ島中西部を原住地とするマラナオMaranao、ミンダナオ島西側のスールー諸島のホロ島を原住地とするタウスグTausug、ルソン島北部の山岳地帯が原住地のボントクBontocの四民族集団である。比較結果の詳細は別にまとめたので省略するが［石橋ほか2009］、サパララン・モデルは、部分的ながら、いずれの民族集団の外界への移動とつながりの理解にも用いることができるようだった。

サマール島のワライの事例も含め、比較した五つの民族集団のいずれにおいても、外で機会を探すという文化的動機づけはみられるが、違いもある。違いの一例として、出身地域への帰属意識の度合いがある。ワライとブトゥアノンは、移住後に移住先のコミュニティへの帰属意識が強まり、同化する傾向があるのに対し、ボントク、マラナオ、次いでタウスグは移住後も出身地域への帰属意識がより強く維持されている。理由についてはいくつも考えられるが、その一つは、信仰する宗教の違いである。カトリック教徒が人口の八割を占めるというフィリピンにおいて、ワライとブトゥアノンの大多数はその主流派のカトリック教徒である。他方、ボントクは精霊崇拝（一部はプロテスタントの宗派に改宗）、マラナオとタウスグはフィリピンでは少数派宗教であるムスリムである。この差が、移住後も出身地域への帰属意識を持ち続ける人の割合に影響を与える一因と思われる(1)。

二　グローバル化時代の「幸運」研究

幸運探しの中心にある概念は「運」である（第三章）。運は、個人が生まれ持ったものであると同時に、神など外部の力が決めるものであるため、目的が達成できるかどうかは不確実である。だが、それでもなお試してみるという精神が幸運探しである。このような冒険的精神は、広い意味では、バト村を含む東南アジア島嶼部だけにみられるものではないことを強調したい。

時代を数世紀さかのぼることになるが、たとえば、『プロテスタンティズムの倫理と資本主義の精神』を読むと、著者ヴェーバーは、経済的合理主義というエートスを土台とする近代資本主義の時代の前は、政治上の利権や非合理的にみえる投機的行為が中心の「冒険商人的資本主義」の時代だったと記している［ヴェーバー 1989: 92］。前者は、そもそも禁欲や勤勉、熟考した計画の執行を要求するプロテスタンティズムの思想が生み出したものだとヴェーバーが論じたことは、周知のとおりである。だが、それ以前、資本主義を動かしていたのは、「経済史上どの時代にも見られる命知らずの厚顔な投機屋や冒険者たち、あるいは端的に『大富豪』」たちだったと書いている点に注目したい［ヴェーバー 1989: 78］。つまり、近代資本主義の時代の前は、冒険好きな商人たちが力を持っていたというのである。そして、前者のタイプが次第に後者のタイプを追い抜き、社会の上位階層の多くを占めるようになったと述べている。

ヴェーバーが論じたのは主に欧米で近代資本主義が形成されていく時代だが、現在もその近代資本主義は続いている。ただし、本書のテーマとの関連でいえば、グローバル化の急速な進展とともに、その様相は多少ならずとも変容している。経済面でみると、一九七〇年前後から、それまでは国内と国外で分けて考えていた市場が、一つの市場、すなわちグローバル市場として考えられる傾向が強まった。その結果、一国の外貨準備高をはるかに上回る膨大な資金が地球上を駆けめぐり、国際的な資金の流れが大国の政策にも影響を及ぼすことが今や珍しいことではなくなった。地球的規模で分散する巨大多国籍企業は、国家の枠組みに依存しながらも、利益の拡大を求めて、より効率の良い生産拠点や新たな市場を探し続けている［伊豫谷 2002; ヘルド&マッグルー 2003; ストレンジ 2007]。このような変化を受けて、冷戦以降の時代を指す言葉としてグローバル化の時代と呼ばれるようになっている。

そのグローバル化時代に、再び「運」が話題となっている。例を挙げると、著書『カジノ資本主義』で知られるストレンジは、実際の経済よりも大きくなってしまい、変動も激しくなった貨幣・金融の世界がカジノと似てきて、一見、グローバル資本などと関係のない人びとの生活さえもが偶然に左右されることがありうる様子を、次のように表現している。

> カジノと同じように、今日の金融界の中枢ではゲームの選択ができる。ルーレット、ブラックジャックやポーカーの代わりに、ディーリング〔売買〕――外国為替やその変種、政府証券、債券、株式の売買――が行われている。これらの市場では先物を売買したり、オプションあるいは他のあらゆる種類の難解な金融新商品を売ったり買ったりすることで将来に賭をできる。〔中略〕（ふつうのカジノと金融中枢の世界的カジノの違いは、）大金融センターのオフィス街のカジノで進められていることが、新卒者から年金受領者まですべての人々の生活に、突然で予期できない、しかも避けられない影響を与えてしまうのである。〔中略〕このことは深刻な結果をもたらさざるを得ない。将来何が起きるかは全くの運によって左右されるようになり、熟練や努力、創意、決断、勤勉がだんだん評価されなくなる。そうなると社会体制や政治体制への信念や信頼が急速に消えていく。自由な民主社会が最終的に依拠している倫理的価値への尊敬が薄らいでいく危険な兆候が生じる。健康や愛、天災、遺伝などはこれまでも運が支配してきたが、まったく新しい予期できない方向からも運が襲ってくる時、人々に精神的変化が引き起こされる。今や、運が、怠惰や無能と同じように仕事を奪うかもしれない。[ストレンジ 2007: 2-4]

『カジノ資本主義』の原書が刊行されたのは一九八六年のことだが、その後一九九一年に日本のバブル経済が崩壊し、一九九七年にアジア通貨危機、二〇〇八年にはリーマン・ショックが起き、わたしたちはカジノ化した金融市場が及ぼす影響の巨大さを実際に経験することになった。本書で描いてきたバト村の人びとが目指す富を獲得する機会と、世界規模の金融市場での投機的行為とは、まったくかけ離れているようにみえる。だが、村人が語ったサパラランの前線の様子と、現在のグローバル資本主義下で、私たちのだれもが生きる不確実な現実世界との間には類似性がないと言いきれない。

こうしたグローバル化時代の新たな資本主義の局面と、世界各地の人びとの間での魔術的な信仰への傾倒を関連づけた研究として、人類学者のコマロフ夫妻による「千年紀資本主義」(Millennial Capitalism) 論がある。コマロフ夫妻は、先の「カジノ資本主義」の特徴などを指摘したうえで、全般的に経済状況が悪化しても一部の人が一瞬にして巨額の富を手にする状況を知った地域社会の人びとの反応に注目した。人びとの間では、そのような成功者は呪術を使っているに違いないという認識が広まり、呪術が広まっているという見方を示している [Comaroff and Comaroff 2001]。この理論については、現在の資本主義のカジノ的性格とオカルト・ブームとを単純に結びつけて説明してしまっている、などと批判がある［阿部ほか 2007］。だが、肥大化したグローバル経済は、既に人間の力によってコントロールできないレベルで動いているのではないかという感覚が、人びとの倫理観の中心を根底から変えさせているという指摘は注目に値する。

不確実性に対する関心の高まりとともに、不確実性と向き合う人びとの様相に着目する研究は次々と発表されている［宮崎 2008; 東ほか 2014; Appadurai 2016］。だが、移民研究の分野において、「運」やそれに類似する概念と人の移動との関連に注目する研究はまだ少ない(2)。実際、運は、多くの場合、移民研究が最も注目する収入額や仕事の有無といった事柄とは性質が異なり、神やそれ以外の諸々の目に見えない力との関係があるとされ、近代社会科学において分析しにくい概念である。しかしその一方、これまで述べてきたように、移民本人の語りには、運試しという表現がしばしば使われるのも事実である。たとえば、正規の方法ではヨーロッパに入国できないアフリカの人びとが、他者からみると無謀としかいえないような国境越えをして、入国を試みるケースが後を絶たないことは近年しばしば報道されている。ある研究によれば、こうした非正規移民らが口にするのは、運、好機、進歩、辛抱、苦難、成功、希望といった意味の、ローカルな表現だという［Hernández-Carretero 2017: 115］。同様の指摘は、語彙は若干入れ替わっても、東南アジアにおける非正規移民を扱った研究のなかでも記されている。それらは、非正規移民現象について理解するには貧困や内戦などの一言で片づけるのではなく、各地域の文化・社会的文脈に照らし合わせて考えることが重要と指摘している［Battistella and Asis 2003: 58; Wong 2005; Lindquist 2009］。

グローバル化のさらなる進展により、人の移動はより複雑になると予測される。地域、時代、階層、宗教、ジェンダーなどの差によって鍵となる語は異なるが、「運」や「幸運探し」という語も含めて、ローカルな概念の観点から移民現象を紐解こうとする研究が、いっそう求められるのは間違いない。

三　幸運を通じたつながりの関係性のなかで

本書は移民のつながりについて再考する試みでもあった。現代の海外移民大国フィリピンにおいては、世界各地に移り住んでも祖国フィリピンやフィリピンにいる家族・親族とのつながりが維持されることが強調されてきた。それに対して、幸運探しをキーワードに人びととの移動とつながりを捉え直した本書では、つながりの維持、強化、あるいは断絶といった語句では表現できない、柔軟でより多元的なつながりのありかたを示した。

本書では、家族・親族がつながっているかどうかという問いから出発せずに、幸運という概念を切り口に、それと関係する事象を分析した。この過程でみえてきた幸運とは、物質的にいうと、富や富の源泉である。幸運はさらに、人びとの宗教観を通じていえば、神や周囲の人びととのつながりを構築するものでもある。それは神から良い人に与えられる祝福であり、与えられた人はそれを周囲の苦しく困っている人、特に身近な家族や親族に分け与える。また興味深いことに、神とコミュニケーションをとりたいときには、相手が喜びそうなものとともに、授かった豊かさの一部を神に差し戻す。そうすることで、さらなる祝福が与えられるというサイクルが続くと考えられている。本節では、このような幸運の捉えかたを、さらに広い地域的文脈のなかに位置づけ、その意味するところをより明確にしてみたい。

フィリピンでは、スペイン統治期に植民地化政策の一環として伝わったカトリシズムが、人びとに主体的に受容され、既存の宗教観とも相まって、独自の発展を遂げたとされる［池端 1987; Rafael 1988; イレート 2005］。現在も、カトリック教会が定める教義とは異なる信仰の実践がカトリック教徒の間でみられることは、比較的よく知られている［Polo 1988; Cannell 1995; Mulder 1997; 川田 2003; 東 2011; 本書第五章］。したがって、幸運という概念についても、カトリックの教義を超えたより広い観点から、その意味を考える必要があるだろう。そこで、他のオーストロネシア諸族を対象とした民族誌の記述から、「幸運」の原型のようなものを探ってみる。

オーストロネシア諸族の間では、各々の場所に人間の目に見えない、力のある霊的存在がいるという考えかたが広くみられる。そして、オーストロネシア諸族が暮らす地域では、新しい場所を開拓するという行為には生産など経済的な意味のみならず、その場所に存在する霊的存在と交渉し、生きていくために必要な恵みをいただくという宗教的な意味合いも含まれる。さらに、一部の民族の間では、最初にその場所で霊的存在と交渉できた人間は、「土地の持ち主」などと呼ばれ、移り住んだ集団のなかで特別な政治的・宗教的地位を獲得・維持することもある。「土地の持ち主」はその場所に住む人びとの代表として霊的存在を慰撫し、さらなる豊かさを懇願する儀礼を行う存在である〔馬淵 1974a: 204-218; サーリンズ 1993: 99-134; ブロック 1994: 78-90; Fox 1996: 5-9; 杉島 1999: 20-21〕。

いくつかの例を挙げよう。マダガスカルのメリナの人びとの間で行われている割礼儀礼に関する詳細な民族誌『祝福から暴力へ』を書いたブロック〔1994〕によると、かれらが割礼儀礼において強調するのは、同島に移住してきた祖先たちが子孫に授ける祝福である。祝福には大きく分けて二つの要素が含まれているという。一つはその土地に元来からある野性的な自然の生命力、もう一つは各出自集団の祖先たちの霊（それを具現化したものは祖先たちの葬られている共同墓）が持つ秩序立った神聖な力である。前者にはさらに、豊かさをもたらす力と無秩序や破壊をもたらす力の二面性があるとされる。割礼儀礼では、長老がメリナの間で豊かさの象徴とされる牛を祖先に捧げる。そして長老は、野性的な自然の力の破壊的な面を制御し、豊穣性のみを取り込む形で、割礼を受ける少年に祝福を与える。割礼儀礼では、菓子をばら撒くシーンがあるが、菓子は祝福の一部だとみなされ、参加者たちは競ってその菓子を手に入れようとする。

本書が論じてきた幸運という考えかたとの関連で、この民族誌の記述のなかで特に興味深いのは、元来からある土地の生命力は両義的であり、そこから豊かさを得るためには、その土地に最初に住みだした自らの祖先の力の介在が必要とみなされる点である。祖先は祝福を授ける主体であり、割礼を受けた少年が人生で獲得する豊かさは、祖先がその少年に与えるものとされる。

次に、「土地の持ち主」（近代法上の所有者ではなく、かつてからそこに住んでいる霊的な存在の意）という概念について別の角度からイメージするために、馬淵の論文「中部台湾および東南アジアにおける呪術的・宗教的土地所有権」ならびに「インドネシア農耕民と土地」〔馬淵 1974a; 1974b〕に描かれている土地や河川の資源とそれに働きかける人びとの様子をかいつまんで説明したい。馬淵は中部台湾のブヌンとツォウという二つの先住民族の土地や河川との関係について調査を行った。彼によると、両民族とも基本的に土地や河川には神霊がいると信じている。人間は、狩猟・漁撈活動や農耕活動における幸運あるいは不運を神霊の喜びや怒りという見地から解釈し、神に願い、豊かさを享受させてもらうため、収穫物の一部を神霊に捧げて饗応する。これらの行為はその場所の神霊を喜ばせるためである。病気になるなど他の災いも、土地の神霊と親しい関係でなかったから起きたと解釈される。このようなコスモロジーを持つ人びとの間では、それぞれの場所に最初に入った人物は神霊と親密になった人間という意味合いから、「土地の持ち主」と呼ばれるという。(5)「土地の持ち主」とその出自集団の成員は、土地に関与する人間の代表として神霊とコミュニケーションをとる司祭のような存在とみなされている［馬淵 1974a: 209-212; 1974b: 14］。

さらに馬淵は、中部台湾の先住民族の間でみられる土地との関係と似た現象がインドネシアの数多い地域でもみられると指摘する。インドネシアの大部分の地域では、複数の出自集団が一つの村を構成する地縁共同体の形態がよくみられるが、その構成をさらに調べると、地縁と血縁の両方の要素が確認できる場合が多いという。そのような地域においては、村の成員たちを最初に定住した人びとの系統と、その後の来住者の系統の二種に分けることができ、前者は土地の神霊と親しい「土地の持ち主」、すなわち霊的に優位な存在とみなされる傾向があると述べる［馬淵 1974a: 218-222］。

バト村において、馬淵が指摘する土地の持ち主とされる出自集団は存在しないが、類似したコスモロジーはみられる。村で行われている収穫儀礼（第五章）では、耕作者が「農地の所有者（そこに住む精霊のような存在）」「最初の開墾者」「先祖たち」に呼びかけ、供物（収穫物の一部など）を捧げ、収穫する許可を請うていた。それはこれらの存在の思いが豊作・不作に影響すると考えられているためである。また豊漁祈願儀礼（第三章）では、漁師が海の生物を所有する様々な海の精霊や神に対して供物を捧げ、漁をする許可や祝福を与えてくれるように唱えていた。両儀礼において、通常は農民や漁師本人が儀礼を行っていたが、特別な願い事がある場合などには、タンバランに儀礼を執り行ってもらっていた。そして両儀礼とも、祈りを捧げた後に供物を集まった人たちで食べる直来《なおらい》の場が設けられていた。

これら個別の儀礼のほかに、村全体で恵みに感謝する儀礼としては、スペイン人がフィリピンの多くの地域にもたらしたフィエスタがある。村内外の村人のほか、村人以外も招いて盛大なイベントとして繰り広げられるフィエスタにおいて、村人は村の守護聖人――バト村の場合は農業の守り神、聖イシドロと、奇跡を起こす聖マリア像――に感謝を捧げる。ここに漁業の守り神、聖ラファエルも加えるかどうかについて村人の間で議論されていることは、本章の冒頭で述べた。フィエスタではその年の収穫物が花や飾り物とともに祭壇に並べられる。都市から帰省した村人はクラッチャで金を散らしながら踊る。ほかにもその年のエルマノ／エルマナたちは、教会を美化したり、フィエスタ当日には町から司祭やバンドを招いたりするなどのサクリピショ（犠牲）と呼ばれる行為をする。村人がカトリックの守護聖人に祈るのは年に一度のフィエスタの期間だけではない。日々欠かさずに祈る人もいるが、特に諸々の苦難に直面したとき、あるいは直面すると予想されるときや、どうしても成し遂げたい願い事があるときなどにも、サクリピショを約束しながら守護聖人（人によっては各人が特に信じるキリストやマリアの像）に祈る。

このように、バト村では、メリナの間でみられる土地が元来から持つ力を祝福として授ける祖先の霊的な力も、中部台湾やインドネシアの一部地域でみられる土地の精霊と親しくなって豊かさを引き出すことができる先住者の出自集団の霊的な力も、あまり目立たない。そのうえ、これらの民族とバト村の人びとの地理的・歴史的・社会的状況は大きく異なり、比較するには無理があると思われるかもしれない。ただその一方で、先に述べたスペイン統治期から続くカトリシズムの伝播とその主体的な受容の過程を考慮するならば、それぞれの場所には豊かさを得るためにコミュニケーションがとれる存在がいるとする、カトリック化以前の宗教観を構成する概念が、現在はカトリックの名称、人物、物語に局所的に読み替えられながら、実践としては続いていると想定できるかもしれない[6]。

いずれにせよ、ここで論じているのは、その存在が何かを特定することではなく、幸運とつながりとの関係である。ここでは限られた例しか挙げることができなかったが、他のオーストロネシア諸族の間で強調されている点とバト村の事例とを比較すると、バト村で「神」とされる豊かさ、あるいはもっと広く、生の与え手とみなされる存在は、他のオーストロネシア諸族の間でも強く意識されているといえよう。そして、その根源とつながっているという思いや感覚が、ある特定の人びとをつなぐ要素になっていると考えられる。

第八章では、フィリピン低地キリスト教社会において、守護聖人等を祀る集団が共同体の原型のように考えられると書いた。守護聖人「等」と書いたのは、プロテスタント系の教会に行き始めたシモとロイダ夫婦のように、必ずしも守護聖人そのものが共同体に必要ではないからだ。重要なのは、集まった人びとがともに感謝し祈る中心的な存在があることと、それに向けてともに祈り、感謝を捧げ、助け合う精神を共有する仲間がいることである。祝福の流れを感じ合える関係性が人のつながりの基礎にあると思われる。

なお、カトリック化の過程で、部分的ながらも、祈りの対象が特定の祖霊や土地と完全には結びつかなくなり、世界宗教のキリスト教に組み込まれたことは、フィリピンから移動するキリスト教徒の行動に影響を与えている。この点も含め、最後に、フィリピン人移民の故地とのつながり、そして故地にいる人たちと外界とのつながりについて振り返ってみよう。

四　移動文化を支えるつながりのダイナミズム

つながりの基礎を幸運とみなすと、フィリピン人移民についてよく話題となる事柄を新たな視点からみることができる。一例として、国外にいるフィリピン人移民の特徴として、カトリック教会に集い、フィリピン人コミュニティの活動に積極的に参加する人が多い点が挙げられる。さらに、その場の状況に合わせて、フィリピン人コミュニティが形成されたり、同じくいつの間にかに休止状態になっていたりすることがあり、外部からの視点では、臨機応変かつ、ときには永続性に欠けるかのようにみえることがある。そのような状況を、世界各地のフィリピン人移民について多面的に研究してきたゴンザレスは、サンフランシスコ在住のフィリピン人移民の例を挙げて、次のように説明している。

他のアジアの国からの移民と違い、今のサンフランシスコ在住のフィリピン系アメリカ人は、外部から見えやすいエスニックネスにも、チャイナタウン、ジャパンタウン、リトルサイゴンのような集住地域にも生活の重心を置いていない。〔中略〕フィリピン系アメリカ人たちは、一九七四年に火災でサンフランシスコのマニラタウンが消滅してしまってから、サンフランシスコ内外にフィリピン系教会（simbahan）や他の祈りの場（sambahan）を起点とした、分散型だがしっかりつながった網の目のような社会的市民ネットワークを形成した。祈りの場はアメリカの「バランガイ」の中心にあり、日曜日や週日の祈りの時間に、フィリピン人移民が一つの共同体（bayan）として集合する場である。［Gonzalez 2009: 14-15］

フィリピン人移民が活発なネットワーク型の共同体を移住先の国で形成するという現象については、日本［マテオ 2003; 永田 2011］でも、台北［Lan 2006］でも、テルアビブ［Liebelt 2011］でも、ロンドン［McKay 2016］でも、サンフランシスコ［Gonzalez 2009］でもみられる。国外在住のフィリピン人移民について記述した民族誌の多くは、フィリピン人がカトリック教会や他の宗派のキリスト教会を共同体の核とする傾向がみられること、教会が祈りの場であるだけでなく、社交の場であり、エスニック・ビジネスが展開される、多元的な役割を果たす場であることをその共同体の特徴として明らかにした。さらに、非宗教系のフィリピン人の団体でも、先のゴンザレスが「かれらは人生の中心には信仰があることを忘れないように、正式な催し物は必ず神への祈りで始まる」［Gonzalez 2009: 15］と記しているように、神への祈りが中心に置かれる。

このように神への祈りを中心にした、メンバーシップの流動的な共同体が異国の地で形成されることは、神からの祝福という、目に見えないものの流れによるつながりを感じ、自らも慈悲の感情による分け与えを実践するブオタンな人びとの集まりと思えば、イメージしやすい。同様に、このような共同体は、神からの祝福を受け、人びとが助け合うという存在意義があるかどうかで決まるため、人びとの共同体に対する、個人的な信頼やコミットメントが持続しなければ、自然消滅あるいは分裂することも容易にありうる。また、新しい人を組み込むことも比較的行いやすいという特徴がある。さらに、一人の移民が故地とのつながりを維持しながら、移住先の共同体にも深く関与するように、複数のメンバーシップを柔軟に持ち続けることも可能である。

また、つながりの基礎を幸運として考えた場合、フィリピン人移民が故地の人びとへ渡すパサルボンや送金についても違った見方ができる。パサルボンや送金を幸運の分け与えとしてみなすと、これら物や金の移動は、経済的向上はもとより、「感情的つながり」の印［McKay 2007］という意味だけにとどまらず、二つの地点に新しいつながりをつくるものとしても捉えられる。たとえば、第三章で書いたように、一九五〇年ごろのバト村の人にとってマニラは外界であり、別の世界だった。だが、外界に行って幸運をつかんだ、ないしは幸運がたくさんありそうな場所から来た人がもたらした幸運の分け与えのビスケットをたびたび口にすることは、外界の幸運が自分の身体に取り込まれるという意味で、外界をより身近に感じる心理的変化があるように思う。身体感覚を通じたつながりができ、テレビなどまだない時代だったが、マニラが自分と関係のない場所のように感じられなくなっていった。そして、まだ訪れたことのない人の心に、自分もマニラで幸運を見つけられるかもしれないという思いが浮かぶようになったのではないだろうか。当時の村の子どもたちの「マニラ帰り」遊びは、そのマニラに対する思いを繰り返し演じ、身体化することによって、より強いものにしたのではないかと想像できる。

また、第六章で取り上げたチャリーズの家では、オーストラリアからの送金で、木造の一階建てだった村の家がコンクリート製の四階建ての家に建て替えられた。村の家族は外界で得られた幸運によって自分たちの人生が変容するのを経験したのである。この家には現在オーストラリアの国旗や飾り物がたくさん置かれており、オーストラリアはこの家の人にとって自分たちの一部であることが伝わってくる。幸運の分け与えとしてのパサルボンや送金はこのように、移民だけでなく周囲の人を新しい土地とつなげる力を持っている。

本書の冒頭で述べたように、世界各地で多様な職場で働くフィリピン人の姿が目立つようになり、フィリピンは現代の主要移民送出国として数えられている。その背景として、一九七〇年代から国策として海外就労を奨励していること、教育レベルが高く、英語が堪能であることといった、いわば外的要因が挙げられてきた。それらはもちろん否定できない。しかしながら、本書が明らかにした、カトリック化以前からあるコスモロジーと実践に基づいた、故地や移住先での周囲の人との柔軟で多元的なつながりかたも、フィリピンの「移動文化」を形成し、支える重要な柱であることを忘れてはならないだろう。

注

序　章　冒険とつながりの民族誌に向けて

（1）スクウォッターとは、土地の所有権や借地権を持たずに、公有地や私有地を占拠して居住する人のことを指す。スクウォッターが集住する地区は一般にバロンバロンが所狭しと建てられ、上下水道もなく、生活環境が劣悪な「スラム」と呼ばれる。フィリピンでは一九七五年の大統領令七七二号により、正当な権利を持たない土地に居住する行為を違法とした。

（2）「フィリピンにおける人の移動に関する研究」といった場合、本来、同国の少数民族やムスリムに関する研究も視野に入れるべきだが、本書では、特に断りのない限り、フィリピンの「低地キリスト教社会」と呼ばれる地域に暮らす人びとを対象にしたものを指す。

（3）ABS-CBN「マガンダン・ガビ・バヤン Magandang Gabi, Bayan」二〇〇三年一一月二九日放送。

（4）二〇〇一年一一月二五日、マニラ首都圏ケソン市のフィリピン大学ディリマン校でのインタビュー。

（5）現在では、これら三つのアプローチのどれか一つに依拠するのではなく、学際的に、マクロ、メゾ、ミクロの三レベルに注意を払いつつ、特定のテーマに焦点を絞りながら、人の移動を送り出しから受け入れまでつなごうと試みる研究が主流となっている。したがって、近年、個々の研究をどれか一つに分類することは難しくなっている［Brettell and Hollifield 2008: 2-3, 9-12; カースルズ&ミラー 2011: 26］。

（6）プッシュ＝プル理論は、移動を、人びとを外へ押し出す「プッシュ要因」と、人びとを引きつける「プル要因」が結びつくことにより起こる現象とみなし、プッシュ、プル両方の要因を明らかにすることを目的とする。一般に、「プッシュ要因」としては低い生活水準、経済的機会の欠如、政治的抑圧など、一方「プル要因」としては高い生活水準、より良い経済的機会、政治的自由などが挙げられる。

（7）ここでいう政治経済システムは、マルクス主義を唱える政治経済学者らによって、はじめ従属理論として広められ［Frank 1969］、一九七〇年代になるとより包括的な「世界システム論」に発展したものである［Wallerstein 1984］。この理論の根幹をなす歴史観は、世界的にみると、後進的な「周縁」の国・地域が、資本の最終的な蓄積が行われている「中心」の国・地域が支配する世界経済へと組み込まれていく過程だとみなす。

(8) フィリピンにおける国内移動の研究史をさかのぼると、これらの研究が発表される以前から、フィリピンでは親族・知人ネットワークが移動の決定要因として重要であることが示されている。よく知られた例として、ミンダナオ島ダバオ市近郊の入植地への移民のプロフィールと彼らの移住過程を調べた、シムキンズとヴェルンシュテットの研究［Simkins and Wernstedt 1971］がある。

(9) 男性の威信獲得手段としての移動という見方は、マッケイ［McKay 2011］や、ファハルド［Fajardo 2011］によるフィリピン人船員の民族誌研究のなかで強調される傾向がある。

(10) アギラはこの論文のほかに、一九世紀後半からネグロス島で始まったサトウキビ大農園でみられた農園主と労働者の関係について論じた著書のなかでも、当時の労働者の集団が「幸運を探しに」周辺のビサヤ地域から集まってきたと述べている［Aguilar 1998: 128-130, 153-155］。

(11)「犠牲」という概念との関連でしばしば言及されるのは、フィリピンで海外就労者が「現代の英雄」(bagong bayani) と称されることだ［Tigno 2012; 小ヶ谷 2016: 181, 209］。フィリピン人が国の代表的英雄とみなすのは、当時の宗主国スペインの圧政を批判しフィリピンにおける植民地改革運動を導く途中でスペインにより銃殺されたホセ・リサール（一八六一〜九六年）である。苦しむ同胞のために犠牲になることをいとわなかったリサールのように、家族のために犠牲となることをいとわず、フィリピン経済にも貢献している海外就労者は現代の英雄とみなせるという意味で、フィリピン政府は海外就労者を現代の英雄と定めている。

(12) フィリピン低地キリスト教徒の諸語は、広くはオーストロネシア（マライ＝ポリネシアとも呼ばれる）言語グループに属する。オーストロネシア系言語を話す人びと、すなわちオーストロネシア諸族は、地理的には西はマダガスカルから東はイースター島、南はニュージーランドから北は台湾までの広範な地域に暮らす。このような地理的な広がりにもかかわらず、オーストロネシア諸語の間には高い類似性がみられることが知られている［高谷ほか 1984: 59; 菊澤 2007: 41-43］。

(13) 聞き取り調査では、アシスタントの助けを多く得ている。バト村でわたしのアシスタントを務めてくれたのは、カルバヨグ市生まれの姉妹、マリベル・デルダさん（一九七二年生まれ）とマリセル・デルダさん（一九七六年生まれ）、ならびにリサ・レヒティマスさん（一九七二年生まれ）の三人である。マリベルさんはカルバヨグ市内の大学卒業後、地元のNGOに勤務した経験がある。マリセルさんは調査当時、市内の大学の学生だった。二人には一部の聞き取りに書記や通訳として同席してもらったほか、ライフヒストリーが録音できた場合には、テープ起こしと英訳を手伝ってもらった。リサさんはカルバヨグ市の職員で、市内の大学の非常勤講師も務める。バト村滞在中にたびたび通訳を務めてもらったほか、カルバヨグ市内の別の村への案内役も務めてくれた。一方、マニラのバランガイ・Pでの調査では、NPOのZOTOのスタッフにアシスタントを務めてもらい、全世帯調査を実施した。さらに、P通りやDT通り在住のバト村移民のライフヒストリーの聞き取りでは、マニラに引っ越したマリベルさんに再度アシスタントを依頼し、インタビュー時に同席してもらい、一緒にメモを取ってもらった。バト村での場合と同様に、録音できた場合には、テープ起こしと英訳も手伝ってもらった。

(14) フィリピンの市には、通常の市のほかに、高度都市化市（Highly Urbanized City）や独立市（Independent Component City）という州の管轄下にない市もある。本書の主な対象であるカルバヨグ市は、通常の市である。

第一部　サマール島における人の移動

第一章　サパラランの歴史・地理的背景

(1) サマール島に関する代表的な書籍（比較的入手の容易なもの）として以下を挙げておく。一七世紀に同島に二〇年間、ビサヤ地域全体では三六年間滞在して布教活動を行ったイエズス会修道士アリシナによる詳細な記録をコバックとグチェレスがスペイン語から英語に翻訳した『フィリピン諸島のビサヤ人の歴史』（全九巻、うち七巻が現存、二〇〇二年に翻訳の第一巻が刊行された）[Kobak and Gutierrez 2002]、修道会の記録などの植民地資料をもとに同島の社会史を描いたクルックシャンクの『サマール一七六八－一八九八』[Cruikshank 1985]、比米戦争中の最大の激戦だったとされる、島南部の町バランヒガでの事件とその後の虐殺の背景について掘り下げたボリナガの『バランヒガ紛争再訪』[Borrinaga 2003]。

(2) その少ない平野部は海岸沿いの数カ所に集中している。北サマール州のカトゥビグ、サマール州のサン・ホルヘからガンダラにかけての一帯、同州バセイ、東サマール州のドロレスなどである。このなかで最大はカトゥビグ平野だが、それでさえも八〇平方キロメートルほどである。島の平野部は島民の間で米どころとして知られ、水稲栽培が行われる地域である。

(3) 河川交易システムと呼ばれるこのような水上交通の交易形態は、東南アジアの沿岸部でかつてから盛んであり、この地域の特徴の一つに挙げられる［Bronson 1977］。

（4）これは、一〇年前の二〇〇二年の数値（一戸当たり二・一九ヘクタール）と比べて大幅に減少している。この減少は、農家の戸数がこの間に二・五割増えたのに対して、農地全体は三・五割も減ったためである。なぜ農地が著しく減少しているのかはわからない。同様の現象は、フィリピンのほぼ全土で起きていることからして、おそらく均分相続のフィリピンでは世代を経るごとに農地が分割相続される一方で、後述するように、若者の農業離れも進行しているためではないかと思われる［PSA 2016: 5-12］。

（5）農作物別作付面積の広さでみると、作付面積が最も広いのはココナツで、米、イモ類、バナナ、トウモロコシと続く［NSCB 1998: 5.19-5.21］。

（6）ここでフィリピン農村の地域性について付け加えたい。フィリピンの農村地域を広範囲に調査した梅原［1992］は、土地制度を基準にフィリピンの農村を次の四種類に類型化している。第一は、アシエンダなどと呼ばれる大規模農園でみられる不在大地主制の村落で、ルソン島中部など大規模な農業開発が進められた地域に多くみられる。第二は、地元の高利貸などが土地を集積した場合にみられる在郷地主制の村落であり、村落内の地縁的結びつきが弱い。第三は、村内で次第に地主と小作に分化していった村落で、地主と小作の結びつきが強い。第四は、構成員の多くが自作農で、村内の結びつきが強い村落である。このタイプの村落では、土地所有への接近度によって一種の身分階層的層序がみられることがある。サマール島の場合、第四のタイプの村落が基層をなし、その上に地域の歴史的変遷によって第三や第二のタイプが主流の村落もみられるようになった、重層的構成であると思われる。

（7）だが、その過程は必ずしも平坦ではなく、島北部などでは一方的に労役を課すスペイン人に対して武装蜂起が起こった。代表的な事件として、「フィリピンで最初の民衆の抵抗運動」といわれるスムロイの乱がある［コンスタンティーノ 1978: 121］。これは、スペインの植民統治開始から一世紀弱経った一六四九年に、パラパグ（現北サマール州の一町）で起こった。発端は、当時のスペイン総督が、カビテ造船所の労働力としてビサヤの人びとに労役を課そうとしたことにあった。そのころ疫病で苦しんでいたパラパグの住民は、一方的な命令に従うのを拒み、スムロイら三人の男性をリーダーとしてスペイン（具体的にはイエズス会修道士ら）と対決することを決めた。一団がパラパグのスペイン人修道士を殺害し、サマール島の他の地域へも勢力を広げているという情報はルソン島南部、マスバテ島、セブ島、ミンダナオ島北部にまで伝わり、これらの地域でも武装蜂起の動きが強まったという。これに対して、スペインは、ルソン島中部のフィリピン人を従え反撃に出た。山中で持久戦を続けていたスムロイは、一六五〇年に仲間の裏切りでスペイン軍に捕らえられて処刑された［Kobak 1979: 49-62; Nabong-Cabardo 1997;

Borrinaga 2003; Santos and Lagos 2004］。

（8）独立した州として認められた年については諸説があり定かでないが、一八四一年とする説が近年最も有力である［Dacuycuy 1997］。

（9）スペイン統治時代、マニラは、中国人商人が持ち込むアジアの産品と、スペイン人が新大陸から持ち込む銀とを取引するガレオン貿易の中継港となった。ガレオン貿易とは、一五七二〜一八一五年の間、ガレオン船と呼ばれる帆船を用いて、スペインがメキシコのアカプルコとフィリピンのマニラとの間で行った貿易を指す。新大陸からは銀が送られ、マニラで中国人商人が運んできた中国産の絹織物や生糸、インド産の綿布などと交換された。中国人商人は、ガレオン貿易のためにマニラ港に出入りしていただけでなく、フィリピン各地も回っていた。

（10）米軍は、サマール島で革命軍を率いていたビセンテ・ルクバン将軍を一九〇二年に捕まえると、すぐさまセブ島出身の政治家をサマール州の州知事に任命し、同州の統治を開始した。だが、サマール島では、一九世紀から民衆の間で始まったとされるプラハネス Pulahanes と呼ばれる武装した兄弟会が、島の山間部を中心に一九五〇年代まで勢力を持ち続けたとされる。プラハネスのプラは赤色を意味する。メンバーは指導者から渡された赤色の護符に特別な力があると信じて身につけていた［Robredillo 1985: 10-17; Almario 1998: 20-22, 114］。

（11）サマール島の歴史に詳しいロサリオ・ナボン＝カバルド氏へのインタビュー（一九九九年九月一二日、カトバロガン市の自宅にて）。

（12）一九三九年の農業センサスによれば、サマール島におけるコプラ生産量は三万トンで、全国で六位だった［McIntyre 1951: 259］。

（13）本書では、国外で家事労働に従事する人は「家事労働者」、国内で家事労働に従事する人は「お手伝い」と訳している。理由は、インタビューした人たちが前者を「ドメスティック・ヘルパー domestic helper」「ハウス・メイド house maid」などと英語の名称で呼ぶのに対し、後者についてはワライ語で「カブリッグ *kabulig*」あるいはタガログ語で「カトゥロン katulong」（いずれも「お手伝い」の意）と呼び、両者を区別していたためである。さらに、両者の就業形態を比べても、前者には名目だけであっても契約書などの書類が存在するのに対し、後者の場合は口約束だけで働いており、「労働者」というよりも個人的な「手伝い」というニュアンスが強かった。なお、フィリピンでは、二〇一三年に通称「カサンバハイ法」（カサンバハイ kasambahay とは同じ家に住む人の意）が制定され、「お手伝い」を含む家庭内労働者を雇用する場合、雇用契約を結ぶことや被雇用者を社会保障制度に加入させることなどが義務づけられた。マニラに住むバト村出身者の話から判断して、同法の制定前後から、国内の「お手伝い」を労働者とみなす認識が広まりつつある。

（14）このように都市へと向かうサマール島出身者がいる一方で、豊かな土地を求めてセブ、ボホール両島からサマール島へと向かう移民の流れも続いていた［Almario 1998: 28］。

（15）軽快なリズムに乗って歌われる歌詞は、ワライの人たちの勇敢な気質について語る。歌詞の冒頭は次のようである。Waray-Waray hindi tatakas / Waray-Waray handang matodas / Waray-Waray bahala bukas / Waray-Waray manigas!（ワライワライは逃げない／ワライワライはいつでも死ぬ覚悟だ／ワライワライは何とかなると信じる／ワライワライは平気さ）。

（16）マルコス政権下ではさらに、農村の貧困対策として、一定地域に複数の事業を総合して実施する総合地域開発（Integrated Area Development）も推し進められた。その対象地域の一つとなったサマール島では、農村開発を中心としたサマール総合農村開発プロジェクト（SIRDP: Samar Integrated Rural Development Project）が一九七六年から世界銀行からの援助（借款）を得て開始された。しかし、治安状況の悪化などのため、実際に実施された事業は東サマール州の道路アスファルト舗装、北サマール州カトゥビグ渓谷の開発調査など数えるほどにとどまった［Gregg 1990: 32-39, 59-67; 野沢 1992: 25］。

（17）水産資源枯渇の危険性をめぐって、サマール州の地元漁民と営利漁船の操業者の間の対立は現在に至るまで依然激しい。地元漁民の権益を守る目的で営利漁船の操業禁止区域はかつてから一部に設けられていたが、一九九八年に制定されたフィリピン漁業法（共和国法八五五〇）では、海岸から一五キロメートル以内が近海水域（municipal water）と定められ、そこでの営利漁船の操業は禁じられることとなった。ただし、実際の違法行為の取り締まりは政治的な理由からあまり行われていないと訴える地元漁民は多い。

（18）これらの災害が起きるとすぐに、マニラではサマール島出身者たちが救援団体を立ち上げて同島で援助活動を開始した［Parel 1989］。

（19）その一環として、一九九一年から二年間、サマール州のサン・ホルヘとガンダラの両町で日本の無償援助による西サマール農業開発推進プロジェクト（農道、灌漑用水路、ポンプ施設などの建設）が実施された［国際協力事業団 1990; 渡辺 1990; 野沢 1992; 国際協力銀行 2001］。また、島の環境保護や住民の生活支援を目的とした数多くのNGOもこの時期に設立された［Perilla 1991］。

（20）フィリピンにおける教育制度は、初等（小学校）六年、中等（ハイスクール）四年、高等（大学）四年だった。しかし二〇一六～一七年度から中等教育を二年増やし、六・六・四制に変更した。

(21) 教育省の東ビサヤ地方全体の統計によると、一九九四～九五年度の同地方における初等教育ならびに中等教育の就学率は、それぞれ八二・六%と四八・二%だった。これらは全国平均(同八七・一%と五八・五%)と比較して、それぞれ五ポイントと一〇ポイントの開きがあった。それから二〇年経った二〇一四～一五年度の東ビサヤ地方における初等教育ならびに中等教育の就学率は、それぞれ八九・六%と六五・二%に上がった。両者のうち、中等教育の就学率の伸びが目立つ。また、両者の全国平均(同九一・〇%と六八・一%)との差も、二ポイントと三ポイントというように縮まっている[NEDA 2005; PSA 2016]。なお、フィリピンでは二〇一六年現在、新学期は六月に始まるため、教育年度は「一九九四～九五年度」というように記載する。

(22) センサスをさかのぼって他の時代のデータをみると、若年層の割合が低い人口構成の状態は一九七〇年ごろから表れ始めた。その後、年代が進むにつれ、割合の低い部分がより高い年齢層へと広がり、現在では若年層から中年層までが少ない社会へと移り変わっていった[Hosoda 2007]。

(23) フィリピンにおける海外就労の歴史的変遷や政策、社会経済的影響については別の論文やコラムでまとめたので、そちらを参照されたい[細田 2011; 2016]。

第二章　バト村の人びとの暮らしと移動

(1) 実際、こうした住居や所有耐久消費財にみられる差は、年間収入の差も反映している。二〇〇〇年七月に実施した二〇のサンプル世帯の年間世帯収入に関する調査結果を三区分に従って平均を求めると、①「最も貧しい」グループ(二〇世帯中六世帯)は三万一四一三ペソ、②「貧しい」(あるいは「普通」)グループ(同一一世帯)は四万三三六三ペソ、③「金持ち」グループ(同三世帯)は一一万九八〇〇ペソであった。ちなみに二〇世帯の平均は五万一二四四ペソで、東ビサヤ地方農村部における一九九七年当時の平均収入額の五万二七五七ペソとほぼ同じだった[NSO 1997a]。①～③を比べると、①と②の間の差はそれほどないが、①②と③の間では大きな差が出ている。この差は、③に含まれる世帯のなかにまとまった金額の現金を入手できる人がいるためである。

(2) ドゥマに含まれる作物は調理用のバナナ(*aldaba*)、サツマイモ(*kamote*)、キャッサバ(*balanghoy*)、サトイモ(*gaway*)である。ドゥマには、物理的に人が生存を維持する最低限の食料という位置づけだけでなく、文化的な意味合いもある。村内では、自作地や小作地を持たない世帯でも、「ドゥマを栽培する程度ならば」という条件のもと、別の村人が所有する土地であっても無料で耕作できる。また、「食べ物はドゥマだけ」と語る人は、村人の間で憐みの対象となり、借金の返済を猶予され、無償でおすそ分けをもらうなど寛大に扱われる。事実サマールでは、ドゥマを請うて歩けば死ぬことはないと言われる。

（3）バト村で広いココヤシ園を所有しているのは、③として示した村外（M村）に住む華人系商人である。この商人がバト村のあちこちに土地を所有しているのは、経済的困窮やその他の事情により、村人が自分の土地を質入れしたり、売ってしまったりしたためである。

（4）このほか、一〜二人乗りの手漕ぎ舟（スベラン *suberan* など）も一部の世帯が使っていた。

（5）伐採される木は、サマール島に伐採禁止令が敷かれるまではナンヨウスギ科やフタバガキ科の樹木などだったというが、発令後は、禁止令の対象外となっているココヤシの木のみである。

（6）一九七〇年代前半にルソン島南部ビコール地方で人の移動に関する調査を行ったカリニョとカリニョ（第二部冒頭）も、同様のジェンダー差を指摘している。同地方でも男性は、アドベンチャー adventure（冒険）やパグラヤス paglalayas（放浪）をするが、女性には認められていなかった。女性が特に目的もなく別の土地へ行く場合は、家族・親族の家でのバカション bakasyon（休暇）だと語った。しかし、いずれの場合でも、そのような明確な目的がない移動後に新しい土地で長期に暮らし始めるケースが多くみられたと述べている［Cariño and Cariño 1976: Vol. 1, Chap. 3 to 7］。

（7）類似した表現としては *may-ada (kaya)*（経済力のある人）や、*rico*（スペイン語の rico〈金持ち〉が語源）がある。ほかに *muromay-ada*（そこそこ金持ち）という表現もよく聞かれる。

（8）ボルネオ島のイバンの人びととの移動を「ブジャライ」と捉えたケディットも、同様の指摘をしている［Kedit 1993: 11］。

（9）「小人口」という表現には、東南アジアを挟む中国とインドという二つの巨大人口を抱える地域と比べると圧倒的に少ない、という相対的な意味合いが含まれている［坪内 1998: 55］。

第二部　運命とサパララン

第三章　移動・豊かさ・リスク

（1）闘鶏だけでなく、ロト Lotto と呼ばれる宝くじなど他の賭け事においても、通常勝った人は「幸運だ」と言われ、周囲の人に気前よくバラトを渡したり、酒や食事をふるまったりする。

（2）前田［1991］は、東南アジア全体がフロンティアという独自の社会空間という視点に立ち、東南アジア的特徴を描くことを試みた。前田［1991: 2］の示す「フロンティア」の条件は、①中心に従属しない周辺、辺縁、際、②一つの世界・文化・知識体系が尽きて、未知のおどろおどろしくもあり、希望にもあふれる空間、③既成の伝統・境界にとらわれない相互作用の行われるインターフェイスの三点である。

（3）文化人類学において、人の移動と場所／空間の捉えかたについては一九九〇年代ごろから多くの研究が発表された［e.g., Olwig and Hastrup 1996; Gupta and Ferguson 1997］。たとえばコルシン＝ヒメネスは、存在論的な立場から、ある人びとが特定の場所に意味や社会関係を見出せない場合、その場所は地図上にあったとしても、その人びとにとっては存在しないに等しい「非場所」（non-places）なのだという。このように非場所という存在があることを踏まえないと、人びとにとっての空間性（spatiality）を描くことはできないと主張する［Corsin-Jimenez 2003］。また、場所自体も人びとのかかわりによって変化すると論じる研究もある。レティカスは、コルシン＝ヒメネスのように、場所を相対的に分析する立場をとり、東インドネシアの開拓地に移動してくる人びとと開拓地の関係のプロセスを記述した。レティカスは、移動してくる人びとが変容していくように、場所も人びととかかわることによって、物理的にも言説的にも変容していくと述べる［Retsikas 2007］。本書で述べるサパララン前線としてのマニラも、マニラへサパラランしに行く人が変容していくように、変容している。この節ではその変容のプロセスを描いている。

（4）*binata*（第三音節の ta にアクセント）は、少なくとも現在では蔑称であり、職業を指す言葉としては *kabulig* や katulong（タガログ語）のほうがより一般的に使われる。本書では *binata* は「使用人」、*kabulig* と katulong は「お手伝い」と訳す。なお、binata（第二音節の na にアクセント）はタガログ語で「未婚の男性」を指す。

（5）実際、一九七〇年代にマニラでお手伝いとして働いていた女性たち（出身地域は様々）を対象とした調査によると、マニラでお手伝いとして働くことを決めた理由で最も多かった（三三％）回答は、「マニラを見たかったから」（具体的には「冒険するため」「散策するため」など）であり、「仕事をするため」（二二％）や「親や家族を助けるため」（一三％）よりも多いという結果だったと報告されている［Ibarra 1979: 79-80］。もちろん、このような移動の理由は、一つだけというわけでなく、複数の動機が絡んでいることが多いのだが、一番の目的がマニラを見たいという冒険心や好奇心だったことを示す興味深い調査結果である。

（6）そのことが理由かどうかは定かでないが、地区の住民にはビサヤ地域の出身者が多くなっている。一九八〇年代前半に行われたトンド地区の海沿いの一帯の住民に対する調査によれば、住民の八八％はビサヤ諸島、特にパナイ、レイテ、サマールの各島の出身だった［Share and Care Apostolate for Poor Settlers 1983: 27, 73-74］。

（7）『マニラ・光る爪』はトンド地区のバルット島を舞台としたものだ。著者のレイエスはマニラに憧れて地方から出てきた若者たちが体験する大都市での底辺生活、厳しい労働環境、搾取や不正を描いた［レイエス 1981］。当時のバルット島には石鹸や食用油の工場が立ち並び、その周りにはバロンバロンが、どす黒い液体が流れるスノッグ・アポッグ水路沿いにひしめくようにあったと書かれている。

（8）住民の話によると、それから一九九〇年代半ばまでの間にP通りでは四回の家屋撤去が行われた。撤去後、当時の住民の一部は、カビテ州やブラカン州などの再定住地へ移っていったが、そのなかにはのちに再びP通りに戻ってきた人もいる。残りの多くは一時的にマニラの別の場所に避難し、しばらくしてからP通りに戻って暮らした。一九八〇年代になると、バト村出身者を含む当時のスクウォッターたちは団体を組織し、地主側と交渉し、分割払いで土地が買えるようになった。このようなプロセスを経て、ノノとロセラ夫婦のようにP通りの南側に土地を買い、コンクリート・ブロック製の家を建てたバト村出身の家族は一〇数軒ある。だが今でもスクウォッター状態の村出身者のほうが圧倒的に多い。

（9）村人はみな、この運送業者のことを、村人同士が互いに呼び合うときに使うニックネームではなく「ミスターA」と呼ぶため、本書では「A氏」と記述している。

（10）渡邉暁子氏による指摘である。

（11）台湾は一九八〇年代にも外国人労働者を若干受け入れてきた。だが、一九九二年に「就業服務法」など外国人労働者の受け入れや就労を管理する法律を制定して以降、外国人労働者の数は急増した［Lan 2006: 33-34］。

（12）フィリピン人女性の国際結婚と国外移住現象についての既存の研究も、国際結婚に憧れるフィリピン人女性が多い背景には、フィリピンにおける植民地時代から西洋文化（特に米国文化）への憧れや、国内の特定の女性に対するスティグマ（結婚歴、階層、年齢など）の存在のほかに、外国人男性との結婚が、結果として女性自身、そしてその家族の経済的かつ社会的な上昇に直接的に結びつくことがあると指摘している［Constable 2003; Suzuki 2005; Lauser 2006; Del Rosario 2008］。

第四章　サパラランの過程

（1）ディスカルテの語源はスペイン語の discarte（トランプの札などを捨てる、処分するの意）である。

注

第三部　幸運を通じたつながり

第五章　祈りの世界のサパララン

（1）シンクレティズムとも呼ばれるこうした見方に対する批判は、フィリピンの宗教世界の研究のなかだけにみられるものではない。たとえば、漢民族の信仰生活を分析した渡邊は、「人びとはその神がみが道教の神だから仏教の神だからといって祀っているのではなく、どのような霊験があり権能があり御利益があり、自分が家庭が世界がどうであるからいつ祀らねばならないかということで祀っている」と述べ、シンクレティズムのように人びとの信仰世界を外部の視点で最初から分類すべきでないと主張する［渡邊 1991: 25］。

（2）「呪術」の島として知られる、ビサヤ地域の小島、シキホール島で調査を行った関も、人びとの語りのなかでカトリックの神、聖者たち、精霊との境界は「ひどくぼんやりしている」と表現し、島の人びとが多様な存在と交渉している様子を描いている［関 1995: 49］。

（3）「我々と異なる人」については、シキホール島でその存在に関する人びとの語りを分析した関［1995］の研究や、ビコール地方農村部における人びとの宗教観や社会関係を中心に描いたキャネル［Cannell 1999］の民族誌にも詳しく描かれている。

（4）二〇〇二年に調査した時点で村人（九六一人）が所属する宗教は、以下のとおりだった。カトリック八六七人（九〇・二％）、フィリピン基督教団五四人（五・六％）、ボーン・アゲイン・クリスチャン教会一九人（二・〇％）、セブンスデー・アドベンチスト教会一四人（一・五％）、ムスリム一人（〇・一％）、残り六人は、洗礼前の乳児である。ボーン・アゲイン・クリスチャンが近年増加しているが、これはマニラに移住した元カトリックの家族がボーン・アゲインに改宗した後に帰村したためである。また、ムスリムの村人は、元来カトリックだったが、中東に長期にわたって出稼ぎに行っていた際にイスラームに改宗したという。ボーン・アゲイン・クリスチャンについては、第八章の注（6）を参照。

（5）礼拝所は、ティナンバカン小教区に所属する礼拝所（チャペル）の一つだが、村の人たちはそれを「教会」（*simbahan*）と呼んでいる。

（6）たとえば、バト村周辺の例でいえば、村から七キロほど離れたティナンバカン町の教会にある聖ビセンテの像は、病気に苦しむ人たちを癒す力を持っていると信じられている。そのため、ティナンバカン町の住民でなくとも、病に苦しむ人、あるいはその家族は、個人的にこの教会を訪れて祈る。

（7）ＢＥＣなどのカトリックの基礎共同体は、貧困をはじめとする地域の問題に、地域の住民自身を担い手として取り組むという、それまでみられた教会や神職者が中心となる活動様式とは異なる特徴を持ったカトリックの運動である。この運動の展開により、それまで町の中心にある聖堂で執り行われてきた宗教行事が、小規模な集落でもそれぞれ催されるようになった。一九五〇年代にブラジルで始まり、その後、世界的に展開し始めた。市川によると、基礎共同体の総数は、全世界で二〇万近くに上ると推計されている［市川 1989: 169］。カルバヨグ市では、七〇年代以降、社会活動を主目的とするカトリックの運動が活発化した。ＢＥＣの組織化はその運動の流れの一環である［City Government of Calbayog and Museo de Calbayog 2008: 63］。

（8）ルスが加入した社会保障制度は Philippine Social Security System（略称ＳＳＳ）である。フィリピンの代表的な社会保障制度にはＳＳＳのほかに、国家公務員と地方公務員が対象の Government Service Insurance System（ＧＳＩＳ）がある。ＳＳＳは、ＧＳＩＳの対象にならない民間雇用者、自営業者、任意加入者を対象としている。労使からの保険料を財源とするＳＳＳの実際の加入者は少ない。広井ほか［2003: 43］によると、ルスがＳＳＳに加入した二〇〇〇年代初めには、実際の加入者は対象者全体の約五〇％にとどまっていた。

（9）祝福を意味する語のうち、*grasya* と *bendisyon* はそれぞれ、スペイン語の gracia と bendicion が語源である。ワライ語では *parabut* という説があるが［Alegre n.d.: 131］、カルバヨグ市付近ではあまり使われていないようである。

第六章　ブオタン精神がつなぐ移民と村の人びと

（1）双方親族の特徴を簡単にまとめておこう。祖先中心的な親族の組織化原理に従い父系や母系といった出自集団を形成する単系制社会に対し、双方親族社会では、ある個人を中心に父を通しての父方親族と母を通しての母方親族の双方に関係を持つように親族集団が構成される。このような社会では、特定の個人と関係のある祖先の数は倍になる。さらに、両親のキョウダイ、祖父母のキョウダイ、および彼らの子や孫などを含めると親族集団に入る可能性のある人は膨大になる。しかし実際は、可能性のある人すべてと親族としての付き合いをするわけではない。一部の潜在的成員は遠くに住んでいたり、果たすべき義務が競合していたり、対立する政治勢力に属していたりするためである。通常は核家族を基盤としながら、その時々の必要性や利益などに応じて付き合う親族の範囲や親密度が変化する［キージング 1982: 25-50］。よって、双方親族社会では個人を中心とした二者関係が重要となってくる。

（2）「炉」は、その設備内容によって呼び名が変わる。すなわち、三つの石を三角形に配置し、下に薪を置く竈《かまど》はスグアン *sug-ang*、灯油コンロはタガログ語のカラン kalan、ガスコンロは英語のストーヴ stove である。なお、炉に象徴される食べ物を日常的に共有することが家族の基礎概念という点は、一九六〇～七〇年代前半にかけてマニラのスラムの生活実態を調査したホカノ［Jocano 2002: 168］も言及している。

（3）東南アジア島嶼部やオセアニアの社会に関する研究ではしばしば、頻繁な養取が報告されているが［Schrauwers 1999: 311］、バト村では一九一世帯のうち養子がいたのは九世帯のみだった。多くは、子のいない夫婦が甥や姪を養子とするパターンだった。

（4）サマール島に限らず、東南アジアの多くの地域では、夫婦と親子の関係を基礎とする緩やかな「家族」編成がみられると指摘され、その理論化が試みられてきた。坪内と前田のマレー農村に関する研究から提唱された「家族圏」、水野の東北タイの研究から打ち出された「屋敷地共住集団」はそのような例である［坪内・前田 1977; 水野 1981］。

（5）このような身体の共有の強調は、フィリピンだけでなく東南アジア島嶼部で広く一般にみられる現象である。たとえば、カーステンは、マレーシアのランカウェ島の農漁村において、人びとが出産後に乳児の胎盤を高床式の家屋の下の土に埋める慣習は、母子のつながり、自分のキョウダイとのつながり、さらには自分と家とのつながりを身体の共有という形で示していると論じる。この地域では胎盤は生まれた子の「下のキョウダイ」などとみなされているという［Carsten 1997: 83-85］。

（6）東南アジア島嶼部社会の人類学的研究において、この地域では、生命の授受関係が社会関係の基本的要素になっており、それが先住者の来住者に対する支配を強く指し示す現象や日常表現として表れているとする議論がある［e.g., Fox 1996; 杉島 2002］。本書が記す食の共有と日常的支え合いを重視するバト村の家族・親族間の関係にも、この議論が主張する生命の授受関係が反映しているものとみられる。

（7）ウルポッドのほかに、スペイン語源のパリエンテ *paryente* やパルティド *partido* という語も使われる。

（8）フィリピンにおいて、親族ではない人びとと親密な関係を結ぶ際に親族モデルに準じた儀礼親族制度が用いられる点については、菊地［1980］、ホルンスタイナー［1977］、Hart［1977］ら多くが詳しく論じている。

（9）「妖術」は人間の持っている霊力がその人が意図しなくても他人に災いをもたらすような心理作用を指すのに対し、「邪術」は意図的に相手に危害を加えようとする行いを意味する［メア 1970; エヴァンズ＝プリチャード 2001］。ヒロアンのほかに、サマール島においてしばしば言及される邪術者の呼称に「バランガン *barangan*」もある。バト村などで聞いた情報によると、ヒロアンとバランガンの違いは、相手に危害を加える際に前者が毒を用いるのに対して、後者は毒以外の呪術的方法を用いることだという。

（10）アスワンは、フィリピンの多くの地域で信じられている妖術者の名称である［Lynch 1984b: 175］。サマール・レイテ両島においてはアレンス［Arens 1982: 76-90］がアスワンに関する人びとの語りをまとめている。一方、ヒロアンに関するフィリピンの民族誌的記述は少ない。ビサヤ諸島の研究では川田［2003: 230］が触れている。

（11）ブオット *buot* に関する研究としてはメルカド［Mercado 1974］がある。メルカドは、ビサヤ語系の諸語で使われるブオットは、タガログ語のロオブ loob と同様、内、良心、人間性などを示すとしている（ただし、タガログ語のロオブとは違い、ブオットには地理的な内側という意味はない）。ブオットは、生来の気質というよりも、成長とともに得るものとされる。子どもはブオットがなくても、それはまだ無知だからといわれるが、大人にブオットがない場合は無責任など否定的にとられるという［Mercado 1974: 53-67］。

（12）フィエスタにおける大盤振舞は、バト村だけでなく、フィリピン各地でみられる現象である。この点に関しリンチは、気前良くふるまうことは威信獲得のためだけではなく、リスク回避の手段でもあるとの見解を述べる［Lynch 1984a: 222］。個人で現金を保持しているよりも、たくさんの人にふるまうことで、必要なときに助けてくれる人をつくり出すほうが得策という考えかたである。

第四部　つながりの揺らぎと再編

第七章　都市で暮らす移民の間の「分け与え」と「自立」

（1）たとえば、パリーとブロックは、グローバル市場で行われる貨幣経済とローカルな文化的文脈のなかで行われる交換をつなぐ「接合」（articulation）という概念を論じたが、前提とするのは依然として、貨幣経済と地域の伝統的交換制度という交換に関する二つの枠組みである［Parry and Bloch 1989］。

（2）サマール島内で「男の武器は鉈（*sundang*）、女の武器は陰口」などと言われる。だが、中傷行為に加わるのに男女の差はない。わたし自身が観察した、中傷の対象となった人がその話を広めた張本人を探し出して責める（*sukmat*）場面では、責められている人には男女両方が含まれていた。

（3）「国民的伝統」とは、一九五〇～六〇年代にアテネオ大学のグループが中心となり、それまで明確な伝統がないといわれてきたフィリピンで、独自の伝統を打ち出すために、フィリピン人の間に特徴的とされる民俗概念を抽出し、それらを「原則」としてまとめたものである。これらの「原則」は根拠がはっきりしないうえに、植民地統治者の視点から特徴とみえた概念で静的な印象を与えるなどと批判されたものの、最近に至るまでステレオタイプ化された「フィリピン人の特徴」として筆頭に挙げられるほど強い影響力を及ぼしている［清水 1996］。

第八章 「村」を離れる人びと

（1）実際に、マニラの都市貧困層コミュニティに関する研究によると、このようなコミュニティではフィリピン各地から来た移民が出身地や言語グループごとに固まらずに、混在して暮らす傾向が強いといわれている［e.g., Hollnsteiner 1974-75: 2; 中西 1991: 105-106; Berner 1997: 72-73; Jocano 2002: 29］。

（2）マニラにおいて、階層が異なる集団が行うフィエスタに行かずに、自分たちのフィエスタにこだわることについては、ピンチェスの論文に詳しく書かれている［Pinches 1992］。

（3）事実、マニラのバト村二世が工場労働者やショッピングモールの店員などのサービス労働者として雇われるケースが増えたが、その変化はかれらの階層移動にはつながっていないと思われる。近年の経済のグローバル化の進行によるマニラの貧困層の労働と生活環境の変容を調べた青木によると、これらの職種の多くは非正規雇用で、労働者は短期の雇用契約を反復して業務をこなしている。かれらは、低賃金（最低賃金以下が多い）で手当や保険もなく、そのうえ雇用は安定しない。経済と生活レベルから判断して、かれらは貧困層だと青木は述べる。他方、かつて貧困層と同一視されてきた都市インフォーマル部門で働く人のなかには、事業者として成功し比較的高収入を得るようになった人もいる。そのためインフォーマル部門の上層は必ずしも貧困層とは呼べない状況が起きているという［青木 2013: 21-23, 41-43］。

（4）日本経済新聞によると、フィリピンは二〇一〇年にコールセンター業務の市場規模でインドを抜いたとしている［日本経済新聞 2011］。また、都市別では、マニラ首都圏がインドのバンガロールに次いで世界第二位という報告もある［井出 2017: 37］。フィリピン情報技術ビジネスプロセス協会の統計によれば、二〇一五年のＢＰＯ事業（Business Process Outsourcing、事務処理など顧客企業の業務を請け負う事業）は二〇〇億ドルを超えて国内総生産（ＧＤＰ）の七％に達し、同国の主要産業の一つとなっている。ＢＰＯ事業のうちコールセンター事業は全体の六割強だという［井出 2017: 38］。また、ウォールストリートジャーナル紙によれば、二〇一六年現在、フィリピンのコールセンターでは一二〇万人が働いていたという［Moss 2016］。

（5）これは、アライ・ラカッド Alay Lakad（徒歩の奉納という意味）と呼ばれる、聖週間にフィリピンで行われる有名な苦行の一つである。参加者は、聖木曜日の夕暮れにマニラやその近郊の自分の起点（たとえば自宅）から出発し、夜通し歩き、翌朝にアンティポロ大聖堂に到着する。アンティポロ市の丘陵を、イエス・キリストが十字架に磔にされたとされるゴルゴダの丘に見立て、キリストの受難を追体験するという意味合いがある。

（6）ペンテコステ・カリスマ運動は、霊的賜物（カリスマ）との実際の体験を重視し、その実践を強調するという特徴を持つ。歴史的には二〇世紀初めに米国で始まったとされ、当初はプロテスタント諸派の一つと分類されていたが、その後、カトリックなど他の教派のなかでも起こり始めた［シュー・土戸 2003: 61–65, 73］。フィリピン国内においてペンテコステ・カリスマ運動は一般にボーン・アゲインとして知られ、現在、全国的な広がりをみせているが、国外に在住するフィリピン人の間でもこのような教会に行き始める人が急激に増えている［Wiegele 2004; 細田 2014; McKay 2016］。

（7）4Psとは Pantawid Pamilyang Pilipino Program（フィリピン家族架け橋プログラム）の頭文字を取った呼び名である。フィリピンにおける貧困緩和政策の中心として、二〇〇七年から試験的に始まり、翌年から本格的に導入され、現在に至るまで継続されている。政策の基本は、最貧困家族に対して、子どもを学校に通わせ、定期健康診断等を受けさせることなどを条件に、政府が現金を給付することである。教育面では、子どものいる家族に対し、保育園や学校に通い続けるために必要な経費（文房具や制服，靴などの購入費）として月三〇〇ペソが支給される。詳しくは、社会福祉開発省の4Psのホームページ（http://pantawid.dswd.gov.ph/）や関［2013］を参照。

（8）実際、長期間、国外で働き続けるフィリピン人の間では、別の生活環境や価値観に馴染み始めることで、祖国フィリピンのモラルに違和感を覚えるようになるケースがあると指摘されている［Constable 1997; Aguilar 1999］。

終　章　グローバル化時代における幸運とつながり

（1）興味深い違いとしてほかに、「幸運を探す」という表現は、ワライ、ブトゥアノン、マラナオ、タウスグの間では存在するが、ボントクの間ではあまり聞かれないという違いもあった［石橋ほか 2009］。

（2）ここ数年、アフリカ研究において、移動を「幸運探し」として捉えようとする研究が発表されるようになった［Esson 2015; Gaibazzi 2015; Bredeloup 2017; Hernández-Carretero 2017; Kleist 2017］。ここでそれらの内容を紹介することはできないが、関心のある方は参照されたい。

（3）メリナはマダガスカル島の中部高原に住むオーストロネシア系言語を話す民族である。その祖先はインドネシア方面からインド洋を渡ってきたといわれる。水稲耕作を中心とした農耕が生業の基盤である。メリナの大多数はプロテスタント諸派やカトリックのキリスト教徒だが、外部からは非キリスト教的とされる信仰や慣行が宗派や階層の差を超えて顕著にみられるという［ブロック 1994: 26-27, 70-78; 石川ほか 1994: 770-771］。

（4）ブヌンとツォウはともに、台湾島中部の山岳地帯に住むオーストロネシア系言語を話す民族である。山地で粟を中心とした焼畑農耕、狩猟、漁撈を生業とし、アニミズムを信仰していたが、一九五〇年代を中心にキリスト教に改宗した人が多いという［石垣 2014］。

（5）馬淵は、ブヌンとツォウの間にみられる土地の神霊に関する差異についても言及している。ブヌンの人びとは粟などの植物そのものに霊があるとし、それと直接に取引する。くわえて、土地はあまり神格化されず、出自集団の成員の祝福と呪詛を幸運や不運と結びつけて考える。対して、ツォウの人びとは土地の各所には祖父や老人と呼ばれる神が鎮座していると、「神」という概念をはっきりと用いる。ただし、両民族とも神々の関与と出自集団の成員の関与のどちらが重要かという点についてはあまり気に留めていないという［馬淵 1974a: 209-212］。

（6）その可能性を示唆する資料の一例として、スペイン統治初期にあたる一六〇〇年ごろのフィリピン諸島の状況と布教の様子を綴ったスペイン人司祭のチリノ（一五九〇～一六〇二年の間にフィリピンに滞在）が書いた、当時の人びとの信仰についての記述がある。それによると、チリノら当時のスペイン人司祭と接触したフィリピン諸島の人びとの間では、神性な力を持つとされる人が地域社会のなかにおり、その人物の力は死後も永続し、人びととの守り神のような存在になると信じられていた。そのような祖先の霊が宿るとされる場所や偶像は神聖視され、人びとはこのような場所や偶像に向かって供物を捧げ、祈っていたという［Chirino 1969: 296-298］。

あとがき

本書は、二〇〇七年三月に京都大学大学院アジア・アフリカ地域研究研究科に提出した博士論文「フィリピン・サマール島からの向都移動とその社会文化的側面に関する考察」を、単著として出版するにあたり、大幅に加筆・修正したものである。本書の内容の一部は、既に発表した論文の内容と重なる。

「フィリピンにおける向都移動と開拓移動の比較――サマール島農村部の事例から」『三田学会雑誌』九五（二）：五一～七四（二〇〇二年）〔第二章第三節〕

Connected through "Luck": Samarnon Migrants in Metro Manila and the Home Village. *Philippine Studies*, 56(3): 313-344（二〇〇八年）〔第三章第一節、第四章第二節〕

The Sense of *Pamilya* among Samarnons in the Philippines, in Yoko Hayami, Junko Koizumi, Chalidaporn Songsampan and Ratana Tosakul (eds.), *The Family in Flux in Southeast Asia: Institution, Ideology, Practice*, Kyoto and Chiang Mai: Kyoto University Press and Silkworm Books, pp. 365-386（二〇一二年）〔第六章　第一節ならびに第三節〕

「フィリピンの都市移住者コミュニティでみられる複ゲーム状況」杉島敬志（編）『複ゲーム状況の人類学』風響社、五七～九〇ページ（二〇一四年）〔第七章〕

本書の刊行は、平成三〇年度日本学術振興会・科学研究費補助金（研究成果公開促進費・学術図書）の交付を受けて可能となった。さらに、本書の内容に関係する調査の一部は以下の助成を受けて実施した。まず、二〇〇一～〇三年度にかけての長期滞在は科学研究費特別研究員奨励費「マニラにおける移住者コミュニティの形成と変容：サマール島出身者の生活史から」、二〇〇九～一一年度の追加調査は科学研究費基盤研究（A）「東南アジアにおける複ゲーム状況の人類学的研究」（研究代表者：杉島敬志）である。ここに記して感謝したい。

本書では、調査地の地域的特徴や生活世界といった複数の背景を考慮しながら、文化概念であるサパランとは何かを掘り下げた。サパランは不変な概念ではなく、人びとを取り巻く時代の変化とともに変容するものだが、その部分は不十分な議論しかできなかった点が心残りである。それでも、本書がこの言葉やそれに関連する人びとの行為に注目したことで、今後、フィリピンの人たち、さらには他の国々の人たちの移動現象を考える際の新たな捉えかたや発想に結び付くこととなれば幸いである。そしてまた、目まぐるしくルールやアクターが変わる今日のグローバル化時代に、サパラン的精神なるものが、どのような様相で発現あるいは発展していくのかを今後も観察するのが楽しみだ。

さて、最初にバト村へ行ってから一八年という長い年月が経ったために、本書を刊行するにあたってお世話になった人は数えきれない。本としてまとめるのに時間がかかってしまったことに加え、全員のお名前をこのスペースに書けない非礼をお詫びしつつ、快くご指導・協力してくださったすべての方々に深く感謝をしたい。

二〇〇〇年、バト村の方々は見ず知らずのわたしが申し出た突然の住み込み調査の願いを快諾してくれ、言葉や村の歴史はもちろんのこと、習慣や考えかたから歌や踊りに至るまで、実に多くのことを時間をかけて根気強く教えてくださった。こうした突然の訪問者を温かく迎え入れる態度から、わたしはサマールの人びとが活発に移動する背景の一つを学んだと思う。長期滞在させていただいたMs. Lucia Montuerto一家やMs. Aris Samson一家をはじめ、バト村やマニラのP通り、DT通りで出会った人たちのホスピタリティに深謝する。

サマール島ではさらに、長期にわたってアシスタントを務めてくれたMs. Maribel Delda ならびにMs. Maricel Delda姉妹と、Ms. Liza Legitimasに心から感謝したい。時期はそれぞれ別だが、この三人の優秀な方々が調査に同行し、調査地の人たちとわたしの間の橋渡し役となってくれたことで、詳細かつ多様なデータを得、なおかつ文章としてまとめることができた。Calbayog City Government の職員や市長、特に市内各地の様子に詳しいCity Social Welfare and Development Office の職員の方々には、調査が安全かつスムースにできるように協力いただいた。カルバヨグ市ではMs. Juanita Villas とMs. Marlene Tanとその家族にホストファミリーとなっていただいたおかげで、地域の様々な行事に参加する機会を得て、見識を広めることができた。また、サマール島に関する文献資料が限られているなか、その歴史や文化に関する情報や助言をしてくださったのはMs. Charo Nabong-Cabardo, Dr. Maria Basco Fulgencio, Atty. Eddie Gomezといった島の事情に詳しい方々である。かれらの記憶に敬服する。『フィリピン・幸せの島サマール』の著者の北上田毅さんは、人口流出が著しいことで知られるフィリピンの地方に行きたかったわたしをカルバヨグ市へと導いてくれた人だ。北上田さんとの出会いがなければ、サマール島を舞台としたこの本が出ることはなかっただろう。

一方、マニラでは、客員研究員として在籍したフィリピン大学のThird World Studies Center（ＴＷＳＣ）の研究者の方々やＮＰＯの「ＺＯＴＯ」の職員の方々から協力を得た。わたしの長期調査と同時期にフィリピンで研究・調査をしていた石橋誠さんや木場紗綾さんからは、調査データに関して惜しみない助言と意見交換の機会をいただいた。また、フィリピンでの移民現象に関する幅広い文献資料については、Professor Leslie Bauzon, Professor Filomeno Aguilar, Jr., Professor Cynthia Neri Zayas, Professor Joaquin Gonzalez, III から具体的なご教示いただくことができた。さらにマニラ滞在中には、ホストファミリーあるいは「兄」「姉」として、TWSCのMs. Bienvenida Lacsamana, The Mapa family、以前の職場の日刊マニラ新聞の方々、濱田寛・民子さんご夫妻、小川二美子さん、橋本信彦さん、伊藤徹・由貴子さんご夫妻らから、くつろげる時間・空間とともに、本書で取り上げたトピックに関して、自身の実体験に基づいた意見を聞かせていただく貴重な機会を得た。

京都大学大学院アジア・アフリカ地域研究研究科へ博士論文を提出したときの主指導教官である杉島敬志先生からは、博論執筆ゼミのなかで忍耐強くご指導いただき、その後も出版のための改稿に向けたアドバイスのほか、文化人類学の視点から数多くの貴重なコメントを頂戴した。副指導教官の田中耕司先生と石川登先生、また大学院時代に所属していた講座の教員だった坪内良博先生、玉田芳史先生、速水洋子先生、長津一史先生からは、移民研究に関する幅広い情報のほか、研究会などに参加し視野を広げる機会をいただいた。博士論文の調査委員を務めてくださった伊藤正子先生には、ベトナムの農村社会との比較の視点からサパラランという概念を相対化する意義をご指摘いただいた。

さらに、わたしに地域研究の視点から移民について研究するきっかけをくださった加藤剛先生、フィールドワーカーとしての心構えとその手法を具体的に教えてくださった応地利明先生、フィリピンの歴史、社会、文化についての惜しみない助言を与えてくれたProfessor Patricio N. AbinalesとProfessor Caroline Sy Hau、楽しいフィリピン語の授業を受ける機会とともに、貴重なワライ語のテキストブックもくださった大上正直先生に厚くお礼を申し上げる。フィリピン研究の先輩として長年励まし続けてくれる横山正樹先生、野沢勝美先生、清水展先生、野口尚先生、吉川洋子先生、それからゼミや研究会の場でコメントを聞かせてくれた方々、本書をまとめるにあたりご配慮いただいた京都大学大学院アジア・アフリカ地域研究研究科の同僚の方々に、この場を借りて深謝したい。さらに、マニラのムスリム移住者コミュニティの形成と変容の研究者である渡邉暁子さん、フィリピンの言語が専門の小張順弘さん、一九八〇年代からフィリピンとかかわり続け様々なことに詳しい山田修さんに、本書の草稿に目を通していただいた。それぞれの立場から的確なコメントをくださった三人に心からお礼を申し上げる。もちろん、本書の内容や記述に関する問題の責任はすべて著者にある。

本書の刊行にあたっては、明石書店編集部の兼子千亜紀さんに大変お世話になった。遅々として進まない改稿作業を辛抱強く待ち、かつ常に前向きなエールを送ってくれる兼子さんのサポートがなかったら今回の出版にこぎつけられなかっただろう。また、小山光さんには今回も大変丁寧な編集作業をしていただき、感謝の念に堪えない。

また、いつも外国へ行ってしまうわたしを心配しながらも見守ってくれている両親と妹、そして良き話し相手であり、今回も何度も原稿を読み直してくれた夫の垂水浩幸に心よりありがとうと伝えたい。

最後になるが、本書は、米国に渡った後に急性白血病になり、帰国後も治療を受けられないまま二〇一七年一〇月、ＤＴ通りで三二歳で他界したボンボンこと、Mr. Ricky Layong に捧げる。

Damo nga salamat sa iyo nga tanan!

二〇一八年一〇月

細田尚美

Wiegele, Katharine L.

2004 *Investing in Miracles: El Shaddai and the Transformation of Popular Catholicism in the Philippines*. Honolulu: University of Hawai'i Press.

Wong, Diana

2005 The Rumor of Trafficking: Border Controls, Illegal Migration, and the Sovereignty of the Nation-State. In Willem van Schendel and Itty Abraham (eds.), *Illicit Flows and Criminal Things: States, Borders, and the Other Side of Globalization*, pp. 69-100. Bloomington and Indianapolis: Indiana University Press.

Yean, Soon Chuan

2015 *Tulong: An Articulation of Politics in the Christian Philippines*. Manila: University of Santo Tomas Publishing House.

Zakir, Syaifudin

2017 The Slum Community and Children Street Vendor in Quezon City. Metro Manila: Lesson for Palembang City. *Demography Journal of Sriwijaya*, 1(1): 4-13.

Ulack, Richard

1979 The Philippines: The Impact of Migration on Iligan City, Mindanao. In Robin J. Pryor (ed.), *Migration and Development in South-East Asia: A Demographic Perspective*, pp. 244-250. Kuala Lumpur: Oxford University Press.

梅原弘光

1992 『フィリピンの農村――その構造と変動』. 東京：古今書院.

United Nations

2016 *International Migration Report 2015*. New York: United Nations, Department of Economic and Social Affairs, Population Division.

UST Social Research Center

1992 *Urban Poverty: The Case of the Railway Squatters*. Manila: UST Social Research Center.

Veloro, Carmelita E.

1995 *Pioneering, Livelihood, and Everyday Success in Palawan*. Ph.D. Dissertation, State University of New York at Buffalo.

Vitug, Marites Dañguilan

1993 *The Politics of Logging: Power from the Forest*. Quezon City: Philippine Center for Investigative Journalism.

Wallerstein, Immanuel

1984 *The Politics of the World-Economy: The States, the Movements and the Civilizations*. Cambridge: Cambridge University Press.［邦訳：イマニュエル・ウォーラーステイン；田中治男，伊豫谷登士翁，内藤俊雄（訳）. 1991.『世界経済の政治学――国家・運動・文明』. 東京：同文舘出版.］

渡辺里子

1990 「参加型農村開発で貧困緩和めざすフィリピン――『サマール島開発計画』の現場を訪ねて」『海外農業開発』1990-1994：9-21.

渡邊欣雄

1991 『漢民族の宗教――社会人類学的研究』. 東京：第一書房.

ヴェーバー，マックス；大塚久雄（訳）

1989 『プロテスタンティズムの倫理と資本主義の精神』. 東京：岩波書店.［原書：Max Weber. 1920. Die protestantische Ethik und der ‘Geist’ des Kapitalismus. *Gesammelte Aufsätze zur Religionssoziologie*, Bd 1, SS. 17-206.］

Wernstedt, Frederick L.

1957 *The Role and Importance of Philippine Interisland Shipping and Trade*. Ithaca: Cornell University.

Wernstedt, Frederick L. and J. E. Spencer

1967 *The Philippine Island World: A Physical, Cultural and Regional Geography*. Berkeley and Los Angeles: University of California Press.

102. 京都：京都大学学術出版会.

田和正孝

1997 『漁場利用の生態——文化地理学的考察』. 福岡：九州大学出版会.

Tigno, Jorge

2012 Agency by Proxy: Women and the Human Trafficking Discourse in the Philippines. In Michelle Ford, Lyons Lenore and Willem van Schendel (eds.), *Labor Migration and Human Trafficking in Southeast Asia*, pp. 23-40. Oxford: Routledge.

Tigno, Jorge and Economic Research Center/UST

1988 International Migration from the Philippines. In Helmut Kurth and Ngo Huy Liem (eds.), *Migrant Overseas Workers: New Area of Concern for Labour Unions*, pp. 35-43. Manila: Fredrich Ebert Stiftung and Economic Research Centre, University of the Santo Tomas.

鳥飼行博

1993 「フィリピンのフロンティア開発——パラワン州にみる国内移住と支村の形成」『東南アジア研究』31(3)：255-284.

Tondo, Josefina Socorro Flores

2014 Sacred Enchantment, Transnational Lives, and Diasporic Identity: Filipina Domestic Workers at St. John Catholic Cathedral in Kuala Lumpur. *Philippine Studies*, 64(3-4): 445-470.

Torres-D'Mello, Arlene

2001 *Being Filipino Abroad*. Quezon City: Giraffe Books.

Trager, Lilian

1988 *The City Connection: Migration and Family Interdependence in the Philippines*. Ann Arbor: University of Michigan Press.

Tsubouchi, Yoshihiro

1983 Traditional Migration Patterns in Southeast Asia and Their Survival. *Journal of Population Studies*, 6: 23-30.

坪内良博

1998 『小人口世界の人口誌——東南アジアの風土と社会』京都：京都大学学術出版会.

坪内良博, 前田成文

1977 『核家族再考』. 東京：弘文堂.

鶴見良行

1987 『海道の社会史——東南アジア多島海の人びと』. 東京：朝日新聞社.

内堀基光

1996 『森の食べ方』. 東京：東京大学出版会.

上野加代子

2011 『国境を越えるアジアの家事労働者——女性たちの生活戦略』. 京都：世界思想社.

祖田亮次
2008 「東南アジアの農村－都市間移動再考のための視角――サラワク・イバンの事例から」E-Journal GEO, 3(1)：1-17.

Strathern, Marilyn
1996 Cutting the Network. *The Journal of the Royal Anthropological Institute*, 2(3): 517-535.

ストレンジ，スーザン：小林襄治（訳）
2007 『カジノ資本主義』．東京：岩波書店．［原書：Susan Strange. 1986. *Casino Capitalism*. Oxford: Basil Blackwell.］

杉島敬志
1999 「土地・身体・文化の所有」杉島敬志（編）『土地所有の政治史――人類学的視点』，pp. 11-52．東京：風響社.
2002 「＜研究創案ノート＞リオ語の『ドゥア』は『所有者』か？――『因果的支配』の概念について」『アジア・アフリカ地域研究』2：251-280.
2011 「漱石の『道草』に描かれる複ゲーム状況とその人類学的意義」『神戸文化人類学研究』4：53-66.
2014 「複ゲーム状況への着目――次世代人類学にむけて」杉島敬志（編）『複ゲーム状況の人類学――東南アジアにおける構想と実践』，pp. 9-54．東京：風響社.

Suzuki, Nobue
2005 Tripartite Desires: Filipina-Japanese Marriages and Fantasies of Transnational Traversal. In Nicole Constable (ed.), *Cross-Border Marriages: Gender and Mobility in Transnational Asia*, pp.124-144. Philadelphia: University of Pennsylvania Press.

Tacoli, Cecilia
1996 Migrating 'For the Sake of the Family'?: Gender, Life Course and Intra-Household Relations among Filipino Migrants in Rome. *Philippine Sociological Review*, 44 (1-4): 12-32.

高谷好一
1991 「東南アジアの『フロンティア』」平成２年度科学研究費補助金研究成果報告集「フロンティア空間としての東南アジア」（研究代表者：高谷好一），pp. 33-45.

高谷好一，尾本恵市，三谷恭之
1984 「東南アジアの自然・人種・言語」大林太良（編）『東南アジアの民族と歴史』，pp. 19-78．東京：山川出版社.

玉置泰明
1982 「『フィリピン低地社会』研究序説――社会関係の視点から」『民族學研究』47(3)：265-296.

田中耕司
1999 「東南アジアのフロンティア論に向けて――開拓論からのアプローチ」坪内良博（編）『＜総合的地域研究＞を求めて――東南アジア像を手がかりに』，pp. 76-

Éditions Gallimard.]

佐藤忍

2006 『グローバル化で変わる国際労働市場――ドイツ、日本、フィリピン 外国人労働力の新展開』. 東京：明石書店.

Schrauwers, Albert

1999 Negotiating Parentage: The Political Economy of "Kinship" in Central Sulawesi, Indonesia. *American Ethnologist*, 26(2): 310-323.

関一敏

1995 「われわれのようでないものたち――フィリピン・ビサヤ地方シキホール島の精霊譚をめぐって」『社会人類学年報』22：27-53.

関恒樹

2007 『海域世界の民族誌――フィリピン島嶼部における移動・生業・アイデンティティ』. 京都：世界思想社.

2009 「トランスナショナルな社会空間における差異と共同性――フィリピン人ミドルクラス・アイデンティティに関する考察」『文化人類学』74(3)：390-413.

2013 「スラムの貧困統治にみる包摂と非包摂――フィリピンにおける条件付現金給付の事例から」『アジア経済』54(1): 47-80.

Share and Care Apostolate for Poor Settlers

1983 *Reason to Hope: A Study of Five Urban Poor Communities in Metro Manila*. Manila: Share and Care Apostolate for Poor Settlers.

渋谷努

2005 『国境を越える名誉と家族――フランス在住モロッコ移民をめぐる「多現場」民族誌』. 仙台：東北大学出版会.

清水展

1996 「日本におけるフィリピン・イメージ考」『比較社会文化』2：5-26.

シュー・土戸，ポール

2003 「20 世紀のキリスト教とペンテコステ・カリスマ運動」『日本の神学』43：59-75.

Silvey, Rachel

2007 Mobilizing Piety: Gendered Morality and Indonesian–Saudi Transnational Migration. *Mobilities*, 2(2): 219-229.

Simkins, Paul D. and Frederick L. Wernstedt

1971 *Philippine Migration: The Settlement of the Digos-Parada Valley, Davao Province*. New Haven, Connecticut: Yale University Southeast Asia Studies.

Skeldon, Ronald

2016 Mobility, Immobility and Migration. In Jean Grugel and Daniel Hammett (eds.), *The Palgrave Handbook of International Development*, pp. 349-363. London: Palgrave Macmillan.

Rama, Ciriaco

1953 *Facts and Figures about the Province of Samar*. Catbalogan: Provincial Government.

Retsikas, Konstantinos

2007 Being and Place: Movement, Ancestors, and Personhood in East Java, Indonesia. *Journal of the Royal Anthropological Institute* (N.S.), 13: 969-986.

レイエス，エドガルド M.；寺見元恵（訳）

1981 『マニラ――光る爪』．東京：めこん．［原書：Edgardo M. Reyes. 1967. *Maynila, sa mga Kuko ng Liwanag*. Manila: Liwayway Publishing.］

Robredillo, Lope Coles

1985 Resistance and Assimilation: A History of Dolores (Eastern Samar), 1602-1898. *Leyte-Samar Studies*, 19: 102-147.

Rodriguez, Robyn Magalit

2010 *Migrants for Export: How the Philippine State Brokers Labor to the World*. Minneapolis: University of Minnesota Press.

Rugkåsa, Jorun

1997 Sacrifice and Success: The Meaning of Migration in a Filipino Local Setting. Doctoral dissertation, University of Oslo.

サーリンズ，マーシャル；山本真鳥（訳）

1993 『歴史の島々』．東京：法政大学出版局．［原書：Marshall Sahlins. 1985. *Islands of History*. Chicago: The University of Chicago Press.］

佐久間美穂

2011 「フィリピンにおける地方分権の現状と課題」（国際開発センター自主研究事業）．http://www.idcj.or.jp/pdf/idcjr201003.pdf（アクセス日 2017 年 9 月 4 日）

Samar Provincial Historical Committee (ed.)

1997 *Samar Day*. Catbalogan: Samar Provincial Historical Committee, Samar Provincial Capitol.

Santos, Ricco Alejandro M. and Bonifacio O. Lagos

2004 *The Untold People's History: Samar, Philippines*. Los Angeles: Sidelakes Press.

佐々木高明

1970 『熱帯の焼畑――その文化地理学的比較研究』．東京：古今書院．

Sassen, Saskia

1988 *The Mobility of Labor and Capital: A Study in International Investment and Labor Flow*. Cambridge: Cambridge University Press.［邦訳：サスキア・サッセン；森田桐郎ほか（訳）．1992．『労働と資本の国際移動――世界都市と移民労働者』．東京：岩波書店．］

サルトル，J.P.；鈴木道彦（訳）

2010 『嘔吐　新訳』．京都：人文書院．［原書：Sartre, Jean-Paul. 1938. *La Nausée*. Paris:

1989a Samar: Island in Agony: After Flood, Famine (first of a series). *Philippine Daily Inquirer*, August 21.

1989b Samar: Island in Agony: Famine Blamed on Loggers, Miners (second of a series). *Philippine Daily Inquirer*, August 22.

1989c Samar: Island in Agony: Government Neglect Leads to 'Culture Crisis' (fourth of a series). *Philippine Daily Inquirer*, August 24.

1991 Samar Revisited: Government Losing War Against Poverty? (first of two parts). *Philippine Daily Inquirer*, January 25.

Philippine Mining Journal

1960 A Brief History of Samar Mining Company, Inc. *Philippine Mining Journal*, 2: 12-14.

フィリピン日本人商工会議所

1996 『フィリピン経済の手引き』（改訂版）. Makati：フィリピン日本人商工会議所.

Philippine Overseas Employment Administration (POEA)

2018 Compendium of OFW Statistics (2000-2016). http://www.poea.gov.ph/ofwstat/ofwstat.html（アクセス日：2018 年 4 月 26 日）

Philippine Statistical Authority (PSA)

2013 *Philippine Yearbook: Agriculture and Fisheries 2013*. Quezon City: PSA.

2015a *2015 Census of Population and Housing*. Quezon City: PSA.

2015b *Yearbook of Labor Statistics 2015*. Quezon City: PSA.

2015c *2015 Survey on Overseas Filipinos*. Quezon City: PSA.

2015d *2015 Family Income and Expenditure Survey Final Results*. Quezon City: PSA.

2016 *2016 Philippine Statistical Yearbook*. Quezon City: PSA.

Pinches, Michael

1992 Proletarian Ritual: Class Degradation and the Dialectics of Resistance in Manila. *Pilipinas*, 19: 69-92.

Plameras, O.

1977 *Social, Economic, and Demographic Factors Relating to Interregional Migration Streams in the Philippines: 1960-1970*. Manila: National Census and Statistics Office.

Planning and Statistics Research Office

1967 Economic Report on the Province of Samar. Manila: Presidential Economic Staff, Office of the President.

Polo, Jaime Biron

1988 *Rethinking Philippine Popular Symbols: Moments of Domination and Resistance in the Province of Leyte*. Quezon City: Research Forum.

Rafael, Vicente L.

1988 *Contracting Colonialism: Translation and Christian Conversion in Tagalog Society under Early Spanish Rule*. Ithaca: Cornell University Press.

Okamura, Jonathan

2000 Transnational Migration and the Global Filipino Diaspora. In Ken-ichi Abe and Masako Ishii (eds.), *Population Movement in Southeast Asia: Changing Identities and Strategies for Survival* (JCAS Symposium Series No. 10: Population Movement in the Modern World IV), pp. 107-125. Osaka: The Japan Center for Area Studies, National Museum of Ethnology.

大上正直

1994 『フィリピノ語文法入門』. 東京：白水社.

Olwig, Karen Fog and Kirsten Hastrup (eds.)

1996 *Siting Culture: The Shifting Anthropological Object*. London and New York: Routledge.

Owen, Norman G.

1982 Abaca in Kabikolan: Prosperity without Progress. In Alfred W. McCoy and Ed. C. de Jesus (eds.), *Philippine Social History: Global Trade and Local Transformations*, pp. 191-249. Quezon City: Ateneo de Manila University Press.

1998 Life, Death, and the Sacraments in a Nineteenth-Century Bikol Parish. In Daniel F. Doeppers and Peter Xenos (eds.), *Population and History: The Demographic Origins of the Modern Philippines*, pp. 225-252. Quezon City: Ateneo de Manila University Press.

Parel, Tezza

1989 Island in Agony. *Midweek* 4(42): 12-15.

Parry, Jonathan and Maurice Bloch

1989 Introduction: Money and the Morality of Exchange. In Jonathan Parry and Maurice Bloch (eds.), *Money and the Morality of Exchange*, pp. 1-32, Cambridge: Cambridge University Press.

Paerregaard, Karsten

2008 *Peruvians Dispersed: A Global Ethnography of Migration*. Lanham, MD: Lexington Books.

Peñaranda, Victor

1996 The Betrayal of Maqueda Bay. In Sheila S. Coronel (ed.), *Patrimony: 6 Case Studies on Local Politics and the Environment in the Philippines*, pp. 143-162. Pasig: Philippine Center for Investigative Journalism.

Pernia, Ernesto M.

1976 The Question of Brain Drain from the Philippines. *International Migration Review*, 10(1): 63-72.

Pertierra, Raul (ed.)

1992 *Remittances and Returnees: The Cultural Economy of Migration in Ilocos*. Quezon City: New Day Publishers.

Petilla, Danny

1990　*Philippine Statistical Yearbook 1990*. Manila: NEDA.

2005　*Philippine Statistical Yearbook 2005*. Manila: NEDA.

2010　*Philippine Statistical Yearbook 2010*. Manila: NEDA.

National Economic and Development Authority (NEDA), Regional Office No. VIII, Philippines

2011　*Regional Development Plan 2011-2016*. Palo: NEDA, Regional Office No. VIII.

National Statistical Coordination Board (NSCB)

1995　*Regional Social and Economic Trends, Region VIII (Eastern Visayas) 1995*. Tacloban: Region Ⅷ Branch, NSCB.

1998　*Regional Social and Economic Trends, Region VIII (Eastern Visayas) 1998*. Tacloban: Region Ⅷ Branch, NSCB.

2013　*2012 Full Year Official Poverty Statistics*. Makati: NSCB.

National Statistics Office (NSO)

1989　*1989 Philippine Yearbook*. Manila: NSO.

1995a　*Yearbook of Labor Statistics 1995*. Manila: NSO.

1995b　*1995 Survey on Overseas Filipinos*. Manila: NSO.

1997a　*1997 Family Income and Expenditures Survey*. Manila: NSO.

1997b　*1997 Philippine Yearbook*. Manila: NSO.

2000　*2000 Census of Population and Housing*. Manila: NSO.

2003　*2003 Philippine Yearbook*. Manila: NSO.

2010　*2010 Census of Population and Housing*. Manila: NSO.

Nguiagain, Titus

1986　Trends and Patterns of Internal Migration in the Philippines: 1970-1980. Discussion Paper No. 8606, School of Economics, University of the Philippines. N.p.

日本経済新聞

2011　「フィリピン、世界最大のコールセンターに インド抜く アウトソーシング業務で存在感」（3月7日付）

西村謙一

2009　「フィリピンにおける地方分権化論」『多文化社会と留学生交流：大阪大学留学生センター研究論集』13：31-43.

野沢勝美

1992　「サマール島開発の現状――貧困からの解放への道程」『アジ研ニュース』138：24-27.

1995　「フィリピン」アジア経済研究所（編）『メキシコの通貨危機とアジアへの教訓』, pp. 64-72. 東京：アジア経済研究所.

小ヶ谷千穂

2016　『移動を生きる――フィリピン移住女性と複数のモビリティ』. 東京：有信堂高文社.

水野浩一
1981 『タイ農村の社会組織』. 東京：創文社.
Mondez, Ellen
1988 Samar: The Nightmare Continues. *Justice and Peace Review*, 3(6): 23-28.
森澤恵子
1993 『現代フィリピン経済の構造』. 東京：勁草書房.
Moss, Trefor
2016 Robots on Track to Bump Humans from Call-Center Jobs. *The Wall Street Journal*, June 21.
Mulder, Niels
1997 *Inside Philippine Society: Interpretations of Everyday Life*. Quezon City: New Day Publishers.
Nabong-Cabardo, Rosario
1997 Balangiga! In Samar Provincial Historical Committee (ed.), *Samar Day*, pp. 47-57. Catbalogan: Samar Provincial Historical Committee, Samar Provincial Capitol.
2008 A Pueblo Rises. In Charo Nabong-Cabardo and Rene Nachura (eds.), *Calbayog*, pp. 11-48. Calbayog: Government of Calbayog and Museo de Calbayog.
永野善子
2001 「フィリピンの都市と農村――国内人口移動の動態」大阪市立大学経済研究所（監修）；中西徹, 小玉徹, 新津晃一（編）『アジアの大都市 4　マニラ』, pp. 49-69. 東京：日本評論社.
長坂格
2009 『国境を越えるフィリピン村人の民族誌――トランスナショナリズムの人類学』. 東京：明石書店.
永田貴聖
2011 『トランスナショナル・フィリピン人の民族誌』. 京都：ナカニシヤ出版.
長津一史
2001 「海と国境――移動を生きるサマ人の世界」尾本惠市, 濱下武志, 村井吉敬（編）『海のアジア 3　島とひとのダイナミズム』, pp. 173-202. 東京：岩波書店.
中西徹
1991 『スラムの経済学――フィリピンにおける都市インフォーマル部門』. 東京：東京大学出版会.
ナクピル, カルメン・ゲレロ
1977 「論評」メアリー・ラセリス・ホルンスタイナー（編）；山本まつよ（訳）『フィリピンのこころ』, pp. 176-181. 東京：めこん.
National Economic and Development Authority (NEDA), Philippines
1974 *Philippine Statistical Yearbook*. Manila: NEDA.

2003 『「滞日」互助網——折りたたみ椅子の共同体』．東京：フリープレス．
松村圭一郎
2008 『所有と分配の人類学——エチオピア農村社会の土地と富をめぐる力学』．京都：世界思想社．
McIntyre, Michael Perry
1951 Leyte and Samar: A Geographic Analysis of the Rural Economies of the Eastern Visayans. Ph.D. Dissertation, The Ohio State University.
McKay, Deirdre
2007 'Sending Dollars Shows Feeling': Emotions and Economies in Filipino Migration. *Mobilities*, 2(2): 175–194.
2012 *Global Filipinos: Migrants' Lives in the Virtual Village*. Bloomington and Indianapolis: Indiana University Press.
2016 *An Archipelago of Care: Filipino Migrants and Global Networks*. Bloomington and Indianapolis: Indiana University Press.
McKay, Steven
2011 *Re-Masculinizing the Hero: Filipino Migrant Men and Gender Privilege* (Asia Research Institute Working Paper Series, No. 172). Singapore: Asia Research Institute, National University of Singapore.
Medina, Belen T.G.
2015 *The Filipino Family* (3rd edition). Quezon City: University of the Philippines Press.
Mendez, Paz Policarpio and F. Landa Jocano
1974 *The Filipino Family in its Rural and Urban Orientation: Two Case Studies in Culture and Education*. Manila: Centro Escolar University Research and Development Center.
Mendoza-Pascual, Elvira
1966 *Population Redistribution in the Philippines*. Quezon City: Population Institute, University of the Philippines.
Mendoza, Rene. E.
1981 Aspiration and Opportunities: Differences between Filipinos Who Leave and Who Stay. Paper prepared for the 1981 International Population Conference of the International Union for the Scientific Study of Population, Manila, December 9-16.
Mercado, Leonardo N.
1974 *Elements of Filipino Philosophy*. Tacloban: Divine Word University Publications.
1975 *Elements of Filipino Theology*. Tacloban: Divine Word University Publications.
2000 *Filipino Thought*. Manila: Logos Publications.
宮崎広和
2008 「トレーダーと希望——投機から裁定へ」春日直樹（編）『人類学で世界をみる——医療・生活・政治・経済』，pp. 281-298．京都：ミネルヴァ書房．

Michigan.

馬淵東一

1974a「中部台湾および東南アジアにおける呪術的・宗教的土地所有権」『馬淵東一著作集〈第 2 巻〉』, pp. 201-244. 東京：社会思想社.

1974b「インドネシア農耕民と土地」『馬淵東一著作集〈第 2 巻〉』, pp. 7-28. 東京：社会思想社.

Macdonald, Charles

2011 A Theoretical Overview of Anarchic Solidarity. In Thomas Gibson and Kenneth Sillander (eds.), *Anarchic Solidarity: Autonomy, Equality, and Fellowship in Southeast Asia*, pp. 17-39. New Haven: Yale University Southeast Asian Studies.

前田成文

1991 「東南アジア・フロンティア論をめぐって」平成 2 年度科学研究費補助金研究成果報告集「フロンティア空間としての東南アジア」（研究代表者：高谷好一）, pp. 1-20.

メア, ルーシー；馬淵東一, 喜多村正（訳）

1970 『妖術——紛争・疑惑・呪詛の世界』. 東京：平凡社. ［原書：Lucy Mair. 1969. *Witchcraft*. New York: McGraw-Hill.］

Mallat, Jean; Pula Santillan-Castrence (trans.)

1983 *The Philippines: History, Geography, Customs, Agriculture, Industry and Commerce of the Spanish Colonies in Oceania*. Manila: National Historical Institute. (原書：Jean Mallat. 1846. *Les Philippines: Histoire, Geographie, Moeurs, Agriculture, Industrie, Commerce des Colonies Espagnoles dans L'Oceanie*. Paris: Arthus Bertrand, Editeur.)

Margold, Jane A.

2002 Narratives of Masculinity and Transnational Migration: Filipino Workers in the Middle East. In Filomeno V. Aguilar, Jr. (ed.), *At Home in the World?: Filipinos in Global Migrations*, pp. 209-236. Quezon City: Philippine Migration Research Network and Philippine Social Science Council.

Massey, Douglas, Rafael Alarcon, Jorge Durand and Humberto Gonzalez

1987 *Return to Aztlan: The Social Process of International Migration from Western Mexico*. Berkeley, Los Angeles and London: University of California Press.

Massey, Douglas S., Joaquin Arango, Graeme Hugo, Ali Kouaouci, Adela Pellegrino and J. Edward Taylor

1993 Theories of International Migration: A Review and Appraisal. *Population and Development Review*, 19(3): 431-466.

1994 An Evaluation of International Migration Theory: The North American Case. *Population and Development Review*, 20(4): 699-751.

マテオ, C. イバーラ；北村正之（訳）

Laquian, Aprodicio A.

1969 *Slums are for People: The Barrio Magsaysay Pilot Project in Philippine Urban Community Development*. Honolulu: East-West Center Press.

Lauby, Jennifer Lynn

1987 The Migration of a Daughter as a Family Strategy: Effects on the Occupations and Marital Experience of Women in the Philippines. Ph.D. Dissertation, Harvard University.

Lauser, Andrea

2006 Philippine Women on the Move: A Transnational Perspective on Marriage Migration. *Internationales Asienforum / International Quarterly for Asian Studies*, 37(3-4): 321-337.

Liebelt, Claudia

2011 *Caring for the 'Holy Land': Filipina Domestic Workers in Israel*. New York: Berghahn Books.

Lindquist, Johan A.

2009 *The Anxieties of Mobility: Migration and Tourism in the Indonesian Borderlands*. Honolulu: University of Hawai'i Press.

Lumayag, Linda Alfarero

2006 A Lonely Journey: Struggles of Filipino Domestic Worker in Malaysia. In Jamilah Othman, Rahim M. Sail and Aminah Ahmad (eds.), *Women and Peace: Issues, Strategies and Challenges*, pp. 140-169. Selangor: Institute for Community and Peace Studies and Women's Studies Unit.

リンチ，フランク

1977 「フィリピンのフォーク・カトリシズム」メアリー・ラセリス・ホルンスタイナー（編）；山本まつよ（訳）『フィリピンのこころ』，pp. 131-152. 東京：めこん．［原文：Frank Lynch. 1975. Folk Catholicism in the Philippines. In Mary Racelis Hollnsteiner, with Maria Elena B. Chiong, Anicia S. Paglinauan and Nora S. Villanueva (eds.), *Society, Culture, and the Filipino*, pp. 227-238. Quezon City: Ateneo de Manila University Press.］

Lynch, Frank

1984a Town Fiesta: An Anthropologist's View. In Aram A. Yengoyan and Perla Q. Makil (eds.), *Philippine Society and the Individual: Selected Essays of Frank Lynch, 1949-1976*, pp. 209-223. Ann Arbor: Center for South and Southeast Asian Studies, the University of Michigan.

1984b An Mga Aswang: A Bicol Belief. In Aram A. Yengoyan and Perla Q. Makil (eds.), *Philippine Society and the Individual: Selected Essays of Frank Lynch, 1949-1976*, pp. 175-196. Ann Arbor: Center for South and Southeast Asian Studies, University of

類大移動』, pp. 41-45. 京都：昭和堂.

北上田毅

1999 『フィリピン・幸せの島サマール——ある民際協力の試み』. 東京：明石書店.

Kleist, Nauja

2017 Introduction: Studying Hope and Uncertainty in African Migration. In Nauja Kleist and Dorte Thorsen (eds.), *Hope and Uncertainty in Contemporary African Migration*, pp. 1-20. New York and London: Routledge.

Kobak, Cantius J.

1979 Historical Survey of Palapag, Samar, and the Sumoroy Rebellion of 1649. In Ma. Luz C. Vilches (ed.), *Readings in Leyte-Samar History*, pp. 30-75. Tacloban: Divine Word University Publications.

Kobak, Cantius J. and Lucio Gutierrez

2002 *History of the Bisayan People in the Philippine Islands* (Vol. I). Manila: University of Santo Tomas Publishing House.

小林孝広

2004 「リスクと生活保全の人類学的研究——フィリピン・パナイ島汽水域住民の実例」早稲田大学大学院人間科学研究科博士学位論文.

2009 「地方の居住問題に見る憐みのディスカルテ——フィリピン・ビサヤ地方・イビサン町の事例から」『生活學論叢』 15：42-55.

国際協力銀行

2001 「事業事前評価表（フィリピン・カトゥビッグ農業総合開発事業）」. http://www.jbic.go.jp/autocontents/japanese/news/2001/000034/nr06d_2.html（アクセス日 2006 年 10 月 17 日）

国際協力事業団

1990 「フィリピン共和国西サマール農村総合開発計画基本設計調査報告書」.

国際協力機構

2000 「マニラ地区洪水制御排水事業（Ⅱ）事後評価」. https://www2.jica.go.jp/ja/evaluation/pdf/2000_PH-P79_4_f.pdf（アクセス日 2018 年 7 月 8 日）

コンスタンティーノ, レナト；池端雪浦, 永野善子（訳）

1978 『フィリピン民衆の歴史Ⅰ』. 東京：井村文化事業社. ［原書：Renato Constantino. 1975. *The Philippines: A Past Revisited*. Quezon City: Renato Constantino.］

Lamvik, Gunnar M.

2002 The Filipino Seafarer: A Life between Sacrifice and Shopping. Doctoral thesis, Norwegian University of Science and Technology.

Lan, Pei-Chia

2006 *Global Cinderellas: Migrant Domestics and Newly Rich Employers in Taiwan*. Durham: Duke University Press.

1998 *Filipino Social Organization: Traditional Kinship and Family Organization*. Quezon City: Punlad Research House.

2002 *Slam as a Way of Life: A Study of Coping Behavior in an Urban Environment*. Quezon City: Punlad Research House.

Kandel, William and Douglas S. Massey

2002 The Culture of Mexican Migration: A Theoretical and Empirical Analysis. *Social Forces*, 80(3): 981-1004.

春日直樹

2008 「この本を読む人のために」春日直樹（編）『人類学で世界をみる――医療・生活・政治・経済』, pp. i-xvii. 京都：ミネルヴァ書房.

Kato, Tsuyoshi

1982 *Matriliny and Migration: Evolving Minangkabau Traditions in Indonesia*. Ithaca and London: Cornell University Press.

川田順造

2001 「"人間中心の経済"を取り戻すために」川田順造（編）『文化としての経済』, pp. i-iv. 東京：山川出版社.

川田牧人

2003 『祈りと祀りの日常知――フィリピン・ビサヤ地方バンタヤン島民族誌』. 福岡：九州大学出版会.

Kearney, Michael

1986 From the Invisible Hand to Visible Feet: Anthropological Studies of Migration and Development. *Annual Review of Anthropology*, 15: 331-61.

Kedit, Peter M.

1993 *Iban Bejalai*. Kuala Lumpur: Ampang Press.

キージング, R. M.；小川正恭, 笠原政治, 河合利光（訳）

1982 『親族集団と社会構造』. 東京：未来社. ［原書：Roger M. Keesing. 1975. *Kin Groups and Social Structure*. New York: Holt, Rinehart and Winston.］

Kerkvliet, Benedict J. Tria

1991 *Everyday Politics in the Philippines: Class and Status Relations in a Central Luzon Village*. Quezon City: New Day Publishers.

菊地京子

1989 「フィリピンの家族・親族」北原淳（編）『東南アジアの社会学――家族・農村・都市』, pp. 76-97. 京都：世界思想社.

菊地靖

1980 『フィリピンの社会人類学――双系制社会をめぐる諸問題』. 東京：敬文堂.

菊澤律子

2007 「オーストロネシア語族の広がり」国立民族学博物館（編）『オセアニア　海の人

井出穣治
2017 『フィリピン――急成長する若き「大国」』．東京：中央公論新社．
池端雪浦
1987 『フィリピン革命とカトリシズム』．東京：勁草書房．
池端雪浦（編）
1999 『東南アジア史２　島嶼部』．東京：山川出版社．
イレート，レイナルド・C．；清水展，永野善子（監修）；川田牧人，宮脇聡史，高野邦夫（訳）
2005 『キリスト受難詩と革命――1840-1910 年のフィリピン民衆運動』．東京：法政大学出版局．［原書：Reynaldo Clemena Ileto. 1979. *Pasyon and Revolution: Popular Movements in the Philippines, 1840-1910*. Quezon City: Ateneo de Manila Press.］
Illo, Jeanne Frances I. and Jaime B. Polo
1990 *Fishers, Traders, Farmers, Wives: The Life Stories of Ten Women in a Fishing Village*. Quezon City: Institute of Philippine Culture, Ateneo de Manila University.
International Organization for Migration (IOM) and Scalabrini Migration Center (SMC)
2013 *Country Migration Report: The Philippines*. Makati: IOM and SMC.
石橋誠，小張順弘，渡邉暁子，細田尚美
2009 『可能性としてのハイパー・モビリティ――生存基盤持続型社会の潜在力の表現としての人の移動に関する広域比較研究・序説』（Kyoto Working Papers on Area Studies, No. 22)．京都：京都大学東南アジア研究所．
石垣直
2014 「土地をめぐる複ゲーム状況――台湾・ブヌン社会の事例から」杉島敬志（編）『複ゲーム状況の人類学――東南アジアにおける構想と実践』，pp. 267-299．東京：風響社．
石井米雄（監修）；鈴木靜夫，早瀬晋三（編）
1992 『フィリピンの事典』．京都：同朋舎出版．
石川栄吉，大林太良，佐々木高明，梅棹忠夫，蒲生正男，祖父江孝男（編）
1994 『文化人類学事典』．東京：弘文堂．
伊豫谷登士翁
2002 『グローバリゼーションとは何か――液状化する世界を読み解く』．東京：平凡社．
Janowski, Monica
1995 The Hearth-Group, the Conjugal Couple and the Symbolism of the Rice Meal among the Kelabit of Sarawak. In Janet Carsten and Stephan Hugh-Jones (eds.), *About the House: Lévi-Strauss and Beyond*, pp. 84-104. Cambridge: Cambridge University Press.
2007 Introduction. In Monica Janowski and Fiona Kerlogue (eds.), *Kinship and Food in South East Asia*, pp. 1-17. Copenhagen: NIAS Press.
Jocano, F. Landa

1974-75 Metamorphosis: From Tondo Squatter to Tondo Settler. *NEDA Journal of Development*, 1-2: 249-260. (Page numbers are from IPC Reprint No. 8, Institute of Philippine Culture, Ateneo de Manila University.)

ホルンスタイナー，メアリー・ラセリス

1977 「タガログの社会組織」メアリー・ラセリス・ホルンスタイナー（編）；山本まつよ（訳）『フィリピンのこころ』，pp. 55-78．東京：めこん．［原文：Mary Racelis Hollnsteiner. 1967. Tagalog Social Organization. In Antonio G. Mammuud (ed.), *Brown Heritage: Essays on Philippine Cultural Tradition and Literature*, pp. 134-148. Quezon City: Ateneo de Manila University Press.］

本多勝一

1987 「サマール島――フィリピンの現在③」『朝日新聞』（夕），3 月 25 日．

Hornedo, Florentino H.

2000 *Culture and Community in the Philippine Fiesta and other Celebrations*. Manila: University of Santo Tomas Publishing House.

細田尚美

2005 「おかずはな～に？――フィリピン・サマール島の海辺から」『アジア・アフリカ地域研究』4(2)：271-277.

2011 「海外就労先を開拓し続けるフィリピン」安里和晃（編）『労働鎖国ニッポンの崩壊――人口減少社会の担い手はだれか』，pp. 179-194．東京：ダイヤモンド社.

2014 「UAE 在住フィリピン人の生存戦略とコミュニティの多様性」細田尚美（編）『湾岸アラブ諸国の移民労働者――「多外国人国家」の出現と生活実態』，pp. 162-184．東京：明石書店.

2016 「海外就労」大野拓司，鈴木伸隆，日下渉（編）『フィリピンを知るための 64 章』，pp. 40-45．東京：明石書店.

Hosoda, Naomi

2007 *The Social Process of Internal Migration in the Philippines: A Case of Visayan Migrants in Manila* (Afrasian Working Paper Series, No. 26). Shiga: Afrasian Centre for Peace and Development Studies, Ryukoku University.

Hosoda, Naomi and Akiko Watanabe

2014 Creating a 'New Home' Away from Home: Religious Conversions of Filipina Domestic Workers in Dubai and Doha. In Bina Fernandez and Marina de Regt (eds.), *Migrant Domestic Workers in the Middle East*, pp. 117-139. New York: Palgrave Macmillan.

Ibarra, Teresita E.

1979 Women Migrants: Focus on Domestic Helpers. *Philippine Sociological Review*, 27(2): 77-92.

市川誠

1989 「フィリピンの基礎共同体」『比較教育学』15：169-179.

1995 From Immigrant to Transmigrant: Theorizing Transnational Migration. *Anthropological Quarterly*, 68(1): 48-63.

Gonzalez, Joaquin, III

1998 *Philippine Labour Migration: Critical Dimensions of Public Policy*. Singapore: Institute of Southeast Asian Studies.

2009 *Filipino American Faith in Action: Immigration, Religion, and Civic Engagement*. New York: New York University Press.

Gregg, Judith

1990 People, Participation and Politics: An Analysis of the Northern Samar Integrated Rural Development Project. M. A. Thesis, Cornell University.

Guevarra, Anna Romina

2010 *Marketing Dreams, Manufacturing Heroes: The Transnational Labor Brokering of Filipino Workers*. New Brunswick, N.J.: Rutgers University Press.

Gupta, Akhil and James Ferguson (eds.)

1997 *Culture, Power, Place: Explorations in Critical Anthropology*. Durham: Duke University Press.

Hart, Donn V.

1954 Preliminary Notes on the Rural Philippine Fiesta Complex (Negros Oriental Province). *Silliman Journal*, 1(2): 25-40.

1977 *Compadrinazgo: Ritual Kinship in the Philippines*. De Kalb: Northern Illinois University Press.

ヘルド，デヴィッド＆アントニー・マッグルー；中谷義和，柳原克行（訳）

2003 『グローバル化と反グローバル化』．東京：日本経済評論社．［原書：David Held and Anthony McGrew. 2002. *Globalization / Anti-Globalization*. Cambridge and Oxford: Polity.］

Hernández-Carretero, María

2017 Hope and Uncertainty in Senegalese Migration to Spain: Taking Chances on Emigration but Not Upon Return. In Nauja Kleist and Dorte Thorsen (eds.), *Hope and Uncertainty in Contemporary African Migration*, pp. 113-133. New York and London: Palgrave.

Herrin, Alejandro N.

1985 Migration and Agricultural Development in the Philippines. In Philip M. Hauser, Daniel B. Suits and Naohiro Ogawa (eds.), *Urbanization and Migration in Asian Development*, pp. 369-391. Tokyo: National Institute for Research Advancement.

広井良典，浅見靖仁，野澤勝美，武田良久

2003 「アジアの SSN 整備の現状」国際協力機構（編）『途上国のソーシャル・セーフティ・ネットの確立に向けて』，pp. 12-62．東京：国際協力機構．

Hollnsteiner, Mary Racelis

Fajardo, Kale Bantigue

2011 *Filipino Crosscurrents: Oceanographies of Seafaring, Masculinities, and Globalization.* Minneapolis: University of Minnesota Press.

Findley, Sally E.

1987 *Rural Development and Migration: A Study of Family Choices in the Philippines.* Boulder and London: Westview Press.

Flieger, Wilhelm, Brigida Koppin and Carmencita Lim

1976 *Geographical Patterns of Internal Migration in the Philippines: 1960-1970.* Manila: National Census and Statistic Office, National Economic and Development Authority.

Fox, James J.

1996 Introduction. In James J. Fox and Clifford Sather (eds.), *Origin, Ancestry and Alliance: Explorations in Austronesian Ethnography*, pp. 1-17. Canberra: Department of Anthropology, Research School of Pacific and Asian Studies, Australian National University.

Frank, Andre Gunder

1969 *Capitalism and Underdevelopment in Latin America: Historical Studies of Chile and Brazil.* New York: Monthly Review Press.

Fulgencio, Maria Basco

2014 *Las Canciones de Mi Vida (The Songs of My Life).* Makati: Lodestar Press.

Gaibazzi, Paolo

2015 The Quest for Luck: Fate, Fortune, Work and the Unexpected among Gambian Soninke Hustlers. *Critical African Studies*, 7(3): 227-242.

Gallos, Julieta G.

1991 The Poverty of Samar: Samareños Are Leaving their Island at Record Rates. *Midweek*, 6(37): 22-23.

Geertz, Hildred and Clifford Geertz

1964 Teknonymy in Bali: Parenthood, Age-Grading and Genealogical Amnesia. *The Journal of the Royal Anthropological Institute of Great Britain and Ireland*, 94 (2): 94-108.

Gibson, Thomas and Kenneth Sillander

2011 Introduction. In Thomas Gibson and Kenneth Sillander (eds.), *Anarchic Solidarity: Autonomy, Equality, and Fellowship in Southeast Asia*, pp. 1-16. New Haven: Yale University Southeast Asian Studies.

Glick-Schiller, Nina, Linda Basch and Cristina Blanc-Szanton

1992 Transnationalism: A New Analytic Framework for Understanding Migration. In Nina Glick-Schiller, Linda Basch and Cristina Blanc-Szanton (eds.), *Towards Transnational Perspective on Migration: Race, Class, Ethnicity, and Nationalism Reconsidered*, pp. 1-24. New York: New York Academy of Sciences.

Structure. In Daniel F. Doeppers and Peter Xenos (eds.), *Population and History: The Demographic Origins of the Modern Philippines*, pp. 139-179. Quezon City: Ateneo de Manila University Press.

Doeppers, Daniel F. and Peter Xenos

1998 A Demographic Frame for Philippine History. In Daniel F. Doeppers and Peter Xenos (eds.), *Population and History: The Demographic Origins of the Modern Philippines*, pp. 3-16. Quezon City: Ateneo de Manila University Press.

Dumont, Jean-Paul

1992 *Visayan Vignettes: Ethnographic Traces of a Philippine Island*. Chicago: University of Chicago Press.

Eder, James F.

1999 *A Generation Later: Household Strategies and Economic Change in the Rural Philippines*. Honolulu: University of Hawai'i Press.

Eder, James F. and Janet O. Fernandez

1990 Immigrants and Emigrants in a Frontier Philippine Farming Community 1971-1988. In Robert Reed (ed.), *Patterns of Migration in Southeast Asia*, pp. 93-121. Berkeley: Center for South and Southeast Asia Studies, University of California at Berkeley.

English, Leo James

1986 *Tagalog-English Dictionary*. Mandaluyong: National Bookstore.

Esson, James

2015 You Have to Try Your Luck: Male Ghanaian Youth and the Uncertainty of Football Migration. *Environment and Planning A*, 47: 1383-1397.

Esteban, Rolando C.

2015 Thinking about Aging: Experience, Identity and Meaning among an Elderly Population in the Philippines. *Advances in Aging Research*, 4: 133-153.

エヴァンズ＝プリチャード，E.E.；向井元子（訳）

2001 『アザンデ人の世界――妖術・託宣・呪術』．東京：みすず書房．［原書：E.E. Evans-Pritchard. 1937. *Witchcraft, Oracles and Magic among the Azande*. Oxford: the Clarendon Press.］

Eviota, Elizabeth U. and Peter C. Smith

1984 The Migration of Women in the Philippines. In James T. Fawcett, Siew-Ean Khoo and Peter Smith (eds.), *Women in the Cities of Asia: Migration and Urban Adaptation*, pp.165-190. Boulder, Colorado: Westview Press.

Faist, Thomas

1997 The Crucial Meso-Level. In Tomas Hammar, Grete Brochmann, Kristof Tamas and Thomas Faist (eds.), *International Migration, Immobility and Development: Multidisciplinary Perspectives*, pp. 187-217. Oxford: Berg.

1999 Beyond Manila: Walls, Malls, and Private Spaces. *Environment and Planning A*, 31(3): 417-439.

Constable, Nicole

1997 *Maid to Order in Hong Kong: Stories of Filipina Workers*. Ithaca: Cornell University Press.

1999 At Home but Not at Home: Filipina Narratives of Ambivalent Returns. *Cultural Anthropology*, 14(2): 203-222.

2003 *Romance on a Global Stage: Pen Pals, Virtual Ethnography, and "Mail-Order" Marriages*. Berkley: University of California Press.

Corsin-Jimenez, Alberto

2003 On Space as Capacity. *Journal of Royal Anthropological Institute* (N.S.), 9: 137-153.

Cramer, Stefan and Erika Hauff-Cramer

1991 Samar: Development Issues and Analysis. N.p.

Cruikshank, Bruce

1985 *Samar: 1768-1898*. Manila: Historical Conservation Society.

Dacuycuy, Auxencio C.

1997 The Search for Samar Day. In Samar Provincial Historical Committee (ed.), *Samar Day*, pp. 14-29. Catbalogan: Provincial Historical Committee, Samar Provincial Capitol.

De Guzman, Odine

2012 Families in Transition: Gender, Migration, and the Romance of the "Filipino Family". In Yoko Hayami, Junko Koizumi, Chalidaporn Songsamphan and Ratana Tosakul (eds.), *The Family in Flux in Southeast Asia: Institution, Ideology, Practice*, pp. 387-410. Kyoto: Kyoto University Press and Chiang Mai: Silkworm Books.

デ・ラ・コスタ，ホラシオ

1977 「フィリピンの国民的伝統」メアリー・ラセリス・ホルンスタイナー（編）；山本まつよ（訳）『フィリピンのこころ』，pp. 153-175. 東京：めこん．［原文：Horacio de la Costa, S. J. 1971. The Filipino Tradition. In Raul J. Bonoan, S. J. (ed.), *Challenges for Filipinos: Lenten Lectures 1971*, pp. 42-66. Quezon City: Ateneo Publication Office, Ateneo de Manila University.］

Del Rosario, Teresita, C.

2008 Bridal Diaspora: Migration and Marriage among Filipino Women. In Rajni Palriwala and Patricia R. Uberoi (eds.), *Marriage, Migration and Gender*, pp. 78-97. New Delhi: SAGE Publications.

Department of Interior and Local Government (DILG), Calbayog Office

1998 Barangay Profile 1998. N.p.

Doeppers, Daniel F.

1998 Migration to Manila: Changing Gender Representation, Migration Field, and Urban

Castillo, Gelia T.

1979 *Beyond Manila: Philippine Rural Problems in Perspective.* Ottawa: International Development Research Centre.

カースルズ，S. & M. J. ミラー；関根政美，関根薫（監訳）

2011 『国際移民の時代』（第 4 版）．名古屋：名古屋大学出版会．［原書：Stephen Castles and Mark J. Miller. 2009. *The Age of Migration: International Population Movements in the Modern World* (4th edition). Hampshire: Palgrave Macmillan.］

Center for the Relief and Rehabilitation of Samar

1993 *Prevailing over Disasters*. Calbayog: Center for the Relief and Rehabilitation of Samar, Inc.

Chaput, Donald

1979 Samar in World War II. In Ma. Luz C. Vilches (ed.), *Readings in Leyte-Samar History*, pp. 308-323. Tacloban: Divine Word University Publications.

1981 Samar Iron Mining Beginnings. *Leyte-Samar Studies*, 15: 185-192.

Chirino, Pedro, S.J.; Ramon Echevarria (trans.)

1969 *The Philippines in 1600*. Manila: Historical Conservation Society. (Original Spanish text entitled "Relación de las Islas Filipinas" (1604) from Oficina de Education Ibero-Americana of Madrid.)

City Government of Calbayog and Museo de Calbayog

2008 *Calbayog*. Calbayog: City Government of Calbayog and Museo de Calbayog.

City Mayor's Office, Calbayog City

2003 *Calbayog City's Comprehensive Development Master Plan 2003-2023*. Calbayog: City Mayor's Office, Calbayog City.

City Planning and Development Office (CPDO), Calbayog City.

1994 *Barangay Socio-Economic Profiles 1994*. Calbayog: CPDO, Calbayog City.

Cohen, Robin

1987 *The New Helots: Migrants in the International Division of Labour*. Hants and Vermont: Gower Publishing Co.［邦訳：ロビン・コーエン；清水知久（訳）．1989.『労働力の国際的移動――奴隷化に抵抗する移民労働者』．東京：明石書店．］

Comaroff, John L. and Jean Comaroff

2001 Millennial Capitalism: First Thoughts on a Second Coming. In Jean Comaroff and John L. Comaroff (eds.), *Millennial Capitalism and the Culture of Neoliberalism*, pp. 1-56. Durham: Duke University Press.

Concepcion, Mercedes B. and Peter C. Smith

1977 *The Demographic Situation in the Philippines: An Assessment in 1977* (Paper of the East-West Center, Population Institute, No. 44). Honolulu: East-West Center.

Connell, John

2008 Introduction. In Caroline B. Brettell and James F. Hollifield (eds.), *Migration Theory: Talking across Disciplines* (2nd edition), pp. 1-29. New York and London: Routledge.

Bronson, Bennet

1977 Exchange at the Upstream and Downstream Ends: Notes toward a Functional Model of the Coastal State in Southeast Asia. In Karl L. Hutterer (ed.), *Economic Exchange and Social Interaction in Southeast Asia: Perspectives from Prehistory, History and Ethnography*, pp. 39-52. Ann Arbor: Center for South and Southeast Asian Studies, The University of Michigan.

Bureau of Agricultural Statistics (BAS)

1994 *1991 Census of Agriculture: Eastern Visayas Region* (Vol. 1 Final Report). Quezon City: BAS, Department of Agriculture.

Bureau of Fisheries and Aquatic Resources (BFAR)

2000 *Philippine Fisheries Profile 1999*. Quezon City: BFAR, Department of Agriculture.

2001 *Philippine Fisheries Profile 2000*. Quezon City: BFAR, Department of Agriculture.

Cannell, Fenella

1995 The Imitation of Christ in Bicol, Philippines. *The Journal of the Royal Anthropological Institute*, 1(2): 377-394.

1999 *Power and Intimacy in the Christian Philippines*. Quezon City: Ateneo de Manila University Press.

Caoili, Manuel A.

1999 *The Origins of Metropolitan Manila: A Political and Social Analysis*. Quezon City: University of the Philippines Press.

Cariño, Benjamin V.

1973 *Socioeconomic Determinants of Internal Migration in the Philippines* (Preliminary Report of the Cooperative Regional Research). Quezon City: NDRC, University of the Philippines.

Cariño, Benjamin V. and Ledivina V. Cariño

1976 *Principal Factors Influencing Migration: An Analysis of Individuals and Households in Bicol* (Vol. I-Vol. IV). Makati: Population Center Foundation.

Carsten, Janet

1995 The Politics of Forgetting: Migration, Kinship and Memory on the Periphery of the Southeast Asian State. *Journal of the Royal Anthropological Institute* 1(2): 317-335.

1997 *The Heat of the Hearth: The Process of Kinship in a Malay Fishing Community*. Oxford: Oxford University Press.

2000 Introduction. In Janet Carsten (ed.), *Cultures of Relatedness: New Approaches to the Study of Kinship*, pp. 1-36. Cambridge: Cambridge University Press.

2004 *After Kinship*. Cambridge: Cambridge University Press.

Barandino, Patrio, Jr. and Pio Santos

2008 Origins of Calbayog. In Charo Nabong-Cabardo and Rene Nachura (eds.), *Calbayog*, pp. 1-10. Calbayog: Government of Calbayog and Museo de Calbayog.

Basch, Linda, Nina Glick Schiller and Cristina Szanton Blanc

1994 *Nations Unbound: Transnational Projects, Postcolonial Predicaments and Deterritorialized Nation-States*. Langhorne, Pa.: Gordon and Breach.

Battistella, Graziano and Maruja M. B. Asis

2003 Irregular Migration: The Underside of the Global Migrations of Filipino. In Graziano Battistella and Maruja M. B. Asis (eds.), *Unauthorized Migration in Southeast Asia*, pp. 35-127. Quezon City: Scalabrini Migration Center.

Bautista, Julius

2015 Export-Quality Martyrs: Roman Catholicism and Transnational Labor in the Philippines. *Cultural Anthropology*, 30(3): 424-447.

Bautista, Maria Cynthia Rose

1994 「海外労働移動――農村開発に及ぼす影響」アルセニオ・M・バリサカン，野沢勝美（編）『フィリピン農村開発の構造と改革』，pp. 165-189. 東京：アジア経済研究所.

Berner, Erhard

1997 *Defending a Place in the City: Localities and the Struggle for Urban Land in Metro Manila*. Quezon City: Ateneo de Manila Press.

ブロック，モーリス；田辺繁治，秋津元輝（訳）

1994 『祝福から暴力へ――儀礼における歴史とイデオロギー』. 東京：法政大学出版局. ［原書：Maurice Bloch. 1986. *From Blessing to Violence: History and Ideology in the Circumcision Ritual of the Merina of Madagascar*. Cambridge: Cambridge University Press.］

Borrinaga, Rolando O.

2003 *The Balangiga Conflict Revisited*. Quezon City: New Day Publishers.

Bredeloup, Sylvie

2017 The Migratory Adventure as a Moral Experience. In Nauja Kleist and Dorte Thorsen (eds.), *Hope and Uncertainty in Contemporary African Migration*, pp. 134-153. New York and London: Palgrave.

Brettell, Caroline B.

2008 Theorizing Migration in Anthropology: The Social Construction of Networks, Identities, Communities, and Globalscapes. In Caroline B. Brettell and James F. Hollifield (eds.), *Migration Theory: Talking across Disciplines* (2nd edition), pp. 113-160. New York and London: Routledge.

Brettell, Caroline B. and James F. Hollifield

(Philippines), 32-33(1-2): 561-578.

Almario, Orlando A.

1998 *Samar Island: An Anthology on People, Places and Incidents*. N.p.

青木秀男

2013 『マニラの都市底辺層――変容する労働と貧困』．岡山：大学教育出版.

Appadurai, Arjun

2016 *Banking on Words: The Failure of Language in the Age of Derivative Finance*. Chicago: The University of Chicago Press.

Arens, Richard

1982 *Folk Practices and Beliefs of Leyte and Samar*. Tacloban: Divine Word University Publications.

浅野幸穂

1992 『フィリピン――マルコスからアキノへ』．東京：アジア経済研究所.

Asis, Maruja M. B.

1995 Overseas Employment and Social Transformation in Source Communities: Findings from the Philippines. *Asian and Pacific Migration Journal*, 4 (2-3): 327-346.

2006a *The Philippines' Culture of Migration*. Migration Information Source. http://www.migrationpolicy.org/article/philippines-culture-migration（アクセス日 2016 年 11 月 10 日）

2006b Migrants and the Search for Home. Paper presented at the Asian Mission Congress 2006, Chiang Mai, October 18-22. http://www.fabc.org/asian_mission_congress/docs/Maruja%20Asis%20_%20Migrants.pdf（アクセス日 2016 年 9 月 17 日）

Asprer-Grafilo, Pamela D.

1995 *Philippine Coconut Industry: Barriers and Prospects*. Quezon City: Philippine Peasant Institute.

東賢太朗

2011 『リアリティと他者性の人類学――現代フィリピン地方都市における呪術のフィールドから』．東京：三元社

2014 「『待ち』と『賭け』の可能性――フィリピン地方都市の無職と出稼ぎ」東賢太朗，市野澤潤平，木村周平，飯田卓（編）『リスクの人類学――不確実な世界を生きる』，pp. 239-261．京都：世界思想社.

東賢太朗，市野澤潤平，木村周平，飯田卓（編）

2014 『リスクの人類学――不確実な世界を生きる』．京都：世界思想社.

バレスカス，マリア・ロザリオ・ピケロ；津田守（監訳）；小森恵，宮脇摂，高畑幸（訳）

1994 『フィリピン女性エンターティナーの世界』．東京：明石書店．［原書：Maria Rosario Piquero Ballescas. 1993. *Filipino Entertainers in Japan: An Introduction*. Quezon City: The Foundation for Nationalist Studies.］

参照文献

Abad, Ricardo G. and Benjamin V. Cariño

1981 *Micro-Level Determinants of Migration Intentions in the Ilocos: A Preliminary Analysis.* Quezon City: Institute of Philippine Culture, Ateneo de Manila University.

Abe, Ken-ichi

1997 *Cari Rezeki, Numpang, Siap*: The Reclamation Process of Peat Swamp Forest in Riau. 『東南アジア研究』34(4)：622-632.

阿部年晴，小田亮，近藤英俊（編）

2007 『呪術化するモダニティ――現代アフリカの宗教的実践から』．東京：風響社．

Abu-Lughod, Janet

1975 Comments: The End of the Age of Innocence in Migration Theory. In Brian M. Du Toit and Helen I. Safa (eds.), *Migration and Urbanization: Models and Adaptive Strategies*, pp. 202-206. The Hague: Mouton.

Abuyen, Tomas A.

2000 *Diksyunaryo Waray-Waray (Visaya) – English – Tagalog*. Mandaluyong: National Bookstore.

Aguilar, Filomeno V., Jr.

1998 *Clash of Spirits: The History of Power and Sugar Planter Hegemony on a Visayan Island.* Quezon City: Ateneo de Manila University Press.

1999 Ritual Passage and the Reconstruction of Selfhood in International Labour Migration. *Sojourn*, 14(1): 98-139.

Aguilar, Filomeno. V. Jr., with John Estanley Z. Peñalosa, Tania Belen T. Liwanag, Resto S. Cruz I and Jimmy M. Melendrez

2009 *Maalwang Buhay: Family, Overseas Migration, and the Cultures of Relatedness in Barangay Paraiso.* Quezon City: Ateneo de Manila University Press.

Alegado, Dean Tiburcio

1992 The Political Economy of International Labor Migration from the Philippines. Ph.D. Dissertation, University of Hawaii.

Alegre, Joycie

n.d. The Waray Culture of the Philippines (unpublished report). https://upvisayas.academia.edu/JoycieAlegre（アクセス日 2016 年 9 月 7 日）

Alegre, Marietta P. and Hector B. Morada

1988 Internal Migration in the Philippines: A Historical Perspective. *The Journal of History*

[ヤ 行]

[ラ 行]

[サ 行]

[タ 行]

事項索引

人名索引

[ア 行]

アキノ，コラソン（Aquino, Corazón） 62, 67, 68, 152
アギラ（Aguilar, Filomeno V., Jr.） 16, 18, 19, 23, 24, 123, 190, 270, 293, 344, 358
アシス（Asis, Maruja M. B.） 17, 192, 239, 334
東賢太朗 97, 333, 335
ヴェーバー（Weber, Max） 331
エダー（Eder, James F.） 60, 94, 184

[カ 行]

カークフリート（Kerkvliet, Benedict J. Tria） 184, 289
カーステン（Carsten, Janet） 17, 24, 25, 125, 227, 293, 355
川田牧人 24, 164, 194, 293, 310, 335, 356
ギアーツ夫妻（Geertz, Hildred and Clifford Geertz） 293
キャネル（Cannell, Fenella） 24, 164, 190, 194, 209, 335, 353
小林孝広 171
コマロフ夫妻（Comaroff, John L. and Jean Comaroff） 333
ゴンザレズ（Gonzalez, Joaquin, III） 73, 340, 341, 363

[サ 行]

杉島敬志 13, 272, 276, 336, 355
ストラザーン（Strathern, Marilyn） 322
ストレンジ（Strange, Susan） 331, 332

[タ 行]

高谷好一 136, 344
田中耕司 18, 113, 125
坪内良博 113, 350, 355
トレーガー（Trager, Lilian） 15, 22, 23, 239

[ハ 行]

バウティスタ（Bautista, Julius） 19, 222
ピンチェス（Pinches, Michael） 262, 310, 357
ブロック（Bloch, Maurice） 336, 356, 359
ベロロ（Veloro, Carmelita E.） 128, 185
ホカノ（Jocano, F. Landa） 228, 232, 270, 290, 355, 357

[マ 行]

前田成文 136, 351, 355
マッケイ（McKay, Deirdre） 16, 190, 224, 270, 321, 341, 358
松村圭一郎 271, 272
馬淵東一 336, 337, 359
マルコス（Marcos, Ferdinando E.） 60-62, 72, 94-96, 282, 348
メルカド（Mercado, Leonardo N.） 122, 123, 164, 228, 249, 356

[ラ 行]

リンチ（Lynch, Frank） 194, 356

著者略歴

細田 尚美（ほそだ・なおみ）

京都大学大学院アジア・アフリカ地域研究研究科一貫制博士課程修了。
博士（地域研究）
現在：京都大学大学院アジア・アフリカ地域研究研究科助教
専攻：文化人類学，東南アジア地域研究

主な業績
『湾岸アラブ諸国の移民労働者――「多外国人国家」の出現と生活実態』（編著，明石書店，2014 年）
Asia Inside Out: Changing Times（共著，Harvard University Press，2015 年）
International Migration in Southeast Asia: Continuities and Discontinuities（共著，Springer，2016 年）

幸運を探すフィリピンの移民たち
——冒険・犠牲・祝福の民族誌

2019年2月28日　初版第1刷発行

著　者　細田尚美
発行者　大江道雅
発行所　株式会社 明石書店
〒101-0021　東京都千代田区外神田6-9-5
電　話　03（5818）1171
FAX　03（5818）1174
振　替　00100-7-24505
http://www.akashi.co.jp
装　丁　明石書店デザイン室
印　刷　株式会社文化カラー印刷
製　本　本間製本株式会社

（定価はカバーに表示してあります）
ISBN978-4-7503-4795-0